Die Kreatur

Die

Die Kreatur

Anthologie einer ökumenischen Zeitschrift

Kreatur

1927 bis 1930 herausgegeben von
Martin Buber, Victor von Weizsäcker
und Joseph Wittig

Schriftenreihe
des Forum Guardini

Band 11

Herausgegeben von
Hans Dieter Zimmermann
im Auftrag der Guardini Stiftung
aus Anlaß des ersten Ökumenischen
Kirchentags 2003

Forum Guardini

Bibliographische Information der Deutschen Bibliothek
Die deutsche Bibliothek verzeichnet diese Publikation in der Deutschen Nationalbibliographie; detaillierte bibliographische Daten sind im Internet über <http://dnb.ddb.de> abrufbar.

Die Kreatur
Herausgeber: Im Auftrag der Guardini Stiftung
Hans Dieter Zimmermann

Lektorat und Redaktion:
Mariola Lewandowska
Christine Wassermann Beirão

Gestaltung: Martina Zelle, MEDIO AG
Umschlagabbildung: Ingema Reuter, „Stationen", 1991, 70 × 100 cm, Radierung
Druck und Verarbeitung: Kösel GmbH & Co. KG, Kempten

ISBN 3-9804978-5-2

Inhalt

Vorwort

Rückblick auf „Die Kreatur“

Es war nur eine Episode im reichen kulturellen Leben der Weimarer Republik. Von 1927 bis 1930 gaben ein Jude, ein Protestant, ein Katholik eine Zeitschrift heraus, der sie den Namen „Die Kreatur“ gaben. Drei Jahrgänge sind erschienen, die 1969 von Kraus Reprint noch einmal in drei Bänden vorgelegt wurden. Victor von Weizsäcker berichtet in seinen Erinnerungen „Begegnungen und Entscheidungen“, die Zeitschrift habe nur einen kleinen Leserkreis erreicht, aber immer wieder sei er Lesern begegnet, für die sie eine wichtige Orientierung war. Die Redaktion lag vor allem in der Hand von Martin Buber. Um Beiträge wurde nicht geworben: Was Freunde, Bekannte einsandten, wurde geprüft und veröffentlicht. Als keine Beiträge mehr kamen, wurde die Zeitschrift eingestellt.

Die Idee zu dieser Zeitschrift hatte Florens Christian Rang, ein Privatgelehrter, dessen Name man in wichtigen Korrespondenzen der zwanziger Jahre findet. Den Anstoß gab Martin Buber, der jüdische Religionsphilosoph, der den Arzt und Psychologen Victor von Weizsäcker in Heidelberg aufsuchte. Von Weizsäcker, evangelischer Christ, schlug vor, einen dritten Herausgeber hinzuzunehmen: einen Katholiken. Joseph Wittig, katholischer Priester und Professor für alte Kirchengeschichte in Breslau, war auf Betreiben des Erzbischofs von Breslau, des Kardinal Bertram, von seinen Ämtern entfernt worden. Das hatte seiner Popularität nicht geschadet. Er wurde als dritter Herausgeber gewonnen.

Durch Wittig kam ein eigenwilliger Ton in die Zeitschrift. Er war natur- und volksverbunden, kein Universitätsgelehrter im herkömmlichen Sinn. Er schrieb immer aus der eigenen Erfahrung und Anschauung, verbunden mit seiner schlesischen Heimat.

Aber auch der Mediziner von Weizsäcker berichtete aus eigener Erfahrung, aus der des Arztes, der von seinen Patienten spricht, von deren Krankheiten und Schmerzen. Und auch Martin Bubers Beiträge sind aus seinen Erfahrungen gespeist, nämlich aus denen eines Lehrers.

So entstand also eine ökumenische Zeitschrift, lange bevor das Wort Mode wurde, herausgegeben von Juden und Christen, allerdings von solchen, die eine gewisse Distanz zu den Institutionen hatten, aber nicht zum Glauben, wie von Weizsäcker meint: „von einem Katholiken, der kein richtiger Katholik, von einem Protestanten, der kein richtiger Protestant, und von einem Juden, der kein richtiger Jude war“. Nicht zuletzt durch Wittig, der als Volksschriftsteller einen bekannten Namen hatte, erhielt die Zeitschrift den „Charakter eines kreatürlichen Aufbegehrens gegen Institutionen und Begriffe“, schreibt von Weizsäcker. „Aber in geistigem Sinne war unsere Zeitschrift eher reaktionär als revolutionär, eher konservativ als liberal.“ Konservativ jedenfalls in dem Sinne, daß die Herausgeber den Begriff, den sie in den Titel setzten, ernst nahmen: der Mensch als Kreatur, also als Geschöpf unter Geschöpfen innerhalb der Schöpfung. Wo eine Kreatur, dort ist auch ein Kreator, ein Schöpfer. Dies wird in den meisten Beiträgen wie selbstverständlich mitgedacht und gibt ihnen ihre Tiefe, auf die sich der heutige Leser erst einlassen muß: Der Mensch wird in seinem Verhältnis zu Gott gesehen.

Das ist auch das Gemeinsame von Juden und Christen. Darüber wird nicht diskutiert. Die Zeitschrift dient nicht dem Gespräch zwischen den Religionen, die Zeitschrift dient der gemeinsamen Überlegung zu Grundfragen der Zeit. Deshalb fehlt ihr auch das Hin und Her des Streits um Lehrinhalte, das meistens unfruchtbar ist. Die Herausgeber und die Beiträger reden nicht über ihren Glauben, sie haben ihn. Und aus dieser Haltung schreiben sie, und aus dieser Haltung urteilen sie.

Martin Buber will die religiösen „Scheingespräche" überwinden, „wo keiner seinen Partner in Wirklichkeit schaute und anrief", er will „echte Zwiesprache", „von Gewißheit zu Gewißheit", „von aufgeschlossener Person, zu aufgeschlossener Person": „Dann erst wird sich die echte Gemeinschaft weisen, nicht die eines angeblich in allen Religionen aufgefundenen gleichen Glaubeninhalts, sondern die der Situation: der Bangnis und der Erwartung." Bangnis und Erwartung angesichts dessen, was die Menschen bewegt.

Das ist es auch, was die meisten Autoren antreibt, unter denen die jüdischen überwiegen, übrigens auch auf christlicher Seite: Hans Ehrenberg, evangelischer Pfarrer, und Eugen Rosenstock-Huessy sind jüdische Konvertiten. Ehrenberg ist ein Vetter des großen jüdischen Religionsphilosophen Franz Rosenzweig, der in seinem wichtigsten Werk „Der Stern der Erlösung" Judentum und Christentum in seiner jeweiligen Eigenart darstellt und als zwei unterschiedliche Aspekte der Schöpfung gelten läßt. Mit Eugen Rosenstock-Huessy führte Rosenzweig 1917 einen intensiven Briefwechsel aus dem Schützengraben. Die Erschütterung dieses furchtbaren Krieges, die menschlichen Zerrüttungen, die gesellschaftlichen Schädigungen, die er hinterließ, sind denn auch in der Zeitschrift zu spüren, und die drohende Gefahr; drei Jahre, nachdem die Zeitschrift eingestellt worden war, begannen noch größere Zerstörungen mit dem Machtantritt der Nationalsozialisten.

Die Verheerungen der Nazi-Zeit und des Zweiten Weltkrieges liegen zwischen uns und der Weimarer Republik. Sie führen dazu, daß wir vieles nicht mehr sehen, was verschüttet wurde; das liegt nicht nur an Stil und Denkweise, die uns fremd geworden sind. Wir konzentrieren unseren Blick auf die politischen Bewegungen der Republik, die religiösen und die pädagogischen Impulse, die damals Hoffnung gaben, übersehen wir allzu oft. Am Schluß seines Aufsatzes weist Ernst Simon auf den „Vielsehenden", den es neben dem „Einseitigen" gebe: „Vielsehende, die, wie z. B. Esra und der Freiherr vom Stein, nicht aus apokalyptischer

Verhüllung des Auges ihre Kraft zogen, sondern aus der nüchternen Erkenntnis der Gegenwart, und die den Mut der Tat schöpften aus dem tiefsten Brunnen der Seele: aus dem Brunnen der Verzweiflung."

Warum nehmen wir so gerne die apokalyptische Verhüllung wahr, aber nicht den Mut der Tat? Die „Frankfurter Schule", also das Institut für Sozialforschung Theodor W. Adornos und Max Horkheimers ist unter Gebildeten bekannt, ihre negative Dialektik, ihre radikale Kritik. Die „andere Frankfurter Schule", also das Freie Jüdische Lehrhaus, das Martin Buber und Franz Rosenzweig gründeten, dagegen kaum. Hier in diesem Lehrhaus und in der zur selben Zeit in Frankfurt a. M. gegründeten „Akademie der Arbeit" fanden sich engagierte Leute aus verschiedenen Berufen zusammen, um über die Kritik hinauszugelangen und zum „Mut der Tat" zu finden. Dieselben Menschen schrieben in der „Kreatur", berichteten dort, analysierten und regten an. Die Zeitschrift ist also nicht so isoliert, wie es zunächst scheint, zwei Institutionen stehen hinter ihr, könnte man sagen, Einrichtungen der Erwachsenenbildung.

Ich habe deshalb vor allem Beiträge zu Problemen der Bildung und Erziehung aus der „Kreatur" ausgewählt. In ihnen können wir wieder einen Begriff von Bildung kennenlernen, der uns verloren zu gehen scheint. Es geht nicht um Wissensvermittlung, sondern um das Wahrnehmen des ganzen Menschen und um das Vertrauen zu ihm. Marie Luise Enckendorff schreibt: „Das Intellektchaos hat kein Verständnis für die Weisheit, die in der Zucht liegt, weil es Leben, Lebendiges, nicht in seiner eigentlichen Ebene sucht. Ein Kind, dem nicht befohlen wird, bleibt unselbständig, und ein Kind, dem nur befohlen wird, bleibt unselbständig. Ein Kind, das sich nicht zusammennehmen muß, geht ein, und ein Kind, das sich nur zusammennehmen muß, geht ein. Zum Dogma und zum blinden Autoritätsglauben zu erziehen, ist die schlechteste Erziehung. Aber der seelische Zustand eines Kindes, das ohne jedes Dogma und ohne Autorität auferzogen würde, ist überhaupt nicht auszudenken." Veraltete Ansätze?

Das letzte Wort ist noch nicht gesprochen. Oder, wie Joseph Wittig meint, das erste Wort ist noch nicht gefunden: „Es ist ein ungeheures Jagen in der Menschheit nach dem letzten Worte, und über dem ganzen Jagdlärm wird gar nicht bedacht, ob etwa das erste Wort vielleicht noch nicht gefunden sei. Und wenn es einer gefunden hat, so läßt ihn die Menschheit gar nicht dazu kommen, es auszusprechen; sie meint ja, schon weit darüber hinaus zu sein."

Vor der Anthologie steht ein Aufsatz von Lothar Müller, der das Feld umreißt, in dem die „Kreatur" stand, und auch weiterführende Literatur bietet; der Beitrag erschien 1987 in dem von Reiner Sesterhenn herausgegebenen Band „Das Freie Jüdische Lehrhaus – eine andere Frankfurter Schule" in der Schriftenreihe der Katholischen Akademie Freiburg. Den Schluß der Anthologie bildet ein Aufsatz, den Eugen Rosenstock-Huessy im amerikanischen Exil schrieb: die Erinnerungen eines Mitarbeiters der „Kreatur". Er wurde 1946 in der Zeitschrift „Deutsche Beiträge zur geistigen Überlieferung", die Arnold Bergsträsser mit anderen in Chicago herausgab, veröffentlicht. Dort kann man auch nachlesen, aus welchen Quellen die Emigranten, die sich in Chicago gesammelt hatten, eine geistige Erneuerung Deutschlands nach 1945 erhofften. Der Katholik Otto von Simson, erster Präsident der Guardini Stiftung, schrieb über „Das abendländische Vermächtnis der Liturgie", der Protestant Wilhelm Pauck schrieb über „Martin Luthers Glaube" und Fritz Caspari über „Erasmus: Leistung und Forderung." So ist der erste Ökumenische Kirchentag der katholischen und der evangelischen Kirche in Berlin im Mai 2003 Grund genug, nicht nur an „Die Kreatur" zu erinnern, sondern auch an diese Impulse der „Beiträge" von 1946.

Ich danke meinem Freunde Manfred Voigts, ohne dessen Ausgabe der „Kreatur", ohne dessen Material, ohne dessen sachkundige Hinweise ich diese Anthologie nicht zuwege gebracht hätte. Und Dank wie immer an Mariola Lewandowska.

Hans Dieter Zimmermann

Vorwort zum 1. Heft der „Kreatur“

Religionhafte Sonderungen, aus denen es keine andere Befreiung gibt als die messianische, haben die Not und die Zucht von Exilen. Sie sind uns nicht Imaginationen, wolkige verrückbare Gestaltungen, sondern sinnvoll beständige Wahrheitssphären, die nicht eher als in der Wirklichkeit des Reiches aufschmelzen dürfen. Erlaubt aber und an diesem Tag der Geschichte geboten ist das Gespräch: der grüßende Zuruf hinüber und herüber, das Sich-einander-Auftun in der Strenge und Klarheit des eignen Beschlossenseins, die Unterredung über die gemeinsame Sorge um die Kreatur. Es gibt ein Zusammengehen ohne Zusammenkommen. Es gibt ein Zusammenwirken ohne Zusammenleben. Es gibt eine Einung der Gebete ohne Einung der Beter. Parallelen, die sich in der Unendlichkeit schneiden, gehen einander nichts an; aber Intentionen, die sich am Ziel begegnen werden, haben ihr namenloses Bündnis an der von ihren Wahrheiten aus verschiedenen, aber von der Wirklichkeit der Erfüllung aus gemeinsamen Richtung. Wir dürfen nicht vorwegnehmen, aber wir sollen bereiten.
Florens Christian Rang war es, der den Plan faßte, aber nicht mehr verwirklichen konnte, eine Zeitschrift herauszugeben des Namens „Grüße aus den Exilen“. Ein Jude, ein Katholik und ein Protestant sollten sich dazu vereinen. So tun es nun die drei Herausgeber. Aber nicht die Personen nur, sondern die Aufgabe und ihr Zeichen wurden für sie andere. Nicht etwa, weil sie ihrer Arbeit überhaupt einen persönlichen Eigen-Sinn einprägen wollten – dies gerade wünschen sie zu meiden. Vielmehr weil sie dem Gruß aus den Exilen die Begegnung in dem Raum folgen lassen mußten, der einem jeden von ihnen angewiesen war. So heißt diese Zeitschrift nun nicht mehr nach der gemeinsamen Bedürftigkeit, sondern nach dem, was dieser Bedürftigkeit schon heute die endliche Stillung verbürgt. Was uns drei Herausgeber verbündet, ist ein Ja zur Verbundenheit der geschöpflichen Welt, der Welt als Kreatur. Der unseren drei Lehr- und Dienstgemeinschaften gemeinsame Glaube an den Ursprung wird sinnlich präsent in der Gewißheit des eigenen Erschaffenseins und dem daraus wachsenden Leben mit allem Erschaffnen. Diese Zeitschrift will von der Welt – von allen Wesen, von allen Dingen, von allen Begebenheiten dieser gegenwärtigen Welt – so reden, daß ihre Geschöpflichkeit erkennbar wird. Sie will nicht etwa Theologie treiben, eher, in geistiger Demut, Kosmologie. Wenn sie stets der Kreation eingedenk bleibt, muß ihr jede Kreatur denkwürdig werden, der sie sich zuwendet. Steht sie im Vertrauen zum Wirkenden, so darf sie der Wirklichkeit vertrauen.

Vertrauen auch dem wachsenden Geschlecht, dem aus der Verborgenheit steigenden Säkulum.

Martin Buber Joseph Wittig Victor von Weizsäcker

Lothar Müller

„... daß die Stummheit der letzten Jahrhunderte aufhört."

Franz Rosenzweigs Beziehungen zur Zeitschrift „Die Kreatur"

Der Satz „Sage mir, mit wem du verkehrst, und ich sage dir, wer du bist" mag gelegentlich von Untertönen nicht frei sein, in denen Inquisitorisches mitschwingt – zumal wenn jemand drohend anklingen läßt, er habe da eine gewisse schlechte Gesellschaft im Auge, in der man gesehen worden sei. Doch erhält diese programmatische Formel einer Diagnostik des Individuellen durchs Soziale ihrer militant aufdringlichen Verwendbarkeit zum Trotz eine erfahrungsgesättigte Einsicht, die durch ihre Attraktivität für Schlüssellochgucker an Wert nicht verliert: Zum Umriß unserer Person gehört die Gesellschaft, in der wir uns bewegen, in die wir uns begeben. „Gesellschaft" nehme man hier am besten im Sinne des 18. Jahrhunderts, assoziiere also eher „Geselligkeit" und die Unterhaltungen einer konkret umrissenen Gruppe von Individuen als die übergreifend-allgemeine Struktur des Sozialen insgesamt, um die es dem modernen Gesellschaftsbegriff zu tun ist.

Sich in Gesellschaft begeben – das ist eine der möglichen Umschreibungen für „Publizieren", und Zeitschriften haben wir uns als Räume vorzustellen, in denen intellektuelle Gesellschaft im angedeuteten Sinne organisiert wird. Sie sind Schauplätze für die soziale Kristallisation des Denkens, und wenn sie gut sind, haben sie nicht weniger ein Profil und eine intellektuelle Physiognomie als der einzelne Autor, der das übrigens in der Regel weiß und sich überlegt, in welche Gesellschaft er sich laden läßt oder auch hofft, geladen zu werden. Es gibt, Sie werden mir das am Ende hoffentlich nachsehen, in der folgenden Darstellung von Franz Rosenzweigs Beziehungen zur Zeitschrift „Die Kreatur" keine Zentralperspektive, etwa die Blickrichtung seiner Biographie und seines Werks. Vielmehr ist die Nachzeichnung des Einflusses, den Rosenzweig auf die „Kreatur" hatte, und des Anteils, den er an ihr nahm, verschränkt mit dem Versuch, eine Porträtskizze der Zeitschrift insgesamt zu entwerfen. Denn erst aus der Topographie jener überkonfessionellen Bewegung der Reflexion und Besinnung zwischen Erstem und Zweitem Weltkrieg, der die „Kreatur" ihre Entstehung verdankt, ergeben sich die inneren Verbindungen zwischen Rosenzweig und diesem Publikationsorgan, zu dem er mehr beisteuerte als nur hin und wieder einen Aufsatz.

Zeitschriften sind Orte, an denen Lebenswege sich kreuzen, wenn auch nicht immer die empirischen ihrer Autoren, so doch deren intellektuelle Biographien. Dieser Kreuzungscharakter ist mein Ausgangspunkt, und ehe ich damit beginne, erste Schilder in Richtung „Kreatur" aufzustellen und erste Figuren herbeizuzitieren, muß ich eigentlich nur noch die Grenzen sichtbar machen, innerhalb derer ich mich weitgehend halten werde. Es sind die Grenzen eines vor allem historisch-philologischen Vorgehens, das eher Material für die philosophische, religionsphilosophische oder gar theologische Erörterung des Themas bereitstellt, als daß es diese selbst zu leisten vermöchte.

I. „Die Kreatur" – Erste Umrisse

Kürzlich hat anläßlich des Jubiläumsjahres der Heidelberger Universität Dolf Sternberger in der dortigen Neuen Aula eine Rede gehalten, die der „Erinnerung an die zwanziger Jahre in Heidelberg" gewidmet war. Er beschreibt dort, sich auf die Zeitspanne von 1927 bis 1929 beschränkend, das intellektuelle Leben einer akademischen Jugend, die nicht nur im Hörsaal und im Seminar lebte, wo Kant und Hegel gelesen wurden, sondern mit gleich großer Intensität die Lektüre der „Phänomenologie des Geistes" und die Diskussion der neuesten Kinoereignisse betrieb. Nicht minder als die Abenteuer des Selbstbewußtseins faszinierten die Abenteuer eines Clowns – des Clowns Charlie aus Chaplins Meisterwerken „Goldrausch" und „Zirkus". Interessant ist die Wendung, mit der Sternberger rückblickend seinen und seiner Kommilitonin Hannah Arendt Versuch umschreibt, in der populärsten Kinofigur der Epoche einen esoterischen Sinn zu entdecken. Man habe damals, so schreibt er, Charlies Pantomimen und Episoden nach der Art gelesen, „wie andere Zeitalter die Stationen einer Heiligenlegende betrachtet haben." Als generationstypisch darf man Sternbergers Interesse für jene zweite Figur eines, umgangssprachlich ausgedrückt, „komischen Heiligen" bezeichnen, den er in unmittelbare Nachbarschaft des Clowns Charlie stellt: Fürst Myschkin, den „Idioten" Dostojewskis. Aus der doppelten Faszination wurde Sternbergers erster großer Essay: „Charlie Chaplin, der Idiot, Don Quijote", Untertitel: „Versuch über die komische Existenz".

„Das war," ich zitiere nun wörtlich, „in dem bitterkalten Winter 1928/29, wo der Neckar zugefroren war und als Fußweg und Straße dienen konnte. Das Manuskript trug ich in ein Haus in der Plöck, aber nicht Nummer 66, wo Jaspers wohnte, er hätte wohl nicht viel Sinn dafür gezeigt, das Komische hatte keine Stelle in seinem Denken, und ins Kino ging er auch nicht. Ich klingelte an der Tür nebenan, Nummer 68: Da wohnte Victor von Weizsäcker, ihm übergab ich das Manuskript, damit er es lese und womöglich in die großartige Zeitschrit „Die Kreatur" aufnehme, die er, der Protestant, zusammen mit dem Katholiken Joseph Wittig und dem Juden Martin Buber herausgab und die Lambert Schneider verlegte. (Auch Buber lebte hier in der Nähe, in Heppenheim an der Bergstaße, und ich wurde ihm alsbald vorgeführt.) Das war eine reine Essay-Zeitschrift meditativen Charakters, ohne fachliche Begrenzung. ... Mein Beitrag ist dort wirklich erschienen, er brachte ein opulentes Honorar von 250 Mark – das war Lebensunterhalt für gut einen

Monat. Es war freilich das letzte Heft der „Kreatur", worin er gedruckt stand, sie hat nur drei Jahrgänge erlebt."[1]

Sternberger, damals gerade 21 Jahre alt und gewiß kein Repräsentant des engeren Autorenkreises der Zeitschrift, führt uns eher von der Peripherie her an die „Kreatur" heran, doch kommen wir mit der Adresse Plöck 68, einem Haus übrigens, das Bluntschli, der Berater Bismarcks gebaut und bewohnt hatte, dem Zentrum schon näher. Victor von Weizsäcker, dessen Geburtstag, es war der 21. April 1886, sich kürzlich zum hundertsten Mal gejährt hat, entstammt dem Kernbereich des württembergischen Protestantismus. Er war Enkel des Tübinger Neutestamentlers Carl Weizsäcker, Sohn des 1916 geadelten württembergischen Ministerpräsidenten Karl Freiherr von Weizsäcker, Bruder des späteren Staatssekretärs unter Ribbentrop, Ernst von Weizsäcker, und also Onkel des Physikers Carl-Friedrich von Weizsäcker und des Bundespräsidenten Richard von Weizsäcker. Victor von Weizsäcker, der 1957 in Heidelberg starb, gilt als Begründer der „medizinischen Anthropologie". Deren Anliegen ist es, in kritischer Auseinandersetzung mit einer nur naturwissenschaftlich orientierten Medizin, in der Kranke zum Objekt unter Objekten wird, sowohl die Figur des Arztes wie die Aufgaben der Medizin aus der Perspektive des kranken Subjekts zu begründen. Der kranke Mensch und der Arzt als helfender Mensch sind die beiden dialogisch gedachten Pole dieses Versuchs, die moderne Medizin durch das Bündnis von Naturphilosophie und Schöpfungsglauben zu reformieren. Weizsäckers bekanntestes Werk, „Der Gestaltkreis", erschien 1940, die ersten Stücke seiner medizinischen Anthropologie hat er in der „Kreatur" veröffentlicht, übrigens in deutlicher und expliziter Bezugnahme auf deren Titel. Nicht nur Dolf Sternberger zählte übrigens zu den Heidelberger Mitarbeitern Weizsäkkers, sondern ab 1938 auch Alexander Mitscherlich.[2]

In seinem Buch „Begegnungen und Entscheidungen" hat Weizsäcker später die Konstellation geschildert, aus der heraus er zum Herausgeber der „Kreatur" wurde. Martin Buber sei mit dem Vorschlag an ihn herangetreten, eine gemeinsame Zeitschrift herauszugeben, er selbst habe seine Skepsis gegen derartige Verbindungen heterogener Elemente nur zögernd und unter der Bedingung überwunden, daß auch ein Katholik unter den Herausgebern sein müsse.

„Buber war fraglos vom literarisch und ästhetisch kultivierten Schriftsteller zum religiös und philosophisch sich verpflichtenden und damit Ernst machenden Manne durchgestoßen. Das war es gerade, was auch mich zu verpflichten begonnen hatte. Aber es war mir keineswegs gleichgültig, daß er als Jude hervortrat. Ich war auch nicht in dem Sinne liberaler oder rationalistischer Aufklärer, daß mir die religiöse und geistige Haltung gleichgültig oder unwesentlich gewesen wäre. Die Sache lag ganz anders. Es war die Frage gestellt, ob die konfessionell-religiösen Bindungen nicht schon so äußerlich und so entleert von ursprünglichem

Inhalt geworden waren, daß nur durch neue Begegnung und Verwirklichung eine Rettung kommen konnte. Diese Zeitschrift sollte weder über-, noch zwischen-, noch unkonfessionell sein. Sondern der Glaube war für alle in die Verbannung geraten, und ein jeder sprach aus seiner Verbannung zum anderen. Also nicht, daß wir gleichgültig waren, sondern daß wir die religiöse Bindung ernst nahmen, war die Grundlage unserer Verbindung: Das Gemeinsame war, daß wir die Gemeinschaft in unserer religiösen oder kirchlichen Gemeinde alle verloren hatten: die Gemeinschaft der Gemeinschaftslosen und darum Wissenden."[3]

Martin Buber (1878–1965), dessen Werk „Ich und Du" 1923 erschienen war – übrigens im selben Jahr wie Freuds „Das Ich und das Es" –, war wohl der literarisch profilierteste, die weitreichendsten Verbindungen unterhaltende der drei Herausgeber. Bei ihm lag, wie Weizsäcker anmerkt, das redaktionelle Zentrum der „Kreatur" während der drei Jahrgänge ihres Bestehens von 1926 bis 1929/30. Pro Jahr erschienen 4 Hefte im Gesamtumfang von 480 Seiten, der Bezugspreis des Einzelheftes war 3,50 Mark, der Druck vorzüglich, die Ausstattung des Äußeren streng und einheitlich. Für den Verleger Lambert Schneider, der Bubers und Rosenzweigs Bibelübersetzung betreute und 1928 die „Festgabe für Martin Buber zum 50. Geburtstag" herausbrachte, war die Zeitschrift kein gewinnträchtiges Unternehmen. In seinem Gratulationsbrief an Buber vom 7.2.1928 schrieb er:

„Vielleicht mache ich Ihnen zu Ihrem Geburtstag noch eine Freude, wenn ich Ihnen meinen Entschluß mitteile, daß ich ‚Die Kreatur' noch ein drittes Jahr halten will. Ich kann mich nicht entschließen, sie eingehen zu lassen."[4]

Joseph Wittig (1879–1949), katholischer Priester sowie Professor für Kirchengeschichte und christliche Archäologie in Breslau, war eher der dörflichen Welt seiner schlesischen Heimat verhaftet als der Universität und im Habitus wie im Stil seines öffentlichen Wirkens eher eine Mischung aus Heimatdichter und religiösem Volksschriftsteller als professioneller Theologe. Von seinem Aufsatz „Die Erlösten", der – 1922 in Carl Muths „Hochland" erschienen – die Unmittelbarkeit der religiösen Erfahrung emphatisch gegen die äußerliche Regelbefolgung setzte und zur Keimzelle seines Konflikts mit der Amtskirche wurde, schrieb Wittig 1926 im Vorwort zur zweiten Auflage seines erfolgreichen Buches „Leben Jesu in Palästina, Schlesien und anderswo": „Diese religiöse Skizze war nicht in der Theologensprache geschrieben, weil sie für das gläubige, von Sündennot geplagte Volk bestimmt war, das die Theologensprache nun einmal nicht versteht."[5] Zu diesem Zeitpunkt war der Indizierung seiner Schriften, die der protestantischen Ketzerei verdächtigt wurden, gerade die Amtsenthebung und Exkommunikation gefolgt. Aus einer Orientierungsfigur der religiösen Erneuerungsbewegung war der „Fall Wittig" geworden. „So bekam", erinnert sich Victor von Weizsäcker, „die Zeitschrift ‚Kreatur' gerade durch Wittigs Namen den Charakter eines kreatürlichen Aufbegehrens gegen Institutionen und Begriffe, welche jede Revolution, auch die so bescheidene von 1918, anzutasten pflegt."[6]

Dem ersten Heft der „Kreatur", im Frühjahr 1926 erschienen, war ein einleitender Text vorangestellt, dessen zweite Passage ich Ihnen ausführlich zitieren möchte:

Florens Christian Rang war es, der den Plan faßte, aber nicht mehr verwirklichen konnte, eine Zeitschrift herauszugeben des Namens „Grüße aus den Exilen". Ein Jude, ein Katholik und ein Protestant sollten sich dazu vereinen. So tun es nun die drei Herausgeber. Aber nicht die Personen nur, sondern die Aufgabe und ihr Zeichen wurden für sie andere. Nicht etwa, weil sie ihrer Arbeit überhaupt einen persönlichen Eigen-Sinn einprägen wollten – dies gerade wünschen sie zu meiden. Vielmehr weil sie dem Gruß aus den Exilen die Begegnung in dem Raum lassen mußten, der einem jeden von ihnen angewiesen war. So heißt diese Zeitschrift nun nicht mehr nach der gemeinsamen Bedürftigkeit, sondern nach dem, was dieser Bedürftigkeit schon heute die endliche Stillung verbürgt. Was uns drei Herausgeber verbündet, ist ein Ja zur Verbundenheit der geschöpflichen Welt, der Welt als Kreatur. Der unseren drei Lehr- und Dienstgemeinschaften gemeinsame Glaube an den Ursprung wird sinnlich präsent in der Gewißheit des eigenen Erschaffenseins und dem daraus wachsenden Leben mit allem Erschaffenen. Diese Zeitschrift will von der Welt – von allen Wesen, von allen Dingen, von allen Begebenheiten dieser gegenwärtigen Welt – so reden, daß ihre Geschöpflichkeit erkennbar wird. Sie will nicht etwa Theologie treiben, eher, in geistiger Demut, Kosmologie. Wenn sie stets der Kreation eingedenk bleibt, muß ihr jede Kreatur denkwürdig werden, der sie sich zuwendet. Steht sie im Vertrauen zum Wirkenden, so darf sie der Wirklichkeit vertrauen. Vertrauen auch dem wachsenden Geschlecht, dem aus der Verborgenheit steigenden Säkulum.

Drei Positionsbestimmungen dieses Textes seien kurz notiert:

- Da ist zum einen die unverkennbar programmatische Erläuterung des Wechsels vom ursprünglich geplanten zum endgültigen Titel, der gewissermaßen als Umschlag einer negativen Formulierung zu ihrer positiven Aufhebung erscheint, „Exil" und „Kreatur" sich wie Frage und Antwort, Not und Erlösung zueinander verhalten läßt.
- Da ist zum zweiten die nicht minder programmatische Abgrenzung von der Theologie zugunsten des Begriffs „Kosmologie". Dessen strategische Funktion läßt sich als die einer möglichst weitgehenden Öffnung des inhaltlichen Spektrums der Zeitschrift vorläufig erläu-

tern. Das, was die Herausgeber ihren „Glauben“ nennen, soll sich gerade nicht in der Konzentration auf religiöse oder gar theologische Themen bewähren, sondern in der Reflexion der gesamten, ungeschiedenen und unbegrenzten „Wirklichkeit“. Es ist dies kein stoffliches, sondern ein perspektivisches Programm: die Welt als Kreatur zu sehen.

- Und da ist schließlich und drittens die deutliche Heraushebung eines einzelnen Namens, dessen Träger so wie eine Portalfigur des Anfangs dem Leser vor Augen gestellt wird: Florens Christian Rang. Seine Bedeutung für die Zeitschrift ist groß. Nicht nur geht ihre Grundidee auf ihn zurück, er hat noch posthum ihr geistiges Profil nachhaltig geprägt, indem ein beträchtlicher Teil seines Nachlasses in der „Kreatur“ veröffentlicht wurde. Er ist nach Joseph Wittig der am häufigsten in der Zeitschrift vertretene Autor, und vom Umfang seiner Texte her der gewichtigste. Ihm sei deshalb ein Kurzporträt gewidmet.

II. Florens Christian Rang (1864–1924)

„Florens“ – unter diesem Titel beschließt ein Nachruf von Alfons Paquet auf Rang das erste Heft der „Kreatur“. Rang war 1924, gerade 60jährig, gestorben, im Kreis seiner Freunde eine Stimme mit Gewicht, einer größeren Öffentlichkeit weitgehend unbekannt. 1864 in Kassel geboren als Sohn einer evangelischen Mutter und eines katholischen Vaters, der aus Protest gegen das Unfehlbarkeitsdogma seine Kinder ab 1869 evangelisch erziehen läßt, wird Rang zunächst entsprechend der Familientradition Jurist, gerät dann in eine religiöse Krise, beschließt an deren Ende, Pfarrer zu werden, studiert ab 1895 Theologie, wird 1898 ordiniert, gibt aber bald, von einem eigentümlichen Radikalismus seiner Religiosität getrieben, das Pfarramt im Rahmen einer zweiten Krise wieder auf und sich selbst den Beinamen Florens. Er wird ein Regierungsrat in Koblenz, der intensiv Nietzsche liest, religionshistorische Studien treibt und in den Preußischen Jahrbüchern Aufsätze über Don Quijote und Kleist veröffentlicht, deren aggressiver preußischer Konservatismus in seltsamem Kontrast steht zur utopisch-anarchistisch aufgeladenen Sprache, in der er ihn verkündet. „Abrechnung mit Gott“ hieß eines seiner unveröffentlichten Manuskripte, das im zweiten Weltkrieg verbrannte. In den Jahren 1913/14 war Rang Mitglied des in Potsdam sich zusammenfindenden „Forte“-Kreises, der es mit nichts als mit der Wahrheit versuchen wollte, auf das Schicksal der Welt und der Völker insgesamt autoritativen geistigen Einfluß zu nehmen. Es zählten hierzu Martin Buber und Frederik van Eeden, Gustav Landauer und Erich Gutkind, Theodor Däubler und Paul Bjerre, Walther Rathenau stand dem Kreis zumindest nahe. Gershom Scholem hat in seinen Jugenderinnerungen berichtet, „daß diese Männer den Gedanken gefaßt hatten, der kaum glaublich scheint, wenn ich ihn nicht aus dem Munde von so verschiedenen Menschen wie Buber und

Gutkind fast mit gleichen Worten bestätigt bekommen hätte: daß es einer kleinen Gruppe von Menschen, die eine gewisse Zeit zusammen aus dem reinen Geist leben und ohne jede Zurückhaltung in einen schöpferischen Gedankenaustausch, ja mehr, in eine pneumatische Gemeinschaft treten würden, vielleicht gelingen könnte, um es esoterisch, aber doch deutlich zu sagen, die Welt aus den Angeln zu heben."[7]

Nicht der Geist, sondern der Krieg hob kurz darauf die Welt aus den Angeln, und durch diesen Krieg, den er zunächst emphatisch bejaht hatte, gerät Rangs Denken noch einmal in eine grundlegende Krise. Nach dem Krieg entwickelt er eine politische Philosophie, die die grimmige Abrechnung mit dem deutschen Idealismus und vor allem mit dem Nationalismus der Reichs-Idee mit der scharfen Forderung nach einer revolutionären, in der ethischen Gewissensentscheidung des einzelnen wurzelnden Erneuerung der geschichtlichen Welt verbindet. Rangs Weg vom preußischen Konservativen an die Seite der theologisch-philosophischen Avantgarde der zwanziger Jahre, der ihn bis in „sachliche und zum Teil persönliche Nähe zu den Denkern des messianischen Materialismus" führte, hat Lorenz Jäger kürzlich beschrieben.[8] Die intellektuelle Biographie Rangs stelle ich nicht zuletzt deshalb hier als bedeutsam vor, weil sie exemplarisch die Erschütterungen reflektiert, die das Aus-den-Fugen-Gehen der Welt auslöste und die, umgewandelt in utopische Energie, hier in den Versuch eingehen, dem Bankrott der nationalistischen Reichs-Idee die Idee einer Wiedergeburt und Erneuerung der Welt als Auslegung des Begriffs vom Reich Gottes entgegenzusetzen.

„Diese heutige Zeit ist nicht eine Zeit wie eine beliebig andre. Zwar ist jede Zeit vor das Geheimnis der Ewigung gestellt, aber nicht jede in ebenso drängender Weise. Heute holt die Uhr der Zeit zu einem Glokkenschlag aus, mit dessen Ablauf sich Tod oder Leben entscheidet: ob die Krise, davon der sogenannte Weltkrieg ein Brandzeichen war, Geburt bedeuten soll oder das Schwert des Gesetzes. ... Umkehr ist das große Wort aller Religionen, die die Welt sehen, zwischen Schöpfung und Reich Gottes begriffen."[9] Das ist zitiert aus Rangs Schrift „Deutsche Bauhütte. Ein Wort an uns Deutsche über mögliche Gerechtigkeit gegen Belgien und Frankreich und zur Philosophie der Politik", die 1924 erschien. Es handelt sich hier um ein polemisches Plädoyer für die unmittelbare, persönliche Beteiligung des einzelnen, nur von seinem Gewissen geleiteten Deutschen an der Aufhebung der Zerstörung im Land des Feindes. Durch eine Art freiwilliger Steuer sollten Kriegsschäden real und praktisch behoben werden, als Einspruch der einzelnen gegen das Verschwinden des Sittlichen aus der Sphäre des Politischen. Den „Eintritt des Einzelgewissens in die Politik" nennt Rang das. Von den sieben Zuschriften aus dem Freundeskreis, die Rang auf das Projekt „Bauhütte" erhalten hat, stammen vier von Autoren, die wenig später in der „Kreatur" vertreten sein werden: Alfons Paquet, Ernst Michel, Walter Benjamin und Martin

Buber, der es trotz grundsätzlicher Ablehnung von Rangs Politikbegriff als legitimen Grundimpuls von Rangs Schrift würdigt, daß sie „aus der unwürdigen Situation der kritischen Passivität befreit“: „Das ist der endgültige Verzicht, sich vor der Konkretheit des Anrufs, den das lebendige Gewissen an uns als an die Mitglieder eines tausendfach ins Übel verstrickten Gemeinwesens richtet, auf das unfaßbare Abstraktum des von uns abhängigen bösen Staats herauszureden. Dieser Schritt bedeutet – für unsere Personen und von ihnen aus, aber personenhaft hebt ja alle Wirklichkeit des Geistes je und je an – die Erlösung des Staatsspuks zum leibhaftigen Menschenleben, die Brechung des Banns, der die gelebte Verantwortung der Einzelseele von der zum Scheinwesen entseelten Allgemeinheit trennte. ... Wir wollen aus der politischen Schuld wieder eine sittliche, aus der fiktiven Pflicht wieder eine wahre machen."[10]

Im Frühjahr 1924 wollte Martin Buber im Jüdischen Lehrhaus in Frankfurt einen Vortrag-Zyklus „Christen über Judentum“ organisieren, für den er auch Florens Christian Rang gewinnen wollte. Der jedoch schrieb am 14.3.1924 an Buber: „Ich glaube, Dich bitten zu müssen, mich zu dem Vortrag-Cyklus ‚Christen über Judentum‘ nicht heranzuziehen. Ich muß jetzt meine ganzen Kräfte zusammenhalten. ... Der Vortrag-Cyklus selbst scheint mir nicht von derjenigen Notwendigkeit, ohne die ich nicht glaube, hervortreten zu dürfen. Während es mir dringend notwendig scheint, daß weitere christliche Kreise von jüdischer Seite Kenntnisse vermittelt erhalten über die *wirkliche* jüdische Frömmigkeit und Weisheit und ihre jeweilige und örtliche Form – denn die Christen wissen einfach nichts vom Judentum! –, wissen die Juden ja von dem wahren Christentum alles, was gewußt werden kann, ohne daß man eben Christ ist. Die *Meinungen* von Christen aber über das Judentum zu hören, scheint mir heute keine Förderung weder der Einen noch Anderen. Der historische Augenblick liegt noch nicht vor, wo ein Zusammenfluß von Empfindungen, Gedanken, Theorien, Lebensweisen ein reines und fließendes Wasser durchbrechen lassen könnte; das gibt zur Zeit nur den Durcheinander-Sumpf, das sog. ‚liberale Verständnis‘.“[11]

Buber brachte diesen Brief sofort Franz Rosenzweig zur Kenntnis, mit dem er über die Zusammenarbeit an der Bibel-Übersetzung hinaus in diesen Jahren bis zum Tod Rosenzweigs in intensivem Austausch stand. Rosenzweig, der Rang nicht kannte, schrieb zurück:

„Verehrter Freund, ich bin ganz hingerissen von Rangs Brief. Das hatte ich nicht erwartet, soviel ich auch gehört hatte. Die Altersgrenze meiner Generation rückt abermals um zehn Jahre nach oben. Christen mögen im Durchschnitt weniger sein als wir, aber wenn einer was ist, dann ist er auch gleich was Ordentliches. Es ist mir gar nicht recht, daß ich nicht seiner Meinung bin. Drei oder vier Jahrhunderte war Totenstille zwischen Christen und Juden. Im 17. und 18. Jahrhundert gab es wenigstens noch eine christliche Wissenschaft vom Judentum. Im Emanzipationsjahrhundert hat auch die aufgehört. Der Christ ignoriert den Juden, um ihn tolerieren zu können, der Jude den Christen, um sich tolerieren lassen zu können. ... Heute treten wir oder vielmehr sind schon in einer neuen Ära der Verfolgungen. Dagegen ist nichts zu machen, weder von uns noch von den wohlgesinnten Christen. Was aber zu machen ist, ist, daß diese Ära der Verfolgungen auch eine der Religionsgespräche wird, wie die mittelalterliche, und daß die Stummheit der letzten Jahrhunderte aufhört. ... Die Zeit ist reif, das beweist mir Rangs Brief, der ja selbst ein ganz wirkliches Religionsgespräch ist. Daß er im selben Atemzug der Zeit die Möglichkeit solch lebendigen Zusammenfließens abspricht, wo er selber es tut, wundert mich nicht. Ich habe in den Jahren meines stärksten Lebens mit Christen auch jede Allgemeingültigkeit dessen, was mir geschah, wütend abgestritten."[12]

Rosenzweig hat Rang vor dessen Tod im September 1924 nicht mehr persönlich kennengelernt, sich für seinen von Buber verwahrten Nachlaß aber intensiv interessiert und stets darauf gedrungen, diese Manuskripte, von denen er als von einer „ungeheuren Sache" spricht, einer größeren Öffentlichkeit zugänglich zu machen: „Es geht nicht an," schreibt er im Dezember 1924 nach Lektüre von Rangs Aufsatz über Goethes „Selige Sehnsucht", der in Hoffmannsthals „Neuen deutschen Beiträgen" erschienen war, „daß ein Mensch wie der, nur auf die Hundert gewirkt hat, mit denen ihn sein Leben zusammengeführt hat. Es muß an die Tausend." Die „Kreatur" als Publikationsort des Nachlasses von Rang zu profilieren, hat Rosenzweig im Briefwechsel mit Buber ausdrücklich gutgeheißen.[13] Übrigens hat er sich von Buber neben dem Bild Rangs auch den Brief erbeten, in dem Rang ausführlich und kritisch auf Bubers „Ich und Du" reagierte und von dem Buber ihm erzählt hatte, er haue in dieselbe Kerbe wie seine, Rosenzweigs, Kritik.[14]

Das erste Heft der „Kreatur" enthält Rudolf Ehrenbergs Versuch, „Glaube und Bildung" als komplementäre „Konstituenten der einen Wirklichkeit" zu erweisen, Wilhelm Michels Essay über „Gestalten der Angst"; Martin Bubers „Rede über das Erzieherische", eine Kritik an der Begründung des Pädagogischen, sei's aus dem Eros, sei's aus dem Willen zur Macht zugunsten seiner Fundierung auf die dialogische Erfahrung; Eugen Rosenstocks Aufsatz „Führer oder Lehrer?", eine Auseinandersetzung mit der Tendenz zum Führerkult in der Jugendbewegung; Victor von Weizsäckers erstes Stück einer medizinischen Anthropologie „Der Arzt und der Kranke"; Joseph Wittigs Meditation über das Verhältnis von „Volkstum" und Priestertum „Das Volk von Neusorge"; einen Kommentar Franz Rosenzweigs zur Bibelübersetzung unter dem Titel „Die Schrift und das Wort" sowie ein großes Stück aus Florens Christian Rangs nachgelassenem Werk „Shakespeare und unsere Religion" unter dem Titel „Das Reich" – ein im Prophetenton geschriebenes Selbstgericht über die Deutschen und ihre „Philister-Feigheit vor dem Israel Gottes, vor der Revolution“ und vor allem über ihre idealistische Philosophie, die Philosophie der „Welt-Polizei-Denker“. Hugo von Hoffmannsthal hat dieses erste „Kreatur“-Heft, zumal den Aufsatz des von ihm hochgeschätzten Rang, aufmerksam studiert. Die Spuren dieser Lektüre lassen sich in seiner Münchner Rede über „Das Schrifttum als geistiger Raum der Nation“ deutlich erkennen.[15]

III. Rosenzweig als „Intendant“ der „Kreatur“

„Uns aber“, so heißt es in Rangs Aufsatz über „das Reich“, „sind heilig – zur Heiligung gegeben – ausschließlich die Bücher Israels; nur da liegt unsere Religion. Jede andere ist uns nur Mythos oder Philosophie. Hier stehn wir, Christen wie Juden, auf dem Boden der Thora für Verständnis der Schöpfung – alle anderen Weisheiten helfen uns nicht, mögen sie Schöpfung annehmen oder ablehnen –, und aus der Legende des Buchs Genesis einzig ersehn wir die Zielrichtung der Welt-, Erd- und Mensch-Schöpfung. Ihre messianische. Gottes Reich prophezeit sich im Adam Gottes auf den Adam Gottes.”[16]

Die messianische Befreiung, der Horizont des Reichs Gottes und das Gespräch am Jetzt-Tag der Geschichte sind Zentralmotive im Vorwort zum ersten Heft der „Kreatur“:

„Religionhafte Sonderungen, aus denen es keine andere Befreiung gibt als die messianische, haben die Not und die Zucht von Exilen. Sie sind uns nicht Imaginationen, wolkig verrückbare Gestaltungen, sondern sinnvoll beständige Wahrheitssphären, die nicht eher als Wirklichkeit des Reiches aufschmelzen dürfen. Erlaubt aber und an diesem Tag der Geschichte geboten ist das Gespräch: der grüßende Zuruf hinüber und herüber, das Sich-einander-Auftun in der Strenge und Klarheit des eignen Beschlossenseins, die Unterredung über die gemeinsame Sorge um die Kreatur. Es gibt ein Zusammengehen ohne ein Zusammenkommen. Es gibt ein Zusammenwirken ohne ein Zusammenleben. Es gibt eine Einung der Gebete ohne Einung der Beter. Parallelen, die sich in der Unendlichkeit schneiden, gehen einander nichts an; aber Intentionen, die sich am Ziel begegnen werden, haben ihr namenloses Bündnis an der von ihren Wahrheiten aus verschiedenen, aber von der Wirklichkeit der Erfüllung aus gemeinsamen Richtung. Wir dürfen nicht vorwegnehmen, aber wir sollen bereiten.“

Wäre nicht in den Grundriß der „Kreatur“ die Respektierung der Differenzen zwischen ihren Trägern eingezeichnet, Franz Rosenzweig hätte sie wohl kaum als seine Sache begreifen können. Daß er dies getan hat, läßt sich am Briefwechsel mit Martin Buber deutlich ablesen. In die praktische Redaktionsarbeit, die im wesentlichen bei Buber lag, konnte sich Rosenzweig schon aufgrund seiner Krankheit kaum einschalten, wohl aber in die konzeptionelle Planung der Zeitschrift. An ihr nahm er von Beginn an Anteil. Als unmittelbare Forderung der Zeit sah er das Projekt, beschleunigte den Vorbereitungsprozeß, erklärte sich selbst bereit, anonym die Einleitung zu verfassen, sichtete in Frage kommende Manuskripte und beschäftigte sich schließlich auch und nachdrücklich mit der Frage der Herausgeberschaft, die zunächst, als nur Martin Buber und der Verleger Lambert Schneider feststanden, weitgehend ungeklärt war.

Aus Briefen Rosenzweigs an Buber aus dieser Planungsphase: „Es ist doch von vornherein nur was für ein oder zwei Jahre, Schlegels Athenäum, nicht Quarterly Review. Das kann dem Verleger ja auch nur recht sein. Aber wer gibt es heraus? Da die Tendenz, soweit polemisch, nur im Titel und allenfalls in der Einleitung ausgesprochen wird, so bleibt die Kriegsmaske nach außen die Verbündetheit von Judentum und Christentum. Wer nun als Christ? Ein Judenchrist darf es nicht sein. Und es muß schon ein Name oder ein Gewicht sein. Ernst Michel wäre allenfalls ein Name, Weizsäcker wäre ein Gewicht. ... Ich habe immer noch so ein Gefühl, als müßte sich der richtige Partner noch finden; das ist aber wohl nur der Reflex davon, daß der richtige, der ganz richtige, tot ist."[17] Rosenzweig unterstützt Bubers Versuche, Weizsäcker und Wittig zu gewinnen, und als diese schließlich trotz Weizsäckers vorsichtiger Skepsis und Wittigs gerade 1925 eskalierendem Konflikt mit der katholischen Kirche gelingen, kann er den Vorschlag fallenlassen, Buber solle im Notfall die „Kreatur" allein herausgeben und die konfessionellen Akzente durch eine Dreiteilung des Mitarbeiterverzeichnisses setzen. Ist die Frage der Herausgeberschaft stark von strategischen Überlegungen bestimmt, etwa derjenigen, „dem Verdacht eines verlängerten ‚Juden' zu begegnen", so setzt Rosenzweig in der Diskussion um mögliche Autoren und Inhalte deutliche konzeptionelle Akzente. Einer davon ist die programmatische Abgrenzung von expliziter Theologie, die man umgekehrt auch als Offenheit für alles Wirkliche umschreiben könnte, dies freilich nicht ohne kryptotheologischen Hintersinn. An den Freund aus den Tagen der Religionsgespräche von 1913 und 1916/17, an Eugen Rosenstock, der zum engeren Autorenkreis der „Kreatur" gehören wird, schreibt Rosenzweig am 10.7.1925: „In der ‚Kreatur' werden wir so gut wie sicher nicht nebeneinander figurieren. Buber irrt sich da, und ich habe es ihm gerade in diesen Tagen klargemacht, und er hat es auch nun verstanden. Die ‚Kreatur' soll doch selber keine theologische Zeitschrift sein, sondern – das ist ja gerade der Witz – nur theologisch fundiert. Und meine ganze Produktion geht nun einmal jetzt in theologische Richtung. ... Meine Beteiligung an der Sache wird also wesentlich die des Theaterarbeiters sein, freilich eines alten Faktotums, ohne das es ‚nicht geht' und das von der Sache per ‚Ich und der Herr Intendant' spricht; aber die Schauspieler und die auf dem Zettel genannten Regisseure müssen ‚die von unsre Leut' sein, die noch in Kunst, Politik und den verwandten Branchen arbeiten. – Daß es diesmal was wird, glaube ich auch. Vor allem hoffe ich, daß die Sichtbarwerdung den Erfolg hat, daß auch andre

Leute aus ihren Löchern herauskriechen, so daß man mal endlich einen Überblick hat, wie viele man eigentlich ist."[18]

Der Theaterarbeiter hinter den Kulissen, als den Rosenzweig sich hier vorstellt, hatte durchaus mehr Ähnlichkeit mit dem Herrn Intendanten, als die Maske des „alten Faktotums" zu erkennen gibt. Die Beziehungen Franz Rosenzweigs zur „Kreatur", so läßt sich anschließend an diese Briefstelle pointieren, sind weniger die eines Beiträgers und Autors als die des spiritus rector ihrer Grund-Konzeption. Festzuhalten bleibt hier zunächst das von Rosenzweig immer wieder, zumal beim gemeinsamen Entwurf der Einleitung, betonte „nicht-theologische" Profil. Im Brief an Buber schreibt er Ende April anläßlich der Redaktion dieses Vorworts:

Die Untheologie muß unbedingt hinein, weil die Leute auf deinen und Wittigs Namen – Weizsäckers kennen sie nicht – sonst auf Theologie raten werden. Und da muß man ihnen ein positiv andres Wort zwischen die Beine schmeißen. Das ist aber nicht Anthropologie, auch nicht mit Rosenstocks Zusatz („im erneuerten Sinn" – denn das versteht nur, wer Rosenstocks Soziologie gelesen hat und weiß, daß die Worte von ihm sind ... Während Kosmologie, mit dem wunderbaren Zusatz Weizsäckers, so unmißverständlich ist, wie ein Schlagwort überhaupt sein kann; denn demütig ist weder die freche Kosmologie der Narren noch die „bescheidene" der Professoren.[19]

Rosenzweig will die „Kreatur" von jeder stofflichen Einengung aufs Theologische freihalten. Daß aber gerade diese Geste der thematischen Öffnung aufs Gesamtspektrum der gegebenen Wirklichkeit hin in seinem eigenen Begriff von Theologie fundiert ist, wurde bereits kurz angedeutet. Dieser Verbindung kommen wir näher, wenn wir uns noch einmal des Namens vergewissern, den er im Dialog mit Martin Buber der Zeitschrift gegeben hat: „Kreatur". In einem Brief an Eugen Rosenstock vom Juli 1925 rekapituliert Rosenzweig die Vorgeschichte des Projekts, die ursprüngliche Idee Rangs einer Zeitschrift „aus den Exilen". „Zwischen mir und Buber ergab sich dann der Titel und mit dem Titel der gegen Rangs Gedanken veränderte untheologisch-positive Inhalt."[20]

Rosenzweig, dem es wichtig war, den Zusammenhang zwischen dem alten und dem neuen Namen im Vorwort zum ersten Heft explizit zu machen, hat in einem Brief an Buber vom 28.4.1926 jene Formulierung geprägt, die ich Ihnen bereits zitiert habe: „Sie (die Zeitschrift) heißt nun nicht mehr nach der gemeinsamen Bedürftigkeit, sondern nach dem, was dieser Bedürftigkeit schon heut die endliche Stillung verbürgt."[21]

Es ist, da hinter dieser Umformulierung einer negativen zu einer positiven Konzeption, hinter diesem Umschlag von „Theologie" in „Kosmologie" ein Schlüsselbegriff von Rosenzweigs „Stern der Erlösung" steht, für einen Augenblick notwendig, daß ich die Zurückhaltung der

Philologie gegenüber der Philosophie ein wenig lockere, wenn auch nicht so weit, daß ich Ihnen etwa das Verhältnis von Schöpfung und Offenbarung bei Rosenzweig insgesamt erläutern könnte oder wollte, wie er es zum Beispiel aus der Kritik am islamischen Begriff der Schöpfung als Willkürtat Gottes im Ersten Buch des Zweiten Teils entwickelt. Doch seien mir einige Hinweise auf den speziellen Zusammenhang gestattet, der den Kreaturbegriff im „Stern der Erlösung" mit dem Programm einer „untheologischen Kosmologie" im Vorwort zur Zeitschrift „Die Kreatur" verbindet. In zwei Sätzen und wahrscheinlich vereinfachend ließe sich dieser Zusammenhang so formulieren:

1. Die Bindung an den Kreaturbegriff bewahrt den „Kosmos" der anvisierten „demütigen Kosmologie" davor, schlicht mit Natur identifiziert werden zu können; zwar soll die Welt, auch und gerade als natürliche und profane, zur Sprache kommen, aber eben so, daß sie damit zugleich ins Licht der Offenbarung gerückt wird.
2. Der Kreaturbegriff fundiert die messianische Perspektive, von der gleich im ersten Satz des Vorworts der Zeitschrift die Rede ist; denn nicht nur verweist er auf die in und mit der Schöpfung gegebene Offenbarung, sondern im Zusammenhang dieser beiden zugleich auf die Kategorie der Erlösung.

Schon in der Einleitung zum Ersten Teil des „Stern der Erlösung" läßt Rosenzweig aufblitzen, was im „metalogischen" Begriff der Welt angezielt ist, wenn er, weit vorausgreifend, seinen Weltbegriff vom kritischen Naturbegriff dadurch zu scheiden sucht, daß er sie als „Kreatur" begreift. Die negative Kosmologie, von der er im Zweiten Buch des Ersten Teils „Die Welt und ihr Sinn oder Metalogik" ausgeht, diskutiert er bereits mit Blick auf jenen theologischen Begriff der „Kreatur", der schließlich das Nicht-Wissen von der Welt in die Erfahrung der Welt als Schöpfung umschlagen läßt. Im Ersten Buch des Zweiten Teils, das den Gedanken der Schöpfung entfaltet, wird explizit, worum es Rosenzweig geht: Schöpfung ist kein Begriff des Anfangs, kein Zeitpunkt des einmal Geschaffenwordenseins, nicht ein Datum, an das man nur zu glauben hätte, sondern das Dasein der Welt in der Zeit insgesamt. Die Welt als Kreatur ist Gegenstand immer neuer nicht etwa Erinnerung, sondern Erfahrung ihres Geschaffenseins, besser Geschaffenwerdens. Dieser Gedanke schlägt die Brücke zu dem der Offenbarung. In Rosenzweigs Worten:

Erst der Gedanke der Schöpfung reißt die Welt aus ihrer elementaren Abgeschlossenheit und Unbewegtheit in den Strom des Alls hinein, öffnet ihre bisher ins Innere gekehrten Augen nach außen, macht ihr Geheimnis offenbar. ... In der göttlichen Schöpfung am Weltmorgen braucht die Welt nicht ein „Fertig"-Geschaffenes „geworden" zu sein, sondern vor-

erst noch weiter nichts als – Geschöpf. Was von Gott aus gesehen Schöpfung ist, kann von ihr aus gesehen nur den Hervorbruch des Bewußtseins ihrer Geschöpflichkeit, ihres Geschaffenwerdens bedeuten. Die gestaltete Welt würde also ihre Augen in der Schöpfung auftun zur Kreatürlichkeit. Ihr Geschaffenwerden wäre von ihr selber her gesehen ihr Sich-Offenbaren als Kreatur. Als Kreaturbewußtsein, als Bewußtsein nicht des einmal Geschaffenwordenseins, sondern des immerwährenden Geschöpfseins, ist dies Bewußtsein etwas durchaus Objektives, nicht etwa schon ein Vorgang in der Welt, sondern echte Offenbarung, also ein Vorgang, der von ihr selbst herüberstrahlt auf das Bewußtsein des Schöpfers und dieses erst vollständig bestimmt. Das Kreaturbewußtsein der Welt, also das Bewußtsein des Geschaffenwerdens, nicht des Geschaffenwordenseins, vergegenständlicht sich im Gedanken der göttlichen Vorsehung[22]

Die Offenhaltung der Zeitschrift „Kreatur" für alles Untheologische, Positiv-Wirkliche, in der Erfahrung der Welt Gegebene ist, so können wir nun sagen, die nach außen gewendete Konsequenz der inneren Überzeugung Rosenzweigs, daß sie gerade so am ehesten die Offenbarung in der Kosmologie sichtbar machen kann. Rosenzweigs Konzeption der „Kreatur" ist, formelhaft gesagt, die eines Konfessionsgrenzen nicht aufhebenden, aber sie transzendierenden Organs der Erfahrung und Reflexion der Welt als Schöpfung.

Daß er darüber hinaus die Zeitschrift auch als Autor geprägt hat, sei angefügt. Doch hat er zu Lebzeiten nur zwei Texte in ihr veröffentlicht. Zum einen, als Auszug aus seiner Übersetzung des Jehuda Halevi, das Gedicht „Der Name" mit seinem Kommentar. Auch hier begegnet der Schöpfergott als Konkurrent des Philosophengottes: „Der welterhabene Schöpfer schlägt ‚Wohnung' auf, und der abstrakte Gott der Philosophie hat ‚Sein' im zerschlagenen Herzen."[23]

Der Aufsatz „Die Schrift und das Wort" im ersten Heft des ersten Jahrgangs hat über seine Funktion als öffentlicher Kommentar zur Bibelübersetzung noch einen allgemeinen programmatischen Sinn. Denn wie hier die Rettung des Worts vor der Schrift, im Fall der Übersetzung die Rettung des Worts *in* die Schrift versucht wird, hat mit der Philosophie Rosenzweigs im Innersten zu tun. Martin Buber akzentuiert diese bewußte Nähe von Rosenzweigs Denken zum Gespräch und zum Wort des lebendigen Ich, wenn er im Nachruf auf den Freund ausdrücklich nicht von dessen „Philosphie", sondern von seinem „Philosophieren" spricht. Und ähnlich klingt es, wenn Rang im ersten Heft der „Kreatur" schreibt, ein „wirklicher Philosoph" sei einer, „der philosophiert, aber keine Philosophie hat."[24] Daß in der Rettung des Mündlichen, des Worts und der Anwesenheit des empirischen Ich im philosophischen Denken auch der Mitarbeiter am Jüdischen Lehrhaus spricht, zeigt eine kritische Anmerkung, die Rosenzweig in einem Brief an Buber über den Aufsatz „Prinzipielles Denken" von Hermann Herrigel im zweiten Heft der „Kreatur" macht: „Man merkt, daß er nicht gewohnt ist, mündlich zu lehren."[25]

Daß Rosenzweig als spiritus rector der Zeitschrift mit dem, was sie leistete, durchaus zufrieden war, zeigt ein Brief an Leo Baeck vom Mai 1929, als die „Kreatur" schon in ihren dritten und letzten Jahrgang eintrat. Er wirbt darin nicht nur um Abonnenten und Unterstützung für die verlegerisch riskante Bibelübersetzung, sondern im gleichen Atemzug für die „Kreatur":

Auch die Kreatur vertrüge mehr als die 250 Abonnenten, die sie hat; ich finde, es könnte nichts schaden, wenn die derzeit beste deutsche Zeitschrift nicht erst in hundert Jahren von den Literatur- und Philosophiehistorikern gelesen würde, sondern schon von ein paar Zeitgenossen.[26]

IV. Kurzer Überblick über das thematische Spektrum der „Kreatur"

In seiner Rezension der Neuauflage des „Stern der Erlösung" hat Gershom Scholem 1931 die eigentümliche Konsequenz hervorgehoben, mit der Rosenzweigs Begriff der Erlösung die Nähe zur „Katastrophentheorie der messianischen Apokalyptik" systematisch scheut:

Die Apokalyptik, die als ein ohne Zweifel anarchisches Element für Lüftung im Haus des Judentums gesorgt hat, die Erkenntnis von der Katastrophalität aller historischen Ordnung in einer unerlösten Welt, hat hier in einem tief um Ordnung besorgten Denken eine Metamorphose durchgemacht, in der die zerstörende Macht der Erlösung nur mehr als Unruhe in das Uhrwerk des Lebens im Lichte der Offenbarung eingebaut erscheint.[27]

Rosenzweigs Distanz zur Apokalyptik, die im zeitgenössischen literarischen wie philosophischen Expressionismus mit revolutionärer Emphase aufgegriffen wird, bedeutet keineswegs, daß nicht auch er vom Krisenbewußtsein seiner Generation geprägt wäre. Im Februar 1923 schreibt er an Rudolf Hallo, der 1922 die Leitung des Freien Jüdischen Lehrhauses in Frankfurt übernommen hatte:

Meine Ansicht ist kurz gesagt die, von vielen anderen ja geteilte, daß die europäische Kultur heute zusammenzustürzen droht und daß sie nur gerettet werden kann, wenn ihr Hilfe kommt von den außereuropäischen, übermenschlichen Mächten. Daß diese Mächte, von denen das Judentum eine ist, dabei sich gerade, wenn ihnen die Hilfe gelingen wird, aufs neue europäisieren und säkularisieren werden, ja daß schon der erste Schritt der Hilfe der erste Schritt zu dieser neuen Säkularisation ist, darüber täusche ich mich wahrlich nicht. Die Ewigkeit der Mächte bewährt sich in ihrer Fähigkeit, sich immer neu zu säkularisieren."[28]

Indiz dafür, daß Rosenzweigs Philosophieren als Reflexion der Erschütterung nicht dieser oder jener Gewißheit, sondern des Traditionsgebäudes insgesamt zu verstehen ist und sich selbst versteht, ist die Bedeutung der Kategorie des „Neuen" für sein Denken, dem er im Kommentar zum „Stern der Erlösung" selbst die Gesamtüberschrift „Neues Denken" gegeben hat. Als programmatische Formel signalisiert dieser Titel nicht nur die kritische Absetzung von aller bisherigen Philosophie, allem reinen Denken von Jonien bis Jena, sondern zugleich und vor allem die Revolutionierung des Denkens selbst als Voraussetzung eines Neubeginns, der nicht mit irgendeiner Inthronisierung eines neuen Gedankeninhalts anhebt, sondern von Grund auf den Begriff dessen verändert, was künftig „Denken" heißen soll. Die Pointe dieser sezessionistischen Gedankenfigur ist, daß das „Neue Denken" seinen archimedischen Punkt außerhalb nicht nur der Universitätsphilosophie, des methodisch skrupulösen Neukantianismus oder gar einer vorab zu diskutierenden Erkenntnistheorie, sondern in souveräner kolumbianischer Geste außerhalb jeglicher Sphäre reinen Denkens sucht: im Kontinent der Erfahrung, wo nicht die „Wahrheit des Philosophen", sondern die „Wahrheit für jemanden" beheimatet ist.[29] Rosenzweig hat den Aufbruch vom Festland der allgemeinen zum Neuland der erfahrenen Wahrheit, zur Erneuerung des Denkens wie des Lebens nicht als exklusive Anstrengung eines Einzelnen begriffen, sondern als kollektiven Exodus einer intellektuellen Gemeinschaft, deren Mitglieder von durchaus unterschiedlichen Ausgangspunkten kamen und geprägt waren. Das „Neue Denken", so wie Rosenzweig es skizziert, kennt kein Gründungsmanifest, das zu unterzeichnen, sondern nur das interkonfessionelle Gespräch, das zu führen die einzige Möglichkeit ist, im Akt der lebendigen Erneuerung die Chance zur Rettung der gemeinsamen Kultur zu eröffnen. Daß er nicht „an die spezielle Jüdischkeit der neuen Philosophie" glaube, hat Rosenzweig in einem Brief an Rudolf Hallo ausdrücklich betont[30], und es entspricht dieser Facettierung der Kategorie des „Neuen", wenn er sein eigenes Hauptwerk unmißverständlich nicht als Religionsphilosophie oder (im traditionellen Sinn) Theologie, sondern als systematisches Gebäude der neuen, „erfahrenden Philosophie" verstanden wissen wollte. Der Satz, mit dem er die perspektivische Drehung kennzeichnet, die der philosophische wie theologische Problembestand im „Neuen Denken" erfährt, lautet: „Gott hat eben nicht die Religion, sondern die Welt geschaffen."[31] Die Formulierung steht in ersichtlicher Nähe zum „kosmologischen" Konzept der „Kreatur", und es dürfte kaum Zufall sein, daß von den Gewährsmännern, die Rosenzweig im Aufsatz über das „Neue Denken" herbeizitiert, fast alle auch als Autoren der „Kreatur" in Erscheinung treten werden: Eugen Rosenstock und Hans Ehrenberg, Victor von Weizsäcker und Rudolf Ehrenberg, Martin Buber und Florens Christian Rang.[32]

„Theologisches Denken hat bei all den eben Genannten dem neuen Denken zum Durchbruch verholfen. Gleichwohl ist es kein theologisches Denken. Wenigstens ganz und gar nicht, was man bisher unter einem solchen verstehen mußte. Weder im Ziel noch in den Mitteln. Weder richtet es sich nur auf die sogenannten ‚religiösen Probleme', die es vielmehr mitten unter, ja geradezu mitten in logischen, ethischen, ästhetischen behandelt, noch kennt es jene aus Angriff und Verteidigung gemischte, nie ruhig der Sache zugewandte Haltung, die für theologisches Denken charakteristisch ist. Wenn das Theologie ist, dann jedenfalls als solche eine ebenso neue wie als Philosophie."[33]

Die Zeitschrift „Kreatur" läßt sich aus der Perspektive Rosenzweigs als publizistisches Flaggschiff des kollektiven, interkonfessionellen Aufbruchs zum „Neuen Denken" interpretieren. Das Spektrum dessen, was sie aufnimmt, ist dabei weiter als der Kernbereich dessen, was etwa Rosenzweig selbst mit der „erfahrenen Philosophie" im Sinn hatte. Organ einer intellektuellen Such- und Sammlungsbewegung ist deshalb die „Kreatur" weit eher als Propagandistin einer vorab en detail skizzierten Programmatik. Als Auffächerung dessen, was der strategische Begriff „Kosmologie" anvisiert, lassen sich ihre Beiträge lesen. Ich will versuchen, Ihnen im folgenden im kursorischen Überblick über Themen und Autoren einen Eindruck von den *vier Hauptrichtungen* zu geben, die sich m. E. im Blick auf die Denkbewegung der „Kreatur" hervorheben lassen. Die Reihenfolge, in der ich sie vorstelle, soll keine Hierarchie signalisieren; es geht nicht um Deduktion, sondern Komplementarität. Die *erste Gruppe* von Beiträgen, die ich Ihnen vorstellen möchte, wäre formelhaft dem Stichwort einer nicht-naturalistischen *Anthropologie* zu unterstellen. Die auffällig starke Präsenz von medizinischen, biologischen wie generell naturwissenschaftlichen Themen in der „Kreatur" signalisiert, daß hier mit den Mitteln der Wissenschaft vom Menschen ein Begriff seiner „Natur" angezielt ist, der ihn in den Kontext der Schöpfung zu stellen erlaubt. Abgrenzung gegen die objektivistischen Tendenzen moderner Forschung und Einspruch gegen das Weltbild des 19. Jahrhunderts gehen dabei Hand in Hand. Patron dieser nach seiten der Philosophie wie Theologie offenen anthropologischen Reflexion ist der wissenschaftsgeschichtlich auf der Verliererseite stehende Naturforscher Goethe, nicht Newton, der recht hatte. In bewußtem Anachronismus wird das morphologisch-organische gegen das analytische, auf von Zeit und Erfahrung unabhängige Erkenntnis orientierte Denken rehabilitiert.

Rudolf Ehrenberg (1884–1969) erläutert im vierten Heft des ersten Bandes seine „Metabiologie", in der die organische Natur des Menschen aus der Perspektive der unumkehrbaren Zeit des Lebens, also vom Tode her gedeutet wird[34]; die Lehren des Paläontologen und Geologen Edgar Dacqué (1878–1945) über die „Ursinnessphäre" und den „Menschen als Urform" finden als prominente Beispiele für die anti-darwinistischen

Revolten in der Naturwissenschaft des ersten Jahrhundertdrittels Eingang in den zweiten und dritten Jahrgang der „Kreatur“[35]; Victor von Weizsäckers bereits erwähnte medizinische Anthropologie schließlich, die den Arzt, den Kranken und die Schmerzen als Einheit gegen die Isolierung des Objektiven vom Subjektiven zu retten sucht, wird flankiert von Praxisberichten des Schweizer Arztes und C. G. Jung-Schülers Hans Trüb.[36] Die Essays des Hölderlin-Forschers Wilhelm Michel (1877–1942) über „Gestalten der Angst“, über den „Blick“ und über „den Menschen in der Landschaft“ stehen in ihrer Tendenz zur Vermittlung des Anthropologischen und Ästhetischen bereits auf der Schwelle zum benachbarten *zweiten Themenkreis*. Seine Leitbegriffe sind *„Erziehung“* und *„Bildung“*. Wenn in der „Kreatur“ vom „Glauben“ die Rede ist, so ist die Abgrenzung vom defensiv-bildungsfeindlichen Köhlerglauben stets mitgedacht wie in Rudolf Ehrenbergs programmatischem Aufsatz „Glaube und Bildung“ im ersten Heft des ersten Jahrgangs. Insgesamt ist dieser Themenkreis aus zwei Typen von Beiträgen zusammengesetzt. Auf der einen Seite stehen konzeptionelle Texte wie Martin Bubers Rede auf der III. Internationalen Pädagogischen Konferenz in Heidelberg 1926, Hans Ehrenbergs „Glossen zu Goethes pädagogischer Provinz“ und Marie Luise Enckendorffs Aufsatz „Zur Frage der Erziehung“.[37] Auf der anderen Seite Erfahrungsberichte und Reflexionen, die unmittelbar aus der Arbeit in reformpädagogischen Institutionen entstanden sind. So berichtet etwa der Lehrer Heinrich Sachs „Vom Leben und Bilden einiger Kinder“ in der *Odenwaldschule*[38], steuern Eugen Rosenstock und Ernst Michel programmatische Texte zur nicht-akademischen Bildung innerhalb der katholischen Arbeiterbewegung und der *Akademie der Arbeit* bei und formuliert Fritz Klatt, Leiter der *Volkshochschule auf dem Darß* seine „Gedanken zu der ersten Akademie der deutschen Schule für Volksforschung und Menschenbildung“.[39] Die Aufsatzfolge von Eduard Strauß (1876–1952) über den hl. Franziskus und Ernst Simons Abhandlung „Zum Werturteil im Geschichtsunterricht“ schließlich sind aus dem Kontext des *Freien Jüdischen Lehrhauses* in Frankfurt erwachsen.[40] Die an Eugen Rosenstocks „Führer oder Lehrer“ anknüpfende Diskussion zum Führerideal in der deutschen Jugendbewegung verbindet pädagogische mit zeitdiagnostischen Impulsen.[41]

Die *Zeitkritik* bildet in der „Kreatur“ einen eigenen, dritten Schwerpunkt, der am besten mit dem Untertitel von Florens Christian Rangs „Deutscher Bauhütte“ zu überschreiben wäre: *Philosophie der Politik*. Vor allem Texte aus dem Nachlaß von Rang selbst können hierfür als Beispiel stehen: seine Auseinandersetzung mit Walther Rathenau in „Glaube, Liebe und Arbeitsamkeit“, seine nietzscheanische „Historische Psychologie des Karnevals“ und das erste Kapitel einer Preisarbeit „Über den Wiederaufbau der menschlichen Gesellschaft“[42]. Charakteristisch für das Profil der „Kreatur“ ist die Wendung, die Werner Picht in einem Beitrag zum zweiten Heft des zweiten Jahrgangs dem Thema „Internationale Verständigung" gibt: Nicht die Flucht in den Internationalismus sei das Gebot der Stunde, sondem die „Entgiftung des Nationalismus".[43]

Dem letzten und *vierten* Themenkreis, auf den ich Sie aufmerksam machen möchte, läßt sich die große Gruppe derjenigen Texte zuordnen, die im Stile philosophischer Essayistik allgemeine Reflexionen und Suchbewegungen der geistigen Erneuerung vollziehen. Zum einen geschieht dies in durchaus kontroverser Diskussion darüber, was „Neues Denken" sei – so im Streit zwischen Hermann Herrigel und Eberhard Grisebach.[44] Zum andern als Suche nach Orientierungspunkten, die dem Ungenügen an metaphysikfeindlichem Positivismus und illusionärer Fortschreibung des Idealismus als positive Fundierung dienen könnten. Hier fällt die starke Präsenz russischer Themen und Autoren unmittelbar ins Auge. Sie ist ein Hinweis darauf, daß eine einflußreiche kulturkritische Gedankenbewegung, die seit der Jahrhundertwende die unterschiedlichsten Aufbruchs- und Regenerationsgesten prägte, auch in der „Kreatur" ihre Spuren hinterläßt: die Hoffnung auf Rettung des Westens durch den Osten. Ihre magna charta findet sie im Werk Dostojewskis, der für die tragende Autorenschicht der „Kreatur" generationstypisch eines der bedeutendsten Lektüreerlebnisse gewesen sein dürfte. Der Aufsatz des Übersetzers und Dostojewski-Interpreten Karl Nötzel im zweiten Heft des dritten Jahrgangs läßt die Bedeutung ahnen, die die Figur des Russen als Leitfigur kultureller Erneuerung hatte: „Die Verwirklichung des Menschen im Russen."[45] Russische Autoren wie Nikolaj Berdjajew und Leo Schestow sind mit umfangreichen Arbeiten in der „Kreatur" vertreten, und einer der erhellendsten Beiträge der gesamten Zeitschrift ist M. Gerschensons und W. Iwanows „Briefwechsel zwischen zwei Zimmerecken". Er ist im Sommer 1920 entstanden, als die beiden Autoren zusammen in einem Zimmer im Erholungsheim „Für Arbeiter der Wissenschaft und Literatur" zu Moskau wohnten, und läßt sich geradezu als Einführungstext in die philosophische und stilistische Atmosphäre lesen, die im Umkreis der „Kreatur" herrscht.[46] Für die Offenheit der Zeitschrift spricht, daß sie die Chiffre „Osten" nicht nur mit Blick auf Dostojewski, sondern auch auf das aktuelle revolutionäre Rußland auslegt: Auf Vermittlung Martin Bubers erschien Walter Benjamins Reisebericht „Moskau" im ersten Heft des zweiten Jahrgangs der „Kreatur". Daß der eingangs erwähnte Essay des jungen Dolf Sternberger über Don Quijote, den Idioten und Chaplin zu den Randbezirken dieses Themenkreises gehört, sei lediglich angemerkt.[47]

Unabhängig von Himmelsrichtungen ist das Reich der Poesie: Ihr Statthalter in der „Kreatur" ist immer wieder – auch dies eine generationstypische Konzentration – Friedrich Hölderlin.[48]

Ich komme zum Schluß. Im letzten Heft der „Kreatur", das Anfang 1930 erschien – sie hörte nicht etwa auf, weil Rosenzweig starb, sondern weil der Bestand an Manuskripten erschöpft war –, stehen am Ende einige Stücke aus dem Nachlaß Rosenzweigs: ein Abschnitt aus dem großen Brief an Rudolf Ehrenberg vom 18. November 1917, der als „Urzelle zum Stern der Erlösung" gelesen werden kann[49], Bemerkungen aus Briefen und Aufzeichnungen „Über Judentum und Christentum"; und schließlich ein Auszug aus einem Brief an Eduard Strauß vom 5.1.1923, dem die Redaktion den Titel „Über das Opfer" gab: „Bei allem, was geschieht, kannst Du sagen, ob es Wiederholung (Erneuerung) der Offenbarung ist – dann ist es nämlich bloß mündlich, bloß Wort, wie das Gebet usw. – oder ob es Vorklang der Erlösung ist – dann ist es nämlich sichtbar. Auf die Sichtbarkeit kommt es an. Denk an die Stelle der Mussat-Keduschah, auf die ich solchen Wert lege: ‚Und er wirds euch zum zweiten Mal hören lassen vor den Augen alles Lebendigen, euch Gott sein zu wollen.' Vor den Augen alles Lebendigen! ‚Hören lassen' hat er es uns ‚schon einmal' (‚ein Mal'!), aber das ‚zweite' Mal, wo es vor den Augen ‚alles Lebendigen' uns gesagt wird, das steht noch aus. Wir beten also um die Sichtbarkeit. Die Offenbarung ist ja da, um sie haben wir nicht zu bitten, sondern für sie zu danken."[50]

Eine redaktionelle Vorbemerkung zum Abdruck der Passagen aus Rosenzweigs Nachlaß bringt zum Ausdruck, was ich Ihnen als seinen Anteil an der „Kreatur" erläutern wollte, indem sie der Portalfigur des Anfangs, Florens Christian Rang, gewissermaßen Auge in Auge Franz Rosenzweig als zweite Portalfigur, die des Endes, gegenüberstellt:

Wir wollen diese Zeitschrift, die wir im Gedächtnis Florens Christian Rangs begonnen haben, im Gedächtnis Franz Rosenzweigs beschließen. Von Rang rührt ihr redaktioneller Grundbau her, von Rosenzweig ihr Name. Was sie sagen und wirken durfte, möge allezeit mit der Erinnerung an diese zwei großen Bekenner der Einen Wirklichkeit verknüpft sein.

Anmerkungen:

1 Frankfurter Allgemeine Zeitung, Nr. 63, 15. März 1986, Wochenendbeilage.
2 Gesammelte Schriften Victor von Weizsäckers sind in 10 Bänden im Suhrkamp Verlag erschienen. Zu Franz Rosenzweig vgl. Band 1, Franz Rosenzweig: Eine Gedenkschrift, S. 413 ff.
3 Victor von Weizsäcker, Begegnungen und Entscheidungen, Stuttgart 1951^2, S. 26.
4 Martin Buber, Briefwechsel aus sieben Jahrzehnten, Band II, 1918–1938, Heidelberg 1973, S. 307.
5 Joseph Wittig, Leben in Palästina, Schlesien und anderswo, Gotha 1927 S. IX. Informationen zur Person und Biographie Wittigs sowie zu seinem Konflikt mit der Amtskirche gibt der Band Joachim Köhler (Hrsg.), Joseph Wittig. Historiker – Theologe – Dichter, München 1980.
6 Victor von Weizsäcker, Begegnungen und Entscheidungen, S. 29.
7 Gershom Scholem, Von Berlin nach Jerusalem, Frankfurt 1977, S. 106.
8 Vgl. zu Rang das Nachwort von Lorenz Jäger zur Neuausgabe der „Historische(n) Psychologie des Karnevels", Berlin 1983, S. 59–68. Dort auch eine Bibliographie der Schriften Rangs.

9 Florens Christian Rang, Deutsche Bauhütte. Ein Wort an uns Deutsche über mögliche Gerechtigkeit gegen Belgien und Frankreich und zur Philosophie der Politik, Sannerz und Leipzig 1924, S. 133.
10 Martin Buber, ebd., S. 182f.
11 „Florens Christian Rang an Martin Buber", in: Martin Buber, Briefwechsel aus sieben Jahrzehnten, Band II, 1918–1938, Heidelberg 1973, S. 187.
12 Franz Rosenzweig, Der Mensch und sein Werk. Gesammelte Schriften 1. Briefe und Tagebücher, Band 1.2., 1918–1929, Haag 1979, S. 947f.
13 Vgl. Brief Nr. 1098, Juli 1926, ebd.
14 Vgl. Brief Nr. 975, 8.12.1924, ebd., S. 1008.
15 Den philologischen Nachweis hierfür führt Lorenz Jäger in seinem Aufsatz „Neue Quellen zur Münchner Rede und zu Hofmannsthals Freundschaft mit Florens Christian Rang", in: Hofmannsthal-Blätter, Heft 29, 1984, S. 3–29. Vgl. zum Verhältnis Hofmannsthal – Rang Rangs „Briefwechsel mit Hugo von Hofmannsthal", in: Die neue Rundschau 70, 1959, S. 402–448. Zu Walter Benjamins Freundschaft mit Rang ist Benjamins Briefwechsel aufschlußreich. Zur Bedeutung von Rang für Benjamins Trauerspiel-Buch vgl. Lorenz Jäger, Nachwort zu „Historische Psychologie des Karnevels", Berlin 1983, S. 66f.
16 Die Kreatur, Jahrgang I, Heft 1, S. 112.
17 Franz Rosenzweig, Briefe und Tagebücher, 1.2., S. 1044f, Briefe Nr. 1025/27.
18 Ebd., Brief Nr. 1032, 10.7.25, S. 1051. Vgl. hierzu aus der Perspektive Rosenstocks den „Rückblick auf die ‚Kreatur'", in Eugen Rosenstock-Huessy, Ja und Nein. Autobiographische Fragmente, Heidelberg 1968, S.107-118. Hier auch der Hinweis auf den 1919/20 gegründeten „Patmos-Verlag" und die dort erschienenen „Bücher vom Kreuzweg" als Vorgeschichte der „Kreatur". (Hans Ehrenberg, Die Heimkehr des Ketzers; Karl Barth, Der Christ in der Gemeinschaft; Leo Weismantel, Die apokalyptischen Reiter; Eugen Rosenstock, Die Hochzeit des Kriegs und der Revolution; Werner Picht, Die Frucht des Leidens; Rudolf Ehrenberg, Ebräer 10,25: Ein Schicksal in Predigten).
19 Franz Rosenzweig, Briefe und Tagebücher, Band 1.2., Brief Nr. 1088, undatiert, vermutlich 27.4.1926, S. 1091.
20 Ebd., Brief Nr. 1035, S. 1053f.
21 Ebd., Brief Nr. 1089, S. 1044f.
22 Franz Rosenzweig, Der Stern der Erlösung, 3. Auflage 1954, Zweiter Teil, Erstes Buch, S. 41f.
23 Die Kreatur, Jahrgang I, Heft 2, S. 246.
24 Vgl. Martin Buber, „Franz Rosenzweig", in: Kant-Studien XXXV, 4, 1930, S. 517 und Florens Christian Rang, „Das Reich", in Die Kreatur I, 1, S.115.
25 Vgl. Rosenzweig, Tagebücher und Briefe, Band 1.2., Brief Nr. 1091, S. 1095.
26 Ebd., Nr. 1239, S. 1211.
27 Gershom Scholem, Judaica 1, Frankfurt 1969, S. 232 f. Vgl. zur Apokalyptik in der Philosophie des ersten Jahrhundertdrittels den ausgezeichneten Aufsatz von Anson Rabinbach, „Between Enlightenment and Apocalypse: Benjamin, Bloch and Modern German Jewish Messianism", in: New German Critique, Number 34, Winter 1985, S. 78–124.
28 Franz Rosenzweig, Briefe und Tagebücher, Band 1.2., Brief vom 4.2.1923.
29 Franz Rosenzweig, „Das Neue Denken. Einige nachträgliche Bemerkungen zum ‚Stern der Erlösung'", jetzt in: Franz Rosenzweig, Der Mensch und sein Werk, Gesammelte Schriften, Band III, Zweistromland. Kleinere Schriften zu Glauben und Denken, 1984, S.139–161, S.158. Zur Charakterisierung von „Alter" und „Neuer" Philosophie vgl. den Brief an Rudolf Stahl v. 7.12.1925: „Daß die alte Philosophie wirklich schon, und zwar sogar schon seit hundert Jahren, zu Ende ist, und daß mit Schopenhauer und ganz deutlich mit Nietzsche ein neuer Philosophentyp aufgekommen ist, der eben nicht mehr das Tau der einen Philosophiegeschichte weiterflicht, sondern seinen eigenen Cocon, also mit Einsatz seines armen Raupenlebens, um sich herum spinnt, den in das Kleid der Wahrheit einzuweben Sache des Herrn der Wahrheit ist, indes die Raupe sich nur eingesponnen hat um ihrer eigenen Schmetterlingsseligkeit halber, das habe ich ja in der Einleitung des ersten und etwas auch noch des zweiten Bandes ausge-

führt." Franz Rosenzweig, Briefe und Tagebücher, Band 1.2., Brief v. 7.12.1925, S. 1071.

30 Ebd., Brief an Rudolf Hallo vom 4.2.1923.

31 Franz Rosenzweig, Das Neue Denken, ebd., S. 153.

32 Rosenzweig spricht in einem Brief an Robert Fritzsche vom 18.4.1928 ausdrücklich von der „Kreaturgeneration" (Weizsäcker, Rosenstock, Picht, ich selber), und es gehörte zu den Überraschungen seiner Kenntnisnahme des Werks von Rang, daß durch ihn die Grenze dieser Generation hinausgeschoben bzw. transzendiert wurde. Die negative Gegenfigur zu Rang aus dessen Generation war Georg Simmel. Vgl. zur Charakterisierung der Gewährsmänner im einzelnen Rosenzweig, Das Neue Denken, ebd. S. 152. Weniger bekannt als der Einfluß Eugen Rosenstocks auf Rosenzweig ist die Bedeutung, die Hans Ehrenberg für die Entwicklung von Rosenzweigs intellektueller Biographie hatte. Dazu nun ausführlich Heinz Jürgen Görtz, Tod und Erfahrung. Rosenzweigs „erfahrende Philosophie" und Hegels „Wissenschaft des erfahrenden Bewußtseins", Düsseldorf 1984, S.361 ff. Hier auch eine Interpretation von Ehrenbergs „Disputation. Drei Bücher vom deutschen Idealismus", München 1923–25 und „Die Parteiung der Philosophie. Studien wider Hegel und die Kantianer", Leipzig 1911.

33 Franz Rosenzweig, Das Neue Denken, ebd., S. 152f.

34 Rudolf Ehrenberg, „Gottesreich und organisches Leben", in: Die Kreatur, Jahrgang I, Heft 4, S. 370–408.

35 Edgar Dacqué, „Die Ursinnessphäre", in: Die Kreatur, Band II, Heft 3 1928, S. 344–355 sowie ders., „Der Mensch als Urform", in: Die Kreatur, Jahrgang III, Heft 3, 1929, S. 223–235. Vgl. zu Dacqué, „Victor von Weizsäckers Rezension von dessen Werk ‚Urwelt, Sage und Menschheit', München 1924", in: Gesammelte Schriften, Band 1, Frankfurt 1986, S. 518–523. Dacqués Publikationen wie „Natur und Seele" oder „Geographie der Vorwelt", in denen auch Themen wie Platons Atlantis oder die damalig zirkulierende Glazialkosmogonie Hanns Hörbigers ernst genommen und diskutiert werden, hatten einen großen Einfluß auf die Artikulation des Unbehagens an der Naturwissenschaft des 19. Jahrhunderts. Vgl. auch Walter Benjamins Notiz zu einem Vortrag Dacqués „Krisis des Darwinismus" in: Walter Benjamin, Werkausgabe Band 11, Frankfurt 1980, S. 534ff.

36 Hans Trüb, „Eine Szene im Sprechzimmer des Arztes", in: Die Kreatur, Jahrgang III, Heft 1, 1929, S. 53–60, sowie ders., „Aus einem Winkel meines Sprechzimmers", in: Die Kreatur, Jahrgang III, Heft 4, 1930, S. 403–420.

37 Martin Buber, „Rede über das Erzieherische", in: Die Kreatur, I, 1, 1926, S. 31–35. Hans Ehrenberg, Drinnen und Draußen- Drunten und Droben. Kreatürliche Glossen zu Goethes Pädagogischer Provinz, in: Die Kreatur, III, 4, 1930, S. 297–307. Marie Luise Enckendorff (=Gertrud Simmel, die Witwe Georg Simmels), „Zur Frage der Erziehung", in: Die Kreatur I, 3, 1926, S. 304-314.

38 Heinrich Sachs, Vom Leben und Bilden einiger Kinder, in: Die Kreatur, I, 4,1926/27, S. 438–467.

39 Fritz Klatt, Geschichtliche Begründung der Gegenwart, in: Die Kreatur, II, 2, 1927, S. 245–248.
Eugen Rosenstock, Kirche und Arbeit, in: Die Kreatur, II, 2, 1927, S. 158–180.

40 Eduard Strauß, „Franziskus 1. Die Elemente", in: Die Kreatur, I, 2, 1926, S.214–229; „2. Werk und Gestalt", in: Die Kreatur I, 3, 1926, S. 336–360 und 3. „Der Sinn", in: Die Kreatur, I, 4,1926/27, S. 468–484, Ernst Simon, „Das Werturteil im Geschichtsunterricht", in: Die Kreatur, II, 4, 1928, S. 442–454.

41 Eugen Rosenstock, „Führer oder Lehrer?" in: Die Kreatur, I, 1, 1926, S. 52–68; dazu: „Lehrer oder Führer? Zwei Stimmen aus der Jugendbewegung", in: Die Kreatur, I, 3, 1926, S. 361–366 sowie Albert Mirgeler, „Der Weg der kommenden Generation. Eine Erwiderung auf Eugen Rosenstocks ‚Lehrer oder Führer?'", in: Die Kreatur, I, 2, 1926, S. 230–244.

42 Florens Christian Rang, „Glaube, Liebe und Arbeitsamkeit. Ein Brief an Walther Rathenau", in: Die Kreatur, II, 1, 1927, S. 34–70; ders., „Historische Psychologie des Karnevals", in: Die Kreatur, II, 3, 1928, S. 311–343; ders., „Betrachtung der Zeit", in: Die Kreatur, III,1, 1929 S.86–100; ders., „Ein Brief. Braunfels", 10. August 1921, in: Die Kreatur, III, 3, 1929, S. 278–289.

43 Werner Picht, „Internationale Verständigung", in: Die Kreatur, II, 2, 1927, S. 148–157.

44 Eberhard Grisebach, „Altes und neues Denken. Kritische Bemerkungen und Fragen zu Hermann Herrigels Buch ‚Das neue Denken'", in: Die Kreatur, III, 1, 1929, S. 29–37; Hermann Herrigel, „Vom Prinzipiellen Denken", in: Die Kreatur, I, 2, 1926, S. 135–158; Hermann Herrigel, „Das Verhältnis der beiden Welten, Bemerkungen zu Eberhard Grisebachs Buch ‚Gegenwart. Eine kritische Bilanz', in: Die Kreatur, III, 1, 1929, S. 38–52; Hermann Herrigel, „Brief an Eberhard Grisebach", in: Die Kreatur, III, 2, 1929, S.175–189; Eberhard Grisebach, „Die Grundentscheidung des existentiellen Denkens und ihre Kritik. Antwort an Hermann Herrigel", in: Die Kreatur, III, 3, 1929, S. 263–277.

45 Karl Nötzel, „Die Verwirklichung des Menschen im Russen", in: Die Kreatur, III, 2, 1929, S. 118–136.

46 M. Gerschenson/W. lwanow, „Briefwechsel zwischen zwei Zimmerecken", in: Die Kreatur, I, 2, 1926, S. 159–199; Nikolaj Berdjajew, „Das Ende der Renaissance", in: Die Kreatur, II, 1, 1927, S. 102–122 sowie II, 2, 1927, S. 227–244. Zur Abgrenzung der „Kreatur"-Generation von Berdjajew vgl. Franz Rosenzweigs „Brief an Robert Fritzsche vom 18.4.1928", in: Briefe und Tagebücher, Bd. 2, Nr. 1194, S. 1183 f.; Leo Schestow, „Wissenschaft und freie Forschung", in: Die Kreatur, I, 3, 1926, S. 247–267; ders., „Kinder und Stiefkinder der Zeit. Das historische Los Spinozas", in: Die Kreatur, II, 4, 1928, S. 369–396; ders., „Die großen Vorabende", in: Die Kreatur, II, 1, 1927, S. 71–101.

47 Walter Benjamin, „Moskau", in: Die Kreatur, II, 1, 1927, S. 71–101.

48 Vgl. Ludwig Strauß, „Natur und Gemeinschaft. Stücke einer Hölderlin-Biographie", in: Die Kreatur, II, 3,1928, S. 295–310.

49 Der gesamte Text nicht im Briefwechsel, sondern in Franz Rosenzweig, Schriften III, Zweistromland, 1984, S. 125–138.

50 Die Kreatur, III, 4,1930, S. 432.

Rudolf Ehrenberg

Glaube und Bildung

Wenn man zwei Hauptworte durch das Wörtchen „und" verbindet, und es sich nicht nur um die Aussage einer Summierung handelt, so nehmen die beiden Begriffe ein kritisches Verhältnis zueinander an. Mit der Übertreibung der thesenhaften Formulierung würde „Glaube und Bildung" bedeuten: „Glaube ist bildungsfeindlich" und „Bildung ist ungläubig".

Beide Formeln haben ihre Zeiten und zu jeder Zeit ihre Anhänger, und im Leben des Einzelnen gibt es Epochen, über denen die eine, über denen die andere Meinung steht. Es hilft auch nicht zu einer Verständigung der beiden Begriffe, die einander problematisch oder – entscheidungsmäßig – schon wieder unproblematisch geworden sind, wenn man ihnen getrennte Bereiche zuweist, sei es nebeneinander in der Verteilung auf Jenseits und Diesseits oder nacheinander in einem Anfangen des Einen, wo der Andre aufhört. Beide, wenn sie mit dem Ernst auftreten, der ihnen Wirklichkeit verschaffen kann, stellen einen Anspruch an den Menschen, von dem er sich ganz oder gar nicht getroffen fühlt. Und in der Tat haben beide Ansprüche eine Voraussetzung über das Leben des Menschen gemein, die Voraussetzung, daß der Mensch nicht aus seiner Wirklichkeit heraus, sondern in seine Verwirklichung hinein lebt, daß sein Leben nicht die Offenbarung einer Wahrheit, sondern die Bewährung der Wahrheit ist, daß nicht Wirklichkeit durch ihn erkannt oder erzeugt, sondern an ihm bewährt, vollzogen wird. Wenn man, ohne irgendwelche Inhalte des Glaubens oder des Bildungszweckes vorauszudenken, rein formal diejenige Tatsache des Lebens bezeichnen soll, auf Grund derer Glaube wie Bildung sich an den Menschen wenden, so ist es die, daß der Mensch im Laufe seines Lebens immer sichtbarer, immer definierter, immer ausgeprägter werden muß, mag er wollen oder nicht, mag es überhaupt Willen geben oder nicht, und mag das, was sichtbar, definiert, ausgeprägt wird, sein was es sei. Beide, Glaube wie Bildung, ziehen aus dieser Tatsache je die eine Folgerung, welche es vermeidet, ihr den Charakter des sinnlosen Verhängnisses, der Verurteilung zur lebenswierigen Einzelhaft zu geben. Für den Glauben gibt es etwas, das in dem Leben des Einzelnen erscheint, um ihm Teilhaftigkeit in einem Ganzen zu geben, besser zu offenbaren. Die Bildungsidee will, daß in dem Leben des Einzelnen das Ganze als eine Wirklichkeit erscheine. Für den Glauben *wird* der Einzelne von der Wirklichkeit, dem ens realissimum, gelebt; für die Bildungsidee gibt der Einzelne der überindividuellen Wirklichkeit Leben. Die Frage ist: Gibt es gegenüber dieser Gegensätzlichkeit etwas anderes als die Entscheidung des Einzelnen, woher sie auch komme, oder die Feststellung von Fall von Fall, daß hier das eine, dort das andere Geltung besitze? Wenn ich versuche, zu dieser Frage etwas zu sagen, so geschieht es weder mit der Autorität des Theologen, noch mit der Kompetenz des Pädagogen; ich habe weder die Offenbarung zu verkünden, noch Bildungsziele und Bildungswege anzugeben. Weil ich als Biologe, als Naturforscher des Lebens zu reden habe, kann ich nichts anderes mir vorsetzen, als zu versuchen, jene Gegensätzlichkeit in dem natürlichen Leben, als dem geschaffenen Gleichnis des Glaubens oder als der materiellen Basis der geistigen Existenz, aufzufinden und in ihrer Beschreibung – nicht den Gegensatz aufzuheben, vielleicht aber ihn als lebendig, als Lebensweisheit zu erweisen. Wenn das Leben etwas Einheitliches ist – und daß es das ist, beweist die Tatsache des einmaligen Todes –, wenn es ein Einheitliches ist, so muß die Wirklichkeit, die in dem Leben offenbar wird, *eine* sein, und ob der Mensch sich durch den Glauben bestimmt weiß oder durch das Wissen bestimmt glaubt, kann an der erscheinenden Wirklichkeit in Wahrheit nichts ändern: „An ihren Früchten sollt ihr sie erkennen".

Es gibt in der medizinischen Psychologie, die unter dem Namen der Psychoanalyse heute viel diskutiert wird, zwei Richtungen, deren Betrachtung uns als Überleitung zu der biologischen Problemstellung unseres Themas dienen mag. Die ältere, von Freud begründete, die der Seelenforschung und Seelenbehandlungsmethode den Namen gab, hat als theoretische Basis den Menschen als Triebwesen. Der Trieb, vor allem der sexuale, ist das Eigentlich-Wirkliche, das schöpferische Element, die prima causa; die seelische Gestalt, die in dem Individuum im Laufe des Lebens entsteht, ist die Selbstauswirkung des Triebes in den Schicksalen der Umwelt. Die äußere Wirklichkeit gibt das Material, in dem allein der Trieb sich Erfüllung verschaffen kann, sie ist aber überwiegend hinderlich für die Erfüllung; die Triebauswirkung wird zu einer Geschichte der Seele, deren Inhalt die Einbeziehung der triebfeindlichen Außendinge in das Individuum ist, um mehr und mehr das Spiel der widerstreitenden Kräfte ins Innere zu verlegen und der Triebrichtung nach außen sogleich den Weg des geringsten Widerstandes zu geben. Die seelischen Schicksale bekommen das Maß ihrer Bedeutung für die Seelenforschung aus ihrer größeren oder geringeren Unmittelbarkeit zu der Triebauswirkung, die zunächst zeitlich schon weitgehend bestimmt ist: Das im Leben Frühere ist bedeutungsvoller als das Spätere; je mehr geformte Individualität, in das Individuum einbezogene Außenwelt, schon vorhanden ist, um so mittelbarer, indirekter, von innen her bedingter ist das weitere, aus Trieb und Widerstand entstehende seelische Ereignis. Die Theorie der seelischen Mißbildung, der von der Wirklichkeit der Trieberfüllung abführenden Seelengeschichte ergibt sich so als Folge unglücklicher, zeitlich fehlerhaft geordneter Schicksale. Bildung, d.h. sinnvolle Ordnung in der Abfolge der seelischen Schicksale wird zur entscheidenden Angelegenheit. Aber für den Glauben, für das Hineinwerden in eine begegnende, liebend annehmende Wirklichkeit ist hier keine Stätte, dem Trieb entspricht kein Zug.

Die andere, jüngere Richtung, die unter Alfred Adlers Führung eine Schule der sogenannten Individualpsychologie aufbaut, ist in ihrer Theorie das Widerspiel der Freudschen. Auch hier ist das Individuum der Schöpfer seiner Welt, aber nicht das kausale Individuum der Triebe, sondern das finale der Selbstvollendung, der Pfeil des Geschehens weist nicht vom Individuum hinaus, sondern auf es hin. Der Prozeß der Selbstgestaltung der Seele ist geführt von dem organischen Gleichgewichtszwang des autonomen Individuums, die Schicksale in der Welt dienen als Enthüllungen organischer Fehlgewichte – von Adler als Unterwertigkeiten jeweils besonderer Organe des Körpers aufgefaßt – und führen zu kompensatorischen Korrekturen von seiten der Psyche durch die Fiktion. Die individuell verschieden große Unzulänglichkeit zur Vollendung der Ganzheit des Individuums wird durch Überbauung und Durchflechtung der wirklichen mit einer fiktiven Welt erreicht. Vaihingers Als-ob-Philosophie steht Gevatter. Aber die Adlersche Theorie, zumal in der Weiterbildung seiner Nachfolger, läßt doch vom Individuum über den Einzelnen hinaus den Weg offen: Im Individuum lebt auch die Gemeinschaft als von innen heraus zielstrebende Kraft, die fiktive seelische Kompensierung der organischen Minderwertigkeit wird mehr oder weniger bestimmt von dem auf die Gemeinschaft gerichteten Lebensfaktor. So entstehen Ideale, Mythen, Religionen als Fiktionen gleichsam der Sozialseele, und da eine Mehrheit oder die Gesamtheit der Individuen die wahre Wirklichkeit mit der Summe ihrer seelischen Gestaltungsantworten vollkommener repräsentiert als der Einzelne, so haben diese Sozialfiktionen auch für den Einzelnen einen größeren Formungswert. Gesund ist das sozial eingestellte, sozial durchkorrigierte Individuum, krank das asoziale, individuell, in Eigenfiktionen kompensierte. Hier tritt das, was Bildung an seelischem Formungswert besitzt, zurück gegenüber dem Glauben, freilich einem zunächst noch im Sinne der Fiktion, des vom Individuum aus seiner besonderen Not geschaffenen Götzen gefaßten Glauben; aber der Schritt zum echten Glauben, zu einer Wirklichkeit, in die hinein die Seele zugleich *sich* entselbstet und verselbstet *wird*, ist nicht so groß und wird von Joh. Schultz, Fritz Künkel u. a. (Schriftenreihe „Arzt und Seelsorger") schon getan.

Wer in der biologischen Theorie etwas bewandert ist, wird in diesen beiden psychoanalytischen Richtungen die Schatten der beiden kontroversen biologischen Grundanschauungen erblickt haben, die unter dem Schlagwort „Mechanismus und Vitalismus" gehen. Sie sind nicht in bewußter Anlehnung an die biologischen Vorbilder entstanden, aber sie entsprechen ihnen.

Wie der mechanistisch geschaute Organismus ein Verdichtungszentrum materieller Kräfte ist, so ist die Triebseele die psychische Erscheinungsform körperlich geballter Energie. Und wie über dem vitalistisch gedeuteten Lebewesen seine „Entelechie", sein individuelles Ziel, seine existentiell besondere Idee steht, so über der Adlerschen Individualseele ihre Eigenfiktion, das Ziel ihrer Lebensleitlinie. Gemeinsam all diesen Denkweisen, den psychologischen wie den biologischen, ist die Gründung der Wirklichkeit, auch der erst noch werdenden Wirklichkeit, auf ein Gegebenes, Statisches, sei es nun die Gesetztheit der Triebe bzw. der materiellen Kraftkonstellation oder die organische Minderwertigkeit mit ihrer psychischen Kompensation bzw. die vitalistische Entelechie, die immaterielle, wenn man will „geistige", aber jedem Individuum besonders zugehörige Leitung. Gemeinsam ist damit auch die völlige Atomisierung der Wirklichkeit. In eine ausgebreitete, physikalisch-atomistische Welt sind die Lebensatome, die Individualseelen und -leiber hineingestellt. Der Lebensprozeß ist die Individualisierung des Objektiven, materiell als Ordnung des Ungeordnet-Ausgebreiteten, seelisch als Einbeziehung des Objektiven, Außengegebenen in ein Subjekt, ein Innen-Empfangendes. Alles, was es sonst noch geben kann, ist nur virtuell, Fiktion oder Entelechie, ist das Bild des Strahles aus der Projektionskamera auf einer gedachten Fläche.

Mag man nun das Subjekt in den Trieb oder die Lebensfiktion des Einzelnen, in die irgendwie einmal so gewordene Kräftekomplexion oder die individuelle Entelechie verlegen, man kommt über die Subjekt-Objekt-Betrachtung nicht hinaus. Von dieser Basis aus ist es ziemlich gleichgültig, ob man den Gegenstand des Glaubens eine Fiktion nennt oder die objektive Wirklichkeit des Geistes behauptet, ob man die Seele positiv schöpferisch sein läßt oder die objektive Außenwelt im Inneren des Individuums irgendwelche Formen annehmen läßt. Von dieser Basis aus ist das Verhältnis von Glauben und Bildung kaum in seiner Problematik aufzuzeigen, geschweige denn zu lösen, sondern nur mit einem recht kümmerlichen Alexandershieb als ein gordischer Knoten zu durchhauen. -

Es ist klar, welche Form biologischer Problematik unser Thema „Glaube und Bildung" annehmen muß: es ist das Problem der Individualität. Wenn es mir gestattet ist, alles, was ich nun auszuführen habe, in Form einer These vorwegzunehmen, die natürlich alle Gewaltsamkeit einer Thesenaufstellung hat, so ist es diese: Es gibt im Leben wesensgemäß keine existentiell-ruhende Individualität, und gerade darum muß es eine, vom Menschen aus gesehen, ruhende, überindividuelle Wirklichkeit geben.

Diese These ist zu begründen, die Folgerungen für unser Thema sind danach zu erörtern. Unsere Begründung wird rein biologisch sein, die Folgerungen werden sich unter der Gleichnisbetrachtung ergeben, der Überzeugung also, daß die Gesetze des Lebens wesensgemäß überall die gleichen sein müssen. Man ist auf seiten der sogenannten Geisteswissenschaft dem, was man biologisch Analogisierung nennt, zur Zeit nicht wohlgesinnt. Ich möchte behaupten, daß trotzdem, auch wo es nicht gesagt oder sogar abgelehnt wird, immer mit dem Lebensgleichnis als Hintergrund gedacht wird. Einfach, weil niemand denken kann, ohne zu leben, ohne auch sein Denken zu leben. Wir wollen uns also mit methodologischen Rechtfertigungen nicht aufhalten, sondern in die Sache gehen.

Alles Leben geschieht in Individuen, in unteilbaren Ganzheiten. Das gilt räumlich absolut, unbeschadet der Tatsache, daß auch Teile und Teilchen eines Ganzen die lebende Sonderexistenz einer Ganzheit führen können, sie – etwa die überlebenden Organe oder Zellen eines Tierleibes – führen dann nicht ein teilweises Leben, sondern ihr ganzes, nur ohne Einmündung in ein größeres Ganzes. Es gibt kein flüssiges, ungeformtes, unabgegrenztes Leben. – Der Satz „Leben heißt Individualität" gilt räumlich absolut, raumzeitlich gilt er absolut *nicht*. Es gibt kein Leben, das durch die Zeit hin an ein und dasselbe räumlich umgrenzte Gebilde gebunden bliebe, es gibt kein Auf-der-Stelle-Treten des Lebens, wenn es auch eine Zeitlang äußerlich betrachtet so erscheinen mag wie etwa im ausgewachsenen Organismus auf der Lebenshöhe. Aber auch zeitlich ist das Leben individuell abgeteilt, es geht wohl durch die Gestaltungen hindurch weiter, aber jede einzelne hat Anfang und Ende, hat ihre Zeit, die sie erfüllt. Das Leben ist recht eigentlich *Erfüllung*, Erfüllung der Zeit, indem alles was wirklich wird, einmal Verheißung – biologisch gesprochen: Anlage, Keim war, Erfüllung des Raumes mit geformter, immer mehr verdichteter Masse; der von dem Individuum eingenommene Raum wird aus einem Milieu weitester Reaktionsmöglichkeiten zu einem solchen immer mehr eingeengter Mannigfaltigkeit, aber stabilisierter Abläufe. Das Entscheidende für alles Lebensdenken aber ist, daß dieser Vorgang der Erfüllung, der Vollendung nicht etwas zu dem Leben Hinzukommendes ist, sondern sein Wesen ausmacht. Er ist der tragende Grund für alles, was materiell und seelisch geschieht, entsteht und sich wandelt, er gibt jeder Möglichkeit ihre Stunde der Verwirklichung oder verschließt sie ihr unabänderlich. Mit jeder eingetretenen neuen Gestaltwirklichkeit ist eine Fülle von Möglichkeiten unmöglich geworden. Aber es hülfe dem Lebenden auch nichts, wenn er sich aufsparen wollte, wenn er, um der Einengung zu entgehen, sich vor der zunehmenden Verwirklichung, Erfüllung zurückhalten wollte. So wenig das Ei, wenn es in die Entwicklung eingetreten ist, auf irgendeinem Stadium haltmachen, sich mit der erreichten, ja durchaus lebendigen Formung begnügen kann, so wenig kann der Mensch es hindern, mit dem Durchformungsgang an Leib und Seele seine Zeit zu erfüllen. Man kann im Entwicklungsexperiment am Ei und Embryo zeigen, wie mannigfaltig der tatsächliche Verlauf der Formausbildung zu verändern ist, man kann in den frühesten Stadien der Embryonalentwicklung gewissermaßen auf dem Keim spielen wie die Hand des Künstlers auf den Tasten des Klaviers, eine Unzahl von Melodien schlummert in der Tastatur, eine beliebige Mannigfaltigkeit von Vielbildungen, Mißwüchsen, Wunderformen schlummert in dem Keim. Aber *entwickeln* muß er sich, Gebilde *wird,* zweckmäßig oder nicht, lebenstüchtig oder zum frühen Untergang bestimmt. – Was ist aber dann das eigentliche Individuelle? Denn unter Individualität denken wir doch nicht nur an die Abgrenzung des Lebendigen in Raum und Zeit, sondern viel mehr an sein Besonderes. Was ist das Eigene des Individuums, seine Basis? Denn es scheint oder vermeint doch irgendwo zu stehen, seinen Grund zu haben. Ist es die Einzelheit selbst, die vom befruchteten Ei bis zum Tode gewahrt bleibt? Aber man kann es experimentell erzwingen, daß aus einem einzigen befruchteten Ei, das in Ruhe gelassen ein Exemplar der Art ausreifen lassen würde, zwei, vier, ja sechzehn harmonisch ausgebildete, verkleinerte Individuen hervorgehen. Nicht eine vorbestimmte Einzelheit macht das Individuum aus; ist es vielleicht die Einmaligkeit seines Erzeugungsmomentes, die Konstellation seines ersten Augenblicks, die zwar nicht in den Gestirnen, wohl aber in scheinbar ebenso fest gegründeten Gebilden hergestellt ist: in den Erbeinheiten, die beide Zeugungspartner zu seiner Anlage zusammenbringen?

Die Vererbungsforschung hat festgestellt, daß es keine Vererbung im eigentlichen, transitiven Sinne gibt, daß die Erzeuger vielmehr nur Treuhänder gegenüber einer von den Vorfahren überkommenen Summe von Erbfaktoren sind, aus deren jeweiliger Zusammenstellung sich der Anlagenkomplex des Erzeugten konstituiert. Diese Erbeinheiten sind nach Form und Stoff definierte Gebilde, die im Zellkern lokalisiert sind und bei den Zellteilungen durch einen exakt funktionierenden Mechanismus auf die beiden Tochterzellen zu gleichen Teilen verteilt werden, in welchen sie sich dann allmählich zur ursprünglichen Masse ergänzen. Wie sie ihren bestimmenden Einfluß auf die Formausbildung bewirken, ist uns noch unbekannt, wir können nur aus der Erbanalyse und den Zellvorgängen erschließen, daß sie diesen Einfluß haben. Man könnte also wohl auf die Vermutung kommen, in diesen Erbeinheiten, diesen im Stoffe fixierten Entwicklungsfaktoren sei die Individualität gegründet, das Individuum sei die nach außen vollzogene Entfaltung dieser im befruchteten Ei endgültig festgelegten Anlagen. Man würde mit dieser Annahme sicherlich nicht völlig fehlgehen, aber man würde damit doch nur einen Teil, weder das Ganze, noch das Wesen der Individualität haben. Schon die Tatsache, daß auch eineiige Zwillinge, also Individuen, die absolut gleiche Erbgarnituren mitbekommen haben, nie völlig gleich sind, zeigt uns an, daß wir nur ein wirkendes Moment zur Individualität festgestellt haben. Weiter aber lehrt ja das Entwicklungsexperiment, lehrt die Erfahrung am späteren Lebensfortgang, daß auf der einen Erbbasis verschiedene Schicksale verschiedene Individualausprägung zur Folge haben. Der Anlagenbestand stellt eine Summe von Möglichkeiten dar, deren nur der allerkleinste Teil im Leben des Individuums verwirklicht wird. Das ergibt sich schon bei der Betrachtung der groben, äußeren Ausgestaltung, wieviel mehr wird es noch für die feineren Züge gelten, für das, was uns an einer menschlichen Gestalt das Persönliche ausmacht.

Wir müssen auf die Erfahrungen über die bestimmenden Faktoren im Entwicklungsgang etwas näher eingehen. Wir hatten schon der Experimente gedacht, wonach in den Anfangsstadien der Entwicklung statt der einen eine Mehrzahl von Ganzbildungen zu erzielen ist. Das Mittel dazu ist die Zerlegung des Entwicklungskeimes in die wenigen Zellen, aus denen er dann noch besteht. Jede dieser Zellen, die im normalen Entwicklungsfortgang die Mutter von Teilen des Ganzen geworden wäre, kann also noch die ganze Gestalt aus sich hervorgehen lassen; sie ist noch nicht einseitig festgelegt, sondern jetzt ist ihr künftiges Ziel im normalen Gang ihr noch nicht aufgeprägt, nur ihre räumliche Einfügung in dem jetzigen Ganzen wirkt sich späterhin einmal zu ihrem besonderen Schicksal aus. Ist die Entwicklung um einige Stadien fortgeschritten, so haben die einzelnen Zellen diese Fähigkeit zur Ganzbildung eingebüßt, sie können jetzt nur noch einen besonderen Teil hervorbringen, das Ganze hat ihnen ihre besondere Norm aufgeprägt. Sie haben also zugunsten des Ganzen auf ihre potentielle Totalität verzichtet; was war es, das diesen Verzicht herbeiführte? Offenbar die im Verbande mit den Geschwisterzellen verbrachte Zeit; die Schicksalsverbundenheit ist ihnen zu ihrem besonderen Schicksal, eben zu ihrer Norm geworden.

Wie geht es nun weiter? Das mag ein vielstudiertes Beispiel erläutern, die Entwicklung des Auges. Das Auge entsteht nicht aus einer einheitlichen Anlage, sondern während das eigentliche empfindende Sinnesorgan von der Anlage des nervösen Zentralorgans auswächst, bildet sich der optische Apparat aus anderen Geweben, die Linse speziell aus der äußeren Haut. Die Umwandlung der Haut zur Linsensubstanz in dem Bezirk, auf den die Augenanlage von innen her zuwächst, geschieht, wenn diese ein gewisses Entwicklungsstadium erreicht hat. Entfernt man die Augenanlage vorher, so bleibt die Linsenbildung aus. Schneidet man rechtzeitig die betreffende Hautpartie aus und ersetzt sie durch Haut aus einer anderen Körperregion, so wandelt sich diese, wenn der bestimmende Grad der Augenentwicklung erreicht wird, ebenso um, wie es das ursprünglich dazu bestimmte Stück Haut getan haben würde. Entfernt man die Augenanlage in einem späteren Stadium, so geht die Umwandlung der Hautpartie zur Linse doch weiter. Die Entwicklungsforschung hat aus diesen und vielen ähnlichen Erfahrungen die unterscheidenden Begriffe der abhängigen und der Selbstdifferenzierung aufgestellt. Solange das, was im Fortgang der Formausbildung geschieht, vom Ganzen her, durch die räumliche oder funktionale Einheit bestimmt wird, so lange gilt die abhängige Differenzierung. Ist aber einem Teil seine Bestimmung schon zugeteilt, so differenziert er sich in sich selbst weiter, einerlei, ob er mit seiner Selbsterfüllung die ihm zukommende Bestimmung im Ganzen vollzieht oder nicht. Man kann einem Froschkeim eine Extremitätenanlage am Kopf einpflanzen, es wächst ihm ein Bein aus dem Kopf, obwohl der Frosch damit schlecht bedient ist.

Im Anfange der Entwicklung ist alles abhängige Differenzierung. Noch ist die Schicksalsgemeinschaft nicht zur aufgeprägten Norm der Teilbildungen geworden; alles äußere Schicksal ist Schicksal des Ganzen, wird vom Ganzen her mit Wandel der Gestaltungsabfolge beantwortet. Im weiteren Fortgang zieht sich das eigentlich schöpferische Leben, das Reich des Ungeborenen, immer mehr in das Innere zurück, immer mehr Außenpositionen überläßt es der aufgeprägten Norm, der in sich selbst gegründeten Wirklichkeit. Es ist eine Art von Schöpfungsgeschichte einer Individualwelt, in der mit der zunehmenden Individualisierung, Normierung, Dogmatisierung – wie man es nennen will – der Welt der Schöpfer und Regierer immer mehr aus dem unmittelbaren Regimente geht, immer mehr Geschaffenes sich selbst überläßt und überlassen kann, weil es ganz wirklich, wirklich im Stammsinne des Wortes geworden ist.

Ich glaube, es bedarf keines weiteren empirischen Details, um den ersten Teil meiner These, die Behauptung, daß es keine existentiell-ruhende Individualität gäbe, verständlich zu machen. Daß dieser Prozeß der wachsenden Individualität, der zunehmenden Individualisierung, Normierung oder – um auch ein geschmähtes Wort zu Ehren zu bringen – der Technisierung der Welt durch das Leben im Einzelnen nicht mit der eigentlichen Entwicklungsperiode am Ende ist, das lehrt nicht nur die Seelengeschichte des einzelnen Menschen, es ist auch aus dem Rein-Stofflichen abzulesen. Unser Blut, unser stoffliches „milieu interne" ist Träger eines bis zum Tode fortgehenden Prozesses zunehmender Individualität, Besonderung. Wenn man zwei Tiere in ihren Blutgefäßsystemen vereinigt, was überhaupt nur bei jungen Exemplaren gelingt, so werden sie mit fortschreitendem Alter nicht einander angeglichen, sondern entfernen sich voneinander stofflich immer mehr, bis ohne Zugrundegehen das verbundene Leben nicht weiter fortgesetzt werden kann. Und jede überstandene Krankheit, alles vom Stoff getragene oder im Stoff ausmündende Schicksal prägt sich dem Blute auf. Das Blut altert allgemein und es altert besonders in den besonderen Schicksalen seines Trägers. Und damit, wenn wir hier nun im Seelischen fortdenken, sind wir am entscheidenden, für unser Thema wesentlichen Punkte unserer Überlegungen angelangt.

Das Leben als Geschichte, als Verwirklichung der Gestalt aus der Möglichkeitenfülle der Anlage läuft ab, die wachsende Individualisierung, Besonderung geht vonstatten, welches auch immer die äußeren Schicksale seien; aber welche Gestalt sich an ihm schließlich vollendet, das ist in seiner Erbanlage nicht allein vorbestimmt. Die Geschichte der Seele lehrt uns das Gleiche, nur wie mir scheint noch deutlicher als die der leiblichen Ausformung, die ja, äußerlich gesehen, nur die kleinere Zeit des Lebens durch währt. Von den ersten erlernten Herrschaftsleistungen des Kindes an, von dem Aufrechthalten, Stehen, Gehen und Sprechen bis zur höchsten Meisterschaft ist dieser Prozeß der Einbeziehung des äußeren Schicksals, der erfahrenen Welt in den unaufhaltsam ablaufenden Gestaltungsablauf der Seele im Gange. Jedes erlebte Schicksal aber hat seinen Zeitort in diesem Ablauf eingenommen. In dem Maße, wie sich die Seele in diesem einheitlichen Prozeß bereits ausgeprägt hat, in dem Maße ist individualisierte Welt oder – was das Gleiche besagt – normierte, mechanisierte Individualität zwischen das Außen und das Innen getreten, in dem Maße ist das Vergangene für das Zukünftige zunehmend bestimmender geworden, ganz gleicherweise, wie bei dem sich entwickelnden Keim. Das Leben steigt nicht wie ein Gebäude auf einem festgegründeten Fundament in die Höhe, sondern mit seinem Anstieg festigt sich der Grund, auf dem es steht, mit der Last wächst das Tragende auch.

Es ist klar, daß mit dieser Anschauung eine schöpferische, unmittelbare Spontaneität des Lebens geleugnet wird. Sie betrachtet das Leben nicht, wie es das Übliche ist, von seinem Anfange, sondern von seinem Ende aus, sie ist – um einen theologischen Terminus zu gebrauchen – eschatologisch eingestellt. Es hat aber doch wohl einen größeren Erkenntniswert, zu sehen, wie das Wirkliche wird und weiter wirkt, als eine schier unbegrenzte Fülle des Möglichen für den Grund des sehr begrenzten Verwirklichten auszugeben. Es hat keinen Sinn, alles, was ich nicht geworden bin, aber von der einen Seite meiner Bedingtheit aus hätte werden können, meiner Individualität wesentlich mit hinzuzurechnen.

Wir haben – wie ich hoffe – jetzt zwei wesentliche Erkenntnisse gewonnen. Einmal, daß das Leben wesensgemäß Ablauf ist, Ablauf über ein Gefälle, Ablauf in die verwirklichte Gestaltung. Und dann, daß dieser Ablauf, der rhythmisch, aber in stetem Fluß durch die Zeiten her im Gange ist, in den Schicksalen der äußeren Welt abläuft, d.h. daß er zunehmend mehr Welt in dem geschilderten Prozeß der Selbstnormierung in sich einbezogen hat, die aus dem Besitz des Individuums durch Generationen hin in den Anlagenbestand übergeht. Was dorthin gelangt, erbfest, also Artbestand geworden ist, das bedeutet natürlich gegenüber der Vorzeit immer eine Einengung, eine Einschränkung des Möglichen, obwohl und gerade weil es ein Zuwachs an Wirklichem ist. Wesensgemäß ist es überall der gleiche Vorgang, in der Entwicklung des Individuums wie des Stammes und ebenso in dem Gestaltungsgange der Seele: Die erfahrene, aufgenommene Welt ist normierte, wenn man will mechanisierte Seele. Das physiologische Experiment läßt uns messend verfolgen, wie eine mühsam erlernte psychomotorische Leistung mehr und mehr mechanisiert wird, ohne Bewußtseinsaufwendung geschieht, rein reflektorisch und damit rascher, exakter und ökonomischer wird. Und wir können auch hier wie bei der Leibesentwicklung von einer fortgehenden Konzentrierung des Gestaltungsgeschehens, einem Zurückweichen der noch im Werden befindlichen Seele von den mechanisierten Außenbezirken reden. Die beiden seelischen Hauptmerkmale des zunehmenden Alters – das abstraktere, unsinnlichere Denken und das weniger unmittelbare Affiziertwerden von Gefühlen – verdeutlichen diesen Vorgang. Daß damit nicht eine Mangelhaftigkeit der Seele ausgesprochen wird, ist wohl selbstverständlich, jeder Zuwachs an normiertem Selbst bedeutet ja auch einen Gewinn an beherrschter Welt. Derjenige Weltanteil, der in uns zu normiertem Seelenbesitz, d.h. nichts anderes als Erfahrung, geworden ist, beraubt uns nicht mehr weiterer seelischer Möglichkeiten und bestimmt unsere weitere Seelengestaltung in der Richtung der Logik des Wirklichen, wenn – und da erhebt sich das Bildungsproblem in voller Größe – wenn unsere unaufhaltsam ablaufende Selbstverwirklichung in eine dauernde Wirklichkeit hinein geschah, wenn sie die Bewährung der Wahrheit ist. Aber, wo sie es nicht ist, da hat es, wie mir scheint, wenig Sinn, die Seele durch die Hypothese der selbsterzeugten Fiktionen zum Betrüger ihrer selbst zu machen. Auch die falsche Erfahrung, die seelische Mißbildung muß auf die gleiche Weise entstehen wie die rechte, dadurch daß Schicksal, äußeres Ereignis im weitesten Sinne, und Lebenszeitort nicht zusammenstimmten, analog also den Mißbildungen unserer Experimente. Natürlich ist das Außen nicht als ein Jenseits der Körpergrenzen gemeint, auch im Inneren ist jeder Teilbereich der Entwicklung für den anderen ein Außen; schließlich ist alles „außen", was nicht die reine Fortsetzung der historischen Linie des Ganzen oder eines Teiles davon ist.

Bildung unterstellt sich uns demnach auf Grund der Entwicklungserfahrung dem alten Worte „Jedes Ding hat seine Zeit". Aber unser Thema lautet ja „Glaube und Bildung". Damit Bildung einen Sinn haben soll, muß es eine Wirklichkeit geben, in die hinein die Selbstverwirklichung der Seele geschieht. Dessen sind wir gewiß, aber ebenso gewiß sind wir oder werden wir unweigerlich, daß es eine Selbstvollendung in diese Wirklichkeit hinein nicht gibt. Das Faustproblem wird unter dem Himmel nicht gelöst. Immerhin, wenn der Glaube keinen anderen Wahrheitsgrund hätte als den, daß die Seele auf einem gefahrenreichen Wege doch nie ans Ziel kommt, so würde mancher ehrliche Mann wohl lieber eine Fiktion nennen, was er verschmäht; wenn Nietzsches Wort: „Wenn es einen Gott gäbe, wie hielte ich's aus, nicht Gott zu sein" nicht lauten muß: „Wenn es mich geben soll, muß ein Gott sein", hat der Glaube nicht das Recht der Wirklichkeit an uns.

Der zweite Satz unserer These lautete: Wenn es im Leben wesensgemäß keine existentiell-ruhende Individualität gibt, so muß es eine vom

Menschen aus gesehen ruhende überindividuelle Wirklichkeit – wir können jetzt hinzufügen: eine außerweltliche Wirklichkeit geben, in die hinein die Selbstvollendung der Individualität geschieht. Und wir können auf Grund unseres Lebensgleichnisses weiter sagen: Von dieser außerweltlichen Wirklichkeit aus gesehen muß der Weltprozeß im Ganzen und die Gestaltungsgeschichte der einzelnen Seele in ihm dem entsprechen, was wir in der Entwicklungsgeschichte des Organismus und in dem Gestaltungsgange der Seele das Zurückweichen von den normierten, dogmatisierten, oder auch mechanisierten Außenbereichen nannten. So wenig das zu Individualität einbezogene Stück Welt tot ist, so gut der voll ausgebildete Teil eines Organismus am Leben teil hat, ebenso wohl ist auch die von jener jenseitigen Wirklichkeit aus normierte, in sich vollendete Seele durchaus im Leben, wenn sie auch niemals selbst jenseitig wird, sondern nur in dem was wir Glaube nennen, in der Wirklichkeit also des von dorther Normiertseins daran teil hat. Wir werden ja auch niemals unser Ich, unser innerstes Selbst in unsere gewordene Gestalt, unseren inneren Weltbesitz verlegen, aber wir wissen von unserem Ich doch als einem aus all diesen Normierungen und Dogmatisierungen bestimmt, aber auch weiter bestimmend, Fortlebenden.

Zum Glauben gehört etwas, das geglaubt wird, gehört das Dogma. Aber das Dogma verpflichtet nicht nur den Gläubigen – verpflichtet nicht als ein de iure, sondern ein de facto -; aber es bestimmt auch – so kühn das klingen mag – den Gott der Offenbarung. Wenn die Offenbarung in die Zeit eingegangen ist – und anders konnte sie nicht Offenbarung werden, so gibt es eine wirkliche Heils*geschichte*, wie es eine wirkliche Entwicklungsgeschichte des Lebens gibt. Wie diese die Möglichkeit von Mißbildungen des Leibes und der Seele nicht ausschließt, wie die Selbstverwirklichungen der Individuen und Arten deren genug kennt, die ein Geschichtsende ohne Fortgang darstellen, so auch jene. Aber unfehlbar muß sich im Weiterflusse der Zeit solches Geschichtsende offenbaren, es geht eben nicht weiter, der Tod offenbart das Leben. Ich glaube aber, wir sind auch hier nicht allein gelassen mit dieser nachträglichen Erkenntnis aus den Früchten. Wie wir einer im Staub der Welt fast verschütteten Seele noch soviel Leben zusprechen, als Gewissen in ihr ist, so entscheidet über Bildung oder Fehlbildung der Glaube. Goethe hat gesagt, ein Volk sei nur produktiv, solange es gläubig sei. Vielleicht könnte man das Problem von Glaube und Bildung doch mit einer Formel lösen, wenn man den Glauben das Gewissen der Bildung nennen würde. Das soll nun natürlich nicht ins Praktische übersetzt etwa konfessionelle Volkshochschule als Bildungspanazee besagen, es soll überhaupt nicht ins Praktische übersetzt werden, denn es übersetzt sich selbst in die Praxis. Was den Naturwissenschaftler bei Geisteswissenschaftlern, bei Pädagogen und Theologen so oft überrascht, das ist das geringe Zutrauen in die Wirklichkeit. Wir sind davon überzeugt, daß dafür gesorgt ist, wofür gesorgt werden muß, und daß wir am Ende gar nicht anders können, als die Wirklichkeit zu bewähren.

So ergeben sich uns Glaube und Bildung als die beiden untrennbaren Konstituenten der einen Wirklichkeit, daß wir zu uns selbst kommen, indem wir hineingelebt werden in ein Seiendes, das nicht wir selbst sind. Glaube – das bedeutet: wir werden hineingelebt in eine Gestalt, die von jenseits her ihre Norm empfängt; Bildung – das bedeutet: dieses Hineingelebtwerden geschieht in dieser Welt und ihrer Zeitlichkeit, es bleibt ganz diesseits, ganz erdgebunden, aber es zeugt von Gott.

Martin Buber

Rede über das Erzieherische

Nach einer auf der III. Internationalen Pädagogischen Konferenz in Heidelberg gesprochenen

„Die Entfaltung der schöpferischen Kräfte im Kinde" – das ist der Gegenstand, über den auf dieser Tagung geredet werden soll. Zu ihrem Eingeleit vor Sie tretend, darf ich Ihnen nicht für einen Augenblick verschweigen, daß ich von den sieben Worten, in denen er ausgedrückt ist, nur die zwei letzten unfragwürdig finde.

Das Kind, nicht etwa bloß das einzelne Kind, die einzelnen Kinder, sondern das Kind, ist freilich eine Wirklichkeit. Daß in dieser Stunde, während wir uns mit der „Entfaltung der schöpferischen Kräfte" abzugeben beginnen, über die ganze Fläche dieses Planeten hin neue, schon bestimmte und doch noch bestimmbare Menschen geboren werden, ist zwar eine Myriade von Wirklichkeiten, aber es ist auch Eine. Das Menschengeschlecht fängt in jeder Stunde an. Wir vergessen dies zu leicht über der massiven Tatsache des Gewesenseins, der sogenannten Weltgeschichte, der Tatsache, daß jedes Kind mit einer gegebenen, „weltgeschichtlich" entstandenen, das heißt: von der Fülle der Weltgeschlechter ererbten Anlage und in eine gegebene, „weltgeschichtlich" entstandene, das heißt: von der Fülle der Weltvorgänge hervorgebrachte Situation hinein geboren wird. Sie soll uns das andere, nicht minder wichtige Faktum nicht verdunkeln, daß trotz alledem in dieser Stunde, wie in jeder, in die Schichtung des Vorhandenen das noch Ungewesene einbricht, mit zehntausend Antlitzen, von denen keinem ein gleiches bisher erschaut worden war, mit zehntausend noch ungewordenen, werdebereiten Seelen, – Schöpfungsbegebnis wenn eins, aufgetauchte Neuung, urgewaltige Potentia. Diese, wie viel auch von ihr vertan wird, unversiegt strömende Möglichkeit ist die Wirklichkeit „Kind". Dieses Erscheinen der Einzigkeit, dieses das mehr ist als nur Zeugung und Geburt, diese Gnade des Wieder-, des Immer-wieder-, des Noch-immer-anfangen-Dürfens.

Welche größere Sorge könnten wir hegen, beraten als die, wie es wohl zu geschehen vermöchte, daß diese Gnade fortab nicht wie bisher vertan werde, daß die Macht der Neuung sich zur Erneuung wahre! Die kommende Geschichte steht nicht schon vom Griffel eines Ablaufgesetzes auf eine Rolle geschrieben, die nur noch aufzurollen ist; ihre Zeichen werden von den unvorhersehbaren Entscheidungen der werdenden Geschlechter mitgeprägt. Unabmeßhar ist der Anteil jedes heute Lebenden, heute Erwachsenden, heute noch Kindhaften daran, gar unabmeßbar der unsere, wenn wir Erzieher sind. Taten der jetzt nahenden Generationen können das graue Gesicht der Menschenerde licht machen, können's verfinstern. So also die Erziehung: Wenn sie sich endlich erhebt und da ist, wird sie im Herzen der Täter die lichtspendende Kraft zu stärken vermögen – wie sehr, ist nicht zu ahnen, nur handelnd zu erfahren.

Wirklichkeit ist das Kind, Wirklichkeit soll die Erziehung werden – aber was ist es um die „Entfaltung der schöpferischen Kräfte"? Ist *das* die Wirklichkeit der Erziehung? Muß die Erziehung eben dies werden, damit sie Wirklichkeit sei? So meinen es offenbar die Einberufer dieser Tagung, die ihr ihren Gegenstand gegeben haben. Sie meinen offenbar, deshalb habe die Erziehung bisher ihr Werk nicht getan, weil sie anderes anstrebte als eben die Entfaltung dessen, was im Kinde ist, oder unter den Kräften des Kindes andere als eben die schöpferischen beachtete und begünstigte. Und sie wundern sich wohl jetzt, daß ich diese Zielsetzung fragwürdig finde, da ich doch selber vom Schatz der ewigen Möglichkeit und von der Aufgabe seiner Hebung spreche. So habe ich denn klarzustellen, daß dieser Schatz durch den Begriff der „schöpferischen Kräfte" und seine Hebung durch den Begriff der „Entfaltung" nicht zulänglich bezeichnet wird.

Schöpfertum bedeutet ursprünglich nur den göttlichen Anruf an das im Nichtsein verborgene Wesen, also – wie immer das sprachgeschichtlich noch ungeklärte Verhältnis der Worte schaffen und schöpfen aufzufassen ist – wahrhaftig das Herausschöpfen von Substanz aus dem leeren Abyssus. Als Johann Georg Hamann und seine Zeitgenossen diese Bezeichnung metaphorisch auf die menschliche Fähigkeit der Formgebung übertrugen, belegten sie damit eine höchste Aufgipfelung des Menschentums, das gestalterische Genie, als in dem die Ebenbildlichkeit sich wirkend beurkunde. Seither hat sich die Metapher geweitet, es gab eine (nicht ferne) Zeit, wo „schöpferisch" beinah mit „literaturfähig" zusammenfiel, und diesem tiefsten Stand des Wortes gegenüber ist es eine wirkliche Erhebung, wenn es nun hier ganz allgemein gefaßt wird, als etwas, was allen Menschen, allen Menschenkindern in irgendeinem Maße innewohne und eben nur der rechten Ausbildung bedürfe. Die Kunst ist dann nur der Bezirk, in dem sich eine allen gemeinsame Fakultät der Hervorbringung vollendet; mit den Grundkräften der Künste, dem Zeichnerischen etwa, dem Musikalischen, sind alle elementar begabt; diese Kräfte sind zu entwickeln und auf ihnen, somit auf der natürlichen Selbsttätigkeit, die Erziehung der ganzen Person aufzubauen.

Die Wichtigkeit des Hinweises, von dem diese Auflassung ausgeht, darf nicht verkannt werden. Er rührt an ein bedeutsames, aber noch nicht recht beachtetes Phänomen, freilich ohne daß es hier die richtige Benennung fände. Ich meine die Existenz eines selbständigen, von andern nicht ableitbaren Triebs, dessen angemessener Name mir „der Urhebertrieb" zu sein scheint. Der Mensch, das Menschenkind will Dinge machen. Das ist nicht bloße Schaulust an dem Entstehen einer Form aus einer eben noch formlos anmutenden Materie: Wonach das Kind verlangt, ist der eigne

Anteil an diesem Werden der Dinge; es will das Subjekt des Produktionsvorganges sein. Der Trieb, von dem ich spreche, ist auch nicht mit dem sogenannten Beschäftigungs- oder Tätigkeitstrieb zu verwechseln, den es mir übrigens gar nicht zu geben scheint (das Kind will herstellen oder zerstören, betasten oder schlagen usw., aber nie „sich betätigen"); worauf es ankommt, ist, daß durch die intensiv empfundene eigene Handlung etwas entsteht, was es vorhin, was es eben noch nicht gegeben hat. Eine hohe Äußerung dieses Triebs ist die Art, wie Kinder von geistiger Leidenschaft die Sprache hervorbringen, in Wirklichkeit nicht als etwas Übernommenes, sondern mit den stürzenden Gewalten des Erstmaligen; Lautgebild um Lautgebild drängt aus ihnen, dringt aus schwingender Kehle, von bebenden Lippen in die Luft der Welt, und der ganze kleine beseelte Leib schwingt und bebt mit, von einem Schauer der ausbrechenden Selbstheit geschüttert. Oder man sehe einem Knaben zu, der sich ein nie gesehenes, rohes Werkzeug zimmert; staunt, erschrickt er nicht über seiner Bewegung wie die ungeheuren Erfinder der Frühe? Es ist aber auch zu beobachten, wie sogar in die scheinbar „blinde" Zerstörungslust des Kindes sein Urhebertrieb hineinspielt und darüber Herr wird: zuweilen fängt es damit an, irgend etwas, z. B. ein Blatt Papier, drauf los zu zerreißen, aber bald nimmt es Interesse an der Gestalt der so zustande kommenden Fetzen, und nun dauert es nicht mehr lang, bis es, immer noch durch Zerreißen, bestimmte Gestalten hervorzubringen sucht.

Es ist wichtig, den Urhebertrieb in seiner Selbständigkeit und Unableitbarkeit zu erkennen. Die heutige Psychologie neigt dazu, die Vielfältigkeit der Menschenseele auf ein einziges Urelement – „Libido", „Machtwillen" und dergleichen mehr – zurückzufahren. Damit werden eigentlich nur bestimmte Entartungszustände verallgemeinert, in denen ein einzelner Trieb die anderen nicht bloß überwältigt, sondern durchwuchert; man geht von den – in unserer Zeit der inneren Entgemeinschaftung und Vergewaltigung zahlreichen – Fällen aus, wo eine solche Hypertrophie den Schein der Alleinigkeit erzeugt, abstrahiert die Regel aus ihnen und wendet diese nunmehr an, mit der ganzen theoretischen und praktischen Problematik derartiger Anwendungen. Diesen Seelenverarmungs-Doktrinen und -Methoden gegenüber ist immer wieder auf die ursprüngliche Polyphonie der menschlichen Innerlichkeit hinzuzeigen, innerhalb derer keine Stimme auf eine andere „zurückzuführen" und die Einheit nicht analytisch herauszuholen, sondern nur im gegenwärtigen Zusammenklang zu erhorchen ist. Eine der Stimmen, eine der führenden, ist der Urhebertrieb.

So muß er denn auch für das Werk der Erziehung bedeutsam erscheinen. Hier ist ein Trieb, der, zu welcher Mächtigkeit auch gesteigert, nie zur Begierde wird, weil er gar nicht auf ein „Haben", nur auf ein Tun aus ist; der unter allen nur ins Leidenschaftliche, nicht ins Süchtige erwachsen kann; der unter allen nicht zum Eingriff in den Bereich anderer Wesen verführen mag; hier die reine Gebärde, die nicht Welt sich zurafft, sondern sich ihr äußert. Sollte nicht von hier aus, indem man dieses Kostbare sich unbehindert auswickeln und auswirken läßt, die Gestaltwerdung der Menschenperson, unzählig oft geträumt und vertan, endlich gelingen? Und es fehlt ja dem jungen Versuch auch schon nicht an Erweisen. Der schönste, den ich kenne, eben kennengelernt habe, ist dieser Kinderchor des Prager Zaubermeisters Bakule, mit dem unsere Konferenz eröffnet worden ist. Wie unter seiner Führung aus verkrüppelten, scheinbar zu lebenslanger Brache verdammten Geschöpfen frei bewegte, werkfreudige Menschen sich gelöst haben, bildsam und bildnerisch, die Geschautes und Ersonnenes in vielfältigem Stoff auszuformen, aber auch die eigne, auferstandne Seele wild und herrlich auszusingen verstehen; mehr noch – wie aus dumpfen, ummauerten Einsamkeiten sich eine in Zu- und Gegenblick bekundete Werkgemeinde fügte: Das scheint uns unzweifelbar zu erweisen, welche Fruchtbarkeit nicht allein, welche in den ganzen Bestand des Menschen hin strahlende Kraft das urheberische Leben hat.

Aber eben dieses Beispiel, tiefer eingesehen, zeigt uns, daß nicht der Freimachung eines Triebes, sondern den Kräften, die dem freigemachten begegnen, der entscheidende Einfluß beizumessen ist: den erzieherischen Kräften. Von ihnen, von ihrer Lauterkeit und Innigkeit, ihrer Liebesmacht und Diskretion, hängt ab, in welche Verbindungen das ausgelöste Element eingeht, und somit, was aus ihm wird.

Zu zwei für den Bau wahren Menschenlebens unentbehrlichen Gestaltungen führt der sich selbst überlassene Urhebertrieb nicht, kann er nicht führen: zum Anteil an einer Sache und zum Einstand in der Gegenseitigkeit.

Einzelwerk und Werksache sind durchaus zweierlei. Ein Ding machen ist ein Stolz des sterblichen Wesens, aber Bedingtsein in einer gemeinsamen Arbeit, die ungewußte Demut des Teilseins, der Teilhaftigkeit und Teilnahme ist die echte Speise irdischer Unsterblichkeit. Sowie der wirkende Mensch in eine Sache eintritt, wo er Werkgemeinschaft mit anderen Menschen entdeckt und übt, folgt er nicht mehr dem Urhebertrieb allein.

Werkhaftes Tun ist ein „einseitiger“ Vorgang. Da ist eine Kraft in der Mitte der Person, da geht sie aus, bildet sich dem Stoff ein, da hat sich nun das Werk gegenständlich erhoben, die Bewegung ist zu Ende, sie ist in einer Richtung, vom Traum des Herzens in die Welt, verlaufen und abgelaufen. Mag der Künstler seinen Verkehr mit der geschauten, zu verleibenden Idee noch so unmittelbar als Angetretenwerden, Gefordertwerden und als Wahrnehmen, Empfangen erfahren: Solang er am Werk ist, geht ihm Seele aus und nicht ein, entgegnet er der Welt, aber begegnet ihr nicht mehr. Und nicht mit dem Werk kann er der Gegenseitigkeit pflegen; Pygmalion ist schon in der Sage eine ironische Figur.

Ja, der Mensch als Urheber ist einsam. Ganz unverbunden steht er im hallenden Raum seiner Taten. Darüber hinaus kann ihm auch nicht helfen, wenn sein Werk von Menschen, von vielen, begeisterten, aufgenommen wird. Ob es angenommen wurde, sein Opfer angenommen vom namenlosen Empfänger, wird ihm nicht kund. Nur wenn ihn jemand an der Hand faßt, nicht als einen „Schöpfer", sondern als eine in der Welt verlorene Mitkreatur, um ihm jenseits der Künste Gefährte, Freund, Liebender zu sein, wird er der Gegenseitigkeit inne und teilhaft. Eine auf der Ausbildung des Urhebertriebs allein begründete Erziehung würde eine neue, schmerzlichste Vereinsamung der Menschen bereiten.

Vieles lernt das Kind im Herstellen von Dingen, was es nicht anders lernen kann. Indem es ein Ding macht, erfährt es dessen Möglichkeit, dessen Entstehung, dessen Bau und Zusammenhang auf eine Weise, wie es betrachtend nicht zu erfahren vermag. Aber etwas anderes lernt man so nicht, und dieses andere ist das Viatikum des Lebens. Man lernt das Objektsein der Welt von innen her, aber ihr Subjektsein, ihr Ichsagen nicht, also auch ihr Dusagen nicht. Was uns zur Erfahrung des Dusagens bringt, ist nicht mehr der Urhebertrieb, es ist der Trieb nach Verbundenheit.

Der etwas Größeres ist als die Libidinisten wissen: das Verlangen, daß die Welt uns gegenwärtige Person werde, die zu uns ausgeht wie wir zu ihr, die uns erwählt und erkennt wie wir sie, die sich in uns bestätigt wie wir in ihr. Das Kind, das, halbgeschloßner Augen daliegend, mit ausgespannter Seele harrt, daß die Mutter es anspreche, – das Geheimnis seines Willens geht auf anderes als darauf, einen Menschen zu genießen (oder zu beherrschen), aber auch als darauf, von sich aus etwas zu tun, es geht darauf, im Angesicht der einsamen Nacht, die hinterm Fenster sich breitet und einzudringen droht, die Verbundenheit zu erfahren.

Aber die Freimachung von Kräften darf überhaupt nicht mehr als eine *Voraussetzung* der Erziehung sein. Mit den „schöpferischen Kräften", die zur „Entfaltung" zu bringen sind, ist ja letztlich nicht der Urhebertrieb allein gemeint; sie stehen für die Spontaneität des Menschen. Daß die jugendliche Spontaneität nicht unterdrückt werden soll, daß man sie hergeben lassen soll, was sie herzugeben vermag, sind Erkenntnisse, die eine wirkliche Erziehung ermöglichen – ob aber auch begründen?

Nehmen wir ein Beispiel aus dem engeren Bezirk des Urhebertriebs: den Zeichenunterricht. Der Lehrer der „Zwangschule" begann mit Vorschriften und gültigen Vorbildern; nun wußte man, was schlechthin schön sei, und hatte es nachzumachen, was man nur in entweder stumpfsinnigem oder verzweifeltem Gemütszustand fertigbrachte. Der Lehrer der freien Schule stellt etwa einen Ginsterzweig in einem Bauernkrug auf den Tisch und läßt das nachzeichnen; oder er stellt ihn auf den Tisch, heißt ihn anschauen, tut ihn weg und läßt nun nachzeichnen; bei von

Haus aus unverbildeter Schülerschaft sieht alsbald kein Blatt einem der andern ähnlich. Nun aber beginnt erst die zarte, fast unmerkliche und doch gewichtige Einwirkung: Kritik und Anleitung. Eine, wie auch unakademische, doch feste Wertskala, ein, wie sehr auch sich individualisierendes, doch deutliches Wissen um Gut und Böse tritt den Kindern entgegen. Je unakademischer, je individualisierender diese Skala, dieses Wissen ist, um so tieflebendiger empfinden die Kinder ihr Entgegentreten. Dort machte die der Arbeit vorausgehende Deklaration des Alleinrichtigen resigniert oder rebellisch; hier aber, wo erst, nachdem er sich selbst auf den Weg des Werkes weit hinausgewagt hat, den Schüler die Erkenntnis betrifft, reißt sie sein Herz zur Ehrfurcht vor der Gestalt hin und erzieht es.

Dieses so fast unmerklich Hinzutretende, dieses Leiseste, ein Fingerheben vielleicht, ein fragender Blick, ist die andere Hälfte des erzieherischen Geschehens.

Die von der Freiheitstendenz bestimmte moderne Pädagogik verkennt in ihrer Theorie die Bedeutung dieser anderen Hälfte, wie die von der Autoritätsgewohnheit bestimmte alte die Bedeutung der ersten Hälfte verkannte. Das Symbol des Trichters ist im Begriff gegen das der Pumpe eingetauscht zu werden. Ich werde an die beiden Lager in der Entwicklungslehre des siebzehnten und achtzehnten Jahrhunderts erinnert, die Animalkulisten, die den ganzen Keim in den Samentierchen, und die Ovulisten, die den ganzen im Ei vorfanden. Die Theorie der Entfaltung der Kräfte im Kinde gemahnt in ihren radikalsten Äußerungen an Swammerdams „Auswicklung" des „präformierten" Lebewesens. Aber das Werden des Geistes ist ebensowenig wie das des Körpers eine Auswicklung. Die Dispositionen, die man, könnte man in Wahrheit eine Seele analysieren, in der eines Neugeborenen entdecken würde, sind nichts als Fähigkeiten, Welt aufzunehmen und einzubilden. Die Welt zeugt im Individuum die Person. Die Welt also, die ganze Umwelt: Natur und Gesellschaft, „erzieht" den Menschen: sie zieht seine Kräfte herauf, läßt sie ihre, der Welt Einwürfe fassen und durchdringen. Was wir Erziehung nennen, die gewußte und gewollte, bedeutet *Auslese der wirkenden Welt* durch den Menschen; bedeutet, einer Auslese der Welt, gesammelt und dargelegt im Erzieher, die entscheidende Wirkungsmacht verleihen. Herausgehegt ist das erzieherische Verhältnis aus der absichtslos strömenden All-Erziehung: als Absicht. So wird die Welt erst im Erzieher zum wahren Subjekt ihres Wirkens.

Es war eine Zeit, es waren Zeiten, wo es keine spezifische Berufung des Erziehers, des Lehrers gab und keine zu geben brauchte. Da lebte ein Meister, ein Philosoph etwa oder ein Erzschmied, seine Gesellen und Lehrlinge lebten mit ihm, sie lernten, was von seinem Hand- oder Kopfwerk er sie lehrte, indem er sie daran teilnehmen ließ, aber sie lernten auch, ohne daß sie oder er sich damit befaßt hätten, lernten ohne es zu merken, das Mysterium des personhaften Lebens, sie empfingen den Geist. Wohl gibt es solches noch, in irgendeinem Maß, wo es Geist und Person gibt, aber es ist in den Bezirk der Geistigkeit, der Persönlichkeit verbannt, es ist Ausnahme, „Höhe“ geworden. Die Erziehung als Absicht ist unausweichlich berufen; wir können so wenig hinter die Wirklichkeit der Schule zurück, wie wir etwa hinter die Wirklichkeit der Technik zurückkönnen; wir können aber und sollen in das Ganzwerden ihrer Wirklichkeit, in die vollkommne Durchmenschlichung ihrer Wirklichkeit hinein. Unser Weg baut sich aus Verlusten, die heimlich zu Gewinnen werden. Das Erzieherische hat das Paradies der reinen Unwillkürlichkeit verloren und dient nun wissend am Acker um das Brot des Lebens. Es hat sich gewandelt; erst in dieser Wandlung ist es offenbar worden.

Doch bleibt der Meister das Vorbild des Lehrers. Denn wenn dieser, wenn der Erzieher dieses Menschheitstags tun muß, wissend tun, soll er es aber so, „als täte er nicht“. Jenes Fingerheben, jener fragende Blick, das ist sein echtes Tun. Durch ihn tritt die Auslese der wirkenden Welt an den Zögling; er verfehlt den Empfänger, wenn er sie ihm in einer Gebärde des Eingriffs erscheinen läßt. Gesammelt muß sie sich in ihm haben; und das Tun aus der Sammlung hat das Antlitz des Ruhens. Das Eingreifen spaltet die ihm ausgelieferte Seele in einen gehorchenden und einen sich empörenden Teil; aber das verborgene Einwirken aus der Ganzheit des Wesens hat die gänzende Kraft.

Die Welt, sagte ich, wirkt als Natur und als Gesellschaft auf das Kind ein. Die Elemente erziehen es, Luft, Licht, das Leben in Pflanze und Tier; und die Verhältnisse erziehen es. Der wahre Erzieher vertritt beide; aber dasein muß er vor dem Kind wie eins der Elemente.

Freimachung von Kräften kann nur eine Voraussetzung der Erziehung sein, nicht mehr. Wir dürfen es allgemeiner fassen: Es kommt der Freiheit zu, den Boden herzugeben, auf dem sich das wahre Leben errichtet, aber nicht auch das Fundament. Das gilt, wie für die innere, die „sittliche“ Freiheit, so für die äußere, für die des Nichtbehindertseins, Nichteingeschränktseins. Wie die obere, die Entscheidungsfreiheit der Menschenseele vielleicht unsere höchsten Momente, aber nicht ein Quentchen unserer Substanz bedeutet, so die untere, die Freiheit der Entfaltung, unser Werdenkönnen, aber gar nicht unser Werden. Sie ist sinnvoll als die Tatsache, von der das Erziehungswerk auszugehen hat, sie wird absurd als seine grundsätzliche Aufgabe.

Man ist geneigt, diese Freiheit, die man die evolutive nennen mag, als den Gegenpol von Zwang, von Unter-dem-Zwang-sein zu verstehen. Aber der Gegenpol von Zwang ist nicht Freiheit, sondern Verbundenheit. Zwang ist eine negative Wirklichkeit, und Verbundenheit ist die positive; Freiheit ist eine Möglichkeit, die wiedergewonnene Möglichkeit. Vom Schicksal, von der Natur, von den Menschen gezwungen werden: der

Gegenpol ist nicht, vom Schicksal, von der Natur, von den Menschen frei, sondern mit ihm, mit ihr, mit ihnen verbunden und verbündet sein; um dies zu werden, muß man freilich erst unabhängig geworden sein, aber die Unabhängigkeit ist ein Steg und kein Wohnraum. Freiheit ist das vibrierende Zünglein, der fruchtbare Nullpunkt. Zwang in der Erziehung, das ist das Nichtverbundensein, das ist Geducktheit und Aufgelehntheit; Verbundenheit in der Erziehung, nun, das ist eben die Verbundenheit, das ist Aufgeschlossen- und Einbezogensein; Freiheit in der Erziehung, das ist Verbundenwerdenkönnen. Sie ist nicht zu entbehren und in sich nicht zu verwenden; ohne sie gerät's nicht, aber auch durch sie nicht; sie ist der Anlauf zum Sprung, das Stimmen der Geige. Sie ist die Konfirmation jener urgewaltigen Potentia, die zu aktualisieren sie nicht einmal anheben kann.

Freiheit, oder, wie ihr rechtmäßiger altdeutscher Name ist: Freihals – ich liebe ihr aufblitzendes Gesicht: Es blitzt aus dem Dunkel auf und verlischt, aber es hat dein Herz gefeit. Ich bin ihr zugetan, ich bin allzeit bereit, um sie mitzukämpfen. Um die Erscheinung des Blitzes, nicht länger während, als das Auge ihr standzuhalten vermag. Um das Vibrieren des Zünglein, das zu lang niedergezogen und starr war. Ich gebe meine linke Hand dem Aufrührer und meine rechte dem Ketzer: voran! Aber ich vertraue ihnen nicht. Sie verstehen zu sterben, aber das ist nicht genug. Ich liebe die Freiheit, aber ich glaube nicht an sie. Wie könnte man an sie glauben, wenn man ihr ins Gesicht geschaut hat! Es ist der Blitz der Alldeutigkeit – der Allmöglichkeit. Um die kämpfen wir, immer wieder, von jeher, siegreich und vergebens. Freihals!

Es ist wohl zu verstehen, daß in einer Zeit, in der alle überlieferten Bindungen, entartend, ihre Legitimität in Frage gestellt haben, die Freiheitstendenz sich übersteigert, das Sprungbrett als Ziel und ein funktionales Gut als substantielles behandelt wird. Auch ist es eine lasse Gefühlsamkeit, weitläufig zu beklagen, daß mit der Freiheit experimentiert wird; vielleicht gehört es zu dieser Stunde ohne Kompaß, daß Leute ihr Leben als Lot auswerfen, um zu ermitteln, welchen Grad wir befahren und wohin wir zu steuern haben. Aber eben *ihr* Leben! Solch ein Experiment, getan, ist ein halsbrecherisches Wagnis und unanfechtbar; beredet, in geistreichen Erörterungen, Bekenntnissen und wechselseitigen Problematisierungen beredet und zerredet, ist es ein Greuel der Auflösung. Die sich einsetzen, einzeln oder als Gemeinschaft, laßt sie springen, laßt sie vorstoßen, in die schwingende Leere, wo einem Sinne und Sinn vergehen, oder über sie hinaus zu einem Bestand; aber zu Theorem und Programm dürfen sie die Freiheit nicht machen. Von einer Bindung frei werden ist ein Schicksal; das trägt man wie ein Kreuz, nicht wie eine Kokarde. Vergegenwärtigen wir uns, was es in seiner Wahrheit bedeutet, von einer Bindung frei werden: es bedeutet, daß an die Stelle einer mit vielen Geschlechtern geteilten Verantwortung die ganz persönliche tritt.

Leben aus der Freiheit ist personhafte Verantwortung oder es ist eine pathetische Posse.

Ich habe die Macht genannt, die allein der leeren Freiheit den Gehalt, der schwingenden oder kreisenden die Richtung verleihen kann. An sie glaube, den ihren vertraue ich.

Dieses brüchige Leben zwischen Geburt und Tod kann doch eine Erfüllung sein: wenn es eine Zwiesprache ist. Erlebend sind wir Angeredete; denkend, sagend, handelnd, hervorbringend, einwirkend vermögen wir Antwortende zu werden. Zumeist überhören wir ja die Anrede oder schwatzen in sie hinein. Wenn aber das Wort zu uns kommt und das Antwort (so hieß es ja einst) aus uns kehrt, gibt es, wie auch noch gebrochen, das menschliche Leben auf der Welt. Die Entzündung der Antwort aus jenem „Fünklein" der Seele, das jeweilige Entbrennen der Antwort auf die unversehens andringende Rede nennen wir die Verantwortung. Für welchen Bereich des uns zugeteilten, anvertrauten Lebens wir zu antworten vermögen, das heißt, zu welchem wir eine Beziehung haben und betätigen, die als – in all unserer Unzulänglichkeit – rechtschaffne Antwort gelten darf, für diesen üben wir Verantwortung. Wie sehr einem dabei, von der Wirklichkeit des Fünkleins aus, möglich ist, einer überlieferten Bindung, einem Gesetz, einer Weisung zu folgen, so sehr ist ihm erlaubt, seine Verantwortung anzulehnen (mehr als Anlehnung ist uns überhaupt nicht gewährt, abgenommen wird sie uns nicht); im Maß unseres „Freiwerdens" wird uns die Anlehnung verwehrt, muß unsere Verantwortung personhaft einsam werden.

Von hier aus ist das Erzieherische und seine Wandlung im Zerfall der Bindungen zu verstehen.

Man pflegt das Prinzip der „neuen" Erziehung als den „Eros" dem der „alten" als dem „Machtwillen" gegenüberzustellen.

In Wahrheit ist der eine ebensowenig Prinzip der Erziehung wie der andre. Prinzip der Erziehung – in einem Sinn, der noch aufzuhellen sein wird – kann nur ein Grundverhältnis sein, das in ihr seine Erfüllung findet. Eros aber wie Machtwille sind Leidenschaften der Seele, denen die Stätte ihrer eigentlichen Auswirkung anderswo bereitet ist; Erziehung kann für sie nur einen Gelegenheitsbereich abgeben, und zwar einen, der seinem Wesen nach ihrer Auswirkung eine Grenze setzt, welche nicht ohne Zerstörung des Bereichs verletzt werden kann. Konstitutiv für die erzieherische Haltung vermag der eine so wenig wie der andre zu sein.

Der „alte" Erzieher war, insofern er eben Erzieher war, nicht „der Mensch des Machtwillens", sondern er war Tradent, Tradent gesicherter, erbmächtiger Werte. Wenn der Erzieher dem Zögling gegenüber die Welt vertritt, vertrat er besonders die geschichtliche, das Gewordensein. Er war der Abgesandte der Geschichte diesem Eindringling „Kind" gegenüber, er trug ihm, wie der Papst in der Legende dem Hunnenfürsten, die

Magie der historischen Geistmächte entgegen, er warf die Werte in das Kind oder zog es in sie. Der hat diesen Vorgang der Begegnung zwischen dem Kosmos der Geschichte und ihrem ewigneuen Chaos, zwischen Zeus und Dionysos, nie im Geist geschaut, wer ihn auf die Formel des „Antagonismus von Vätern und Söhnen" reduziert; Vater Zeus steht nicht für eine Generation, sondern für eine Welt, für die olympische, geformte, – die Geschichtswelt steht der Generation gegenüber, als welche die immer wieder geschichtslose Naturwelt ist. Diese Situation der alten Erziehung wird aber leicht vom Machtwillen des Individuums benützt oder mißbraucht: weil er von der Vollmacht der Geschichte geschwellt ist. Der Machtwille wird krampfhaft und gerät ins Toben, wenn die Vollmacht zu zerfallen beginnt, das heißt, wenn die magiegewaltige Gültigkeit des Erbguts schwindet. Der Augenblick rückt dann nah, wo der Lehrer nicht mehr als Abgesandter, nur noch als Einzelner dem Schüler gegenübersteht, nur eben haftendes Atom dem wirbelnden, und wie sehr auch in seinem Denken wähnend, aus der Fülle des objektiven Geistes zu handeln, in der Wirklichkeit seines Lebens doch auf sich zurückgeworfen und verwiesen, daher sehnsüchtig. Eros erscheint. Und Eros findet in der neuen Erziehungssituation Unterkunft, wie jener andere Wille in der alten; aber so wenig wie jener ist er Träger, Grund, Prinzip. Er gibt nur vor, es zu sein: um nicht als Sehnsucht, als der beherbergte Fremdling erkannt zu werden. Und viele glauben ihm.

Es ist Nietzsche nicht gelungen, den Machtwillen so zu verklären, wie Platon den Eros verklärt hat. Aber unsere Sorge um die Kreatur in dieser großen Sorgenstunde hat gleicherweise bei beiden nicht auf die Mythen der Philosophen, sondern auf die Tatsächlichkeit des gegenwärtigen Lebens zu achten. Ganz verklärungswidrig haben wir einzusehen, daß Eros – nämlich nicht „die Liebe", sondern eben er, der männliche, herrliche Eros –, was immer sonst ihm zugehören mag, eins notwendig einschließt: Menschen genießen wollen. Und daß das Erzieherische, die Sonderessenz dieses Namens, die aus keinen andern zusammengesetzt ist, eben dies ausschließt. Wie übermächtig auch ein Erzieher vom Eros heimgesucht und begeistert wird – gehorcht er ihm auch noch, wenn er erzieht, dann erstickt er das Gewächs seiner Gnaden. Eins von zweien: entweder er nimmt die Tragödie der Person auf sich und bringt das tägliche Ganzopfer dar oder das Feuer fährt in sein Werk und vernichtet es.

Eros ist Wahl, Wahl aus Neigung. Erziehertum ist eben dies nicht. Der in Eros Liebende kürt den Geliebten, der Erzieher, der heutige Erzieher findet den Zögling vor. Ich sehe von dieser unerotischen Situation aus die *Größe* des modernen Erziehers – am deutlichsten, wo er Lehrer ist. Da betritt er den Schulraum zum ersten Mal, da sieht er sie in den Bänken hocken, wahllos durcheinandergewürfelt, mißratene und wohlbeschaffene Gestalten, tierische Gesichter, nichtige und edle

– wahllos durcheinander: wie die Gegenwart der Schöpfung; sein Blick, der Blick des Erziehers, nimmt sie alle an und nimmt sie auf. Das ist gewiß kein Nachfahre der alten Götter, die sich ihre Lieblinge raubten; aber er dünkt mich ein Statthalter des wahren Gottes zu sein: wenn dieser „das Licht bildet und die Finsternis schafft", vermag der Mensch doch, beide zu lieben – das Licht in ihm selbst, die Finsternis auf das Licht zu.

Sollte er je, um der Erziehung willen, glauben, Auswahl und Gliederung üben zu müssen, dieser Erzieher, dann wird er sich von einem andern Kriterium leiten lassen als von dem der Neigung, wie rechtmäßig dieses auch in seiner eigenen Sphäre ist; er wird sich von der Werterkenntnis seines Erzieherblicks leiten lassen. Aber auch dann steht seine Auswahl noch in suspenso, unter der steten Berichtigung durch die spezifische Demut des Erziehers, für den das Da-sein und So-sein aller seiner Zöglinge doch das entscheidende Faktum ist, dem seine „hierarchische" Erkenntnis sich unterordnet. Denn in der Vielheit und Vielfältigkeit der Kinder stellt sich ihm eben die der Schöpfung dar.

Eine hohe Askese bedeutet also das Erzieherische: die weltfreudige um der Verantwortung für einen uns anvertrauten Lebensbereich willen, auf den wir zu wirken und in den wir nicht einzugreifen haben, weder machtwillig noch erotisch. Der Dienst des Geistes am Leben kann sich wahrhaft nur in dem System einer zuverlässigen, von den Gesetzen der verschiedenen Verhältnisformen bestimmten Kontrapunktik von Hingabe und Zurückhaltung, Vertrautheit und Distanz vollziehen, die freilich nicht von einer Reflexion angeordnet, sondern aus dem Wesenstakt des natürlich-geistigen Menschen aufgestiegen sein muß. Jede Verhältnisform, in der sich der Dienst des Geistes am Leben verwirklicht, hat ihre eigentümliche Sachlichkeit, ihre Struktur der Masse und Grenzen, die keineswegs der Innigkeit persönlichen Erfassens und Durchdringens widerstrebt, wohl aber der Vermischung mit den Eigensphären der Person. Wird diese Struktur und ihr Widerstreben nicht geschont, dann nimmt ein seinem Anspruch nach aristokratischer, in Wirklichkeit haltloser und fiebriger Dilettantismus überhand, dem die sakralsten Namensgebungen und Gebärden nicht über seine unvermeidliche Folgeerscheinung hinweghelfen werden: über die Zersetzung. Man betrachte z. B. das Verhältnis von Arzt und Patient. Wesentlich ist, daß es eine wirkliche, von dem Angerufenen mit der Seele erfahrene Menschenbeziehung sei; aber sowie der Helfer von der Lust angewandelt wird, seinen Pflegling – in noch so subtiler Weise – zu beherrschen oder zu genießen, oder auch dessen etwaigen Wunsch, von ihm beherrscht oder genossen zu werden, anders denn als einen der Heilung bedürftigen Fehlzustand zu behandeln, tut sich die Gefahr einer Verfälschung auf, vor der alle Kurpfuscherei peripher erscheint.

Der sachlich asketische Charakter des Erziehertums darf jedoch nicht dahin mißverstanden werden, als sei es von Machttrieb und Eros so abgehoben, daß keine Brücke von ihnen zu ihm geschlagen werden kann. Ich habe schon darauf hingewiesen, wie Großes der Eros dem Erzieher bedeuten darf, ohne sein Werk zu versehren. Es geht hier um die Schwelle und die Wandlung an ihr; nicht die Kirche allein hat eine probende Schwelle, an der der Mensch sich wandelt oder zur Lüge wird. Aber damit er diesen stets erneuten Übertritt von Sphäre zu Sphäre vollziehen könne, muß er ihn einmal in entscheidender Weise vollzogen und die Essenz des Erzieherischen in sich aufgenommen haben. Wie geschieht das? Es gibt eine elementare Erfahrung, die den erotischen wie den kratetischen Menschen zumindest in seiner Sicherung erschüttert, die aber mitunter mehr als das tut: mit umschmelzender Wucht ins Innre des Triebes stürzt. Es gibt eine Umkehr des einzelnen Triebs, die ihn durchaus nicht aufhebt, sondern sein Richtungssystem umstellt. Eine solche Umkehr kann von der elementaren Erfahrung bewirkt werden, mit der das eigentlich Erzieherische anfängt und auf der es sich gründet. Ich nenne sie die Erfahrung der Gegenseite.

Ein Mensch schlägt auf einen andern ein, der still hält. Nun geschehe es urplötzlich dem Schlagenden, daß er einen Schlag, den er führt, empfängt. Denselben Schlag. Als der andere, der Stillhaltende. Einen Augenblick lang erfährt er die gemeinsame Situation von der Gegenseite aus. Die Wirklichkeit tut sich ihm an. Was wird er tun? Er übertobt die Seele oder sein Trieb kehrt um.

Ein Mann liebkost eine Frau, die sich liebkosen läßt. Nun geschehe ihm, daß er die Berührung doppelseitig verspürt: noch mit seiner Handfläche und schon auch mit der Haut der Frau. Die Zwiefältigkeit der Gebärde, als einer zwischen Person und Person sich ereignenden, zuckt durch die Geborgenheit seines genießenden Herzens und rührt es auf. Wenn er sein Herz nicht betäubt, wird er – nicht etwa dem Genuß absagen: er wird lieben müssen.

Damit ist keineswegs gemeint, daß der Mensch, dem solches widerfährt, fortan in jeder Begegnung solchermaßen doppelseitig empfinden sollte – das müßte seinen Trieb vielleicht zersetzen; aber die eine extreme Erfahrung macht ihm den andern für alle Zeit präsent: es hat eine Transfusion stattgefunden, von der an eine bloße Auswirkung der Subjektivität nicht mehr möglich, dem Täter nicht mehr erträglich ist.

Erst die Mächtigkeit, die umfaßt, ist Führung; erst der Eros, der umfaßt, ist Liebe. Umfassung, das ist die volle Gegenwärtigung des Unterworfnen, des Begehrten, des „Partners", nicht mit der Phantasie, sondern mit der Aktualität des Wesens.

Es wäre verkehrt, das was hier gemeint ist, mit dem geläufigen, aber wenig sagenden Terminus der „Einfühlung" zusammenbringen zu wollen. Einfühlung bedeutet, wenn irgend etwas, mit dem eigenen Gefühl in die dynamische Struktur eines Gegenstands, einer Säule, eines Kristalls, eines Baumasts, wohl auch einer animalischen oder menschlichen Kreatur, zu schlüpfen und sie gleichsam von innen abzulaufen, die Formung und Bewegtheit des Gegenstands mit den eigenen Muskelempfindungen verstehend; sich hinweg und hinein zu „versetzen". Sie bedeutet somit Ausschaltung der eigenen Konkretheit, Verlöschen der gelebten Situation, Aufgehen der Wirklichkeit, an der man teilhat, in purer Ästhetik. Umfassung ist das Gegenteil: Erweitung der eigenen Konkretheit, Erfüllung der gelebten Situation, vollkommne Präsenz der Wirklichkeit, an der man teilhat. Ihre Elemente sind: erstens ein irgendwie geartetes Verhältnis zweier Personen zueinander, zweitens ein von beiden gemeinsam erfahrener Vorgang, an dem jedenfalls eine der beiden tätig partizipiert, drittens das Faktum, daß diese eine Person den gemeinsamen Vorgang, ohne irgend etwas von der gefühlten Realität ihres eigenen Tätigseins einzubüßen, zugleich von der andern aus erlebt.

Ein Verhältnis zweier Personen, das in geringerem oder höherem Maß von dem Element der Umfassung bestimmt ist, mögen wir ein dialogisches nennen.

Ein dialogisches Verhältnis wird sich auch in der Echtheit der Gespräche kundgeben, aber es baut sich nicht etwa aus ihnen auf. Vielmehr ist nicht bloß das Miteinanderschweigen solcher zwei Personen ein Dialog, sondern auch in ihrem räumlichen Getrenntsein lebt ihre Dialogik fort, als die stete potentielle Gegenwärtigkeit der einen für die andre, als ein äußerungsloser Verkehr. Hinwieder zieht alles Gespräch seine Echtheit nur aus dem Berührtsein von dem Element der Umfassung, sei es auch nur in dessen abstraktester Erscheinung, als „Anerkennung" des So-seins des Gesprächspartners – welche real-wirksam nur dann sein kann, wenn sie einer Umfassungserfahrung, einer Erfahrung der Gegenseite entsprungen ist.

Die Umkehr des Machtwillens und die des Eros bedeutet die Dialogisierung der von ihnen bestimmten Verhältnisse; eben deshalb bedeutet sie der Eingang des Triebs in die Verbundenheit mit dem Mitmenschen und in die Verantwortung für ihn als für einen zugeteilten und anvertrauten Lebensbereich.

Das Element der Umfassung, mit dessen Erkenntnis diese Läuterung anhebt, ist dasselbe, welches das erzieherische Verhältnis konstituiert.

Das erzieherische Verhältnis ist ein rein dialogisches. Ich habe auf das Kind hingewiesen, das, halbgeschlossener Augen daliegend, der Ansprache der Mutter entgegenharrt. Aber manche Kinder brauchen nicht zu harren: weil sie sich unablässig angesprochen wissen, in einer nie abreißenden Zwiesprache. Im Angesicht der einsamen Nacht, die einzudringen droht, liegen sie bewahrt und behütet, unverwundbar, im silbernen Panzerhemd des Vertrauens.

Vertrauen, Vertrauen zur Welt, weil es diesen Menschen gibt – das ist das innerlichste Werk des erzieherischen Verhältnisses. Weil es diesen Menschen gibt, kann der Widersinn nicht die wahre Wahrheit sein, so hart er einen bedrängt. Weil es diesen Menschen gibt, ist gewiß in der Finsternis das Licht, im Schrecken das Heil und in der Stumpfheit der Mitlebenden die große Liebe verborgen.

Weil es diesen Menschen gibt. Und so muß denn aber dieser Mensch auch wirklich da sein, vor dem Kind wirklich, nicht bloß in dessen Seele da sein. Er darf sich nicht durch ein Phantom vertreten lassen: Der Tod des Phantoms wäre die Katastrophe der ursprünglichen Kinderseele. Er braucht keine der Vollkommenheiten zu besitzen, die sie ihm etwa anträumt; aber er muß wirklich da sein. Er muß, um dem Kind in Wahrheit präsent zu werden und zu bleiben, dessen Präsenz in seinen eignen Bestand aufgenommen haben, als einen der Träger seiner Weltverbundenheit, einen der Herde seiner Weltverantwortung. Freilich kann er sich nicht in einem fort mit dem Kind befassen, weder tatsächlich noch auch in Gedanken, und soll's auch nicht. Aber hat er es wirklich aufgenommen, dann ist jene unterirdische Dialogik, jene stete potentielle Gegenwärtigkeit des einen für den andern gestiftet und dauert. Dann ist Wirklichkeit *zwischen* beiden, Gegenseitigkeit.

Aber diese Gegenseitigkeit – das macht die Besonderheit des erzieherischen Verhältnisses aus – kann nicht eine der Umfassung sein, obgleich die wahre Beziehung des Erziehers zum Zögling auf eben dieser gegründet ist. Kein andres Verhältnis zieht so wie dieses sein innres Leben aus dem Element der Umfassung, kein anderes aber ist wie dieses darin völlig auf die Einseitigkeit hingewiesen und büßt mit ihr sein eignes Wesen ein.

Wir dürfen drei Hauptgestaltungen des dialogischen Verhältnisses unterscheiden. Die eine beruht auf einer abstrakten, aber gegenseitigen Umfassungserfahrung. Das deutlichste Beispiel dafür ist eine Disputation zweier in Artung, Anschauung, Berufung grundverschiedener Menschen, in der es sich – wie durch die Handlung eines so namenlosen wie unsichtbaren Boten – in einem Nu begibt, daß jeder die mit den Insignien der Notwendigkeit und des Sinns bekleidete Legitimität des andern gewahrt. Welch eine Erleuchtung! Um nichts wird die eigne Wahrheit, die eigne Überzeugungsmacht, der eigne „Standpunkt" oder vielmehr Bewegungskreis durch sie geschmälert; keine „Relativierung" geschieht, es sei denn so zu nennen, daß im Zeichen der Grenze sich uns die urschicksalhafte Wesenheit der sterblichen Erkenntnis darstellt: Erkennen heißt für uns Kreaturen, unsere, jeder die seine, Relation zum Seienden wahrhaft und verantwortlich erfüllen, indem wir all seine Erscheinung getreulich, weltoffen, geistoffen mit unseren Kräften empfangen und unserem Sosein einverleiben; so entsteht und besteht lebendige Wahrheit. Wir sind innegeworden, daß es so mit dem andern ist wie es mit uns ist; und daß uns beide keine Erkenntniswahrheit, sondern allein die Seinswahrheit und das Wahrheitsein des Seienden überwaltet. Und so sind wir Anerkennende geworden.

Abstrakt habe ich diese Gestaltung genannt, nicht als ob ihre Grunderfahrung der Unmittelbarkeit entbehrte, sondern weil sie sich auf den Menschen nur als geistige Person bezieht und von der vollen Wirklichkeit seines Wesens und Lebens absehen muß. Von der Umfassung dieser vollen Wirklichkeit gehen die beiden andern aus. Von diesen die erste, das erzieherische Verhältnis, hat ihren Grund in einer konkreten, aber einseitigen Umfassungserfahrung.

Wenn Erziehung bedeutet, eine Auslese der Welt durch das Medium einer Person auf eine andere Person einwirken zu lassen, so ist die Person, durch die dies geschieht, vielmehr, die es durch sich geschehen macht, einer eigentümlichen Paradoxie verhaftet. Was sonst nur als Gnade, in die Falten des Lebens eingelegte, erscheint: mit dem eignen Sein auf das Sein anderer einzuwirken, ist hier Amt und Gesetz geworden. Damit aber, daß solchermaßen an die Stelle des meisterlichen Menschen der erzieherische getreten ist, hat sich die Gefahr aufgetan, daß das neue Phänomen, der erzieherische Wille, in Willkür ausarte; daß der Erzieher von sich und von seinem Begriff des Zöglings, nicht aber von dessen Wirklichkeit aus die Auslese und Einwirkung vollziehe. Man braucht nur etwa die Berichte über Pestalozzis Unterricht zu lesen, um zu merken, wie leicht sich bei den edelsten Pädagogen die Willkür in den Willen mengt. Das liegt fast immer an einem Aussetzen oder zeitweiligen Erlahmen des Umfassungsaktes, der eben für das Erzieherische nicht bloß, wie für andere Bereiche, regulativ, sondern schlechthin konstitutiv ist, so daß es aus seiner steten Wiederkehr und dem stets erneuten Zusammenhang mit ihm seine wahre Eigenkraft gewinnt. Der Mensch, dessen Beruf es ist, auf das Sein bestimmbarer Wesen einzuwirken, muß immer wieder eben dieses sein Tun (und wenn's noch so sehr die Gestalt des Nichttuns angenommen hat) von der Gegenseite erfahren. Er muß, ohne daß die Handlung seiner Seele irgend geschwächt würde, zugleich drüben sein, an der Fläche jener anderen Seele, die sie empfängt; und nicht etwa einer begrifflichen, konstruierten, sondern je und je der ganz konkreten dieses einzelnen und einzigen Wesens, das ihm gegenüber lebt, das zusammen mit ihm in der gemeinsamen Situation, des „Erziehens" und „Erzogenwerdens", die ja eine ist, nur eben an deren andrem Ende steht. Es genügt nicht, daß er sich die Individualität dieses Kindes vorstelle; es genügt aber auch nicht, daß er es unmittelbar als eine geistige Person erfahre und sodann anerkenne; erst wenn er von drüben aus sich selber auffängt und verspürt, „wie das tut", wie das diesem andern Menschen tut, erkennt er die reale Grenze, tauft er in der Wirklichkeit seine Willkür zum Willen, erneuert er seine paradoxe Rechtmäßigkeit. Er ist unter allen der eine, dem die Umfassung aus einem bestürzenden und erbauenden Ereignis zur Atmosphäre werden darf und soll.

Aber, in wie inniger Gegenseitigkeit des Gebens und Nehmens er auch sonst mit seinem Zögling verknüpft ist, die Umfassung kann hier keine gegenseitige sein. Er erfährt das Erzogenwerden des Zöglings, aber der kann das Erziehen des Erziehers nicht erfahren. Der Erzieher steht an beiden Enden der gemeinsamen Situation, der Zögling nur an einem. In dem Augenblick, wo auch dieser sich hinüberzuwerfen und von drüben zu erleben vermöchte, würde das erzieherische Verhältnis zersprengt oder es wandelte sich zu Freundschaft.

Freundschaft nennen wir die dritte Gestaltung des dialogischen Verhältnisses, auf die konkrete und gegenseitige Umfassungserfahrung gegründet. Sie ist das wahrhafte Einander-Umfassen der Menschenseelen.

Der Erzieher, der die Erfahrung der Gegenseite übt und ihr standhält, erfährt in einem beides: seine Grenze an der Anderheit und seine Gnade in der Verbundenheit mit dem andern. Er verspürt von „drüben" das Annehmen und das Verwerfen des eben Herankommenden (also das eben von ihm, dem Erzieher, aus Herankommenden), freilich vielfältig nur flüchtige Stimmung oder unsichres Gefühl, aber daraus zu erschließen ist das wirkliche Bedürfen und Nichtbedürfen der Seele, wie die Tatsache, welche Speisen einem Kind wohlschmecken, welche ihm leidig sind, dem Kundigen die Einsicht, welcher Stoffe Zufuhr dem Körper nottut, zwar nicht verschafft, aber vermittelt. Indem der Erzieher so Mal um Mal gewahr wird, was dieser Mensch in diesem Augenblick braucht und was nicht, führt es ihn immer tiefer in die Erkenntnis, was der Mensch braucht, damit er werde, aber auch in die, was er, der „Erzieher", von dem Gebrauchten zu geben vermag, was nicht, – was schon, was noch nicht. So weist ihn die Verantwortung für diesen ihm zugeteilten und anvertrauten Lebensbereich, je und je für diese lebende Seele, auf jenes unmöglich Scheinende und doch uns irgendwie Gewährte, auf die Selbsterziehung hin. Selbsterziehung aber kann hier, wie überall, nicht dadurch geschehen, daß einer sich mit sich selber, sondern dadurch allein, daß er, wissend um was es geht, sich mit der Welt befaßt. Die Kräfte der Welt, die der Zögling zum Aufbau seines Wesens braucht, soll der Erzieher aus der Welt lesen und in sich ziehen.

Erziehung von Menschen durch Menschen bedeutet Auslese der wirkenden Welt durch eine Person und in ihr. Der Erzieher sammelt die aufbauenden Kräfte der Welt ein. In sich selber, in seinem welterfüllten Selbst scheidet er, lehnt ab und bestätigt. Die aufbauenden Kräfte – es sind ewig die gleichen, es ist die Welt in der Verbundenheit, die Gott zugewandte. Der Erzieher erzieht sich zu ihrem Organ.

Ist dies nun das „Prinzip" der Erziehung als ihre Norm und feste Maxime? Nein; nur das principium ihrer Wirklichkeit, der Anfang ihrer Wirklichkeit, – wo immer sie anfängt. Eine Norm und feste Maxime der

Erziehung gibt es nicht und hat es nie gegeben. Was man so nennt, war stets nur die Norm einer Kultur, einer Gesellschaft, einer Kirche, eines Zeitalters, der, wie alle gebundne Regung und Handlung des Geistes, auch die Erziehung hörig war und die sie in ihre Sprache übertrug. Im geformten Äon gibt es in Wahrheit keine Eigengesetzlichkeit (wenn auch zuweilen einen Eigenbau) der Erziehung; nur in dem sich entformenden. Erst in ihm, im Zerfall der überlieferten Bindungen, im kreisenden Wirbel der Freiheit ersteht die personhafte Verantwortung, die zuletzt mit ihrer Entscheidungslast keiner Kirche, keiner Gesellschaft, keiner Kultur mehr sich anlehnen kann, die einsame im Angesicht des Seienden.

In dem sich entformenden Äon kommt es auf die vielgelobten „Persönlichkeiten", die seine Scheinformen zu bedienen und in deren Namen die „Zeit" zu beherrschen verstehen, in der Wahrheit des Geschehens nicht mehr an als auf die den gewesenen echten Formen nachtrauernden und sie zu restaurieren beflißnen: nur auf die, wie auch geltungsarmen, Personen, die, jede in der tätigen Stille ihres Werkbezirks, für die Fortdauer der lebenden Substanz antworten, sie verantworten. So auch im Bereich der Erziehung.

Die immer wieder vorgebrachte Frage „Wohin, auf was zu soll erzogen werden?" verkennt die Situation. Auf sie wissen nur Zeiten, die eine allgemeingültige Gestalt – Christ, Gentleman, Bürger – kennen, eine Erwiderung, nicht notwendig mit Worten, aber mit dem auf die Gestalt hin ausgestreckten Zeigefinger, die deutlich über aller Köpfen in der Luft steht. Das Bilden dieser Gestalt in allen Individuen, aus allen Stoffen, das ist die „Bildung". Wenn aber alle Gestalten zerbrachen, wenn keine mehr die gegenwärtige Menschheitsmaterie einzubewältigen, einzugestalten vermag, was ist da noch zu bilden? Nichts anderes mehr als das Ebenbild Gottes.

Das ist das undefinierbare, nur faktische Wohin des gegenwärtigen Erziehers, der in der Verantwortung steht. Eine theoretische Erwiderung auf die Frage „Auf was zu?" kann dies nicht sein, nur, wenn überhaupt, eine getane. Mit dem Nichttun getane.

Der Erzieher steht jetzt mit in der Not, die er in der Umfassung erfährt, nur ein Stück Wegs tiefer in sie hinein. Er steht mit, nur ein Stück Wegs weiter aufwärts, im Dienst, zu dem er sprachlos aufruft, in der imitatio Dei absconditi sed non ignoti.[1]

Wenn alle „Richtungen" versagen, in der Finsternis über dem Abgrund ersteht die Eine wahre Richtung des Menschen, auf den schöpferischen Geist, auf den allüber den Wassern brütenden Gottesbraus zu – den, von dem wir nicht wissen, von wannen er kommt und wohin er fährt.

Das ist die wahre Autonomie des Menschen, das Erzeugnis der Freiheit, die nicht mehr verrät, sondern verantwortet. Der Mensch, das Geschöpf, welches Geschaffnes gestaltet und umgestaltet, kann nicht schaffen. Aber er kann, jeder kann sich und kann andere dem Schöpferischen öffnen. Er kann den Schöpfer anrufen, daß er sein Ebenbild rette und vollende.

Anmerkung

1 Nachahmung des abgeschiedenen, aber nicht unbekannten Gottes.

Victor von Weizsäcker

Der Arzt und der Kranke

Stücke einer medizinischen Anthropologie

In dem Wortkampfe zwischen Sokrates und Thrasymachos, mit dem Platon seine Politeia eröffnet, zeigt sich, wie das Wesen eines bestimmten Berufes durch eine Definition nicht zu fixieren, nicht zu erschöpfen ist. Es gelingt zum Beispiel nicht, die Heilkunst und die Erwerbskunst anders als nur rein abstrakt zu sondern, und die Dialektik der konkreten ärztlichen Situation reißt das, was definitionsgemäß klar gesondert scheint, doch in dem Wirbel der menschlich-gesellschaftlichen Beziehungen und Verstrickungen wieder zusammen. Solange man nur das einzelne, den einzelnen betrachtet und von ihm aus zur Norm kommen möchte, gelingt es nicht festzustellen, was rechtens ist; und der Begriff der Dikaiosyne scheitert von Stufe zu Stufe des Gesprächs an solcher Partikularität der Betrachtungsform und drängt zum Kollektivwesen als dem allein rechten Grundbegriff. Nur von einem Gemeinwohl aus läßt sich ein einzelnes Gutes bestimmen, und damit ist auch die Richtschnur für den einzelnen, etwa den ärztlichen Beruf gegeben: Ein jedes Privatverhältnis ist ausgeschlossen, und nicht von der kleinsten, sondern von der größten Zahl der vereinigten Personen her ist das Wesen und das Maß des einzelnen zu bestimmen.

Indem wir dieses Bild einer antiken Auflösung des Problems voranstellen, gewinnen wir einen Hintergrund, auf dem sich die Verinnerlichung und die Intimität alles modernen ärztlichen Berufslebens deutlich und gegensätzlich abhebt. Arzt sein heißt jetzt und ist hier nicht Staatsdienst, sondern Privatdienst, und zwar auch im Sinne einer normativen Betrachtung des Seinsollenden, nicht nur des leider Tatsächlichen. Die ärztliche Diskretion, gesetzlich geboten und geschützt, psychologisch geradezu eine Existenzfrage des modernen Menschen, hüllt die Krankheit, ihre Erscheinungen, ihr Bekenntnis ein und schließt sie ab gegen die Schaulust und Wißlust, schützt sie gegen den Trieb der Neugierde, der eben das notwendige psychische Korrelat der so ganz individuell gewordenen Schamgefühle wurde. Schon die Zurückverlegung aber der Berufsantinomien aus der politisch-sozialen in die persönlich-*psychologische* Sphäre ist ein weiteres Kennzeichen dafür, daß das Verhältnis von Arzt und Patient nicht allein ein nur mehr privates, sondern überdies ein „freies" wurde (Psychologie setzt jedenfalls die freie Beweglichkeit des Psychischen gegenüber dem materiellen Umweltgeschehen voraus): als Vertreter eines „freien Berufs" bleiben die Ärzte ohne Kontrolle berufsständischer oder bürokratischer Art (bis auf die allgemein-bürgerliche Schranke des Strafgesetzbuches), wie auch umgekehrt die „freie Arztwahl" dem Patienten als einem völlig Einzelnen die Entschließung zu einem Arzt in die Hand gibt. Man wird kaum bestreiten, daß dies jedenfalls die moderne Idee des Arztes ist und daß diese Idee des privaten und überdies freien Arztes durch Institute wie Krankenhaus, Krankenkasse, Impfzwang nur praktisch gehemmt, nicht aufgehoben oder relativiert ist. Die soziologische Auswirkung in Konkurrenzkampf, Preisbildung, Haftpflicht, Boykott usw. rückt denn auch die ärztliche Berufsübung in die nächste Nähe der freien Güterproduktion und des freien Handels – nicht trotz des ärztlichen Ideals als eines nur-persönlichen, sondern *wegen* desselben. Alle Versuche zu „ständischer" Organisation in unserer Zeit haben immer den Zweck, diesen privatpersönlichen Charakter der Berufsfreiheit zu schützen, nicht ihn durch ein institutionelles Organ aufzuheben. So kommt es auch, daß die moderne Kritik des Arztes nicht in der Politik oder in dem Hervortreten öffentlicher Instanzen sich vollzieht, sondern in der – selbst wiederum freiberuflich dastehenden – Literatur oder, und dies eben nur im extremen Fall, vor dem Zivil- oder Strafrichter. Diesen beiden Regulativen gegenüber fallen jedenfalls die ganz unbedeutenden Kurpfuschereigesetze gar nicht ins Gewicht. Die Kritik des Arztes und die Deutung der Krankheit im Roman und auf der Bühne müssen es ja sein, welche die Aufgabe lösen, da die Berufshandlung, wie eben auseinandergesetzt wurde, den Schutz der Freiheit, nämlich der Freiheit *gegen* eine institutionell-öffentliche Normierung und Kritik genießt.

Materiell also durch den Konkurrenzkampf, geistig durch die Literatur kritisiert, werden die Ärzte als Gattung von außen begrenzt und geformt, ohne dadurch aber organisiert, geschweige denn zu einem wirklichen *Stand* zu werden. Jene negativen Kräfte sind dazu unvermögend. So bleiben hier die entscheidenden und geistig jedenfalls immer viel interessanteren Bildungskräfte diejenigen, welche im Werkzeug, in der τέχνη des Arztes selbst liegen.

Und so weist die zeitgeschichtlich ganz reale Unmöglichkeit, den Begriff und die Kritik der Medizin von einem staatlichen, ständischen oder soziologischen Oberbegriff, vom Wesen einer Gesellschaft oder Gemeinschaft aus näher zu bestimmen, ganz von selbst auf andere Seinsschichten oder -sphären hin, wenn es sich nämlich darum handelt, zu gültigen und verbindlichen Sätzen über die Berufsaufgabe des Arztes zu gelangen. Die hier in der Regel verfolgten Möglichkeiten sind im wesentlichen nur drei: die Idee einer Wissenschaft, die Idee einer Humanität und die Idee der Caritas. Als Kulturwerk, als Ausdruck allgemeinen Menschentums und als religiös verpflichtendes Hilfs- und Heilswerk kann Sinn und Pflicht der ärztlichen Handlung bestimmt, Mittel und Weg zu ihrer Erfüllung aufgezeigt werden. Aber diese drei Kategorien sind doch zunächst von außen herangebrachte. Sie klären uns nicht auf über die Frage, ob ohne sie und vor ihnen es eine rein und nur ärztliche Sache, ein ursprüngliches Wesen der ärztlichen Situation gibt, welches selbst Quelle einer eigentümlichen Erkenntnis werden kann; eine Sache, welche nicht durch die Kultur, durch das Menschentum, durch eine religiöse Botschaft erst erzeugt wird, sondern von der aus vielmehr Antrieb und Hinweis zur Tätigkeit von Kultur, Humanität und Religion erst erfolgen. So gewendet wird die Frage nach dem Ärztlich-Eigentümlichen zugleich eine Frage nach dem Wesen der Krankheit, nach dem Wesen des Krank-Seienden. Also nicht nach Anwendung und Folge einer jener drei genannten Sphären soll gefragt werden, sondern nach einem ursprünglichen, eigentümlichen, selbständigen Sein, von dem eine sachliche und eigentliche Wesenhaftigkeit und Ordnung der ärztlichen Dinge ausstrahle. Hier darf nicht übersehen werden, daß in einem solchen Suchen etwas Originelles liegt; wenn es zu einem Finden führen sollte, so läge darin ein Beispiel, dessen Wirkung nicht auf die ärztliche Sache beschränkt bliebe. Hier wird ja versucht, über die Sache des Arztes ursprünglich zu sprechen. Gelingt ein solches Untemehmen, so wird vielleicht dem Bäcker billig sein, was dem Arzte recht war. Noch brauchen wir einem solchen Verfahren keinen eigenen methodischen Namen beizulegen. Der Ort der „Kreatur" soll ja wohl mehr als ein anderer bedeuten, daß uns die „Beherrschung der Methode", wie man sie von einem ernsten Arbeiter mit Recht zu fordern pflegt, nicht zur Knechtschaft werde. Es werden im folgenden die aus Wissenschaft, Humanität und Glaube abzuleitenden Kriterien oder Normen der Medizin und ihres Gegenstandes keineswegs außer Betracht bleiben können. Aber nur so weit wird dies geschehen, als wir unserem soeben angedeuteten Ziele damit dienen. Der Versuch, das Ziel unter dem Titel einer „medizinischen Anthropologie" zu verfolgen, darf danach nicht das Mißverständnis aufkommen lassen, als ob „das Menschliche", „Humanitas" der Leitgedanke dabei sei, oder als ob die medizinische Wissenschaft, deren methodische Beherrschung uns allein zu Herren des Stoffes macht, darum auch die methodische Leitlinie in das Thema „Arzt und Kranker" sei. Sind wir Herren der Methode einer Wissenschaft, so sind wir darum noch nicht Herren der Schöpfung – diesen Ehrennamen kann uns eine Approbationsurkunde nicht verschaffen. Arzt sein heißt aber in einem bestimmten und hier erst aufzuspürenden Sinne der Welt des Geschaffenen als Herr gegenübertreten, und dazu bedarf es denn wohl noch einer zweiten, einer nicht papierenen Approbation; sonst bleibt die erste Nur-Papier.

Es ist eine erstaunliche, aber nicht zu leugnende Tatsache, daß die gegenwärtige Medizin eine eigene Lehre vom kranken Menschen nicht besitzt. Sie lehrt Erscheinungen des Krankseins, Unterscheidung von Ursachen, Folgen, Heilmitteln der Krankheiten, aber sie lehrt nicht den kranken Menschen. Ihr wissenschaftliches Gewissen erlaubt ihr nicht, über ein so ungeheures Geheimnis zu sprechen, und so wäre es unter der Würde oder über der Demut dieses Gewissens, vom kranken Menschen etwas

Wissenschaftliches sagen und lehren zu wollen. – Der Arzt am Krankenbett freilich spricht zum, redet vom kranken Menschen, Aber dann ist er ja aus der Sphäre der Wissenschaft in die der „Praxis“ (herauf- oder hinab-?) gestiegen, und dort ist alles wieder ganz anders. Gerade dieser Übergang ist interessant. Er ist mehr als dies: Er ist für den Jünger der Kunst, für den Arzt der Ort der Spannungen, der Notzustände, der Bildungsprobleme, der Ursprung einer spezifischen Kette von Lebens- und Denkbewegungen, die hier zu betrachten sind.

Ein zweiter Punkt, an dem jener Mangel klar wird, tritt nun eben bei der Betonung: kranker *Mensch* ins Licht. Denn für die pathologische Wissenschaft hat dieser Mensch nur Spezifität gegenüber dem Tier, gegenüber dem Lebendigen, gegenüber der Natur überhaupt: Er ist Objekt unter Objekten. Auch dort, wo von der „Pathologie der Person“ die Rede ist, hat der Mensch diese indifferente Objektqualität, d. h. er ist Gegenstand einer Anwendung von Erkenntnissen naturwissenschaftlicher, psychologischer Art, seine Personalität ist hier aufgefaßt als eine individuelle Ganzheit, als ein Gefüge von „Vitalreihen“, Merkmalen und Kräften; er ist hier Spezies, nicht Persona; er ist eine Besonderheit der Erscheinungswelt, nicht der Träger des Per-sonare, d. h. nicht der, dem ja diese Welt erscheint, durch den, zu dem sie spricht. Krank ist hier etwas, was man erkennen kann, nicht das, was man auch selbst sein kann. Auch hier wird der Mensch kritisch und anschaulich gewußt, d. h. nicht sein Sein, sondern das, was man im Verlauf kritischer Wissenschaft von ihm erfahren, demonstrieren, beurteilen kann, nur das, was diese Wissenschaft *objektiv* nennt.

Und das gerade ist nicht das Kranksein dieses Menschen. Die Physik (und Psychologie = Physik der Seele) des Kranken ist nicht seine Metaphysik, seine Erscheinung ist noch nicht sein Wesen. Wo ist es faßbar? Es liegt so *nah*, daß die mikroskopisch oder makroskopisch zu ferne Optik es übersehen läßt, daß die objektive Optik das Auge anstrengt, wo es auf das Gehör ankommt: *es tönt in der Bitte um Hilfe.*

Das wirkliche Wesen des Krankseins ist eine Not und äußert sich als eine Bitte um Hilfe. Ich nenne den krank, der mich als Arzt anruft und in dem ich als Arzt die Not anerkenne. Für die Urteilsaussage: „dieser ist krank“ ist die bestimmende „Kategorie“: der Arzt. Sind diese Thesen Pragmatismus? Dies wird davon abhängen, ob Not, Hilfe, Arzt, Kranker nur pragmatische Instanzen oder echte und ganze Wirklichkeiten sind. Denn unsere Thesen behaupten, das Urphänomen einer medizinischen Anthropologie und der Hauptgegenstand ihres Wissens sei dies: der kranke Mensch, der eine Not hat, der Hilfe bedarf und dafür den Arzt ruft. Und, um es zu wiederholen, die Bestandteile dieses Phänomens (in dem also ein Urphänomen stecke), nämlich kranker Mensch, Not, Hilfe und Arzt sollen, erkennbar oder nicht, ebensoviele wahrhafte Wirklichkeiten sein. Leicht bemerkt man die einfache, aus zwei Arten der Entsprechung gewobene Doppelstruktur unseres Phänomens: eine personale Entsprechung: Mensch in Not und Mensch als Helfer, und eine sachliche Entsprechung: Krankheit und Medizin. Trotz dieser Verschiedenheit der Entsprechungen liegt hier nicht gleichsam ein Aggregat, ein Molekül aus vier Atomen vor, sondern eine völlig eindeutige und unverrückbare Struktur: Nur im schlichten und konkreten Urphänomen hat der einzelne Bestand, nur in ihm kann sein Wesen erkannt werden. Trotzdem ist zu erwarten, daß eine medizinische Anthropologie mindestens vier Hauptstücke im Sinne jener Gliederung enthalten wird, und der erste Gewinn, den wir aus dieser Betrachtung ziehen, ist, daß diese Wissenschaft im Gegensatz zur „Medizin" mit ihrer Pathologie und Therapie *auch* eine Lehre vom Arzt und eine Lehre von der Not enthält. Diese beiden können jedenfalls auch dem Namen nach nicht mit etwas verwechselt werden, was die medizinische Wissenschaft etwa entgegen unserer Behauptung schon zu besitzen vorgibt.

Wir werden aber diese Aufstellungen nunmehr dazu benutzen, einige aufgegriffene aber sachlich wichtige Grundfragen der medizinischen Anthropologie zu bearbeiten. Die erste betrifft die Art und Form des ärztlichen Wissens. Wir sahen schon: Die medizinische Wissenschaft von den objektiven Erscheinungen und Vorgängen wagt nicht oder verschmäht es, die Grenze des sinnlich Gewissen oder des daraus beweismüßig Erschließbaren zu überschreiten. Sie steht unter dem Gesetz der kritischen Wissenschaft, und für diese ist Wissen soviel wie ein Gewissen: Sie hat eine spezifische Sittlichkeit, derzufolge es (sittlich) weniger darauf ankommt, welche Wirklichkeit ich weiß, als wie ich zu diesem Wissen komme (es „erfahre"). Die Moral der Sache ist aus dem Inhalt in die *Produktionshandlung* des Wissens übergegangen, ja man kann sagen: Wissen ist eine Sache der Moral geworden, und der hierin liegende Primat des praktischen Verhaltens ist hier eigentlich nur eine andere Ausdrucksweise für den allgemeinen Primat der praktischen Vernunft. Im Begriff: „kritische" Wissenschaft, oder wiederum dem anderen: „Objektivität" des Erkennens liegt ein solcher praktischer Primat bereits enthalten. Eben dadurch wird die Sache selbst, der Inhalt des Wissens – amoralisch, moralisch denaturiert. Nicht die Handlungen, nur die Gesinnungen sind gut und böse, nicht die Schafe sind weiß und schwarz – am Sehen liegt es, nicht die Menschen sind gesund und krank, sondern bei der Beurteilungsart steht es, was ich gesund oder krank nenne.

Aber diese Moralität des objektiven Wissens schlägt sich selbst ins Gesicht: Der Primat der praktischen Vernunft wird im Praktischen allzu praktisch; im Handeln tue ich so, als wüßte ich, was gut und böse, schwarz und weiß, gesund oder krank ist. Ich dekretiere – durch mein Handeln – einfach Inhalte, wo mir doch nur Beurteilungsweisen vergönnt sind. Ich gehe in der Handlung weiter, als ich in der Erkenntnis darf, und strafe so die Moral meiner Erkenntnis Lügen. Ich operiere, wiewohl ich doch nicht objektiv weiß, nein, objektiv nicht weiß, ob die Operation glücken wird. Statt in der Kategorie der Objektivität bewege ich mich in der des Glücks, oder vielmehr des Risikos. Ich stütze mich dabei auf Erfahrung; aber auf was für eine Erfahrung! Gerade das Entscheidende, nämlich den Ausgang der Operation, habe ich nicht, kann ich ja nicht erfahren haben, nämlich in diesem konkreten Fall. Meine ärztliche Erfahrung besitzt für den konkreten Fall gerade das entscheidende Merkmal: durch die Sinnlichkeit empfangen und mit dem Verstande gedacht zu sein, *nicht*, und ich bewege mich also nicht in dieser Erfahrung, sondern in der Vermutung, also in der Kategorie des Möglichen, nicht des Wirklichen. Ich sinke also als Handelnder unter das Niveau meiner Erkenntnis, und ich muß vorziehen Gelehrter zu bleiben, wenn ich nämlich an mein theoretisches Ich denke. Und je mehr ich an mein theoretisches Ich denke, um so reiner bleibe ich, um so mehr kann ich das Niveau halten; meine Reinheit und meine theoretische Autonomie sind parallel geordnet. Man sage nicht, daß diese Struktur nicht die eines verbreiteten Lebenstypus sei; ja man muß sagen, daß dieser Typus in jedem ist und in solchem Betrage sein muß, als die Moralität der kritischen Wissenschaft in ihm ist.

Der Fehler aber dieser Struktur ist, daß sie glaubt, auf ein reales Weltbild verzichten zu können, dass sie statt wirklichen Menschen, die in einer wirklichen Welt stehen und diese auch erkennen, den Unterschied von Theorie und Praxis hypostasiert: In der Theorie sollen wir erkennen können, aber nichts so, wie es an sich ist, in der Praxis sollen wir zwar handeln, aber nichts erkennen können: Die Theorie sieht zwar, aber nicht das Ding selbst, die Praxis erreicht dies, aber sie ist blind. Da aber dies Tappen im Dunkeln dem Gemüte mehr zumutet als mit dem Leben verträglich ist („ungemütlich" ist), so entsteht die Fiktion, unser Wissen sei eine Fiktion. Der Fiktionalismus ist in diesem Betracht ein Versuch, das Leben gegen eine Philosophie zu retten, die Ungemütlichkeit der praktischen Nacht, der die Sonne fehlt, durch ein künstliches Licht zu beseitigen. Es ist ein romantisches Korrelat zu einer über unser Vermögen gehenden Härte einer Philosophie. Damit wird dann freilich diese Härte selbst wieder allzuleicht ein romantisches Vergnügen.

Der bloße Hinweis auf die Existenz des mit der „Praxis" sich vermischenden Menschen (Arztes) würde also, wie sich hier zuletzt zeigt, nicht genügen, um jene falsche Struktur zu widerlegen; denn als bloße Existenz, d. h. als Vitalexistenz ist sie möglich, ja verwirklicht, wenn auch als Kompromittierung, als Abschwächung einer zu harten Forderung. Der Fehler muß vielmehr nicht an der Vitalexistenz, sondern am Wesen der Sache, die gewußt wird, gezeigt werden: am Wesen der Welt, die der Mensch, der Welt, die z. B. der Arzt wissen soll. Und hier zeigt sich, daß es eben eine theoretische Welt, eine Welt der Theorie im Gegensatz zur praktischen überhaupt nicht gibt, und daß es auch nicht (wie Nietzsche gezeigt hat) moralisch ist, die sog. Objektivität der Welt, nämlich „sofern sie nach Gesetzen bestimmt ist", rein zu erkennen. Wir werden das bloße Objektivitätsgewissen als ein mißleitetes Gewissen einsehen. Es wird sich als ein Irrtum erweisen, in *dieser* Wahrheitsliebe zum bloßen Objektiven überhaupt irgendeinen für *jedermann* wahren und wirklichen Wert zu erblicken, denn das Objektive ist noch nicht das Wirkliche, und die reine Vernunft ist eine bloße Vernunft, ist Nur-Vernunft. Die wirkliche Welt, in der wir leben, ist nun von der Fiktion der objektiven Naturwissenschaft in der Tat grundverschieden. Sie hat die Eigenschaften nicht, welche die logisch-naturwissenschaftliche Weltanschauung diktierte, aber darum hat sie nicht keine anderen Eigenschaften. Auch ist sie, wie sich zeigt, nicht irrational nur darum, weil sie nicht überall rational ist. In ihr herrscht nicht die Logik, sondern in ihr kämpft Logik mit Antilogik. Die Natur der objektiven Naturwissenschaften läuft nach Gesetzen, und dies ist befriedigend. Ein kranker Mensch ist aber nicht befriedigend, und gerade das an ihm, was wissenschaftlich begreifen zu lernen den Mediziner befriedigt, ist dasselbe was ihm als Arzt das Unbefriedigende sein muß; er müßte wünschen, das Verlaufsgesetz der Krebserkrankung brechen zu können. Daß ein Mensch in seinem Zustande unbefriedigend ist, obwohl das Naturgesetz diesen Zustand vorschreibt und beherrscht – darin entspringt offenbar ein Widerstreit zwischen unserem wissenschaftlichen Erkenntnistrieb, welcher die Bestätigung *seiner* Geltung sucht, und unserem ärztlichen Heiltrieb, welcher eine Beseitigung jenes Zustandes sucht. Dieser Widerstreit ist aber nicht nur ein begriffsdialektischer, kein Spiel mit Definitionen. Die wissenschaftlichen Ärzte wissen alle um die Berufsgefahr, daß das Forschen und Wissenwollen zum Raub am Wohl des Kranken wird. Alle kennen den gefährlichen Doppelsinn des Wortes „verstehen". Wir verstehen die Krankheiten, aber wir verstehen *dadurch* nicht die Not der Krankheit und nicht, was dem Kranken nottut. Es bleibt in der Pathologie völlig unverständlich, warum es eine Not wird, wenn ein Schmerznerv in physiologischen Erregungszustand versetzt wird. Wir gehen also weiter und versuchen, ob man ein Verständnis der Not gewinnen kann.

Freilich wird jetzt zuweilen ein kindlicher Kampf gegen die naturwissenschaftliche und verstandesobjektive Medizin geführt. Apollon soll abtreten und Dionysos oder Magus die Stunde regieren. Man übersieht leicht, daß gegenwärtig zwar die naturwissenschaftliche Weltanschauung zusammengebrochen ist, daß aber die naturwissenschaftlich geleitete Technik auch dem dionysischen Kritiker einleuchtet, wenn er am eigenen Leibe einmal die Segnung einer schmerzlosen Operation oder einer methodischen Hypnose erfährt. Das Naturwissenschaftliche bedeutet in diesem Sinne nicht mehr Wahrheit, sondern Technik, nicht einen Inhalt, sondern einen Weg (Methodos). Wir wissen, daß wir mit einer Substanz des Fingerhutblattes wirken können, ohwohl wir noch immer nicht *eigentlich* wissen, wie dies vor sich geht. Die Naturwissenschaft*lichkeit* der klinischen Pathologie bedeutet etwas anderes für uns, als für ein 17. und 18. Jahrhundert, dem Natur*wissenschaft* ein Weltbild wurde. Auch die Unüberschaubarkeit der Wissensmassen und die endgültige Etablierung des Spezialismus, die Umwandlung der emphatischen Wahrheitsforschung in eine organisierte Betriebsgemeinschaft der Forschenden sind nicht mißzuverstehende Zeichen einer Entwicklung der Wissenschaften, derzufolge sie zu einem Bestandteil einer weniger auf schöpferischer geistiger Freiheit als viel mehr auf vitalen Notwendigkeiten beruhenden Ökonomie modernen Lebens werden. In dieser Ökonomie ist weder elektrische Beleuchtung noch Insulin noch Psychoanalyse noch zu verwechseln mit der, in enthusiastischer Gleichsetzung von Wissenschaft und Wahrheit erlebten, Entdeckungsfahrt der bedeutenden Ärzte des 19. Jahrhunderts, welchen die Auffindung des Tuberkelbazillus, der Asepsis der Narkose beschieden war. Dieser Wandel nicht der Methoden, aber der Deutung der medizinischen Naturwissenschaft, ist kein Rückschritt, er hat die Schlichtheit und Legitimität einer geschichtlichen Tatsache, einer Notwendigkeit.

Was also bedeutet jene auch von uns aufgenommene Redeweise von der so wünschenswerten Hinwendung zum „kranken Menschen"? Jedenfalls nicht den Abbau der in einem sehr ernsten und wertenden Sinne zur Technik gewordenen Naturwissenschaftlichkeit der Medizin. Aber wo alles Instrument wird, was vorher zugleich Ziel war, da muß eben dies Ziel fragwürdig werden. Hier liegt die Aufgabe. Die Undurchdringlichkeit, die Undurchschaubarkeit des kranken Menschen mit den rationalen Mitteln jener Wissenschaften ist kein Wunder, aber auch kein Schaden mehr, wenn wir einsehen gelernt, daß es zum Wesen der ärztlichen Sache gehört, die Grenze des rational Wißbaren und Voraussehbaren praktisch zu überschreiten, wesenhaft immer mehr zu unternehmen als man objektiv wissenschaftlich verantworten kann, am Bett in dieser Hinsicht ein anderer zu sein als im Laboratorium. Ist dies der Fall, dann liegt hier eine *neue* Wirklichkeit vor, die wir zu kennen wünschen. Aber als Kinder einer Zeit, als Ergebnisse einer Tradition, Bildung und Schulung haben wir geistige Gewohnheiten und Prägungen, welche den Blick auf diese unsere Wirklichkeit erschweren. Hier liegt die Schwierigkeit.

Wir erlernten die Zusammensetzung des menschlichen Körpers aus Geweben, die der Gewebe aus chemischen Substanzen. Wir lernten, daß all dieses bei Krankheiten sich ändert, nach Form und nach Zusammensetzung. Wir können jetzt urteilen: Dieses ist krank. – Aber der Kranke kann sagen: Ich bin krank. Kann eine Zelle „ich" sagen? Kann ein Molekül, ein Atom, ein Elektron „ich" sagen? Wer ist der, welcher „ich" sagt? Wir lernten nur von Dingen, die „etwas" sind, wir lernten nichts von Dingen, die „jemand" sind. Aber die Sprechstunde beginnt damit, daß jemand sagt: ich bin krank, und wir wundern uns, daß wir nicht sogleich ratlos werden, da wir davon nichts gelernt haben; wenn wir ehrlich wären, müßten wir ratlos werden. Denn dies erste, was der Patient uns vorbringt, können wir wissenschaftlich nicht verstehen; ist es selbstverständlich? Dies wäre eine leere Auskunft; mancher sagt, er sei krank, aber er irrt sich oder er lügt.

So oder ähnlich kommt ein Gewissenhafter oder ein Nachdenkender dazu, Ausschau nach anderen Wissenschaften als den im medizinischen Hörsaal vorgetragenen zu halten. Er sucht wissenschaftliche Erkenntnisse von jenem Ich, und er findet sie: „Ich denke, also bin ich". Ist dies richtig, vereinbar mit dem früher Gelernten? Zuerst: jemand hatte gesagt, das Gehirn denke, nicht ich. Indes wurde hinzugefügt, dies sei Materialismus und der sei überwunden. Und doch; die Paralyse des Gehirns wird erklärt als eine Vernichtung von Gewebe, und sie führt zur Aufhebung des Denkvermögens. Und übrigens: ob ein Toter denken kann? Warum eigentlich soll der Materialismus unrecht gehabt haben? Wir hören auch von psychogenen Organ- und Funktionsstörungen. Was hier der Seele recht ist (auf den Leib zu wirken), warum soll das nicht dem Leibe billig sein, nämlich auf die Seele zu wirken? – „Der Satz cogito ergo sum meint aber etwas ganz anderes; er besagt, daß man ohne zu denken auch vom Sein nichts sagen kann." Dann allerdings nützt er mir nichts für mein Problem, das doch nicht war, ob man etwas sagen kann, sondern ob man verstehen kann, wie ein Gefüge von organischen Molekülen dazu kommt „ich bin krank" zu sagen. Wenn das Sein nur im Denken war, dann kann freilich das Denken nicht aus dem Sein herausspringen wie Athene aus dem Haupte des Zeus. Denn erst muß Zeus gedacht werden, ehe er sein kann. – So wird mir der Materialismus immer sympathischer. Ich will doch den Paralytiker heilen und sein Denken wieder herstellen, vielleicht kann ich es durch eine chemische Substanz, die auf den Hirnprozeß wirkt, so wie das Chinin auf die Malaria. Warum nicht? Ich brauche ja doch keine sittlichen Konsequenzen aus diesem Materialismus zu ziehen, es ist mein Privatmaterialismus, und wenn ich mich umsehe: die Kollegen huldigen ihm *alle*, auch wenn sie gegen den prinzipiellen Materialismus als Weltanschauung sprechen. Schließlich ist die Weltanschauung mehr eine psychologische Angelegenheit geworden, eine Privatversicherung gegen seelische Ungemütlichkeiten, und in der Wirklichkeit sehen wir doch, daß man ohne Gehirn nicht denken kann.

Leider versteht der Jünger unserer Kunst aber auch jetzt nicht, wie das Gehirn dazu kommt, zu sagen: „ich bin krank". Was heißt dies eigentlich: verstehen. Die Erklärung, daß das „ich bin" aus dem „ich denke" hervorkomme, ist immerhin nur eine Behauptung. Verstehe ich nur dann, wenn ich gedacht habe? Weiß ich nur dadurch, daß ich gedacht habe? Und jetzt fällt mir plötzlich etwas ganz Überraschendes ein. Als der Patient mir sagte: „ich bin krank", da wußte ich ja auch gleich was er meint; ich habe nicht verstanden, weil ich etwas gedacht hatte, sondern weil ich *ihn* verstanden habe. Der Ursprung dieses Verstehens war gar nicht der, daß ich durch Denken Etwas verstand, sondern der, daß ich Jemand verstand; ganz ungedacht, ganz unbedacht verstand ich ihn, und ich sah ihm auch gleich an, daß er leidend aussah, auch ohne vorher oder dabei etwas zu denken. Mein Satz muß also wohl besser lauten: Ich verstehe jemanden, also ist er. Was heißt aber hier verstehen? Von dem Jemand wissen, daß er krank ist? Nein, es heißt etwas ganz anderes: Es heißt wissen, daß jener Andere meint oder denkt oder fühlt oder weiß, er sei krank. Verstehen heißt also hier gar nicht das wissen, was ich weiß, sondern wissen, daß und was ein *anderer* weiß. Ich merke jetzt, meine Grübelei darüber, wie der Patient, der doch wissenschaftlich betrachtet ein anatomisch-physiologisches Gebilde ist, dazu kommt, so etwas zu sagen wie „ich bin", – diese Grübelei fördert etwas noch Unerwarteteres zutage –, als die Möglichkeit jenes „ich bin"; nämlich die Tatsache eines Verstehens, welches nicht nur kein Denken ist, sondern auch kein Denken von Etwas ist, und welches überdies gar nicht *mein* Verstehen ist, insofern gar nicht *ich* das verstehe, was gedacht wird, sondern nur verstehe, daß ein *anderer* das denkt, was er denkt. Wie paradox! Ich verstehe; aber wo ist das Subjekt, wo eigentlich das Objekt dieses Verstehens *als Verstehens*. Das Subjekt ist das Ich des anderen, nicht meines, und das Objekt ist sein Objekt, nicht meines. Ich weiß hier nicht mehr, ob ich dieses mein Verstehen eines Anderen objektiv nennen soll oder subjektiv. Denn es zeigt sich, daß Jemand verstehen und Etwas verstehen zwei ganz unvergleichbare Fälle sind. Weil mein Verstehen gleichsam in den anderen hinüberschlüpft, so wollen wir, um einen Terminus technicus zu besitzen, dieses Jemand-Verstehen ein *transjektives* nennen.

Wir werden uns nicht fürchten vor einer solchen neuen, weder subjektiven noch objektiven Verstehensart und die Frage offen halten, ob man sie wissenschaftlich entwickeln könne. Fürs erste kann uns in dieser Hinsicht beruhigen, was *Max Planck* als Sprecher der Physik kürzlich schrieb: „Aber nach der Relativitätstheorie darf es (der Beobachter) nicht als selbstverständlich voraussetzen, daß ein anderer relativ zu ihm bewegter Beobachter sich die beiden Ereignisse auch als gleichzeitig denken muß. Denn die Gedanken und die Anschauungen eines Menschen sind nicht immer die Gedanken und die Anschauungen eines anderen Menschen. Wenn nun die beiden Beobachter sich über den Inhalt ihrer Gedanken und Anschauungen auseinandersetzen, so wird ein jeder sich auf seine Messungen berufen, und da wird es sich herausstellen, daß die beiden bei der Deutung ihrer Messungen von ganz verschiedenen Voraussetzungen ausgegangen sind. Welche Voraussetzung aber die richtige ist, wird sich ebensowenig entscheiden lassen, wie die Meinungsverschiedenheit darüber, welcher von den beiden Beobachtern sich in Ruhe und welcher sich in Bewegung befindet. Auf diesen Punkt kommt es aber wesentlich an; denn der Gang einer Uhr wird, wie jedenfalls nicht verwunderlich ist, von der Geschwindigkeit beeinflußt, mit der die Uhr von der Stelle bewegt wird, und daraus folgt, daß die Uhren der beiden Beobachter verschieden gehen. Das Schlußergebnis ist also, daß ein jeder der beiden mit gleichem Recht von sich behaupten kann, daß er selber sich in Ruhe befindet und daß seine Zeitmessung die richtige ist, während doch der eine Beobachter zwei Ereignisse für gleichzeitig hält, die es nach dem anderen nicht sind. Derartige Gedankengänge sind gewiß eine harte Zumutung für unser Vorstellungsvermögen, aber das geforderte Opfer an Anschaulichkeit erweist sich als verschwindend geringfügig gegen die unschätzbaren Vorteile einer großartigen Verallgemeinerung und Vereinfachung des physikalischen Weltbildes."

Wir dürfen daraus entnehmen, daß eine Aussage, wie „ich ruhe" oder „ich bewege mich" für einen Menschen zutreffend und für einen anderen, ihn beobachtenden unzutreffend sein kann. Jeder kann für sich recht haben, auch wenn beide vom gleichen Vorgang Widersprechendes aussagen. Man kann den anderen aber (wenn auch nicht immer vollständig) verstehen, wie er zu seiner Aussage kommt, daß er und was er sagen will. Freilich, wenn wir zusammen *leben* wollen und nicht nur jeder für sich denken will, dann muß ein modus vivendi gefunden werden; eben dies wird durch transjektives Verstehen möglich, und nicht durch objektives. Wenn wir uns zu einem Spaziergang verabreden wollen, dann müssen wir uns über den Gang unserer Uhren „verständigen" und die „harte Zumutung für unser Vorstellungsvermögen" würde eine noch härtere für unser Stelldichein sein; wenn der eine dasselbe Bewegung *nennt*, was der andere Ruhe *nennt*, so würden die beiden nicht zusammenkommen. Auf welche Weise aber solche Verständigung (durch ein den anderen wechselseitiges Verstehen) eigentlich erfolgt, dies ist jetzt *auch* ein wissenschaftliches Problem geworden, da die Physik selbst die *physikalische* Möglichkeit verschiedener Aussagen über denselben Vorgang zugesteht.

Es leuchtet sogleich ein, daß damit die Identität des anschaulichen Weltbildes mit sich selbst zerfällt. Es ist nicht länger gesagt, daß, was der eine sieht, um wahr zu sein, dasselbe sein müßte wie das, was der andere sieht. Mit der Identität des Anschaulichen zerfällt auch seine Allgemeingültigkeit. Ein Naturgesetz gilt nicht „immer und überall", wenn die Zeit und der Ort eines Naturvorganges nicht objektiv-identisch, sondern persönlich durch einen Beobachter determiniert sind. Statt dieser raumzeitlichen erscheint eine unanschaulich funktionale, mathematische Allgemeingültigkeit. Und zugleich erhebt sich eine neue Aufgabe: die wissenschaftliche Herstellung der *Gemeinschaftlichkeit*, die nicht länger durch anschauliche Allgemeingültigkeit zu erhalten ist. Wir können auch sagen: Hier erscheint der Schnitt zwischen „ich" und „es" in einer anderen, neuen Ebene durch den Kosmos gelegt; die Welt des Ich wird wieder anschaulich und eine Welt der personalen Iche; die objektive

Natur dagegen verliert das Merkmal der Anschaulichkeit; aus der raumzeitlichen Allgemeingültigkeit wird eine unanschaulich-mathematische. Hieraus folgt aber sogleich, daß auch das Verstehen von Ich zu Ich weder als eine Abart des objektiven Erkennens von geringerem Gewißheitsgrad, noch als eine solche des Gewißheitsgrundes ist. Man hat die Erkenntnis des Fremdichs teils als eine solche aufgefaßt, bei der eine zwar objektive, aber doch relativ unsichere, geringwertige Erkenntnismethode gebraucht werde, z. B. die des Analogieschlusses vom eigenen auf das fremde Erleben; oder man nahm an, daß nicht die diskursive, logische sondern die intuitive, unmittelbar greifende Methode uns das Objekt vermittelte.

Keine dieser Theorien wird aber dem gerecht, daß das Verstehen von Jemand kein objektives sein *kann*, weil und sofern dieser Jemand selbst ebenso ein Ich hat wie ich, und weil gerade das, weil es ebenso wie ich Subjekt ist, kein Objekt „werden" kann; und doch kann man *ihn*, (nicht es!) verstehen. Wie also?

Es ist nicht immer nötig zu wissen, *wie* man den Anderen verstehen kann, *wenn* man ihn verstehen kann. Man kann auch logisch denken, ohne die Logik zu wissen, man kann sehen, ohne physiologische Optik zu können; aber man kann Denken und Sehen steigern, wenn man, Logik und Optik kennend, diese Instrumente vorsetzt. Darum war es sehr irrig, die Intuition oder den unbewußten Gebrauch der natürlichen Gaben höher zu stellen als den bewußten. Die Verehrung des Instinkts, des Genies, des Tiers und der Vorstufen der Geschichte geschieht als Äußerung des ruhenden, lesenden, ermatteten, reflektierenden, genießenden Menschen; dies alles sind keine Haltungen, innerhalb deren die gegenwärtig hier gestellte Aufgabe: Bestimmung der ärztlichen Sache, Verstehen des kranken Menschen, lösbar ist.

Es ist aber auch kein Verlaß auf die Intuition. Sie ist trügerisch; sie kann viel mehr leisten als zehn Reflexionen, aber sie kann trotzdem trügen. Im Sektionssaal wird die intuitive Diagnose zuschanden. Sie kann sich dort besser halten, wo es nicht zur Sektion kommt. Sie ist als Methode zu weich gegen die Ratio, sie muß nachgeben, wenn das rationale Erkennen gegen sie vordringt. Intuition ist Gabe und Gnade und wohl dem Begabten und Begnadeten; in der Nachahmung wird Intuition zum Betrug. Man kann sie nicht lehren, und sprechen soll man vom Lehrbaren.

Eine Lehre vom ärztlichen Verstehen ist also nicht überflüssig, wenn das Verstehen mehr und anderes als Intuition ist. Das Jemand-Verstehen müßte auch dann gelehrt werden, wenn es nur eine eigenartige und besondere Zusammenstellung, Verwertung, Auswahl des objektiven Etwas-Verstehen der Krankheitslehre wäre. Denn auch dann bedürfte es einer eigenen geistigen Disziplin. Es ist nicht wahr, daß das ärztliche Jemand-Verstehen sich dem Arzte nach Maßgabe seiner „natürlichen

Gaben“ von selbst ergibt. Die natürlichen Gaben sind in hohen Beträgen dann die unkultivierten Gaben, und was dem Sachwissen recht ist – die Aus-Bildung – das muß dem Mensch-Wissen billig sein. Und es ist das gedrillte Sachwissen im Leben ein großer Verdränger des Menschwissens.

Wie also kann man Jemanden verstehen, der sagt „ich bin krank“. Wir sahen: Der Anfang war, ich *habe* ihn verstanden; nicht: ich dachte etwas, wodurch ich ihn verstand. Die Analyse der *logischen* Voraussetzung nützt mir nun nichts, um im Verstehen weiter zu kommen. Im Gegenteil, die logische Voraussetzung des Verstehens von „ich bin krank“ ist, daß ich den Satz „ich bin“ verstehe; logische Voraussetzung, dieses „ich bin“ zu verstehen, ist, daß ich verstehe, was „ich“ bedeutet. Aber in der Sprechstunde ist es umgekehrt. Wenn der Klient sagt „ich bin“, dann verstehe ich weniger, als wenn er sagt, „ich bin krank“. Der inhaltärmere Satz ist der unverständlichere, und das Zurückgehen auf die logische Voraussetzung oder das logische Element verarmt das Verstehen. Unser Ziel ist also nicht ein Verstehen der Voraussetzung, sondern es ist die Bereicherung des Verstehens. Wir wollen weiterkommen, nicht zurückgehen, und diese Bewegung ist also nicht die logische Bewegung, sondern eine antilogische Bewegung. Eben weil sie antilogisch ist, so ist sie nicht alogisch, prälogisch oder unlogisch. Es handelt sich nicht um einen Inhalt, sondern eine Bewegungsrichtung in Beziehung auf Inhalt. Wenn wir also logisch nicht weiterkommen, dann wollen wir es doch als Gewinn festhalten, daß wir, um weiterzukommen, antilogisch uns bewegen müssen, und dies ist also bereits eine Richtung. Wir müssen vom Anfang nicht zur Abstraktion, sondern zum Konkreten fortgehen, welches weniger Logizität zeigt als das Abstrakte. Und dieser Fortgang fällt glücklicherweise mit der Gewohnheit des guten und nicht des schlechten Arztes zusammen. Denn auf die Bemerkung „ich bin krank“ folgt beim schlechten Arzt die Untersuchung der Zunge, der Lunge, des Herzens, des Urins. Diese Untersuchung ist aber nicht der antilogische Schritt zur Konkretheit, sondern er bedeutet eine Abstraktion von allen den Krankheiten, die nicht in den vier genannten Körperphänomenen lokalisiert sind, die mit Hörrohr, Klopfhammer und Reagensglas nicht erfaßbar sind. Überdies bedeutet diese Untersuchung eine Abstraktion vom „Ich“ der ersten Aussage des Kranken oder vielmehr eine Ignorierung seiner Aussage. Denn er sagte nicht „eine Lunge ist krank“, sondern „ich bin krank“. Die Untersuchung ist ein Ersetzen des „Ich“ durch ein „Es“ und ist daher *zunächst* eine Verfälschung der Beobachtung, ein Abirren vom Gegebenen, von der Erfahrung.

Dieser Weg würde also dieselbe Einengung bedeuten, wie der vorhin als logisch bezeichnete. Beim guten Arzt folgt vielmehr nicht eine Untersuchung, sondern eine *Frage*: „Wo fehlt es dir?“ Diese Frage ist für uns grundlegend. Sie bleibt in der Richtung auf die Konkretheit: Sie fragt „wo“. Sie konserviert das im „ich“ statuierte Persönliche in dem „dir“.

Und sie ist keine objektive Untersuchung, sondern eine Frage und konstituiert damit ein Gespräch. Sie ist auch nicht Reflexion oder Intuition, überhaupt kein Greifen nach etwas Vorhandenem, sondern eine Frage. Mit dieser ersten Frage ist endlich ein Schritt vorwärts getan dadurch, daß der Frager sich in ihr als der Arzt erschließt. Mit der Frage: Wo fehlt es dir? ist die Sachlichkeit und das Urphänomen des Arztseins in die Wirklichkeit eingeführt. Dieses Alltäglichste verdient mit Ernst, ja mit Feierlichkeit betrachtet zu werden.

Wir suchten ja das Wissen des Arztes zu bestimmen und finden, da wir uns nicht an das Theoretisch-, sondern an das Biographisch-Wirkliche wandten, daß der Anfang nicht Wissen, sondern Fragen ist. Schon daraus ergibt sich, daß wir nicht zu entscheiden haben, ob der Anfang das Denken oder das Sein sei. Denn der Anfang ist biographisch gar nicht da: Alles ist und wir alle sind schon angefangen. Der Anfang der biographischen Szene, die wir betrachten, ist aber eine Klage, und die zweite Phase der Szene bringt eine Frage. Wir haben jetzt auch eine Methode einer medizinischen Anthropologie gefunden, es ist eine biographische. Sie ist freilich typisch, eine Art von methodischer Urszene, und sie ist auch prägnant, denn sie gestattet eine kritische Absonderung von anderen methodischen Prozeduren. Es ist das Biographische also hier ein zugleich Typisches, eine Art von Mythos, der gegenüber der zufälligen und individuellen Biographie die gleichsam ewige Biographie beschreibt. Die Untersuchung des ärztlichen Wissens beschreitet hier also nicht den kritischen Weg: Es wird nicht die logische oder erkenntnistheoretische *Voraussetzung des* Wissens betrachtet (wie von Kant); es ist auch nicht die genetische Methode (wie Kant sie nannte), welche die psychologische oder mechanische oder organische *Entstehungsweise* des Wissens betrachtet; weder kritisch noch genetisch wird das ärztliche Wissen untersucht. So kommt es z. B. gar nicht darauf an (was „genetisch" entscheidend wäre), daß die Aussage des Patienten das erste, die Frage des Arztes das zweite war. Der biographische Sachgehalt bliebe derselbe, wenn der Arzt zuerst gesprochen, die Sätze in der Zeit umgekehrt gesagt worden wären. Das Urphänomen bliebe dasselbe. Auch transzendentallogisch wäre diese Umstellung von Aussage und Frage *nicht* gleichgültig, wie jeder Logiker zugeben wird. Und ebenso ist es psychologisch ein bedeutsamer Unterschied, ob ein Kranker von selbst spricht, oder ob er ausgefragt werden muß. Gerade diese Differenz ist für unsere Bestimmung der ärztlichen Sache irrelevant.

Werden diese Abgrenzungen auch erst später schärfer und bedeutsamer erscheinen, so dürften sie doch schon klar genug das drohende Hauptmißverständnis sichtbar machen: als sei die ärztliche Menschenkunde beschlossen in *Psychologie.* Sie ist es nicht und ist es auch nicht in „einfühlender" und „verstehender" Psychologie. Psychologie steht zur ärztlichen Aufgabe in keinem anderen Verhältnis als Chirurgie, pathologische Anatomie, klinische Physiologie: ein Mittel, nicht die Sache selbst.

Unsere Frage, die Frage des grübelnden Jüngers der Kunst, wie ein Molekül-Aggregat „Ich" sagen konnte, ist ungelöst. Die Hoffnung ist gering, darüber je etwas zu erfahren. Der Verlust dieser Hoffnung wird nach allgemeiner Erfahrung leicht ertragen. Statt eines solchen Wissens erschließt sich ein anderes, das den Verlust mit einem Gewinn belohnt. Wir wissen jetzt, daß der Anfang nicht eine Reflexion ist, daß der Anfang auch nicht von mir gemacht wird, sondern daß er kommt – wie der Patient kommt. Dieser Anfang ist eine biographische Szene und ist zuerst ein Gespräch. Wir wissen auch schon die richtige Richtung des Gesprächs, sie muß auf ein Konkretes gehen, und die erste ärztliche Handlung muß eine Frage sein. Der Anfang ist also nicht Wissen, sondern Fragen. – Trotzdem ist das Problem des „Ich" nicht verloren, sondern verändert. Das Erste ist nicht, daß ich das Ich erkennen muß, sondern daß ich mit ihm sprechen muß. Jetzt ist das Ich gar kein Ich mehr: es wird ein Du für mich. Das Ich, wir haben es gesehen, kann ja, da es das Subjekt für alles Objekt ist, eben darum niemals selbst Objekt „werden", auch nicht für mich. Aber es kann doch „für mich" werden, nur nicht „Etwas", sondern „Du".

Die Voraussetzung ist also weder eine wissenschaftliche, noch humanitäre, noch caritative, sondern eine eigensachliche. Jene drei Instanzen sind für diese Sache nicht nähere und nicht sachlichere Bedingungen als die geschäftliche, daß der Arzt bezahlt werden muß. Man kann aus ihnen so wenig wie aus der Honorarhöhe den guten Arzt erkennen und ableiten. Dieser hat vielmehr seine eigene Wirklichkeit, die aus wissenschaftlicher Instanz nicht erhellt, nicht ursprünglich erkennbar ist. Sie muß Schritt für Schritt vielmehr sichtbar werden aus den biographischen Szenen der ärztlichen Handlung – dies ist die Methode der medizinischen Anthropologie. Daß ihr Weg weit ist, ist leicht zu vermuten, da dieser erste Schritt so kurz und noch fern vom Ziel ist.

Franz Rosenzweig

Die Schrift und das Wort

Zur neuen Bibelübersetzung

Alles Wort ist gesprochenes Wort. Das Buch steht ursprünglich nur in seinem, des gelauteten, gesungenen, gesprochenen, Dienst; so wie noch heute beim theaterlebendigen Drama oder gar bei der Oper. Nur so, so technisch, so mittelhaft, so vorläufig, wie wir da vom „Buch" sprechen, nur so war einst Rang und Stand des Buchs überhaupt gegenüber dem gesprochenen Wort.

Aber das Technische hat eine gefährliche Gewalt über seinen eigenen Herrn; unversehens wird aus dem Mittel ein Zweck, aus dem Vorläufigen das Endgültige, aus dem Technischen Magie. Das Buch, statt dem Wort zu dienen, wandelt sich zur wortbeherrschenden, wortverwehrenden, zur „heiligen Schrift". Heilige Schriften, kommentiert „nach dem Buchstaben", dem laut-losen, stummen, alexandrinischer Homer, neu-platonischer Platon, jüdische und christliche Bibel, Koran, bezeichnen das Ende des wortdienstbaren, des mit vollkommener Selbstverständlichkeit laut gelesenen Buchs, wie es die Antike überall einzig kannte und wie es noch heute, wo antike Tradition lebendig ist, im jüdischen „Lernen" etwa, bekannt ist; und sind die Vorläufer des modernen, des stummen, und weil stumm, deshalb vom Menschen losgelösten, mit unbegrenzten Möglichkeiten ausgestatteten, aber eben deshalb zu räumlicher und zeitlicher Heimatlosigkeit verdammten Buchs. Die Schrift im prägnanten Sinn, die heilige, eröffnet das unübersehbare, an keine menschliche Aufnahmekraft mehr sich bindende „Schrifttum"; dies Wort hat nur scheinbar einen edleren Ton als das fremde: Literatur, für das es eintritt; in Wahrheit spiegelt es wie dieses in seiner abstrakten Endung den hoffnungslosen Verzicht des Menschen, je mit diesem unendlichen Bücherhaufen zu Rande zu kommen.

Wo Fluch ist, da sucht der Mensch notwendig nach Lösung vom Fluch. Mit der Schriftwerdung der schriftlichen zugleich entsteht überall eine sich an jene knüpfende mündliche Lehre. Sie ist überall, mag sie in sich noch so fragwürdig sein, wie es der „Rabulismus" des Talmud, die Dialektik der scholastischen, der Vorlesungsbetrieb der modernen Universität, die „Wortverwaltung" der protestantischen Predigt gewiß sind, doch durch die einfache Tatsache ihrer Mündlichkeit die Rettung des Menschen. Ein Mund mag noch so erbarmungslos sein, er ist doch von Fleisch und nicht von Papier; so wird er müde und läßt darum meist doch den Wechsel von Tag und Nacht in Geltung, er muß auch essen und mindestens dann wird er auch ein Plauderwort finden; das Buch aber ist unermüdlich, ohne Achtung für Tag und Nacht, ohne Sinn für das menschliche Bedürfen nach ausspannendem Wechsel. Mag der Mund also auch einer sein, der „nichts sagt, als was im Buche steht", und mag der „heilige Geist" des mephistophelischen Spottworts, der Geist von Geistesgnaden, noch so dünn aus ihm rinnen, der wahre heilige Geist, der Geist des Menschen, wird durch ihn gerettet. Noch das Bildungsgeschwätz über den neuesten Roman, ja noch das Zeitungsfeuilleton darüber in seiner doch immerhin auf die Frühstückshalbstunde abgepaßten Länge hat etwas von solcher den Fluch der Literatur, ihrer Zeitlosigkeit, bannenden Segenskraft des Mündlichen.

Aber ein Buch, und gerade das Buch, von dem in unsrer, der jüdisch-christlichen Kulturwelt jenes Verhängnis der Schriftwerdung und Verliterarisierung des Worts seinen Anfang nahm und an dem auch das Heilmittel, die mündliche Lehre, die Tradition, zuerst erprobt wurde, dieses eine Buch allein unter allen Büchern unseres Kulturkreises, gerade es kann sich nicht mit jenem Heilmittel der neben der Schrift bestehenden Mündlichkeit zufrieden geben; gerade es und allein es darf auch als Buch selber nicht ganz ins Schrifttum, nicht ganz in die Literatur eingehen. Sein einzigartiger Inhalt verwehrt grade ihm, ganz Schrift zu werden. Es muß Wort bleiben. Es kann nicht die selbständige, ästhetische Würde der Schrift gewinnen, weil es nicht die Vorbedingung dieser Würde, die Ferne, gewinnen kann. Denn sein Inhalt, das Wesentliche seines Inhalts, versagt sich der Verzückung ins Gegenständliche, Gegenüberstehende, – Verfaßte, das alles Literaturgewordene kennzeichnet. Literaturfähig ist hier nur das Beiwerk, an dem eine literarische Betrachtung infolgedessen hängen bleibt. Der wesentliche Inhalt aber ist gerade das, was sich der festlegenden und fernrückenden Gewalt der Schrift entzieht: Wort Gottes an den Menschen, Wort des Menschen an Gott, Wort der Menschen vor Gott. Man braucht nur an die legitimste, weil einer unmittelbaren Notlage abhelfende, also wahrhaft not-wendige, Form der Schriftlichkeit zu denken, von der alle anderen Formen das, was sie an Legitimität besitzen, zu Lehen haben, an den Brief: um schon einzusehen, daß diese Legitimation der Schriftwerdung dem Wort von und an und vor Gott nie zuteil werden kann; Gott ist gegenwärtig, und wenn er durch Boten handelt, so sind das keine Briefträger, die ein Vorgestriges, inzwischen vielleicht schon von den Ereignissen Überholtes anbringen, sondern unmittelbar in diesem ihrem Augenblick handelt aus ihnen und spricht durch sie Gott.

Deshalb ist es für die Schrift, für diese eine Schrift, eine Lebensfrage, daß nicht bloß neben ihr, sondern in ihr selbst das Wort erhalten bleibt. Das Gotteswort kann auf das Menschenwort, das wirkliche, gesprochene, lautende Menschenwort nicht verzichten, die Bibel allein erzwingt sich unter allen Büchern des literarischen Zeitalters, vorliterarischen wie literarischen, die vorliterarische Leseweise – mit dem hebräischen Ausdruck für Lesen, der dem Abendland vom Koran her bekannt ist und der (nicht etwa: Schreiben) auch für das Alte Testament die geläufigste

Bezeichnung hergegeben hat: die Kria, den Ruf. Um dieser Forderung willen pflegen die Kulte alle die laute Lesung. Ihr diente in Luthers Übersetzung der Rückgriff auf die gesprochene Sprache des Volkes. Ob sie für die bestimmte Zeit und das bestimmte Volk erfüllt ist, diese Prüfungsfrage ergeht an jede neue Übersetzung.

Die Fessel, die heute alles geschriebene Deutsch in Bande der Stummheit schlägt, ist das Zeichensystem, in das die Worte eingebettet liegen: die Interpunktion. Selbst wo ein geistvoll-eigenwilliger Schreiber, Hermann Grimm etwa, ihr rein logisches Gitter gesprengt hat – und mehr oder weniger sündigen wohl alle deutschen Schreibenden an diesem Punkt gegen ihre alten Schulmeister –, selbst da kommt es höchstens zu einer Annäherung an das mehr musikalische als logische Interpunktionsprinzip der Franzosen, das doch wieder dem durch seine freie Wortstellung in keine typischen Melodien eingehenden Wuchs des deutschen Satzes nicht gemäß ist. Wo diese Fessel der Stummheit also um jeden Preis gesprengt werden muß, wie eben bei der deutschen Bibel für den heutigen lesenden, verlesenen, zerlesenen Menschen, da bedarf es eines schärferen Mittels. Martin Buber hat es gefunden. Vom Auge her sollte das Band der Zunge gelöst werden. Da mußte unter aller logischen Interpunktion, hier im Bunde, dort im Kampf mit ihr, das Grundprinzip der natürlichen, der mündlichen Interpunktion entbunden werden: der Atemzug.

Der Atem ist der Stoff der Rede; so ist das Atemschöpfen ihre natürliche Gliederung. Es steht unter seinem eigenen Gesetz: Mehr als zwanzig oder allenfalls dreißig Worte wird man kaum sprechen ohne ein tiefes, nicht bloß nachfüllendes Erneuern des Atems, meist sogar nur fünf bis zehn; aber innerhalb dieser Grenzen folgt die Verteilung der atemerneuernden Schweigen dem inneren Zuge der Rede, der ja nur gelegentlich von ihrem logischen Aufbau bestimmt ist, meist aber unmittelbar die Bewegungen und Erregungen der Seele selber in seinen Stärke- und vor allem in seinen Zeitmaßen spiegelt.

So gliedert sich die ziehende Rede in untereinander gleichwertige, sozusagen (aber wirklich nur sozusagen) zeitgleiche Atemzüge, vom einzelnen Ja der göttlichen Bestätigung des menschlichen Ungehorsams bis zur vielwortigen Nennung der fünf Könige, gegen welche die vier zogen. Logisch unzweideutig gesonderte und infolgedessen durch Punkt getrennte Sätze, wie etwa Kains entsetzliche Antwort: „Ich weiß nicht. Bin ich meines Bruders Hüter?“ zieht die Wiedergabe des lebendigen, atmenden Zuges der Rede in eine Bewegung zusammen und gibt ihr so erst ihre ganze, sonst durch die logische Interpunktion halb verdeckte Entsetzlichkeit. Wiederum erhalten Kommas, ohne ihren logischen Charakter als untergeordnete Trenner einzubüßen, durch die hinzutretende Atemkehre ein geruhiges Ausschwingen, das ihnen im Gedränge der nebengeordneten oder im Geschiebe der untergeordneten Satzteile sonst notwendig verlorengehen muß.

Diese Gliederung kann aber nur aus dem Text selbst heraus geschehen. Sie bleibt – wie letzthin im Übersetzen so vieles – „willkürlich", „Versuch". Nicht bloß für das Neue Testament, wo die Verseinteilung ja ein ganz spätes Produkt, erst des sechzehnten Jahrhunderts, ist und wo neuerdings die Koleneinteilung von verschiedenen Seiten[1] propagiert wurde, sind keine überlieferten Anhaltspunkte vorhanden; sondern auch für das Alte liegt die Sache nur scheinbar anders. Denn hier gibt es zwar eine altüberlieferte, seit mehr als tausend Jahren in Zeichen festgelegte Interpunktion, auf der auch die gebräuchliche Verszählung beruht, und sogar eine denkbar intensive Interpunktion, die nämlich nicht das Gefüge der Sätze sichtbar macht, sondern, in alle Ritzen des Satzes eindringend, unmittelbar nur das Verhältnis jedes einzelnen Wortes zu seinem Nachfolger bezeichnet und nur mittelbar dadurch natürlich auch den Zusammenhang der Satzglieder aufklärt. Aber sie stellt, trotz ihrer durchgängig auch musikalischen Bedeutung, doch vor allem eine restlose logische Durcharbeitung des Textes dar – eine Leistung philologischer Interpretation übrigens, vor der alle spätere Philologenarbeit an diesem Text sich verstecken muß. Das Musikalische in ihr ist fast durchweg – abgesehen von einzelnen Stellen, etwa gesanghaften Phrasierungen mancher Namensketten – nur funktioneller Ausdruck des Logischen: Wer die Art kennt, wie beim „Lernen" des Talmud, das was der Laie für Singsang hält, das musikalische „Stellen" des gelesenen Satzes, sein logisches Verständnis vorwegnimmt, oder wer auch etwa nur im Ohr hat, wie Hermann Cohen schwierige Platon- oder Kantsätze schon im Lesen „stellte", der wird jenes Getragensein der logischen Bedeutung von dem musikalischen Wert auch für die biblischen Interpunktionszeichen verstehen.

Nun sind aber jene Zeichen, die sogenannten Akzente – denn auch diese Funktion von Silbenbetonern haben sie, neben der von Interpunktion und der von Noten, genauer: Notengruppen –, überdies, ihres Charakters als ungeheurer philologischer Leistung unbeschadet, nie, wenigstens vor der restaurativ gewaltsamen Orthodoxie der jüdischen Emanzipationsepoche nie, mehr gewesen als eben die Leistung großer und ehrwürdiger Vorgänger, denen der spätere vertrauend und gern folgt, von denen er sich aber in aller Bescheidenheit auch abzuweichen gestatten darf und muß. Wenn der klassische jüdische Kommentator, ohne dessen nun bald neunhundertjährige Erklärungen kaum eine jüdische Bibel gedruckt wird, wenn Raschi mit seiner unerreichten Ausgeglichenheit kindhaften Eingewachsenseins in die volkstümliche Überlieferung und helläugigen Eigenblicks in den Text, wenn Raschi gleich den ersten Satz der Bibel in klarem Widerspruch zu jenen überlieferten Zeichen interpretiert, dann ist damit jedem Späteren Richte und Maß gegeben.

So hilft beim Alten Testament die überlieferte Interpunktion dem Übersetzer, der die Pflicht erkannt hat, die Schrift wieder vom Atem des Wortes durchziehen zu lassen, nicht so viel als er selber vielleicht anfangs meinte. Es geht damit anders als mit dem überlieferten Vokal- und gar Konsonantenbestand des hebräischen Textes, der in einem für den heutigen, kritisch voreingenommenen Menschen überraschenden Maß seine so gut wie durchgängige Zuverlässigkeit, oder vorsichtiger ausgedrückt: Brauchbarkeit, weist. Dort, bei der Kolengliederung, handelt es sich eben nur scheinbar um eine schon den Setzern der Akzentzeichen bewußte Aufgabe; die doch in Wahrheit für sie gar nicht bestand, da ihnen die Mündlichkeit der Mikra, des „Gerufs", durch das Gesetz des Kults gesichert war und es ihnen also nur darauf anzukommen brauchte, innerhalb dieser gesicherten Mündlichkeit für Verständlichkeit zu sorgen. Während hier, beim überlieferten

Wortlaut selber, der Alttestamentler von heute, mit all seinem amtscharismatischen Scharfsinn und mit all seiner gegen jene alten Juden um mehr als tausend Jahre fortentwickelten Kenntnis des biblischen Hebräisch, doch in der heiklen Situation ist, vor genau der gleichen Aufgabe zu stehen, vor der jene standen, und also auch an den fragwürdigsten Stellen des Textes doch immer nur ein bestenfalls Wahrscheinliches für ein immerhin Mögliches zu setzen.

Der Zwang zur Freiheit, der dem Übersetzer so an diesem Punkte verhängt ist, die Notwendigkeit, die Atemzüge des Worts allein aus den Schriftzügen der Schrift zu erhorchen, wird ganz deutlich da, wo die Rede nicht nach ihrem Inhalt allein sich gliedert, sondern einem selbstauferlegten Gesetz folgt: in den gebundenen Rhythmen der Poesie. Die metrische Bindung ergibt ja von selbst, wenigstens in einer Poesie, die wie die dichterischen Partien der Bibel auf die Reize der Überschneidung von Vers und Gedanke verzichtet, eine obere Grenze auch für die Länge des „Atemkolons"; am Versschluß holt man da eben auch Luft. Aber während sonst diese obere Grenze zugleich auch die untere ist, man also die metrische Gliederung unmittelbar an der Schreibweise ablesen kann und das poetische Gebild so viel Zeilen hat wie Verse, ist das in der neuen Übersetzung zwar meist, aber nicht grundsätzlich der Fall. Sondern hier bricht bisweilen die atmende Bewegung der natürlichen Rede den gebundenen Tanzschritt der Poesie. So in den Verkündungen des sterbenden Jakob an seine Stammsöhne. Da entsprechen die zwei ersten Kolen der Übersetzung durchweg nur einem Verse des Metrums, am eindrücklichsten in der Verkündung an Jehuda. Die sich von innen her rhythmisierende Rede des Worts siegt da über den abgemessenen Takt des Gesanges, Prosa über Poesie.

Denn Poesie ist zwar die Muttersprache des menschlichen Geschlechts – wir brauchen die Hamann-Herdersche Weisheit nicht zu verleugnen. Aber eben nur des Geschlechts. So, wie noch heute die Sprache jedes Kindes ursprünglich lyrisch und magisch ist, verzücktes Aufzucken des Gefühls und wirkungskräftiges Werkzeug der Begier, und beides oft im gleichen Laut, und wenn selbst im Wort dann doch auch es nur lautend: und wie dann doch das Kind erst zum Menschen wird, wenn durch diese seine „Ursprache“ die unlyrische und unmagische, sang- und spruchfremde Fülle des Wortes bricht, ein Hervorbrechen, das wie jede echte Offenbarung immer erst hinterher wahrgenommen wird und sich der zeitlichen Festlegung auf einen bestimmten Augenblick der Vergangenheit entzieht: so bricht auch eines Tages, und niemand weiß nachher welchen Tages, durch jene Ursprache des Menschengeschlechts die Sprache der Menschheit im Menschen, die Sprache des Worts. Die Bibel ist der Hort dieser Sprache des Menschen, weil sie Prosa ist. Prosa noch im verzückten Sang der Kündung, noch im wirkungsmächtigen Spruch des Gesetzes. Sie ist als Schrift Niederschlag, nachträglicher, Nieder-Schrift, des geschehenen Durchbruchs des Worts, der in der Geschichte des Geschlechts genau da steht, wo in der Geschichte des einzelnen: am Augenblick seiner Menschwerdung. Das Wort, das keine Maße und Bindungen erträgt, weil sich die Seele in ihm entbindet und vermißt, ist in sie gesprochen, spricht aus ihr. Es gab vor und außer ihr Prosa; das war Nichtpoesie, ungebundene, keine entbundene Rede, ungemessenes, nicht maßlos-übermäßiges Wort. Alle Poesie, die seither in ihrem Lichtkreis entstanden ist – ja die Poesie mehr als die Prosa: Jehuda Halevi mehr als Maimonides, Dante mehr als Thomas, Goethe mehr als Kant –, ist von ihrem Geist der Prosa begeistert. Seither ist in das nächtige Schweigen, das das Menschengeschlecht in seinen Ursprüngen umgab, jeden von jedem und alle vom Draußen und vom Drüben trennend, das Tor gebrochen, das nie ganz mehr zugehen wird: das Tor des Worts.

Anmerkung

1 Norden, Agnostos Theos S. 361. Roland Schütz, Die Bedeutung der Kolometrie für das N. T. (ZNTW 1922, 161 ff). Roman Woerners Übersetzungen der Evangelien und der Apokalypse.

Marie Luise Enckendorff

Zur Frage der Erziehung

Bruchstücke

Wir sprechen viel von Erziehung und experimentieren mit Erziehung. Wohin erziehen wir?

Uns fehlt die Grundbedingung aller Erziehung.

Man spricht viel vom Menschen, man bekümmert sich um seine Physis, man gibt ihm Rechte; man sorgt für ihn, man „bildet" ihn gar – aber man glaubt nicht an ihn. Darum geben wir einander nichts, darum gelingt uns alles nicht.

Wir haben wie alle armen Zeiten und wie alle dürren Menschen vor allem des Menschen Bedingtheiten im Gefühl, und zwar Bedingtheiten gemäß einem Naturbegriff und einem Kausalbegriff, den der Mensch als einen wissenschaftlichen Denkbehelf erfunden hat. Auch die christlich große Zeit half dem Armen, aber nicht um seine Seele besser zu bedingen. Die Zeit des Intellektualismus hat den „Naturalismus" hervorgebracht, u.a. die „naturalistische" Menschenbeschreibung, in der der kahle Mensch der kahlen Intellektualismuszeit den kahlen, man möchte sagen zweidimensionalen Menschen dieser Zeit auffaßt und festhält. Eine Zeit, die nicht an den Menschen glaubt, kann nicht erziehen. Hier sind die Grenzen aller Erziehung. Erziehung heißt zur Verantwortung bilden vor der unaussprechlichen Instanz, die Gott heißt.

Jenes ist die Atmosphäre der Intellektzeit, aus der sich nun die neue Jugenderziehung, wie man sagt, heraushebt. Man sagt gern: Die neue Jugenderziehung hat den Menschen im Gefühl, glaubt an den Menschen. Der Erzieher hat vor allem, so scheint es, den Druck im Gefühl, unter den die alten Erziehungsmethoden den jungen Menschen stellten. Man billigt die alten Methoden der Erziehung nicht mehr und man läßt nun lockrer im Erziehen, um diesen Traditionen zu widersprechen.

Der Gedanke der alten Erziehung war im Kerne der, daß Eltern und Lehrer, die Erzieher, Repräsentanten einer göttlichen Ordnung waren; die Obrigkeit ist von Gott, Erzieher sind auch die Obrigkeit und haben im göttlichen Gesetze und zum göttlichen Gesetze zu erziehen. Und sie sind die Repräsentanten einer kantischen Vernunftwelt. Sie sind für das Kind die nächste Instanz, über der das Ideelle steht. So sind sie für das Kind das Gesetz und die Norm, sie haben die Respektspersonen zu sein, sie haben das Gesetz zu hüten und zu repräsentieren, ein objektives Gesetz! – ob das in harter Form geschieht, ist hier eine beiläufige Frage – und das Kind hat sich zu unterwerfen, zu verehren und zu gehorchen. „Wer sein Kind lieb hat, züchtigt es" – um des Gesetzes willen. Die Erzieher sind die Repräsentanten von etwas Objektivem.

Menschliche Hände sind ungetreue Hüter, und es ist in der Behütung dieses objektiven Gutes nicht anders gegangen, als es sonst in menschlichen Dingen geht. Die Gesetzesbewahrer sind vielfach die Willkürherren geworden, das Gesetz wurde ebenso oft äußerliches Schema, es war ein subjektiv-willkürliches Drücken auf die Jugend da, ohne das Verantwortungsgefühl, das der Kern der alten Ideologie war; ein herrisches Drücken und Beherrschen, aus dem das Kind nichts lernt und das das Kind verdirbt, wie es denn immer verdirbt, unter einer Willkür zu stehen. Gegen dieses Unterwerfen wurde schließlich von zwei Seiten her gefragt. Einmal: warum gehorchen? Dann aber auch: Jeder Befehlende, der nicht ein Repräsentant ist, ist nichts; das sprach in den Erziehenden, die sich selbst in Frage zogen: „Ich fühle mich nicht so vollkommen, um meinem Kinde zu befehlen" – man konnte dies öfter sagen hören; dies, womit die ganze Erziehereinstellung und -aufgabe völlig verkannt ist. Man will das Gesetz nicht mehr sein; man will die Respektsperson nicht mehr sein; in dem Sinne, in dem das hier abgelehnt wird, hat man es nie sein sollen! Das ganze Intellektchaos steckt in diesem Wort; die Menschen finden über ihre zufällige Subjektivität nicht hinaus. Man will die starre Autorität nicht mehr sein. Die Eltern denken in diesem Verzicht – denn ein persönlicher Verzicht ist gemeint, und eben darin liegt die völlige Verkennung der Aufgabe – an das, was sie in ihrem zufälligen Wesen sind, nicht aber an das, was das Kind werden soll, wozu zu helfen die Aufgabe ist. Denn die Verehrung der Eltern soll da sein nicht um der Eltern willen, sondern um des Kindes willen. Sie sollen die Aufgabe sehen und ihre Unzulänglichkeit mit dem Herrgott abmachen, aber nicht mit dem Kind, dessen Anspruch an sie ein unbedingter ist. Eltern und Lehrer sollen eine äußere Normwelt nicht sein, sondern sie sollen dem Kinde eine innere Normwelt spürbar machen; oder besser: das Spüren davon, das in dem Kinde ist, behüten; das statische Organ des Kindes stärken und behüten; dieses: es ist objektives Gesetz da in uns und in der Welt, das wir aufnehmen müssen, wenn wir Menschen sein wollen; über das ein schützendes Einverständnis der Menschen da sein muß. Es ist der Boden aller Erziehung, daß etwas da ist, was Erzieher und zu Erziehender gemeinsam verehren.

Es sind die bestimmten in Mißkredit gekommenen und gefürchteten Worte, zu denen man nun die Negation setzt. Ferner: die intellektualistische Zeit nimmt die Kinder naturalistisch; daneben ist immer eine Betonung des „genießensberechtigt" – wie sie sich selbst naturalistisch und als genießensberechtigt nehmen. Man will der Jugend nicht eigentlich zu ihrer Menschwerdung helfen, man will sie hinnehmen, anerkennen, entdecken, verstehen – die frühere Zeit hat sie nicht anerkannt und nicht verstanden. Man will sie gewähren lassen. Die Kinder als eine naturalistische Gegebenheit regieren die Auffassung. Man hat mit der Furcht erzogen, man will der Kamerad der Kinder sein; man hat mit der Religion erzogen, man will ohne die Religion erziehen; man trug die Verantwortung, man will nicht mehr verantworten. Man lädt von sich ab und schiebt es eigentlich den Kindern zu – sie sollen es selber machen. Man spricht davon, das Kind dadurch auf sein eigenes Gesetz zu werfen: „ein Kind weiß sehr gut". Man gibt ihm eine Freiheit, die eigentlich nichts weiter ist als Elternratlosigkeit – man möchte sagen: Elternstreik. Man spricht vom Menschlichen, aber es ist immer nur ein naturalistisches Loslassen, man hilft dem Kinde nicht mehr. Die Erziehung hielt auf Normen, man will aus den Normen heraus; sie hielt auf Dogmen, man will undogmatisch sein. Man hat gegen Druck und Unterwerfung selbst gekämpft, man will nicht unterwerfen: kein Zwang, keine Bindung. Man hat bürgerlich erzogen, man will unbürgerlich erziehen. (Dies steht wiederum zu der heutigen Überschätzung des Ganzen der Bürgerlichkeit und der Institutionen chaotisch.) Man hört mit einem gewissen Stolz über „modern" erzogene Kinder sagen: daß sie allerdings zu frei erzogen seien, um sich bürgerlich einzufügen. – Dann aber weiter: Man hat den Zwang von außen gehabt, die Kinder sollen nur dem Zwange unterworfen sein, den sie sich selbst als Gemeinschaft auferlegen. Dieser selbst auferlegte Zwang geht nun unvermeidlich auf Praktisch-Unerläßliches; das Kind lernt: Es gibt gewisse praktische Unerläßlichkeiten, wenn überhaupt Gemeinschaft bestehen soll. Das ist die Ebene des Bürgerlichen. Das Kind geht damit durchaus über die Ebene des nur Bürgerlichen nicht hinaus. Man erzieht also doch wieder bürgerlich; es ist die politische Ebene. Das Gefühl für objektive Gesetzlichkeiten, für Gesetze, die nicht verletzt werden dürfen, abgesehen von allem Praktischen, die kein praktisches Absehen haben, wird damit nicht erzogen. Bürgerlich erziehen! Zu Menschen erziehen! Wirklich entschlossen scheint man zu keinem von beiden. So erzieht man zu Bürgern mit unklaren Unsicherheiten und Velleitäten; und zu Naturalisten, mit den Unsicherheiten und Dreistigkeiten, die der Naturalismus immer hat. Man kann sagen: Es wird zu Menschen erzogen, in ein zufällig aktuelles ausgeartet Bürgerliches abgemildert – und es wird zu Bürgern erzogen, in ein ebenso zufälliges naturalistisch Menschliches – will hier heißen ein Widerbürgerliches – abgemildert.

Es ist verhängnisvoll, die Erziehung zur Gehaltenheit an dieser praktisch-politischen Seite zu beginnen. – Der Mensch kann ohne das Anklingen seines religiösen Wesensgrundes nicht erzogen werden – hier scheint derselbe von Anfang an überflüssig gemacht. Es wird drastisch, daß wir in einer Zeit leben, einer Atmosphäre, Lebenskreisen, die, soweit das Christentum sie nicht mehr hält, nicht einmal ein Wort haben für die dunkle Lebenspotenz, die das Mittelalter die unsterbliche Seele nannte. – Mit dem Praktischen ist noch vieles vereinbar, was mit dem Menschen nicht mehr vereinbar ist.

Man will unbürgerlich erziehen, man erzieht aber nur zu Bürgerlichkeiten, die paradox stehen zu gegebenen, bisherigen Bürgerlichkeiten.

Man erzieht unbürgerliche Bürger. Sich mit dem Lehrer kameradschaftlich zu prügeln, ist nicht unbürgerlich, sondern liegt ganz – nur als etwas zu dem Bisherigen Paradoxes – in der bürgerlichen Ebene. Die Seele erheben ist überbürgerlich. Und es scheint, daß durch die neuen Methoden das Bürgerlichste von allem Bürgerlichen nicht überwunden wird: der Gedanke, daß das Leben, das furchtbare herzliche Leben, eine leicht zu habende Sache ist. Man hält vielleicht hier wie in dem ganzen Bereiche des Intellektchaos, dies: zum Menschen erziehen, auch für eine billige, mit einigen Negationen, die man vor den Bürger setzt, zu erreichende Sache.

Der alles dominierende Gedanke ist: Tradition abreißen; und das ängstlich Vermiedene ist alles, was einem Druck ähnlich sehen könnte. Der Mensch ist von Natur gut, man lasse ihn gewähren. Man vergißt, daß auch das von Natur Gute gepflegt sein will, reifen will. Daß die Bestimmbarkeit des jugendlichen Menschen, die man nicht aus der Welt schaffen kann, vorsichtig und von reifen Händen angefaßt werden muß. Tun es die Erzieher nicht, so tut es der Zufall. Unreife und Reifen statuiert man doch, da man von Erziehung spricht, statuiert jeglicher, der überhaupt von Erziehung spricht. Man nimmt das Kind als fertig. Nun ist fertig in gewissem Sinne jedes geschaffene Ding, und so kann man sagen, ist auch das Kind fertig. Aber das so Fertige ist darum nicht reif. Auch Rousseau, der es lehrt, daß der Mensch von Natur gut ist, pflegt seinen Emile mit einer täglichen Sorgfalt von zwanzig Jahren.

Man will zu freien Menschen erziehen. So ist das zu erziehen, woraus die Freiheit der Handlung kommt. Auch Kant wollte zu freien Menschen erziehen. Lassen wir es dahingestellt, was es bedeutet und bedeuten kann: ein freier Mensch. Nehmen wir das eine heraus: der Mensch, der sich selbst in der Hand hat, der klare Regent seiner selbst. Ist dies das Ziel – welches ist der Weg? Man glaubt, der Weg muß aussehen wie das Ziel, und wenn man zu freien Menschen erziehen will, so muß das Wort Freiheit beständig um den Weg spuken. Es ist eine naive Roheit, vorauszusetzen, daß Freiheit in einem naturalistischen Losgelassenwerden bestehe. Frei sein muß gelernt sein, wie Gehen gelernt sein muß. Wie der Weg dieses Lernens, der Weg zum Freisein, aussehen muß, ist eine Frage mühevollsten Ernstes. Wir geben dem Kinde die Muttermilch, es soll sie darum nicht das Leben lang trinken. Für den Weg gehört, was das Kind nährt – ob das die Kost der Erwachsenen sein kann, ist eine andere Frage; und wenn es diese nicht sein kann: was das Kind nährt und wovon eine Entwöhnung gut vonstatten geht. Um dieses Wortes freier Mensch willen ist man bereit, das Kind auf seine Velleitäten zu werfen – nun sieh du zu. Und man hilft sich damit, daß man Velleität und Gesetz nicht unterscheidet. Um auf sein Gesetz zu kommen, braucht das Kind etwas Zarteres als seine Lustigkeiten, die es hierhin und dorthin treiben, als seine Velleitäten: Es braucht auch etwas Festeres als seine

Lustigkeiten. Man hat heute die ungeheure Scheu vor den Worten Druck, Nötigung, selbst Pflicht, dem Kinde gegenüber, weil wir gesehen haben, daß der Druck auf junge Menschen gelegt wurde, damit sie lernen, auch als Männer dem Druck gefügig zu bleiben: Kadettenhäuser, Priesterseminare; wir brauchen nicht einmal ins Spezielle zu greifen: bürgerliche Erziehung. Solche *Ziele* müssen weg, gewiß. Aber eine feste Form, auch wenn sie – und sie wird es unvermeidlich – nötigt und drückt, ist, warm und lebendig gehandhabt, ein vorzügliches Mittel, einen jungen Menschen in sich zusammenzuhalten, seine Kräfte zu sammeln und ihn zum freien Menschen vorzubereiten. „Wer Bedingung früh erfährt, gelangt bequem zur Freiheit; wem Bedingung sich spät aufdrängt, gewinnt nur bittre Freiheit." (Goethe, Maximen und Reflexionen.) Druck, ein warmer Zwang, als Vorläufiges, als Formungsmittel, sind völlig anderes denn als Unterwerfungsmittel mit einer Unterwerfung als *Ziel*. Der Mensch soll sich selbst regieren lernen, das geht nicht ohne Härten ab. Wem die Zucht eine Lebensminderung scheint, der hat die Zucht nicht verstanden. Und die Technik, sich selbst in der Hand zu haben, ist unerläßlich, um über die Banalität hinauszukommen – die Banalität, dem Triebe und dem Bedürfnis wehrlos preisgegeben zu sein. Das Mißverstehen der Zucht aber kommt daher, daß sie verbunden wurde entweder mit jener Unterwerfung der Menschen oder aber mit den christlich-asketischen Idealen. (Der Buddhismus faßt sie als Machtgewinnung: Es zittern die Götter vor dem, der sie völlig besitzt.) Will man die Askese nicht, so verneint man die Zucht; denn man faßt sie nicht als etwas Allgemeines und Selbständiges, das von jenen Tendenzen nur eingefangen und auf sie angewendet wurde; das ebensowohl auf lebensfrohe Auffassungen des Daseins angewendet werden kann und muß (man denke an den Sport). Und als solche muß sie sich über das Leben verbreiten, eben um der Souveranität des Menschen willen. Das Intellektchaos hat kein Verständnis für die Weisheit, die in der Zucht liegt, weil es Leben, Lebendiges, nicht in seiner eigentlichen Ebene sucht. Ein Kind, dem nicht befohlen wird, bleibt unselbständig, und ein Kind, dem nur befohlen wird, bleibt unselbständig. Ein Kind, das sich nicht zusammennehmen muß, geht ein, und ein Kind, das sich nur zusammennehmen muß, geht ein. Zum Dogma und zum blinden Autoritätsglauben zu erziehen, ist die schlechteste Erziehung. Aber der seelische Zustand eines Kindes, das ohne jedes Dogma und ohne Autorität auferzogen würde, ist überhaupt nicht auszudenken. Das Kind muß glauben, das Kind will glauben, das Kind will Dogmen in seinem Leben (ich denke jetzt nicht an religiöse Dogmen). Es kann nicht alles Gegenstand des suchenden Gefühles sein, das ist zu schwer als Beginn. Ein Mensch, den man auf Dogmen und Autoritätsglauben, den man zur Unfreiheit erzieht, ist genauso schlecht erzogen, wie der, den man in der Kindheit des Sicheren und der Autorität beraubt. Das ist auch nicht Eingehen auf das Kind, das etwas Bestimmtes und etwas Einfaches sehen will. Wir Heutigen haben keine Dogmen; wir können nur endigen, aber nicht anfangen. – Dem Kind ist gestattet, was dem Erwachsenen nicht gestattet ist: die Wahrheit zu besitzen, die gilt, und die Leitung, auf die es sich verläßt; dies gegeben, ist Erziehung unter anderem die große Kunst der Entwöhnung hiervon; die Bestimmung und die Kunst des Erziehers ist: überflüssig zu werden; zu werden – nicht es von Anfang an zu sein.

Das Schöne und Beglückende an der Abwendung von unserer Erziehungstradition ist die Froheit des Erziehers an dem frohen Menschen. Das ist schön, aber nicht genug. Und weiter ist schön und lebendig: Nicht mit dem Dekret und einer theoretischen Liebe zur Pflicht kann erzogen werden, es muß eine Anhänglichkeit an den Lehrer da sein. Aber dann hört man wieder begründen: „Sonst hat er keinen Einfluß auf das Kind." Es handelt sich noch um anderes als den Einfluß. „Kinder brauchen Liebe mehr als Unterricht" – so sagt Jean Paul. Sie brauchen die Liebe, die sie fühlen können, noch mehr als die Liebe, die ihnen gebracht wird. Alles, was stark und gesund ist, will auch geliebt sein – sicher; aber es will vor allem lieben, denn die Liebe ist eine Vollkommenheit unserer Natur. Es verwahrlosen Kinder nicht nur, wie man immer sagt, weil Eltern das schlechte Beispiel geben, sondern weil schlimmen Eltern, Erziehern gegenüber die dem Kind notwendige Liebe nicht in ihm aufkommen kann. Die liebenden Kinder sind die wohlgeratenen, nicht nur, weil die Eltern solche waren, daß man nichts Schlechtes an ihnen sah, sondern weil die Liebesnotwendigkeit des Kindes nicht erschreckt und verschlossen wurde. Das Kind wird kultiviert vor allem durch die Liebe, die es empfindet. Der Mensch kultiviert sich nur dadurch, daß er liebt. Das Kind braucht Liebe, diese schweigende, verschlossene Liebe, von der Kinder nie gesprochen haben wollen, die in ihrer Herbheit nicht angerührt werden darf. Das normale Kind braucht Menschen zum Verehren. Das Kind braucht Scheu. Jeder Mensch braucht Scheu. Es ist der Sinn kultivierter Umgangsformen diese Scheu (jede Anmut menschlichen Verkehrs ruht auf ihr), es braucht sie auch das Kind: eine Scheu vor ihm, und wiederum die Scheu, die es empfindet. Es braucht die Erziehung zu dem feinen Gefühl von Schranke und Grenze, oder vielmehr, es braucht die Pflege für das feine Gefühl von Schranke und Grenze, das ein sehr junges Kind auch in unserer Zeit fast immer noch hat (das heute das „Volk" in seinen guten Exemplaren eher hat als die „Gebildeten", ein böses Zeichen für unsere Bildung). Das Intellektchaos weiß nichts von dieser Scheu. – Man muß es wieder sagen: Unsere Zeit hat für das, was das Mittelalter die unsterbliche Seele nannte, nicht einmal ein Wort. Die alte Erziehung setzte an die Stelle jener Scheu die Furcht, das Verrohende und Ungesunde für ein Kind; denn den Menschen einschüchtern, heißt ihn auf die ursprüngliche menschliche Angst zurückwerfen, heißt ihn verwildern. Die heutigen Tendenzen setzen statt jener Scheu die Nicht-

Scheu, ebenso das Verrohende und Ungesunde für ein Kind. Das Kind braucht Scheu, wenn der Erwachsene es im Blute haben soll, daß der Mensch etwas ist, das Ehrfurcht beanspruchen muß; daß der Mensch Ehrfurcht vor sich selbst haben muß als vor etwas, das er nicht beliebig verschleudern kann. Man hat das Wort, daß vieles mit dem Älterwerden kommt, „wenn die Einsicht kommt". Die Einsicht aber baut einen Menschen nicht auf und es „kommt" nichts im Erwachsenen, das im Kinde zerstört worden ist. Erziehen heißt bewahren.

Erziehung steht darauf, daß man gemeinsam glaubt; und darauf steht jedes menschliche Verhältnis. Das Kind, das in der Kirche den Lehrer neben sich knien und zu dem gleichen Herrgott beten sah, hatte diese Gemeinsamkeit. Das Kind soll froh in sich und dem Erzieher ein Hohes, ein Verehrendes fühlen, so lebt in ihm die Zuverlässigkeit, daß sein Bestes mit dem Willen und der Liebe des Erziehers zusammengehört. Nur in solcher Verbundenheit fühlt es sich dem Zufall enthoben. Erziehung kann nicht gegeben, Erziehung kann eigentlich nur genommen werden. In jener Zuverlässigkeit fühlt sich das Kind – und das ist das Unerläßliche – vom Erzieher geachtet, lernt es sich achten. Es ergibt sich dem Kind von selbst, daß es in seinem Letzten das will, wohin seine Erziehung es auch führen will. Das ist schließlich der Weg zur Entwöhnung von den Formen der Erziehung. Erziehung kann nur sein, daß das Kind das Beste in ihm selbst klarer liebt, als es dies ohne die Befeuerung durch den Erzieher geliebt hätte. Es ist die Aufgabe, daß dieses unvermeidlich Pathetische nicht mit einer gewaltsamen Pathetik, sondern mit einer stillen Selbstverständlichkeit den Untergrund des Lebens ausmacht, wie im guten Falle das Christentum und seine Lehren ihn ausmachen konnten.

Der Mensch kann die Tradition, das menschlich Erworbene vergangener Jahrtausende weder völlig abreißen und immer wieder völlig im Leeren beginnen – noch kann er als Rentner davon leben. (In der politischen Ebene pflegen Linksparteien das eine zu wollen und Rechtsparteien das andere.) Wacht und arbeitet, so heißt es und muß es heißen gegenüber aller Tradition. Es darf keine Renten und es darf kein Verschleudern geben. Das Intellektchaos lehnt Tradition stupide ab – stupide oder gescheit, es ist dasselbe: Das ist überall dasselbe da, wo es sich um das handelt, was dem Verstande nicht untersteht – und fängt seinen Menschen und seine Welt jeden Tag von vorn an; weil es gar nicht ahnt, was Tradition ist und dem Menschen bedeutet.

Heute wird erzogen, als ob die Deutschen nie einen Goethe besessen hätten und dieser nie seine pädagogische Provinz geschrieben hätte – die jedem Erzieher das Äußerste an Nachdenken aufgeben sollte. Als ob Jean Paul nie seine Levana geschrieben hätte. Neben diesen scheint alles, was die Leute heute Erziehen nennen, nur Wegräumen, nur Vorbedingungen schaffen, damit erzogen werden kann.

Noch ein Wort über die vielbetonte Spontaneität der Kinder. Man pflegt ziemlich gröblich eine ganz unzureichende Alternative zu setzen: Zwang, mechanisches Befehlen und Gehorchen – oder eine innerste Wesensspontaneität des Kindes. Sehen wir die Kinder an: Die Mutter begegnet mit dem Kinde einem Bettler. Das Kind ist zu jung, um viel zu wissen, was ein Bettler ist; es ist zu verspielt, um ihn viel zu beachten – es schaut wohl auf ihn hin, es läuft vorüber. Die Mutter schickt das Kind mit einem Geschenk zu dem Bettler. Das Kind widerstrebt, vielleicht weil es den ärmlichen Mann scheut, der ihm nicht gefällt. Die Mutter bleibt aber dabei: „Gib es ihm, er freut sich, wenn du es ihm gibst; und du mußt ihn auch freundlich anschauen, wenn du ihm gibst." Das Kind geht, gibt, es hat den Bettler auch freundlich angesehen; und das Kind, das vielleicht verdrossen gegangen ist, kommt froh zurück. Froh, denn zwischen ihm und dem Bettler, also in dem Herzen des Kindes, hat sich etwas Lebendiges ereignet. Schaut das Kind den Bettler nach dem Wunsch der Mutter freundlich an, so kommt im Lächeln die innere Kinderfreundlichkeit von selbst dazu, das Kind erfährt es, daß es freundlich schauen *will*. Es bereiten sich Ahnungen vor von der beglückenden Erfahrung, wie schön es ist, liebevoll zu sein, wie beglückend der eigene liebevolle Zustand ist, grade indem es die Gabe bringt, indem es sie freundlich darreicht; auch an dem Widerschein bei dem, der empfängt. Es bereiten sich Ahnungen vor, daß Menschen „vor Gott" zusammengehören, verbunden sind, und einander dienen sollten, bewegend, beglückend auch in ihren leisesten Vorstadien. Durch das Tun lernt das Kind, erwärmt sich das Kind, erweitert sich das Kind. Auf dies kommt es an, auf das Lebendige, was sich da ereignet hat, kommt es an, auf das, was es da erfahren und erlebt hat, ein wie schwacher Schein es auch sei; auf das, was es in seiner Handlung, in seinem Tun erlebt hat; solches, dergleichen bildet das Kind. Auf die Wirkung der Handlung ist zu sehen, auf das Resultat für das Kind, auf die Wirkung auf das Herz des Kindes. Das ist der Punkt, auf den es ankommt.

Die Spontaneität des Kindes kommt nicht durch das Handeln, aber sie entdeckt sich im Handeln, sie kommt herauf und breitet sich aus im Handeln. Auf das Tun ist zu sehen, nicht auf seine Veranlassung. Ein Tun, in dem sich die Spontaneität des Kindes nicht rührt, ist mechanisch und als solches nutzlos. Aber nicht jedes befohlene Tun ist mechanisch und nicht jedes Befehlen ist mechanisch. Es gibt auch ein nicht-mechanisches Befehlen, oder sagen wir ein Hinleiten, und Gehorchen, wie das Beispiel zeigen könnte – ein sorgfältiges Hingewöhnen eines Kindes.

Und warum nicht warten, bis die Spontaneität des Kindes selbst es antreibt zum Handeln, was ist gewonnen mit diesem Hinleiten, was ist verloren mit dem Warten? Das Entscheidende ist, ob es in der Handlung zu dem lebendigen Ereignis kommt. Das, was man, ohne feiner zu unterscheiden, die Spontaneität des Kindes nennt, gibt rein als solches keine

Gewähr für das Erwärmende, Lebendige, Erweiternde der Handlung. Das „spontane" Handeln des Kindes kommt oft aus einer flüchtigen „pathologischen Affiziertheit", etwa aus einer unangenehmen Empfindung vor dem Bettler, von der es sich durch ein Ablegen der Gabe befreit – vielleicht *auch* mechanisch; es ist damit durchaus nicht notwendig verbunden, daß es zu einer Wesensspontaneität des Kindes kommt, daß es zu einem lebendigen Vorgang kommt; so wenig es mit dem Befehlen und Gehorchen notwendig verbunden ist; darauf, daß die Handlung fruchtbar verläuft, kommt es in beiden Fällen an. Es ist durchaus nicht gegeben, daß dadurch, daß das Kind in seinen Handlungen jeder momentanen Affiziertheit folgt – diese kajoliert wird -, sich seine eigentliche Spontaneität leicht entdeckt, eben die, durch die die Handlung fruchtbar ist. Im *mechanischen* Gehorchen wird die Spontaneität des Kindes unterdrückt, hier aber kann sie überwischt und verschleudert werden, ehe sie herauskommt. Diese ihre Pseudo-Gestalt ist eine Gefahr, grade wie die Unterdrückung es ist. Der Erziehung ist es Aufgabe, durch ein warmes Anleiten die Spontaneität dahin zu behüten, daß sie sich selbst entdeckt. Erziehung kann dem Kinde nur geben, was es auch selbst finden könnte, „sie gibt ihm dasselbe, nur leichter" (Lessing). Ausschalten wollen, daß der Erzieher jene Veranlassungen gibt, heißt dem Kind eine wertvollste Hilfe entziehen, die es gerade in dem zarten, empfänglichsten Alter bekommen sollte. Innerste und Wesensspontaneität des Kindes wird frei durch das Handeln, sie ist durchaus nicht immer frei von Anfang an. Spontaneität ist nicht ein so leicht besessenes Ding, sie ist auch bei den Erwachsenen nicht immer frei, sie ist oft eingeklemmt bis an ihr Lebensende: bei solchen, die ihr Leben lang ihren Affiziertheiten nachgegangen sind, wie bei solchen, denen zuviel befohlen worden ist. Auch die Liebe zum Erzieher, die Liebe zu den Eltern, aus der – wie man manchmal hört – das Kind handeln soll, trägt die Gefahr von Unselbständigkeit und bloßer Affiziertheit in sich. Wir wollen zur Selbständigkeit erziehen; auch jene Liebe dürfte nur sehr vorsichtig einmal benutzt werden. Es ist in dem Beispiel nicht gedacht, daß das Kind nur aus „Liebe zur Mutter" gehorcht. Wie und warum ein Kind gehorcht, ist sehr schwer zu sagen. Man darf vielleicht andeuten, daß in dem Gehorchen immer ein dunkles Gemeinsamkeitsgefühl der beiden mitbestimmend ist, das weiter, menschlicher ist, als nur die Liebe der beiden zueinander.

Ernst Michel

Über eine Lehrstätte für die Arbeiterschaft

Eine Auseinandersetzung

Am 1. Mai 1921 war, angeregt von Arbeitervertretern und arbeiterfreundlichen Akademikern, die *Akademie der Arbeit* in der Universität Frankfurt a. M. ins Leben getreten, als erste und bisher einzige deutsche Hochschule für das „Volk der Arbeit". Der Staat und die Spitzenverbände der Gewerkschaften hatten der neuen Hochschule in dem Gründungsvertrag die Aufgabe zugewiesen, „Hörern aus den Arbeiter-, Angestellten- und Beamtenkreisen eine systematische und selbständige Hochschulbildung zu verleihen, zur Wahrnehmung ihrer Tätigkeit in der wirtschaftlichen, sozialen und politischen Selbstverwaltung". Die Erfahrungs- und Vorstellungswelt der Arbeiter sollte die Grundlage des Unterrichts bilden, Stoffauswahl und Stoffbehandlung sollten in der Welt der Arbeit ihre bindende Orientierung finden. Dr. Eugen Rosenstock wurde auf Grund seiner „Denkschrift über eine Bildungsstätte für erwachsene Arbeiter" mit der Leitung und dem pädagogischen Aufbau der Schule und mit der Berufung der drei hauptamtlichen Dozenten betraut. Dem Lehrerkollegium wurde die selbständige Behandlung der pädagogischen Fragen und die jeweilige Wahl der nebenamtlichen Dozenten – Hochschulprofessoren und Männer aus der Praxis – übertragen. Die großen Gewerkschaftsverbände verpflichteten sich, die Akademie zu beschicken und den Lebensunterhalt der von ihnen nach eigenem Ermessen ausgewählten Hörer zu bestreiten. Städte und Provinzen traten als entsendende Instanzen hinzu. In zweiter Linie wurden auch Hörer ohne Delegation zugelassen. Eine besondere Vertretung innerhalb der Akademie fanden die Gewerkschaften, der Staat und die Universität in einem Verwaltungsausschuß.

Gebunden an eine Mächte-Beteiligung, deren Einflußstärke und Einflußrichtung von vornherein unübersehbar und unerfaßbar war, ging Eugen Rosenstock an die Verwirklichung seiner Idee einer „Bildungsstätte für berufstätige Erwachsene". Diese Idee aber war im Kern so grundstürzend und trat von vornherein mit einer solchen durchdringenden und unerbittlichen Prägekraft in die Erscheinung, daß das erste Jahr bereits für die Beteiligten durch die radikalen Wandlungen, die diese Idee in jeder Richtung forderte, und durch die täglichen Entscheidungen, die sich für die Praxis ergaben, überbelastet war. Die äußeren und inneren Kämpfe führten am Ende des ersten Lehrgangs zum Weggang Eugen Rosenstocks. Wir andern, die wir an der Akademie verblieben, nahmen die ursprüngliche Idee auf und führten den Kampf für sie fort, freilich ohne jemals das Gefühl loszuwerden, daß bereits in dem Fundament, auf das die Bildungsstätte gegründet war, ein verhängnisvoller Fehler stecken müsse.

Es sei zunächst in Kürze die Bildungsidee der Akademie der Arbeit und die aus ihr gestaltete Lehrmethode, wie sie grundsätzlich bis heute von den verantwortlichen Trägern des Lehrhauses festgehalten worden ist, dargestellt. Ein zweiter Abschnitt gibt dann den Ertrag der mehrjährigen geistigen Auseinandersetzung mit dem Versuch, diese Bildungsidee *institutionell* zu verwirklichen.

1.

Ausgangspunkt für die Bildungsaufgabe der Akademie der Arbeit war nicht mehr die Fragestellung der bürgerlichen Volksbildung und der Arbeiterbildungsbestrebungen der Vorkriegszeit, sondern die Tatsache des Zusammenbruchs unsrer bisherigen Volks- und Staatsordnung im Jahre 1918 und, damit zusammenhängend, die anhebende Berufung der Arbeiterschaft zur verantwortlichen Mitträgerschaft einer kommenden neuen Volksordnung: zur Lösung der Aufgabe zwischen Gesellschaft und Volk.

Die Volksbildungsbewegung des ausgehenden 19. und beginnenden 20. Jahrhunderts war eine künstliche Reaktion auf die Tatsache, daß die *echte Volksbildung* im Verfallen war: Volksbildung als *Formung des Volkes durch Gemeingeist,* durch die verbindlichen Lebensordnungen und die Sprachgebilde, in denen dieser Gemeingeist Gestalt und Ausdruck gewann. Die Neuzeit, vorzüglich das 19. Jahrhundert, war aber gekennzeichnet durch den Rückzug des Geistes und mit ihm der Bildung aus den „Niederungen" des Volkslebens und seiner Ordnungen auf ideale Höhen. Sie war gekennzeichnet durch die Scheidung des Volkes in „Gebildete" und „Ungebildete". Träger dieser neuzeitlichen Bildung war der dritte Stand, das Bürgertum. Diese bürgerliche Kultur und Wissenschaft war wesentlich Ausdruck des Geistes einer sich immer schärfer absondernden Gesellschaftsklasse: Sie war liberal und individualistisch und zersetzte, wo sie eindrang, die Volkskultur. Diesen Wesenszug behielt das bürgerliche Geistesleben auch in der Verdünnungsform der „Volksbildung".

In der Arbeiterschaft wurde der Krisenzustand dieser neuzeitlichen Bildung manifest: Sie versagte vor ihren sozialen Nöten, denn sie war ja in einer anderen Zeit geboren. Sie widerlegte sich im Lebensgefühle des Arbeiters, wo dieses originär durchbrach.

Es wurde der Arbeiterschaft zum Verhängnis, daß das Versagen der echten Geistesmächte sie dem *Liberalismus* in die Arme trieb, daß ihr Bildungsdrang der bürgerlichen liberalen Wissenschaft zunächst erlag. Sie hat sich ihr nach dem Grundsatz „Wissen ist Macht" hingegeben, um – okkupatorisch – die Ergebnisse den eigenen Klassenzielen gegen die Bourgeoisie dienstbar zu machen, insbesondere mittels der Naturwissenschaften alle menschlichen Ordnungen als „Ideologien" über Machttriebe zu entlarven. Das Ergebnis mag praktischen Augenblickszwecken förderlich gewesen sein, hat aber den Arbeiter in zunehmender Stärke geistig sterilisiert und in einen Widerspruch hineingetrieben zwischen seinem Lebensgefühl, das auf eine neue *bindende* soziale Gesellschafts, Wirtschafts- und Rechtsordnung hindrängt, und einer wissenschaftlichen Begriffswelt, die in ihrer Relativität, Unverbindlichkeit und Voraussetzungslosigkeit gerade das Gegenteil von dem allem bewirken mußte.

Will die Arbeiterschaft ihre errungene Stellung im Volksganzen festhalten, ihren Auftrag, zu neuen bindenden Ordnungen durchzustoßen, erfüllen, kann sie es nur, wenn es ihr gelingt, auch in der Geistesbildung durchzudringen durch die individualisierende Bildung der modernen Welt zu einer neuen *Gemeinschaftsbildung*. Diese muß als originäre Bildung der volkspolitischen Berufung der Arbeiterschaft entsprechen, d. h. sie muß Hand in Hand gehen mit der Aufgabe, das soziale Chaos und die volkliche Entformung durch eine Volksordnung zu überwinden, die mit der von der Arbeiterschaft mitzutragenden Industrie- und Arbeitsordnung anhebt.

Hier setzt die Bildungsarbeit der Akademie der Arbeit ein. Sie hat es mit der Bildung erwachsener, berufstätiger Menschen zu tun, mit Menschen, deren Arbeitsleben die wundeste Stelle des öffentlichen Lebens bildet, deren Gesamtleben seit Generationen unter den auflösenden Folgen des Zwiespalts von Arbeitsraum und Lebensraum verläuft. Die Bildungsaufgabe hat deshalb nicht vom Arbeiter als Individuum, sondern von ihm als *notleidendem Glied kranker Institutionen* auszugehen. Und nicht auf den Persönlichkeitstyp des liberalen Zeitalters darf sie hinzielen, sondern auf die *öffentlich verantwortliche* Persönlichkeit, von deren Einsatz die Heilung des gesellschaftlichen Sündenfalls entscheidend abhängt.

Erfahrungsgemäß ist nun aber in dem tätigen Erwachsenen nicht Wissen und wissenschaftliche Bildung der zentrale Trieb, sondern die theoretische Frage und der Wille zur geistigen Besinnung entspringen beim Menschen des „politischen" Lebens an derselben Quelle wie sein politisches Handeln, nämlich mit der Frage: „*Wie kann der Not abgeholfen werden?*" Diese Frage muß darum auch der Ausgangspunkt des inhaltlichen Denkens und der Stoffordnung der Lehrgänge der Akademie der Arbeit sein. Die Kenntnisse aller Art, die zur Lösung dieser Frage notwendig sind, geben wohl die Wissenschaften. Aber geordnet, beurteilt, ineinander verfugt werden können diese Kenntnisse hier nicht wie für den Studenten aus einer logischen Systematik, sondern von dem *politischen Heiltrieb des tätigen Mannes her.*

Damit ist die Aufgabe der *Verwandlung der Theorie* gestellt. Es soll nicht etwa die Theorie, die den theoretischen Menschen befriedigt, der Praxis angepaßt werden, sondern der *eigentümliche theoretische Trieb des Berufstätigen*, Erwachsenen, soll zu einer *ihm notwendigen* Theorie gelangen.

Für die *Lehrmethode* der Arbeiterbildung nun ist die Erfahrung grundlegend, daß der erwachsene Arbeiter *anders* lernt als das Kind und der Student. Es gilt da zunächst, den *geistigen Stoffwechsel* in den Arbeiterschülern in Gang zu bringen. Das hat so zu geschehen, daß an den Besitz, an den die Begriffs- und Vorstellungswelt, die der Arbeiter mitbringt, angeknüpft und von hier aus ein Klärungs- und Läuterungsprozeß eingeleitet wird. Es geht dabei nicht um *logische Begriffsrevision*, sondern vor allem um Prüfung der Echtheit und Tragfähigkeit der mitgebrachten Erkenntnisse, Begriffe und Vorstellungen: um ihre *Wirklichkeit im Gedankenträger* und ihre Prüfung an den Tatbeständen. Hier liegt für den erwachsenen Menschen die Stelle der Erschütterung: Er muß den Mut haben, seinen geistigen Bestand in diesen Prüfungs- und Schmelzprozeß, an dem er doch selbst aktiv teilnimmt, hineinzugeben, auf die Gefahr hin, ihn preisgeben zu müssen. Erst auf Grund dieses Prozesses vermögen dann auch neue Inhalte mannigfaltigster Art, wie sie vor allem die Lehrform der *Vorlesungen* bietet, und die *gewußt* werden müssen, von dem Erwachsenen aufgenommen und verdaut zu werden.

Dieser methodische Grundsatz gilt für die gesamten Lehrformen der Akademie der Arbeit (Gruppenarbeit, Vorlesungen, Seminare), in besonderem Maße aber für die *Gruppenarbeit*, die im Zentrum des Unterrichts steht. Die Hörerschaft ist in bunter Mischung in mehrere Gruppen eingeteilt, die von den hauptamtlichen Dozenten in parallel laufenden Kursen durch den Lehrgang geführt werden. Aufgabe dieser Gruppenarbeit ist es, von den Tatsachengebieten eigener Lebenserfahrung und eigenen Lebensschicksals auszugehen und sie in selbständiger Gestaltung geistig durchzubilden. Damit verbunden werden aber nacheinander die Gebiete materiellen Wissens: Wirtschaft, Gesellschaft, Recht und Staat. Deren Behandlung aber darf sich nicht mit der nackten Erkenntnis begnügen, sondern soll diese in die *verpflichtende* Erkenntnis, die auf Wirken und Gestaltung hindrängt, hinüberführen.

Die *Vorlesungen*, die nacheinander Gesamtbilder des Rechts, der Wirtschaft, des Staates und der Politik, der Arbeitswissenschaft, der Soziallehren, der volkswirtschaftlichen Theorien und der Geschichte usw. entrollen und die später einsetzenden *Seminare*, in denen einzelne Fragen oder einzelne hervorragende Schriften bewältigt werden, erhalten von der Gruppenarbeit her ihre zeitliche und stoffliche Gliederung und Rechtfertigung.

Für den *Lehrinhalt* der Arbeiterbildung ist maßgebend, daß der *arbeitende Mensch ein anderes Reifezeugnis mitbringt* als der Schulentlassene und der Student. Die Kenntnis eines Berufs, einer Technik, eines Betriebes, einer arbeitsteiligen Umwelt mit ihren Regeln und ihren Formen ist seine Maturität. Außerdem hat er meist soviel Lebenszeit hinter sich, um auch für die Gesetze eines Lebenslaufs Erfahrungen mitzubringen. Der Stoff der Wirklichkeit, auf den Wissen und Lehre sich erstrecken muß, läßt sich ihm also von der Welt der Arbeit her und von seinem Lebenslauf her erschließen, die Wissensgebiete lassen sich von hier aus gliedern.

Das Gelingen dieser Aufgabe hängt zum großen Teil auch von den Schülern ab: Entscheidend ist, daß sie aus sich herausgehen, sich mit den Lehrern auf der Ebene rückhaltloser männlicher Auseinandersetzung begegnen und so zu wirklichen *Mitarbeitern* werden. Nur dann ist das Ziel zu erreichen, daß der Bildungsprozeß des Jahres – der Lehrgang der Akademie umfaßt 9 volle Monate – die Erkenntnisse so in die *Individualität* des erwachsenen Schülers einbaut, daß dieser sie im Leben verantwortlich vertreten kann.

Von dieser Erfahrungswelt aus gliedern sich dann die Wissensgebiete, die dem Arbeiter sich somit aus dem lebendigen Zusammenhang seines Lebens mit dem Volks- und Menschheitsleben entfalten.

Der Gang der Arbeiterbildung zielt ja darauf ab, den Arbeiter tauglich zu machen für ein öffentliches Leben und Wirken, ihn zur geistigen Mannwerdung zu führen. Was ist aber das geistige Ziel des Mannes? Verantwortlicher Mitarbeiter zu werden. „Mitarbeiter" – dies ist der Bildungsgrad, den die Hochschule der Arbeit als Haus der Arbeitsgemeinschaft von Erwachsenen zu verleihen hat. Mitarbeiterschaft erweist sich daran, daß der Arbeiterschüler für das, was er hört, was er annimmt, und was er ablehnt, Verantwortung zu übernehmen gelernt hat. Dazu bedarf es aber nicht nur der Aktivität des Schülers, des rückhaltlosen Einsatzes seiner Person, es bedarf auch einer Solidarität der Schüler, einer letzten menschlichen Verbundenheit, ohne die wahrhaft politische Bildung, *Bildung von Gewissen, Besinnung und Verantwortung* nicht möglich ist. Nur in einer solchen Arbeitsgemeinschaft, – und hier ist dieses mißbrauchte Wort wieder am Platz – gewissermaßen als *Urform des öffentlichen Lebens*, kann der Arbeiter aus seinem privaten Dasein für das öffentliche Wirken herangebildet werden.

Damit eine Gemeinschaft in diesem Sinne entstehen kann – im Sinne von „Volkheit" nämlich –, ist gerade die Mannigfaltigkeit der Schüler Voraussetzung: Sie sollen in der Differenz des Alters, der Berufe, der Veranlagung, Vorbildung, Weltanschauung und Strebungen den Zustand unseres „Volkes" repräsentieren. Denn nur wenn die verschiedenen Berufe und Anschauungen des arbeitenden Volkes in lebendigen Vertretern zusammengebracht werden, kann die *Lehre aus dem Ganzen und für das Ganze der Volksordnung entwickelt werden.*

Auch der Typ des hauptamtlichen Lehrers für Erwachsenenbildung war jetzt zum ersten Mal zu prägen.

Der Lehrer für Erwachsenenbildung erhält aber sein Gepräge von der Aufgabe her, „Schüler" im *Mannesalter* zu bilden. Das besagt: Es ist von ihm die Fähigkeit und Kraft verlangt, den „Schüler" als Mitarbeiter anzuerkennen und ihn bei der Mitarbeit zu erhalten. Anders als bei dem Universitätsdozenten und dem Schullehrer also, rückt für den Erwachsenenbildner in den Mittelpunkt die Aufgabe, zu verhüten, daß der Erwachsene „die Maske des Knaben im Lernen anlegt“ um von der Verantwortung für das Gelernte frei zu bleiben. Statt dessen gilt es, eine Herausstellung des ganzen Menschen, so wie er bereits im Leben handelt und wirkt, zu bewirken. Dazu freilich reicht die beste „pädagogische“ Befähigung nicht aus, wenn das eine fehlt: die echte *politische*, d. h. gemeinschaftsbildende Leidenschaft des Lehrers. Kraft dieser nur wird er zum Erwachsenenbildner.

Wie es für die Hochschule der Arbeit, soll sie eine wirklich überparteiliche Bildungsstätte für das arbeitende Volk sein, wichtig ist, daß die Mitarbeiter die ganze Mannigfaltigkeit der Berufe, Anschauungen, Strebungen usw. im Volke repräsentieren, so ist es für sie notwendig, daß auch in der geistigen Führung die parteilichen Kräfte des Volkes wirksam sind. Eine Homogenität der Dozenten von vornherein würde gerade die erst im Geisteskampfe und in rückhaltloser männlicher Begegnung zu begründende Gemeinschaft, die neue „Volkheit“ unmöglich machen. Denn dies ist ja die Aufgabe: Die Lehrer, die Mitarbeiter ausbilden sollen, müssen selbst in die Lage kommen, sich vor ihren Schülern als Mitarbeiter zu zeigen. Das kann nur geschehen in einer echten *Gemeinschaft* von Lehrenden, nicht nur in der Form einer humanen Kollegialität. Die Dozentengemeinschaft muß das Miteinanderarbeiten selbst beispielhaft verwirklichen: durch Aussprache, ständige Auseinandersetzung und Verständigung.

Aber auch der Lehrinhalt der Arbeiterbildung verlangt diese Gemeinschaft. Denn die Lehre, wie sie hier gefordert ist, ist ja in selbständiger Forschung aus dem Rohstoff des Fakultätswissens herauszubilden. Das kann kein Dozent für sich allein leisten, dazu bedarf er des lebendigen Austausches mit den Dozenten der anderen Fächer. In diesen Aussprachen kann sich da die Sprengung eben jener Abkapselung der Fachsprachen vollziehen, die sich heute, wo fast jeder Forscher seine eigene Terminologie hat, in einer katastrophalen Sprachenverwirrung auswirkt. Was die Dozenten von ihren Schülern verlangen, das müssen sie also unter sich selbst auch vollbringen: die Überwindung der idealistischen Freiheit des Geistes, die Spaltung des Lebens in Theorie und Praxis, in „Wille und Vorstellung“ durch den *gebundenen* Geist, der den Lebenserscheinungen zugewandt ist, an notwendige Dinge anknüpft, auf *notwendige* Fragen antwortet und zum *Samariterdienst am notleidenden Leben* wird.

2.

Die Akademie der Arbeit besteht jetzt fast sechs Jahre; sie hat bis heute grundsätzlich die Bildungsaufgabe und Lehrmethode des Beginns festgehalten und sich öffentlich immer wieder dazu bekannt. Es läge deshalb nahe, die Erfahrungen dieser sechs Jahre in einem kritischen Rückblick zu verarbeiten, der die Erfolge und Mißerfolge und ihre Ursachen feststellt und daran den Grad der Verwirklichung und Verwirklichungsmöglichkeit der verpflichtenden Bildungsaufgabe mißt. Aber die kritische Besinnung dieser Jahre hat eine andere Fragestellung immer stärker in den Mittelpunkt gedrängt und ermöglicht heute ihre Antwort: die *Zeitberufenheit* der Bildungsaufgabe und Bildungsidee der Akademie der Arbeit ist fraglos, aber war sie nicht für die Gegenwart von vornherein zum Fehlschlag verurteilt, weil sie sich *verfrüht* in einer *öffentlichen Institution* auszuprägen suchte, deren Garanten und Auguren Staat und Gewerkschaften waren? Mächte also, von denen man für ein solches grundstürzendes Experiment bestenfalls eine befristete, völlig ungewisse Toleranz erwarten, die man aber keinesfalls in das Glaubenswagnis, das hier im Kern doch gefordert war, mit einbeziehen durfte?

Rosenstock hat selbst in dem Vorwort zu seiner mit Werner Picht jüngst herausgegebenen Dokumentensammlung „Im Kampf um die Erwachsenenbildung"[1], die auch seine Veröffentlichungen über die Akademie der Arbeit enthält, auf diese Frage geantwortet: Die Zeit sei auf Fehlschläge angelegt, die „gigantische Selbstbelügung aller Klassen in den Jahren der Inflation" habe vieles Begonnene verdorren lassen, die Erwachsenenbildung aber gehe jetzt nicht mehr vorwiegend die Arbeiterschaft an, sondern „in überwältigendem Maße die verantwortlichen Minderheiten in allen Lagern und Gruppen unsres Volkes". Demgemäß fordert Rosenstock heute auch eine andere, lockerere Bildungsform, sogenannte „Freizeiten", d.h. spontane, zellenartige Arbeitsgemeinschaften, in denen Erwachsene aus *allen* Volksschichten in verantwortlicher Aussprache sich begegnen, insbesondere Arbeiter, Unternehmer, Ingenieure und die sog. Geistigen. Denn jede Schicht unsres Volkes sei in sich selbst unfähig, die Gebrechen auch nur ihres eigenen Lebenskreises zu heilen.

Aber diese Deutung Rosenstocks scheint mir im Hinblick auf den „Fehlschlag" der Akademie der Arbeit nicht zu genügen. Rosenstock übersieht nach meiner Ansicht auch heute noch den Strukturfehler des Aufbaus dieser Schule: nämlich daß er mit seiner Bildungsidee den einzelnen Lehrgängen eine Erschütterung durch Glaubensumkehr, den Lehrern und Schülern eine entscheidende Wandlung zumutete, die nicht die *Aufgabe* des Bildungsgangs, sondern deren Eintritt die *Voraussetzung* für die Ermöglichung des Bildungsgangs war. Eine Bildungsidee, die nur als Lebensform dieser gläubigen Menschen *hic et nunc* zu verwirklichen war, als „Bildungsstätte aus dem Glauben", wurde in der Akademie der Arbeit durch institutionelle Vorwegnahme der Wirkform des Glaubens verwirklicht, die *vorauszusetzende* gläubige Erschütterung aber wurde nur „erhofft". Diese Vorwegnahme der *Wirkform* des Glaubens bedeutete von vornherein die *Säkularisierung* der Institution und ihrer Bildungsaufgabe.

Die Bildungsidee Rosenstocks mußte durch Vorwegnahme ihrer institutionellen Verkörperung *notwendigerweise* der Säkularisierung verfallen: Sie wurde auf der Ebene der pädagogischen Versuche dieser Zeit diskutabel, erhielt ihre besondere, hervorragende Ranghöhe unter ihnen, das Für und Wider spielte sich durch diese ganzen Jahre nicht in der Tiefe ihres Grundes, sondern auf der Ebene ihres „Systems" ab. Der Kampf ging und geht noch heute nicht um die ursprüngliche glaubensgegründete Bildungsidee, sondern eben um eine „humanistische" Bildungsform, zu der jene durch institutionelle Vorwegnahme werden mußte. Der religiöse Lebenskern der Rosenstockschen Konzeption ist damit nicht verloren, aber er harrt noch seiner zeitberufenen Wirkform. Die Klärung dieses Tatbestandes ergab sich mir in der längeren Auseinandersetzung mit einem engeren Mitarbeiter. Sie fand schließlich ihren Niederschlag in einem Brief, dessen dokumentarischer Charakter seine Veröffentlichung in den Hauptteilen rechtfertigt.

„Mein erster Brief an Sie, in dem ich unserer gemeinsamen Sorge um unsre Lehraufgabe und um die *innere* Rettung unseres Lehrhauses auf den Grund zu gehen versuchte, konnte leicht den Anschein erwecken, als ob ich die Hauptursache einmal in der teilweisen Preisgabe unsrer Bildungsidee an die „Mächte des Tages", dann vor allem aber in der zentralen Schwierigkeit, einen wirklichen Lehrkörper zu bilden, sähe.

Aber meine Skepsis wurzelt tiefer: in der Überzeugung nämlich, daß eine institutionelle Verwirklichung der ursprünglichen Bildungsidee der Akademie der Arbeit vorerst überhaupt unmöglich, ja geradezu ein Irrweg ist; daß bei der akuten geistigen Verfassung der deutschen Arbeiterschaft, überhaupt des öffentlichen Lebens, in das die Akademie als Institution hineingebaut ist, ein echtes und entschiedenes Wirken aus der „Idee der Akademie der Arbeit" notwendigerweise zu einem katastrophalen Zusammenstoß führen müßte. Das heißt: Die Idee der Akademie wird an der derzeitigen geistigen Verhärtung der Arbeiterschaft als Mitträgerin des öffentlichen Lebens – die einzelnen Arbeiter immer ausgenommen! – auch dann scheitern, wenn im übrigen die Widerstände und Unzulänglichkeiten der praktischen Durchführung des Lehraufbaus behoben werden könnten. Scheitern muß die ursprüngliche Idee an der Schwierigkeit der Fundamentierung. Es geht ja im Kern gar nicht um das von uns anerkannte Bildungsziel und um die Lehrmethode. Es geht nicht um die Herausarbeitung der „Lehre" aus der konkreten Welt der Hörer: Dies ist weiter nichts als eine schon seit Jahrzehnten vielfach erprobte pädagogische Methode, im Grunde eine psychologische Selbstverständlichkeit, die sicher vielen Volksbildnern weit besser gelingt als uns. Es geht auch wesentlich nicht um die Erschütterung der geistigen Mikrozephalie der Hörer und um die damit einsetzende „Erweiterung ihres Gesichtskreises und die Einsichtentwicklung in die Eigenständigkeit und Wechselwirkung der verschiedenen Lebensordnungen": Damit wird ihnen nur der geistige Horizont vermittelt, wie ihn jeder durchschnittlich Gebildete heute umspannt. Wir brauchen ja nur an gewisse Arbeiter-Hörer aus der Jugendbewegung zu denken, die aus ihren Zirkeln und Diskussionsabenden und aus ihrer Berührung mit der bürgerlichen Jugendbewegung jenen „geistigen Weitblick“ bereits mitbringen, ohne daß damit etwas Entscheidendes gewonnen wäre. Dasselbe gilt von der logischen Urteilsschulung. Das alles mag gut und nützlich sein, führt aber bestenfalls auf das Niveau der bürgerlichen Geistigkeit und entspricht dem politischen Status der bürgerlichen Gleichberechtigung und der „sozialen Demokratie“, d.h. einem geschichtlich abschließenden Zeitalter. In der Richtung solcher „geistigen Höherentwicklung der Arbeiterschaft“ aber liegt – die Durchsicht der Antwortbögen aus unsrer Enquete unter den Hörern der vier ersten Jahrgänge hat mir dies bestätigt – der Erfolg unsres bisherigen Wirkens, auch der des ersten Jahres: „Ich habe gelernt, daß die Dinge nicht so einfach liegen“, „Ich bin geistig bescheidener geworden“, „Ich habe die Ordnungsgebiete des Lebens unterscheiden gelernt; ich gehe jetzt sachlicher an die Probleme heran“ – so und ähnlich lauten die Auskünfte der besten unter unsern früheren Hörern, und mehr ist auch bei *reinerer* Durchführung unsrer Bildungsaufgabe nicht zu erwarten.

Das Ergebnis unter der Hörerschaft aller Lehrgänge erweist die Akademie der Arbeit als eine Lehreinrichtung, die Arbeitern und Angestellten für die ganze Breite ihres Lebens- und Arbeitsraums eine kondensierte Wissensbereicherung, eine Blickerweiterung, größere Sachlichkeit und eine gewisse Urteilsschulung mitgibt. Anläßlich und neben dieser Hauptleistung bewirkt dann gegebenenfalls der einzelne Dozent von geistiger Verantwortung auch eine echte Erschütterung bei diesem oder jenem Schüler. Dies ist dann wohl das eigentlich Wertvolle und Fruchtbare, aber es geschieht eben nur *an* der Akademie und nicht *durch* sie, so wie es auch sonst an den Schulen alter Observanz geschieht, wo dem persönlichen Wirken des Lehrers genügend Spielraum gelassen wird.

Man kann diesen Zustand bejahen und sagen: „Das Wirken der einzelnen verantwortlichen Person, die bestehende Institutionen zum Anlaß nimmt, um *daran* im Sinne des Kommenden zu wirken, ist eben heute die gebotene Form der Erziehung.“ Gut, aber was dann? Bejahen wir diese Art des Wirkens auch für die Akademie, dann muß es unsere wesentliche Sorge sein, den persönlichen Wirkraum vor dem Verschlungenwerden durch Fach und Stoff und System zu schützen, den „fruchtbaren Nullpunkt“ gegen den sogenannten systematischen Lehrplan neuester Prägung zu verteidigen. Ich glaube nicht, daß von einer Schule heute mehr zu erwarten, im Rahmen einer Institution mehr zu erreichen ist. Kurz und gut, die Akademie als reguläre Lehreinrichtung kann auch bei günstigster Entfaltungsmöglichkeit ihrer Bildungsidee nichts anderes erzielen, als den „geistigen Aufstieg der Arbeiterschaft“ befördern: bestenfalls in der Richtung eines wirklichkeitsnäheren, auf die besondere Situation der Arbeiterschaft abgestellten *Humanismus*, wie er ja auch die Spitzenleistung der pädagogischen Erneuerung dieser Zeit kennzeichnet.

Und doch geht es heute um etwas ganz anderes: um eine totale Verwandlung des Geistes, um seine radikale, existentielle Umkehr zu einer *gläubigen* Grundhaltung von der Wirklichkeit unsrer Geschichtsstunde. Gläubig aber heißt hier: personale Aufgeschlossenheit für jenes „Ewige", *das hier und heute* uns kategorisch anspricht und durch uns in die Zeit eintreten, Geschichte werden will. Es geht einfach um die Bekehrung des abendländischen Menschen zu einem „*religiösen geschichtlichen Realismus*"; es geht um die Verankerung unsres gesamten öffentlichen Wirkens in diesem religiösen Realismus, um die *Glaubenstaufe* wie des politischen Wirkens so des Geistes und der Lehre. Auf diese grundstürzende Neufundamentierung des gesamten öffentlichen Lebens, in den verantwortlichen Menschen, kommt es in Europa jetzt an. Entscheidend ist nicht der „rechte Gedanke" und die „rechte Tat", entscheidend ist die *Existenzsphäre*, die beide beglaubigt: ob diesseits oder jenseits der Glaubenslinie entsprungen. Es geht nicht um eine Revolution der Ideen oder Inhalte oder seelisch-geistigen Haltungen oder Verhältnisse, sondern um eine Revolution der Existenzsphären, um eine kopernikanische Wendung schlechthin.

Von hier aus müssen Sie meine Skepsis verstehen, die sich aus den Erfahrungen dieser Jahre im Hinblick auf die institutionelle Verwirklichung der doch von mir stets bejahten Bildungsidee Rosenstocks herausgebildet hat.

Ich bin mir darüber völlig im Klaren: Solange wir in der Akademie diese grundstürzende Wandlung nicht bewirken oder doch wirksam vorbereiten – und wir vermögen es wahrlich nur geschenkweise *nebenbei* –, bleibt unsre Tätigkeit, mag sie auch noch so persönlich wirksam und menschlich belebt sein, in die Grenze der „*vorletzten Dinge*" gebannt, über die hinaus kein Übergang und keine Entwicklungsmöglichkeit zu jener existentiellen Umkehr des Geistes führt, auf der die Erneuerung der abendländischen Welt beruht. Denn die Wahrheit jener paradoxen Formulierung, wir könnten nur deshalb noch einsehen, daß 2 × 2 = 4 ist, weil Goethe das Gedicht „Meeresstille" gedichtet habe, verlagert sich nunmehr auf die menschliche Existenz überhaupt: Ohne „Leben aus dem Glauben" wird finis Europae sein, und wenn die Religionen noch so geschäftstüchtig sind. Bewirken, daß ein Betriebsratsobmann seines Amtes in dieser nüchternen gläubigen Grundhaltung waltet, ist weltgeschichtlich zukünftig entscheidender, als wenn 1000 Jungsozialisten oder meinetwegen auch Funktionäre sich zum „religiösen Sozialismus" bekehren und mit Bibelsprüchen Aktivismus treiben. In der Sphäre der „vorletzten Dinge" die Arbeiter aus ihrem geistigen Ghetto der abgestandenen Aufklärung in die reicheren Gegenden dieser sterbenden Säkula,

Kultur, Philosophie, Religion hinüberführen, das ist verlorene Liebesmühe, und wenn es tausendmal aus Liebe zur Arbeiterschaft geschieht. Jene einzige Erziehungsarbeit aber, um die sich erst ein Einsatz der Existenz lohnt, verlangt freilich auch den Mut, *Ärgernis zu geben*. Denn den Sprung kann man niemandem durch pädagogische Mittel ersparen noch verschleiern. Aber die Zeit ist noch nicht erfüllt, um eine Schule, eine öffentliche Institution als solche auf den Glauben zu errichten. Es ist den Menschen dieser Zeit nur erlaubt und möglich, ihr verantwortliches Tun innerhalb einer Institution auf den Glauben zu gründen. Ein *gemeinsames* Wirken aus dem Glauben, wie es der Arbeiterbildungsidee Rosenstocks entspricht, ist heute nur in „freien Zellen" möglich: in *Arbeitsgemeinschaften, geboren aus der begnadeten Begegnung von Menschen verschiedenster Herkunft im Glauben.*"

Anmerkungen

1 Quelle & Meyer, Leipzig 1946.

Joseph Wittig

Aus meiner letzten Schulklasse

Als ich den ersten Tag in die Schule ging, habe ich weinen müssen; in dem großen Gewusel von Müttern und Kindern, Lehrern und Schulklassen, Treppen und Türen, Hoffnungen und Befürchtungen war mir meine Mütze verloren gegangen, die einzige Behauptung, die ich damals hatte; und ich wußte noch nicht, daß es zu jedem rechten Schulgang gehöre, eine Behauptung zu verlieren; darum mußte ich weinen. Ich wußte auch noch nicht, daß das Weinen zum Leben gehört, nicht bloß wie ein Druschma zur Hochzeit, sondern eher wie eine Mutter zum Kinde; darum war es mir so bitterlich. Seitdem war es immer so, daß ich, wenn ich mich einmal nicht behaupten konnte, schon in einer neuen Schule angemeldet war.

Ich hatte mich sehr nach der Schule gesehnt, so wie sich einer, der auf das Mittagessen und den Zwölfuhrschlag wartet, nach dem Elfuhrschlag sehnt. Es ging schnell durch die acht Klassen der Elementarschule, durch Gymnasium und Universität. Aber während meine Schulgenossen immer dringlicher danach verlangten, endlich aus der Schule ins Leben hinauszukommen, nistete sich in meinem Herzen die bange Furcht ein, das Leben hinter der Schule könnte am Ende sein wie der Tod, eine lange Weile im Gelernten, kein neues Lernen mehr, kein Aufstieg, keine Hoffnung. In einer der letzten Schulen, die ich durchmachen mußte, verlor ich auch diese Behauptung.

Ich muß noch einmal davon reden, daß der schönste Tag meines ersten Schuljahres jener gebenedeite Tag war, an dem der Lehrer Knebel zu reden anfing: „Im Anfang schuf Gott den Himmel und die Erde", und als er uns durch alle sechs Tage der Schöpfung führte. Wir wußten noch gar nicht, was Schaffen ist, aber wir sahen etwas, das mußte Schaffen sein; es war etwas ganz Wunderreiches. Himmel – ach ja, dieses Wort hatten die Eltern und die Nachbarn schon manchmal gebraucht; hatten dorthin gewiesen, wo Sonne, Mond und Sterne und Wolken zu sehen waren. Und Erde, das waren für uns die Ackerkrumen und eben noch der Boden, auf dem das Dorf und die Stadt und die Berge standen. Aber jetzt wurde der Himmel und die Erde geschaffen, zwei ganz neue Dinge. Und sie waren erfüllt von Licht und Seligkeit; der ganze Klassenraum auch. Und es wurden erschaffen das blaue Firmament und die Länder und die Meere. Und alles, was der Lehrer nur nennen konnte, alles wurde vor uns geschaffen und es war da.

Es war nicht nur ein Tag. Wenn die vielen Jahre meiner Schulzeit und wenn all mein Leben schön waren, dann vor allem aus dem Grunde, weil jener Tag kein Ende hatte; weil ich immer wieder hören durfte: „Gott sprach, und es ward"; weil immer wieder ein neuer Himmel und eine neue Erde wurden; weil Worte Welten schufen.

Jener Tag hatte bisher kein Ende, aber er wurde jahrelang unterbrochen; er wurde jahrelang verfinstert. Gottes urzeitliche Schöpfung blieb zwar bestehen und ward meist anerkannt, aber sein Schaffen wurde verhüllt; ich sah ihn nicht mehr schaffen, und was er schuf, trug nicht mehr das Wunderkleid des Geschaffenseins, sondern das Elendskleid nackter Alltäglichkeit; war nur noch wert als Gebrauchsgegenstand oder wissenschaftliches Forschungsobjekt; und vor den Augen und in der Sprache der wissenschaftlichen Forschung verlor es vollends die Ehre seines vollen, liebeerfüllten Gotteswerkes und wurde immer mehr „zurückgeführt" auf ein anderes und dieses wieder auf ein anderes und das letzte auf ein blödes Fragezeichen, bis nur noch ein armseliges Häuflein von Funktionen und Beziehungen und natürlichen Ursachen und Wirkungen übrig blieb, über das man den Babelsturm der Hoffnung auf grandiose „Entwicklung" baute.

Während ich dies schreibe, durchbraust draußen der Sturm meine geliebten Erlen im Wiesengrund, ein königlich gewaltiger Besuch bei meinen Erlen. An einem Tag hat er die ganze Landschaft ringsum freigemacht von Schnee und Eis. Er greift den Bäumen mächtig in die Wipfel und bringt alle ihre Zellen in Bewegung; er greift mir selber ans Herz; es geschieht etwas, es wird etwas; es ist ein Bote Gottes unterwegs – ach nein, es ist nur darum, weil irgendwo in Schottland ein „Maximum" und irgendwo in Kaukasien ein „Minimum" entstanden ist, sonst nichts! Ach ja, einst lernte ich, daß Gott die Welt aus nichts geschaffen habe, und da war sie mir etwas; jetzt weiß ich – und ich soll vielleicht noch dankbar dafür sein – daß alles erklärbar und „sonst nichts" ist. Wenn Gott spricht, so wird eine Welt aus nichts, wenn ohne Gott gesprochen wird, so wird nichts aus der Welt.

Dadurch, daß viele Geschöpfe Gottes, die in ihrer eigenen Gottgeschaffenheit für sich besonders dastehen, für sich besonders Gottes Macht und Herrlichkeit lobpreisen, für sich besonders zu Offenbarung und Geschenk werden, durch die Schulwissenschaft auf andere zurückgeführt werden, als wären sie nur Geschöpfe der anderen, Wirkungen, Funktionen der anderen, und dadurch, daß wiederum viele nur „Beziehungen" zwischen zwei oder drei oder vielen anderen genannt werden, leert sich die schon im ersten Kapitel der Genesis reiche und im weiteren Verlauf der Heiligen Geschichte immer reicher werdende Bühne des Sechstagewerkes Gottes, statt daß sie vor dem schauenden Auge immer gestaltenreicher und lebensvoller würde. Die Wissenschaft hat einen verdammten Zug, mit den Dingen fertig zu werden, ehe noch Gott mit ihnen fertig wird; sie beseitigt die Dinge, indem sie die Dinge so erklärt, daß man nicht mehr nach ihnen zu fragen gezwungen ist; und wir wissen es ja: nach wem man nicht mehr fragt, der ist für uns nicht mehr da.

Zum Glück ist aber nicht jeder Schulunterricht geeignet, die Werke Gottes zu zerphilosophieren. Der Tag, an dem Gott dem Adam alle Tiere des Feldes und alle Vögel des Himmels brachte, zu sehen, wie er ihnen rufe, dauert noch an, und die Schultage gehören dazu, und Gott bringt nicht nur die Tiere des Feldes und die Vögel des Himmels, sondern auch die Geister, die er schuf, in den Gesichtskreis und den Rufbereich des Menschen, und indem der Mensch ein Geschöpf anrufen lernt, ist es für ihn geschaffen und ist für ihn da, so sehr im eigentlichen Sinne da, daß es vorher wirklich gar nicht da war.

Als ich die Worte Fiale, Wimperg, Lisene, Dienste noch nicht kannte, gab es für mich auf der ganzen Welt noch keine Fialen, Wimperge, Lisenen und Dienste, obwohl ich täglich an ihnen vorüberging; ich sah nur den Dom, als hätte der alte Meister nur den Dom gebaut. Als ich aber diese Dinge nennen konnte, waren sie auf einmal da, und sogar der Dom war in ganz anderer Weise da, als ich ihn vorher täglich gesehen hatte. Später durfte ich diese Freude noch einmal erleben, als ich meinen Studenten, die auch täglich am Dom vorübergingen, jene Namen sagen durfte; einige sagten mir am Tag darauf: „Wir hatten den Dom bisher noch nie gesehen"; sie waren so freudevoll und dankbar, als ob ich den ganzen Dom geschaffen hätte. Und ich sage frei heraus: Ich habe ihn erschaffen; er wäre ohne mich oder einen anderen, der jene Namen sagen konnte, nie dagewesen in der Welt meiner Studenten.

Deshalb meine ich, daß jener Tag, an dem der Lehrer Knebel von der Erschaffung der Welt zu reden anfing, nicht mehr aufhörte, weil ich immer wieder neue Namen rufen lernte, so daß neue Gestalten auf die Bühne des Sechstagewerkes traten, und es traten viel mehr neue Gestalten auf, als die Wissenschaft „zurückführen", „zergliedern", zerphilosophieren und auffressen konnte.

Wie es aber in der Gesellschaft ist, daß man nämlich eine bestimmte Anzahl Menschen kennt und die anderen „einfach nicht kennt" oder erst in der Not kennt, so ist es in der Schule. Man sieht die Gestalten, aber man ignoriert sie; man mag sie nicht anrufen; man mag sie nicht einmal wissenschaftlich beschreiben; sie sind zu wenig von unserer Art; sie sind unbequem; sie entziehen sich dem Experiment; sie lassen sich nicht erklären; sie sind – o pfui! – beinahe okkult, haben wenigstens „so was Mystisches" an sich. Oder sie „verkehren" mit jedem Bauern und Handwerker. O ja, Bauern und Handwerker haben mit vielem zu kämpfen oder nehmen vieles zum Dienst – ich möchte beinahe sagen. sie wissen von vielem, aber zu einem eigentlichen Wissen wird dieses tägliche Füreinander- und Gegeneinandersein gewöhnlich nicht –, was in der Schule nie genannt, nie wissenschaftlich behandelt wird. Und doch sind dies alles Schöpfungen Gottes, Geschöpfe Gottes. Manchmal sagt man, daß man sie erst in der Schule des Lebens kennenlerne. Wenn man nur das Leben ebenso ernstlich zum Kennenlernen und zum Nennenlernen benützen wollte wie die Schule! Wenn man auch außerhalb der Schule, also im Leben, noch etwas vom Sechstagewerk Gottes wissen möchte! Und wenn man sich nicht genierte, von solch unwissenschaftlichen Dingen zu reden oder sie irgendwie ernst zu nehmen und Fragen an sie zu tun!

Jüngst malte ein Maler in einer großen deutschen Kaufmannsstadt, die an Wirklichkeitssinn ihresgleichen sucht, für das Refektorium eines Kapuzinerklosters ein großes Wandbild: Auf der Erde ausgebreitet liegt ein Tischtuch, darauf eine Schüssel mit Fischen, auch ein Krug, Teller und Becher, mehrere Brötlein und Früchte. Ich muß an die Darstellung altchristlicher Mahle in den Katakomben denken. Vor diesem Franziskanermahl kniet mit segnenden Händen der heilige Franz, und zu seiner Rechten und zu seiner Linken knien und lagern die Mitglieder seiner großen Familie, lebensvolle, von starkem Geist gehaltene Gestalten. Ein mächtiger Baum windet und schnürt hinter Franz seinen Stamm aus der Erde und trägt seine Krone zum Himmel. Rechts und links Klostermauern mit Türen und Fenstern, im Hintergrund Assisi. Es ist eine Pracht von Gestalten rings um den heiligen Franz. Trotz des schattenden Baums stehen sie im vollen Lichte. Alle ihre Wunder bergen sich in den schweren, faltenreichen Stoffen ihrer Gewänder, zwingen sich aber doch in den Gesichtern an den lichten Tag. Während – fast kaum zu merken – in dem Geäst über dem heiligen Franz eine Amsel huscht; ich selbst, der ich ein Beobachter von kleinen Nebensächlichkeiten und ein Verächter der großen Hauptsachen bin, sah sie zuerst nicht; sah kaum das Tischtuch mit den Speisen; so sehr hielten mich die Gestalten der Heiligen gefangen. Bis mir der Maler von dem Geschehen berichtete.

Ein Maler lebt von seinen Bildern. Seine Gestalten müssen nicht nur schön, lebenswahr, lebensvoll sein und allen Ansprüchen der Kunstkritik genügen, sondern müssen ihn auch ernähren, müssen ihm neue Aufträge herbeischaffen. Hungern lassen können sie ihn, aber nicht verhungern lassen. So sollten auch diese Gestalten dem Maler einen neuen Auftrag einbringen. Aber der Pfarrer, von dem alles abhing, erklärte, daß sie absolut unreligiös und ungeistig seien. All die große Schar der Heiligen vermochte also dem Maler kein Brot zu bringen. Vielleicht hätte es die Amsel vermocht, gleich dem Raben, der den Propheten ernährte. Wenn man nur dieses liebe, schwarze Tierlein überhaupt gesehen hätte!

Mit der Amsel aber war es so: Als der Maler im Mai mit dem Bilde begonnen und es eben durchgezeichnet hatte, flatterte es an seinem Atelierfenster; im nächsten Augenblick erschien über dem Bildrahmen eine junge Amsel und setzte sich ruhig gerade über den heiligen Franz.

Dieses Vorkommnis ist eine jener Schöpfungen Gottes, von denen ich sagte, daß man sich im allgemeinen geniert, sie ernst zu nehmen, sich zu ihnen zu bekennen. Ich selbst möchte es nun nicht als wissenschaftliche These aufstellen, daß der Vogel als Erbschaft aus dem 13. Jahrhundert die Kenntnis der echten Franziskusgestalt in sich trug und daß sein Flug zu dem gemalten Franziskus der beste Beweis dafür sei, wie getreu der Maler das echte Franziskusgestaltige wiedergegeben habe. Und doch muß ich sagen, daß ich das, was hier geschehen, sehr ernst nehme, nicht bitter ernst, wie man sonst seine Überzeugung nimmt, sondern süß ernst; im Sechstagewerk Gottes gibt es auch süße Sachen, die deshalb, weil sie süß sind, nicht unwahr oder nebensächlich und unbedeutend sein müssen. Der Maler schrieb mir am Heiligen Abend, an dem ja auch die Tiere reden können, von alledem. Und schrieb dazu: „Es war ein liebenswürdiger Zufall, – denn wenn es mehr wäre, wäre ich dessen nicht wert." Tatsächlich weiß er im Innersten, daß es mehr war. Er malte den Vogel in das Bild hinein und tat somit ein Bekenntnis, das er aus Bescheidenheit nicht mit Mund oder Feder aussprechen konnte.

Ich weiß nicht, ob einmal eine Zeit kommen wird, in der die Wissenschaft solche Dinge ernst nehmen wird; in der die Kunstgeschichte all das geheimnisvolle Geschehen beim Bildermalen, all die „liebenswürdigen", aber auch die unliebenswürdigen „Zufälle" für die wissenschaftliche Behandlung eines Bildes verwerten und dadurch sich selbst zu einer wahren Wissenschaft erheben wird. Aber ich weiß, daß solche Dinge zum Sechstagewerk Gottes gehören und mit Namen genannt werden müssen; daß eine Sprache dafür gefunden werden soll. Denn wenn Gott dem Menschen eine seiner Schöpfungen nahebringt, will er „sehen, wie der Mensch ihr rufe". Und was er geschaffen, wird dasein, sobald der Mensch das Anrufen wagt.

Als ich noch in den früheren Schulklassen meines Lebens saß; als ich lernend und dann lehrend mitten in den alten, approbierten Schulen stand, tausendfach gebunden an ihre Meinungen und Richtungen und Stoffauswahlen, hatte ich wohl Furcht, mich mit solchen Sachen unsterblich zu blamieren, mich und meine Freunde zugleich. Ich mußte trotzdem davon reden und erlebte zunächst das Seltsame, daß die Schule es jahrelang ertrug. Dann aber konnte ich mich doch nicht mehr behaupten; ich hatte so viel Un-Schulgemäßes geredet, daß die alte Wächterin der Schulen gegen mich aufstand, die Kirche. Und es war ein merkwürdiges Spiel. Die Kirche wußte, daß ich ihr treu ergeben war und daß ich ihr viele von ihr Entfremdete wieder zurückführte. Mein Leben lang hatte ich ihr gedient, aber sie mußte mich von der Schule entfernen, denn ich mußte frei von der alten Schule werden, um ihrer Methode und Stoffauswahl nicht mehr verpflichtet zu sein. Bei solchen Geschehnissen hat und nennt man immer irgendwelche Gründe und ist auch von Herzen überzeugt, daß man nur aus diesen Gründen handle; in diesem Falle aus dem Grunde, daß meine „Irrtümer den heiligen Glauben wenigstens teilweise von Grund auf untergruben". Tatsächlich aber geschah es, weil es geschehen mußte. Es sitzt da auch eine Amsel im Gezweig. Anerkannte, approbierte, gesellschaftsfähige Kräfte und Gestalten, hier die „Reinheit des Glaubens" und der „Gehorsam gegen das I-Pünktchen des kanonischen Rechts", decken das Tun von noch ungenannten Kräften, die sich entweder dafür rächen wollten, daß ich schon von ihnen gesprochen hatte, oder die mich frei machen wollten von der Schule, damit ich frei von ihnen sprechen könnte. Ich muß ein Wort meines Meisters in neue Form gießen: „Solche arge Dinge müssen kommen, aber leid tut es mir um jene, die sich mit der Verantwortung dafür belasten; die Dinge wären auch ohne sie gekommen."

So war mir also schon dieser Schulwechsel wieder eine neue Schule: ich lernte etwas Neues: Es gibt in der Schöpfung Gottes Kräfte, die sich verstecken; die anonym bleiben und sich mit aller List gegen das Gesehen- und Genanntwerden wehren. Die genannten und erkannten Kräfte und Gestalten stecken mit ihnen unter einer Decke und schützen ihre Verborgenheit und Anonymität, nehmen ihr Tun auf das eigene Konto, leihen ihnen die eigene Autorität; sie scheinen eine Art Korpsgeist zu haben, oder sie werden gezwungen, Korpsgeist zu haben. Darum geschieht so vieles im Namen Gottes, im Namen der Kirche, des Staates, des Gesetzes, der Sittlichkeit, der Religion, der Liebe, der Barmherzigkeit, was mit Gott, Kirche, Staat, Gesetz, Sittlichkeit, Religion, Liebe, Barmherzigkeit nichts zu tun hat. Wehe ihnen, wenn sie ihren Namen dazu hergeben, wenn sie ihr Tor öffnen, ihre Hand leihen! Jene verdeckten Kräfte sollen wirken, sollen aber auch ihr Visier öffnen. Denn Gott, der sie geschaffen hat, ist nicht ein Gott der Verhüllung, sondern ein Gott der Offenbarung, freilich der Offenbarung aus tiefster Verhüllung, der Offenbarung, die tiefster Verhüllung bedarf, um mit höchster Kraft, mit einer bis zum Ausbruch wachsenden Kraft durch die letzte Verhüllung durchzustoßen. „Wenn die Not am höchsten, ist Gott am nächsten." Darum ist jenes Versteckenspiel, jenes Wehren gegen eine leichte Offenbarung frei vom Verdacht teuflischer Bosheit, sondern ist geschaffen zur Offenbarung im letzten Ringen, in äußerster Not, in höchster Kraft, in der „Fülle der Zeit". „Arge Dinge müssen kommen", aber sie sollen erst kommen, wenn sie so stark sind, daß sie die letzte Mauer durchbrechen; wehe dem, der sich zu einem geöffneten Ausfalltor für sie macht! Der Glokkengießer tötet den Lehrling, der die Glockenspeise in die Form ließ; der Meister selbst wird zur Richtstatt geführt; nur eines wird herrlich und darf jahrhundertelang leben und klingen: das Werk, die Glocke. Sünde, Elend, Tod ringsum, aber die Offenbarung wird; das Werk triumphiert über Meister und Lehrling.

Ich wußte gar nicht, wohin ich aus der alten Schulklasse gestoßen sei. Nur mein Glaube sagte mir, daß ein neuer Schulraum für mich geschaffen sein müsse. Ich war so verstoßen aus der alten Schule, wie Menschen überhaupt nicht verstoßen können. Denn wenn einer sonst aus einer Schule entlassen wird, darf er doch wenigstens alle Künste mitnehmen, die er in der Schule gelernt hat. Ich aber sah mich auf einmal entblößt aller dieser Kenntnisse und Künste. Selbst die Sprache der alten Schule war mir abhanden gekommen. Ich konnte noch dies und jenes mühsam reproduzieren, konnte ein Aufsätzlein schreiben in der Art, wie ich vordem Bücher schrieb, aber es war so, wie wenn ein toter Karpfen noch eine Zeitlang mit dem Schwanze schlägt. So kann Rom und so konnte Jerusalem töten; es hat Macht über Leben und Tod, aber nur immer über das alte Leben, nicht über die Auferstehung. Ich glaubte zunächst, in eine Schulklasse versetzt zu sein, in der man die Kunst geistiger Armut, die Kunst des Gestorbenseins zu lernen hat. Ich baute mir an den Erlen des väterlichen Wiesengrundes ein Haus für meinen Leib, ein Haus wie ein Grab, aber wie ein Grab in Auferstehungsglauben.

Ich hätte sogern einmal Biologie studiert aus lauter Verliebtheit in das Schöpfungswerk Gottes. Aber das war nicht die neue Schule, für die ich angemeldet war. Biologie studieren schon zu viele. Auch das war es nicht, was offen am Tage liegt, daß sogar meine Nachbarn davon sprechen, nämlich daß der Bau meines Hauses eine gute Schule für mich und meine Baugesellen war. Sie war es, aber es lohnt sich nicht, viel davon zu sagen. Denn Bücher und Aufsätze über den ländlichen Hausbau gibt es schon viele. Als Sohn einer alten Zimmermannsfamilie meinte ich, es wäre eine Schande, wenn ich mir das Haus von einem anderen entwerfen und bauen ließe. Ich wollte weder schöner noch bequemer wohnen, als ich bauen könnte; meinte auch, eigene Baufehler besser ertragen zu können als Fehler eines fremden Baumeisters. Dazu kam, daß einer meiner liebsten Nachbarn ein tüchtiger Maurerpolier war, und ich hatte genügend vom Zeichenbrett meines Bruders abgeguckt und schließlich auch einige Jahre Vorlesungen über kirchliche Baukunst gehalten, so daß ich die Entwürfe und Grundrisse und Querschnitte zur gütigen Zufriedenheit der örtlichen Baupolizei herstellen konnte. Tausend Dinge lernte ich aus der freundschaftlichen Unterhaltung mit meinen Maurern und Zimmerleuten und aus der Beobachtung ihrer Arbeitsweise. Ich sah bald, daß die Summe der Kenntnisse eines Handwerkers, zusammengezogen aus jahrhundertealten Erfahrungen und eigenen Erlernissen nicht viel geringer ist als die eines Universitätsprofessors, und die Leute waren erfreut und dankbar für die Mitteilung meiner baugeschichtlichen Kenntnisse und mancher Baumeistergeheimnisse, z.B. wie man die Bauzeichnung einer Treppe herstellt, einer Kunst, nach der sich jeder tüchtige Zimmermann sehnt, die aber peinlichst vor seinen Augen verborgen wird. So lernten wir viel voneinander, bis wir zueinander Du sagen mußten. Selbst die Handlanger, vor allem den Ziegelträger erkannte ich als Bewahrer von vielerlei Kenntnissen des Sechstagewerkes Gottes, die ich selbst bei den tüchtigsten Exegeten des Alten Testamentes vergeblich gesucht hatte. Genauer als ein Mathematiker wußten sie das Verhältnis der Last, die sie tragen mußten, zu der Entfernung der Leitersprossen, auf denen sie emporstiegen. Aber von dieser Schule will ich hier nicht reden; ich weiß auch noch nicht genau, wieweit sie zu meiner ewigen Seligkeit notwendig war. Ganz trennen läßt es sich indessen von dem anderen, was ich sagen möchte, nicht.

Ich hatte auch schon früher oft und gern bei handwerklichen Arbeiten geholfen und zugesehen, und es war mir dabei weiter nichts aufgefallen. Die Arbeiten waren immer für andere; für mich selbst hatte ich fast noch nie etwas gebaut oder gezimmert oder geschnitzt oder gemalt. Wenn ich auch dabei gar manche liebenswürdige oder unliebenswürdige „Zufälle" erlebte, so traf die Liebenswürdigkeit oder Unliebenswürdigkeit nie mich persönlich, sondern nur als Mitleidenden oder Mitlachenden. Mitleiden und Leiden, Mitlachen und Lachen sind aber so sehr voneinander verschieden wie ein Sehender, der mit eigenen Augen sieht, und ein Blinder, der an der Schau des Sehenden teilnimmt. Gewöhnlich hatte ich bei allen handwerklichen Arbeiten viel Glück, lauter kleines, aber in der Summe doch viel. Brauchte ich ein Stück Material oder Werkzeug, so fand ich es im Vorrat und Gerümpel unseres alten Hauses, in dem nie etwas Unbrauchbares weggetan wurde, weil es doch vielleicht noch irgend einmal zu irgendeinem Zwecke gebraucht werden könnte. Oder wenn ich es nicht fand, so bot sich mir eine andere Möglichkeit schier freudig und freiwillig an, und es erwies sich fast immer, daß diese andere Möglichkeit, die angebotene, besser war als die gesuchte: Ich hatte keine Gegnerschaft in der „leblosen" Kreatur, sondern vielmehr Freundschaft. Aber auch für diese hatte ich eigentlich noch keine Augen; ich sah sie als etwas Selbstverständliches an, und für Selbstverständliches öffnet man eben leider weder Verstand noch Auge. Ich hatte diese Blindheit der Erde gegenüber bis in dieses Jahr hinein. Dem Geiste gegenüber war ich wohl schon eher sehend geworden. Obwohl ich meistens nur schrieb, wenn mir das zu Schreibende wie eine Gnade angeboten und wie eine Schau vor mich hingebreitet wurde, konnte ich doch erfahren, wie manche Dinge, die ich längst im Glauben und im Tun darstellte, sich mit aller List und Kraft wehrten gegen die Einladung in Wort und Schrift hinein. Man sagte mir wohl: „Sie sind dir eben noch nicht klar genug." Aber sie sind ja viel klarer im Glauben und Tun, als sie jemals im Wort werden können. Ich denke mir, sie wollten nicht in meine Worte hinein, in die ich sie einfangen wollte; sie wollten erst das Wort bilden, in dem sie sich offenbaren und in die aussprechbare Kreatur eintreten wollten; und sie wollten sich erst dazu zwingen lassen, weil die Offenbarung immer in höchster Kraft, in äußerster Not, in letztem Ringen, in der Fülle der Zeit geschehen will. Manche Kenntnisse in meiner Fachwissenschaft versteckten sich geradezu mit List vor mir, offenbarten sich meinem Spürsinn, soweit, daß ich ihr Dasein erriet, erregten in mir die Lust, nach ihnen zu jagen, ließen sich aber nicht fassen, guckten immer wieder um irgendeine Ecke herum, verschwanden wieder, bis ich der Jagd müde war und jahrelang mein Bemühen um sie einstellte; dann legten sie sich oft ungerufen, in einem „glücklichen Zufall" in meine Hände. Es war dies alles meistens ein gutmütiges Spiel. Manchmal freilich kamen Neckereien und Täuschungen vor, die ich geradezu als bösartig empfand. Ich schrieb aber damals alle diese Vorgänge meinem eigenen Geiste zu, seiner Schwäche, seiner Irrtumsfähigkeit, nicht aber der Eigenart der geschaffenen geistigen Welt, die ihr Wesen und Treiben gerade dadurch am besten verbergen kann, daß wir es zunächst auf Konto unseres eigenen Wesens und Treibens schreiben. Der geistigen Welt gegenüber ist es ja auch viel schwerer zu erkennen und zu unterscheiden, was von ihr aus auf uns und was von uns aus auf sie wirkt, weil die geistige Welt viel weniger deutlich und gänzlich außerhalb von uns liegt und wirkt als die körperliche Welt. Ist es doch soweit gekommen, daß die Menschen überhaupt an keine geistige Welt außerhalb des Menschengeistes glauben wollen (ob sie es wirklich können, möchte ich nicht entscheiden; sie bauen sich an Stelle der geleugneten Geisterwelt die transzendente Welt und schieben dort all ihren überflüssigen Geist hinein). Darum war es notwendig und eine große Gnade, daß ich aus meinem „geistlichen Leben" und meinem „rein geistigen Berufe" herausgerissen und in diese ganz unakademische Welt hineingestellt wurde, wo ich der Kreatur Gottes Stirn gegen Stirn begegnen konnte.

Wie leichtfertig hatte ich bisher über das Bibelwort hinweggelesen: „Erfüllet die Erde und machet sie euch untertan"! Es steht in Diesem Worte, daß die Erde nicht als untertänig geschaffen worden ist, so wenig wie sie als erfüllte Erde geschaffen worden ist. Sie begegnet dem Menschen nicht als dienstbare Erde; sie hat die Kraft, nicht zu dienen, zugleich aber die Kraft, dienstbar zu werden; sie hat Macht, sich zu wehren gegen die Untertänigkeit, und Macht, untertänig zu sein. Wer sie nur als untertänig kennt, der kennt sie nicht, so wie einer den Löwen nicht kennt, wenn er nur dressierte Löwen kennt. Die Menschen in akademischen Berufen, die Menschen in den Stadtwohnungen, in den Büros, hinter den Schaltern lernen meist nur die dienstbar gemachte Erde kennen; sie könnten gar nicht ihren Beruf erfüllen, wenn es nicht so wäre; es wirkt störend genug, wenn ein Teil der dienstbar gemachten Erde, z. B. die Schreibtischlampe oder die letzte Feder versagt. Sie haben sich derart an die dienstbar gemachte Erde gewöhnt, daß sie kaum noch der ungezählten Kämpfe und Mühseligkeiten gedenken, in denen andere Menschen der Erde diese Dienstbarkeit abgerungen haben. Sie essen ihre Frühstückssemmel, waschen ihre Hand in dem ihnen freundlich entgegenrinnenden Warmwasser der „Leitung", tauchen ihre Feder in die Tinte, fahren mit ihr über das schöne glatte Papier – ach, wie ihnen alles entgegenkommt, wie ihnen alles gehorcht, wie ihnen alles dient! Sie brauchen nicht einmal einen Befehl auszusprechen; sie erkennen nicht einmal das Dienstbarliche und Gehorchliche in dem Geschehen, es ist ihnen alles dies Selbstverständlichkeit – ach, ihr Herz wäre gar nicht groß genug, um die Freude, den Stolz, die Dankbarkeit zu fassen, die über sie käme, wenn sie dies erkennten! Nein doch, es gibt schon Menschen, die es erkennen; sie dürfen es aber meist nicht verraten, um nicht als Sonderlinge verschrien zu werden. Unser alter Professor der Moraltheologie, Adam Krawutzcki – er hieß nicht umsonst Adam, denn er war bei aller Gelehrsamkeit ein ganz ursprünglicher und darum oft verlachter Mensch geblieben – sagte uns einmal im Kolleg, als er die Kraft der Freude im sittlichen Leben besprach, in seiner frommen Art: „Ich bete täglich, ehe ich nach dem Kirchgang wieder meine Wohnung betrete, in Freude und Dankbarkeit ein Vaterunser für alle, die an meinem Hause gebaut, die das Wasser gezwungen haben, in meine Wohnung heraufzusteigen, die der Erde den Brennstoff abgezwungen haben – ach, ich werde nie fertig mit meinem Dank, denn der Weg von der Kirche bis zur Wohnung ist kurz." Die Studenten lachten, vielleicht auch ich. Wir meinten, er ist doch ein kurioser Geselle! Dieser Gruppe von Menschen, in der ich meinen Adam Krawutzcki als Ausnahme sehe, scheint eine ganze Armee gegenüberzustehen in unmittelbarer Berührung mit der noch nicht dienstbar gemachten Erde: die Bauern, die Bergleute, die Handwerker, die „Arbeiter". Denen zeigt die Erde viel freier und trotziger ihr ursprüngliches Gesicht, die ihr anerschaffene Kraft, sich gegen jegliche Dienstbarkeit bis zum äußersten zu wehren. Sie stehen den ganzen hellen Tag und viele auch die ganze Nacht Stirn gegen Stirn der Schöpfung Gottes gegenüber und zwingen mit aller Gewalt und List die Erde zum Dienste. Die meisten zu den ihnen schon bekannten Diensten; einige, die Entdecker und Erfinder, zu immer neuen Diensten. Immerhin gilt dies alles in einem beschränkten Kreise ihres Lebens, gilt von den Stunden ihrer beruflichen Arbeit. In ihren anderen Stunden leben sie auf der dienstbar gewordenen Erde. Und auch in den Stunden der Arbeit sehen sie die dienstbar gewordene Erde und nehmen ihre Dienste in Anspruch gegen die noch undienstbare Erde; ihr gesamtes Werkzeug ist dienstbar gewordene Erde. Und auch sie haben die Augen nicht unverhüllt genug, um den ganzen Trotz der undienstbarlichen Erde zu erkennen. Sie bringen tausend Listen und Künste mit, die sie sich nicht selbst von der Erde errungen, sondern die ihnen von ihren jahrtausendealten Ständen vererbt worden sind, vom Meister zum Lehrling, und diese Listen und Künste, die Gewalt in ihren Armen, die Sicherheit in Blick und Fingern, die Güte ihrer Werkzeuge, erfüllen sie mit dem Wissen um den Erfolg ihrer Arbeit, um die doch und doch zu erreichende Dienstbarkeit auch des von ihnen zu bezwingenden Teils der Schöpfung, daß sie die Undienstbarkeit gar nicht mehr recht beobachten und gar niemals fragen: Wer bist du, mit dem ich hier ringe? Etwas mehr von unwillkürlichem Wissen um das Gehorchenkönnen der Erde verraten gelegentliche Anreden und Zurufe, die freilich meist die Form des Fluches haben. Ich weiß nicht, warum es mir immer so stark durch die Nerven ging, wenn einer meiner Zimmerleute das Kommando sprach: „Holz komm!" Und uneingestanden wissen alle Handwerker, daß Material und Werkzeug sehr leicht all ihren Berechnungen und Künsten spotten kann. Wenn ausnahmsweise einmal „alles klappt“ oder „alles glatt geht“, so sprechen sie von „Glück“. Sie sehen also nicht etwa die Schwierigkeiten und das Mißlingen als Zufall an und das glatte Gelingen als die Regel, sondern umgekehrt. Selten stellt sich aber einer die Frage, warum denn alles so schwierig sein müsse, warum erst vielfaches Mißlingen und dann erst das Gelingen, warum und woher so vielfache Störungen. Es wäre doch denkbar, daß alles dem Menschen zugeneigter und entgegenkommender geschaffen worden wäre, wie innerhalb des Pflanzen- und des Tierreiches die Geschlechter einander zugeneigt und entgegenkommend, ja einander mit großer Süßigkeit lockend geschaffen worden sind. Warum ist die fruchtbare Arbeit nicht so süßen Wunders voll wie die befruchtende Liebe? Gott gab dem Menschen die Erde mit den drei Worten: „Wachset und mehret euch!“, „Füllet die Erde!“, „Machet sie euch untertan!“ Warum streute er nur bei dem ersten dieser drei Worte die Rosen des Glücks und der Liebe über die Menschen, beim zweiten bittren Abschied und banges Fernsein, beim dritten all die schwere Not der Arbeit? Es fragt schier niemand danach. Es kommt ja der Feierabend, es kommt der Sonntag; je größer die Schwierigkeiten, desto länger die Arbeitsgelegenheit und die Verdienstmöglichkeit; die Schwierigkeiten verteilen sich auf die verschiedenen Gruppen von Handwerkern und Arbeitern; in der Summe treffen sie nur den Bauherrn, dessen Leid und Betroffensein die einzelnen Leute im besten Falle – und das war wirklich mein Fall – mit getreulicher Anteilnahme, aber nicht mit ebensoviel Leid und Getroffensein tragen können.

Mit der ganzen Front wendet sich also die Undienstlichkeit der Erde nicht gegen die einzelnen Arbeiter, sondern gegen den, der alle diese Arbeiter in den Kampf gegen die Undienstlichkeit der Erde vorschickt oder sogar begleitet. Und gegen diesen einen auch nicht so stark, wenn er in der Stadt oder ihrer Nähe baut, wo soviel Dienstbarkeit der Erde aufgehäuft ist, daß man vor lauter naher Hilfe gar nicht mehr die Hilfsbedürftigkeit und Hilflosigkeit spürt. Ganz anders, wenn er fern von Dorf und Stadt auf einem einsamen Acker baut; wenn stundenlange Wege notwendig sind, ehe ein dienstbarer Ersatzteil für einen undienstbaren herbeigeholt werden kann. Da erst mag ein solcher Bau zu einer Schule werden, in der man etwas wirklich Neues vom Sechstagewerk Gottes kennenlernen kann.

Ich hatte von dem Grundstück meines Vaters, das jetzt in den Besitz meines Schwagers übergegangen ist, von jeher keinen Teil so lieb gehabt wie den Erlengrund mit dem hohen Wiesenrande an dem Steiglein, das vom Kirchelberge nach Ebersdorf führt, und ich habe mich immer gewundert, warum der Großvater sein Haus nicht an diesen Wiesenrand, sondern etwa hundert Meter feldein gebaut hat, obwohl von dort bis zum Wasser in der Wiese ein sehr langer Weg war, auf dem alles Wasser für die Haus- und Stallwirtschaft auf den Schultern oder auf schwankenden Rädern geholt werden mußte. Es ist wunderbar schön an der Erlenwiese. Tag und Nacht wandert ein winziges Bächlein plaudernd und in der Sonne wie Gold und im Monde wie Silber leuchtend durch die Wiese nach dem „Langen Grunde", der bis ins Dorf hineinführt. Die Erlen stehen an den drei Bettlein, die sich das Wasser bereitet hat, herbe Bäume, unscheinbar in Blüte und Frucht, fast als wären sie unfruchtbar und ohne Liebe und ohne Glück. Aber wenn im Frühjahr und im Herbst die Zugvögel kommen, da kehren sie ein und erfüllen die Erlenkronen mit Leben. Und nicht wenige bleiben und gründen in den Erlen ihr Heim. Und auf der Wiese blühen tausend Blumen, und wenn sie gemäht wird, wirft die Sense große Schwaden Gras auf den Boden und große Schwaden Duft in die Luft, und am Abend, wenn das Heu zu Haufen getürmt ist, spielen die überschlanken Schatten der Erlen und die plumpen Schatten der Heuhaufen und die schöne, schöne Abendsonne ein Spiel voll Seligkeit für die Augen und die dem Abendfrieden zugeneigten Herzen.

Der Acker, der an den Wiesengrund grenzt, war nie besonders fruchtbar, da er ganz dünn auf Sand und Lehmboden gebreitet sich nach Norden neigt; und diese unfruchtbar machende Neigung war noch dadurch verstärkt worden, daß dieses Stücklein Erde allen Lehm und Sand für die Anbauten und Umbauten des großväterlichen Hauses liefern mußte. Mein Schwager bot mir darum ohne zu großen Verlust an Fruchtboden diesen Teil seines Besitztums als Baufleck an, und ich meinte, die Erde würde sich ebenso darüber freuen wie ich selbst.

Es schickte sich so, daß wir am Hochfest des Heiligen Geistes, an Pfingsten, den Bauplatz abstecken mußten. Das ist eine so festliche Arbeit, daß wir in ihr keine Verletzung des Feiertags sahen, und wir schritten voll Freude mit unseren Abstechpfählen, Schnüren, Winkeln und Wasserwaagen ans Werk. Da Friede und Freude Früchte des Heiligen Geistes sind und da sie am Bauplatz so reichlich über uns herabkamen, mußte es wohl der Heilige Geist sein, der wie eine Baumkrone uns feiertäglich überschattete und seine Früchte über uns niederfallen ließ. Aber da merkten wir auf einmal, wie die Erde sich wehrte gegen die Abstekkung des Rechtecks, das den Grundriß meines Hauses bilden sollte. Die Baumeister der ganzen Erde werden lachen, wenn sie dies hören, denn es ist mit die einfachste Sache von der Welt, ein Rechteck abzustecken. Aber der Abhang bog sich und krümmte sich förmlich unter unseren Meßwerkzeugen. Bald stimmten die Winkel nicht, bald die Längenmaße nicht. Wir prüften Winkel und Stäbe; sie waren in Ordnung. „Warum, warum?" fragte einer nach dem anderen. Niemand sagte: „Die Erde will uns nicht!" Schließlich gelang es uns auch, das Rechteck zu schnüren; es gelang uns nur nicht, herauszubekommen, warum es uns nicht gleich gelungen war. Woher sollten wir es auch „heraus" bekommen? Aus einer

Welt rätselhaften Mißlingens, die uns immer fest verschlossen bleiben wird, so zwar, daß das Mißlingen heraus, unser Verstand aber nicht hinein kann? Wohl, wohl, daß es uns mißlang und warum es uns mißlang, haben wir schon herausbekommen, aber nicht, warum es uns mißlingen *mußte*.

Von da an begann eine ununterbrochene Kette von Schwierigkeiten, Plackereien, Neckereien, alle einzeln wohl immer erklärbar und von denen, die sie einzeln erfuhren, mit gutem Humor ertragen, in ihrer Summe aber rätselhaft und zugleich verräterisch. Ihrer Summe gegenüber genügte der Tagesvorrat an Humor nicht; da genügte nur ein immer stärker werdender Glaube, daß wir doch und doch den Befehl haben, und mit dem Befehl auch die Verheißung, daß wir der Erde mächtig werden.

Was ist denn dies, was uns so mächtig widersteht? Es gibt Widerstände, mit denen man von vornherein rechnet; auch solche, die man bei unberechnetem und unvorhergesehenem Eintritt „ganz in der Ordnung" findet. Aber es gibt noch etwas darüber hinaus. Es gibt noch etwas, bei dem der an Widerstände wahrhaft gewöhnte Arbeitsmann seinen Humor verliert und mit beginnendem Zorn ausruft: „Das wäre wirklich nicht nötig gewesen!" Hinter solchen Worten steckt der Glaube, daß es neben der naturgesetzlichen Notwendigkeit noch eine andere Quelle von Widerständen gibt, eine Unnötigkeit, also eine Freiheit, eine Freiheit, vielleicht nicht größer, vielleicht viel kleiner als die Freiheit des Hundes, einen vorübergehenden Wanderer zu beißen, wenn er ihn beißen will, – vielleicht aber auch eine sehr große Freiheit. Und es gibt noch etwas, das ganz über die vorhergesehenen und über die unvorhergesehenen, aber in Ordnung befundenen Widerstände hinausgeht: das Planvolle, Systematische, Listige, Ausgeklügelte in all den Plackereien und Neckereien, die dem Menschen die Arbeit erschweren; auch etwas Boshaftes, das die fertige Arbeit verunschönt und befleckt und dem Menschen wenigstens einen Teil seiner Freude verdirbt.

Die Antike sah diese Erscheinungen in der Gestalt der Dämonen; die deutsche Vergangenheit in der Gestalt der Kobolde oder auch der Teufel; die Neuzeit weiß keine Gestalt; sie hat nur die Namen Naturkräfte und Zufälle, also Namen ohne Macht, Namen, mit denen man niemand rufen kann, Namen, unter denen sich niemand offenbart, vielleicht aber jemand verbirgt. Allein die katholische Kirche ruft diese Erscheinungen noch an, gebietet ihnen und verbietet ihnen. Soweit ich aber ihre Funktionäre kenne, tun sie es nur noch mit leeren Worten, nicht mehr mit dem vollen Glauben und der hellen Schau der für Menschenaugen unsichtbaren Wirklichkeiten; sie sind durch die modernen, von den Aufkärungen der Naturwissenschaft beherrschten Schulen gegangen und verwenden nur die alten Worte, meinen aber Naturkräfte und Zufälle. Sie gehören ja eben auch meist zu der Gruppe der Menschen, der die

Erde als eine dienstbar gemachte entgegentritt, während die Kirche ihre Sprache in einer Zeit empfangen und gebildet hat, in der die Undienstbarkeit der Erde noch von dämonischer Gewalt und Herrschaft war. Die Kirche ist heutigentages die einzige Gestalt, die zur Kreatur spricht; die also den Glauben hat, daß die Kreatur hören und gehorchen kann, und zwar nicht einfach so, daß physischer Widerstand physischer Gewalt weichen müsse, und auch nicht so, wie man vom Tiere weiß, daß es sich durch Zurufe dressieren läßt, sondern eher so, wie der antike Krieger in den feindlichen Heeresschwarm hineinbrüllte, wohl wissend, daß seine Stimme dort zu Gehör und Wirkung kommen werde. Sie beauftragt sogar die von ihr geweihte Kreatur, nun Wache zu stehen oder ins Feld zu ziehen gegen eine Kreatur, die keine Weihe mehr erreichen kann, die aber erschrecken und flüchten kann vor dem Geweihten. Laßt uns hören, wie urgewaltig diese Sprache ist, und laßt uns von dieser Gewalt einige Kännlein schöpfen, denn wir haben es nötig, da aus unserer Sprache die Gewalt des Glaubens immer mehr aussickert! So spricht die Kirche zur Kreatur des Salzes: „Ich beschwöre dich, du Kreatur des Salzes, beim lebendigen Gott, beim wahren Gott, beim heiligen Gott, bei Gott, der dir befahl, dich durch den Propheten Eliseus ins Wasser werfen zu lassen, auf daß die Unwirksamkeit des Wassers geheilt werde und daß du werdest geweihtes Wasser zum Heil der Gläubigen und seiest allen, die dich nehmen, Gesundheit der Seele und des Körpers und daß entflüchte und davonweiche von dem Orte, in dem du angesprengt wirst, alle Irrschau und Schlechtigkeit und Verschlagenheit verführerischen Trugs und aller unreine Geist, beschworen bei dem, der kommen wird zu richten die Lebendigen und die Toten und die Welt durch Feuer. Amen." In gleicher Weise spricht die Kirche auch zur Kreatur des Wassers, und es ist sicher nicht zufällig, daß sie nicht zu Salz und Wasser, sondern zur *Kreatur* des Salzes und des Wassers spricht. Salz und Wasser können nicht hören, was der Mensch spricht; sie können nur chemisch reagieren. Wenn sie der Schöpfung entrückt sind, sind sie tote und taube Dinge, die nicht mehr auf Wort und Geist reagieren; und sie sind sogleich der Schöpfung entrückt, wenn sie nicht mehr ale Kreatur angesprochen werden; sie sind immer nur das, als was sie angesprochen werden, – mit Macht angesprochen werden. Wenn sie angesprochen werden, stehen sie im Bereich des Du, wo Leben und Gehör ist; sonst im Bereich des Es, wohin Reden und Hören keine Brückenbögen spannen. Und wenn sie als Kreatur angeredet werden, werden sie im Glauben, also in Kraft angeredet und betroffen in der lebendigen Hand Gottes, wo nichts Totes und Fertiges, sondern nur Lebendes und Werdendes sein kann; wo also alles noch wunderbar ist. Wenn die Kirche spricht: „Du Kreatur des Salzes", so spricht sie es vielleicht nicht im Tagesbewußtsein, nicht berechnend, auch nicht um einen Titel zu geben, auch nicht unter Gewalt des rhetorischen Rhythmus – auch wenn dieser in all ihren alten Gebeten und Beschwörungen nachweisbar ist –, sondern um das Salz in einem Augenblicke anzusprechen, in dem es noch in der Wunderhand Gottes ist wie sie selber. Es ist mir auch immer sehr aufgefallen, daß sich die Kirche zuerst an die Kreatur und dann erst an Gott wendet. Wohl beginnt ihr Ordo ad faciendam aquam benedictam wie alle ihre Weihegebete mit dem Responsorium: „Adiutorium nostrum in nomine Domini, qui fecit coelum et terram". Aber dies ist noch keine Ansprache, sondern eine Selbstbesinnung, der eigene Eintritt in den Bereich der Schöpfung, in dem allein mit den Dingen zu reden ist. Dann aber richtet sich die Ansprache unmittelbar an das Salz, und die Rubrik sagt ausdrücklich: „Deinde *absolute* incipit Exorcismus salis", fast als wollte sie die immerhin bei den Gläubigen weitverbreitete Auffassung ausschließen, als sei der Weg der Kirche zur Kreatur nur mittelbar durch Gott, und als wollte sie die zu privaten Zwischengebeten neigenden Priester hindern, dem unmittelbaren Wege auszuweichen. Erst wenn die machtvolle Ansprache an die Kreatur beendet ist, heißt es: „Oremus!", und es beginnt eine Oratio zu Gott; dann die Ansprache an die Kreatur des Wassers und eine zweite Oratio zu Gott; dann die mit Worten begleitete und im Zeichen des Kreuzes geschehende Vermischung des Salzes und des Wassers und endlich eine dritte Oratio zu Gott.

Ich glaube, in der Schule meines Hausbaues gelernt zu haben, daß es mit den Dingen der Schöpfung noch einen anderen Verkehr gibt als den der physischen Nutzbarkeit, des physischen Widerstandes und der physischen Gewalt, deren Anwendung von einem Geiste ausgeklügelt wird, der keinen unmittelbaren Weg zu den Dingen der Schöpfung hat; auch noch einen anderen als den durch Gott, durch den fromme Beter zur Macht über die Erde kommen wollen, und noch einen anderen als den durch den Teufel, den die Zauberer beschreiten wollten. Es ist der Weg, selbst aus der Reihe der Götter und Teufel herauszutreten und auf dem Boden zu stehen und in ihm zu wurzeln, aus dem immerwährend Kraft und Herrschaft empordringt in unser Wesen, das heißt: selber Kreatur zu sein, nicht irgendeine, sondern die, der die Macht über die Erde zugesprochen ist. Dies ist auch ein Fels, den die Pforten der Hölle nicht überwältigen.

Was nun das andere ist, was uns bei einem Werke so hartnäckig und, wie wir oft meinen möchten, boshaft widersteht, das möchten wir oft gern wissen, ehe wir es offen zugestehen, *daß* es ist. Daß es ist, das sollen wir erst erfahren. Es ist etwas, was gar nichts anderes ist. Wenn wir sagen wollten, es sei ein Geist oder ein ganzes Heer von Geistern, oder es sei weiter gar nichts als das Spiel der Naturkräfte und Zufälle, so gerieten wir vielleicht auf einen ganz falschen Weg; wir setzten nur ein unbekanntes Ding für ein anderes unbekanntes Ding und erschienen vielleicht als klug und wissend und hätten etwas Schlimmeres gesagt als gar nichts, nämlich etwas Falsches. Nur den einen armseligen Trost hätten wir, daß wir beruhigt die Augen wieder zum Nichtsehen schließen könnten. Ich traf einmal in Italien einen merkwürdigen Gesellen; es war abends, nicht allzuweit vor den Toren Roms; wir waren zwar gewarnt worden, nach der Abenddämmerung außerhalb der Tore zu bleiben, aber für mich waren solche Warnungen eher Mahnungen, denen ich folgen mußte. Die seltsame Gestalt fragte mich auch, warum ich mich nicht vor ihr fürchte. Ich antwortete: „Sie sind doch ein Mensch, und da ich Priester bin, fürchte ich mich hier in Italien vor Menschen nicht." Darauf der Mann: „Woher wissen Sie, daß ich ein Mensch bin? Unter diesem Namen laufen viele Teufel umher. Mein Gott, ich weiß oft selbst nicht, ob ich ein Mensch bin! Und ist ein Mensch nicht etwas ebenso Unbekanntes und vielleicht zu Fürchtendes wie eine Gestalt, die zufällig nicht Menschengestalt ist?" Darauf ich: „Ach, wenn Sie schon sagen: Mein Gott! dann ist es mir egal, ob Sie ein Mensch sind oder nicht; ich freue mich, daß Sie mit mir gehen und mit mir reden und daß Sie da sind. Ich bin nämlich auch da und sage: Mein Gott! und ich weiß, daß ich nicht so leicht umzubringen bin." Ich habe mich dann mit dem Manne befreundet; er war ein wunderlicher Philosoph und ausgerechnet aus – Schlesien, meiner geliebten Heimat; da wird es wohl wirklich ein Mensch gewesen sein, aber etwas unsicher hat er mich gemacht in meinen Definitionen. Er hatte damals ein komisches, aber durchaus gütiges Lachen, als ich ihn als Menschen definierte. Und dieses Lachen hörte ich in diesem Jahre immer wieder, wenn ich die hartnäckigen Widerstände und Neckereien und törichten Hinhaltungen definieren wollte, so etwa: „Das sind eben die Naturkräfte", oder: „Das müssen wirklich Dämonen sein" oder sonstwie.

Im zweiten Thessalonicherbriefe erwähnt der Apostel Paulus einen Widerstand gegen das Erscheinen des Antichrist und nennt ihn „Katechon", also den Aufhalter. Vor dieser Stelle stehen alle Exegeten ratlos. Sie raten zwar hin und her und möchten gern eine bekannte Persönlichkeit oder Gestalt an Stelle dieses rätselhaften Namens setzen, zuletzt sogar den Apostel Jakobus, freuen sich aber schließlich alle, mit Augustin sagen zu können, daß die Stelle völlig unklar sei. In diesem Sommer war mir die Stelle völlig klar; ich mußte immer wieder daran denken. Der Katechon ist eben der Katechon, wie Paulus niemand andrer ist als Paulus. Er ist kein Mensch; es muß ja nicht alles Mensch sein. Er ist aber ein sehr Hartnäckiger, denn er hat sich bis heute noch nicht – wie Paulus sagt – beseitigen lassen. Daß ein solcher Aufhalter am Werke ist, wissen wir aus der Geschichte der Menschheitshoffnungen heute noch besser als Paulus. Jeder Mensch hat mit ihm zu tun; bei jedem Werke offenbart er sich. Er kann sein Aufhalten üben mit Hilfe irgendeines Menschen oder irgendeines Naturgesetzes oder Naturprozesses, muß aber nicht deshalb unter den Menschen oder unter den Naturkräften gesucht werden. Es wagt heute niemand, ihn so klipp und klar mit einem Namen zu nennen wie Paulus es getan hat. Und sonderbarerweise hat sich trotz der unzähligen Doktordissertationen noch niemand die Aufgabe gestellt, diesen Widerstand in seiner ganzen Ausdehnung und seiner Konsequenz einmal wissenschaftlich zu behandeln. Man sieht nur immer sein einzelnes Tun, und dies bringt man wissenschaftlich leicht irgendwo unter. Und umgekehrt hat man die Neigung, alle die einzelnen Widerstände unter einem allgemeinen Namen oder Gesetz unterzubringen oder sie auf irgend etwas anderes zurückzuführen, um sich so dem vielfachen Angesprochenwerden und der Notwendigkeit, nach vielen Seiten hin zu antworten, nach Möglichkeit zu entziehen. Sie sind Geschaffene wie wir und als Geschaffene mit uns gleichberechtigt. Ebensowenig wie wir erfaßt werden, wenn man uns auf die Vermählung unseres Urahns mit unserer Urahne zurückführt oder wenn man uns unter den Begriff „der Mensch" subsumiert, ebensowenig lassen sich diese Geschaffenen durch Aufdeckung ihrer Ursachen und durch Definitionen erfassen und geistig erledigen. Wir haben ihnen zu gebieten. Wie notwendig ist es da, sie zu respektieren! Wir haben ihnen zu gebieten, aber was wir einstweilen tun, ist bloß körperliche, wenn auch noch so geistreich ausgeklügelte Gewalt gegen Gewalt. Sie sprechen zu mir: „Deine Stunde ist heute noch nicht gekommen, dein Werk zu vollenden oder soundso weit zu bringen"; sie können dies nicht anders sagen, als indem sie uns auf einem Wege aufhalten, ein Werkzeug verlegen oder zerbrechen, einen unserer Arbeiter krank werden lassen oder sonst eines der abertausend Mittel anwenden, die ihnen zur Verfügung stehen. Wir antworten darauf mit Ungeduld, Zorn und Gewalt, und der Fluch ist meist die einzige Form, in der wir ihnen gebieten möchten. Und doch kommt erst dann unsere Stunde, wenn wir unserer eigenen Kreatur und diesen Kreaturen in rechter Weise gebieten. Irgend etwas von dieser Tatsache liegt in dem Worte Jesu: „Selig sind die Sanftmütigen, denn sie werden das Erdreich besitzen." Ach ich kann noch nicht viel davon sagen, denn ich bin noch Anfänger in dieser Schule!

Als Jesus die Welt verließ und in die Einsamkeit der Wüste ging, die noch viel mehr undienstbare Erde war als mein Neusorger Wiesenrand, begegneten ihm auch die Widerstände, und der Evangelist schildert sie unter den Gestalten des Satans – es war die einzige Möglichkeit, die wirklichen Vorgänge zu schildern. Am Schluß des langen Berichtes schreibt der Evangelist: „Engel kamen und dienten ihm." Ich bin überzeugt, daß hinter diesem kurzen Satze wenigstens ebenso viele und ernste Vorgänge verborgen sind wie in dem langen Berichte, und ich habe mir immer glühend gewünscht, der Evangelist hätte lieber aus dem langen Bericht einen einzigen Satz und aus dem kurzen Satz einen langen Bericht gemacht, denn der kurze Satz enthält das wunderbare Kapitel von den Beiständen. Es geht mir nun aber geradeso wie dem Evangelisten: Das Kapitel von den Widerständen konnte ich ausführlich behandeln; das Kapitel von den Beiständen will gar nicht recht über die

Überschrift hinaus. Es gehört aber auch zu der neuen Schule, zur Lehre und zur Schau des Sechstagewerkes Gottes. Wollte ich es ausführlich behandeln, so müßte ich vieles aus dem Kapitel von den Widerständen wiederholen. Das Verhalten der Menschen und ihrer Wissenschaft gegen die Widerstände ähnelt nämlich in vielem dem gegen die Beistände. Was jene tun, rechnet der Mensch gewöhnlich dem Material oder dem Versehen des eigenen Geistes zur Schuld an, was diese tun, schreibt er gern dem „Glück“ oder dem Scharfsinn seines eigenen Geistes zu. Dort und hier das gleiche Bestreben des Menschen, außer sich und dem Material, zu dem er auch seinesgleichen als „Menschenmaterial“ rechnet, nichts Geschaffenes anzuerkennen. Darum vergißt er am liebsten sowohl Widerstände wie Beistände, sobald ihre Offenbarung vorüber ist, besonders aber die Beistände. Es ärgert ihn, daß da noch etwas ist, was von seinem Willen nicht abhängig ist, selbst dann, wenn es sich freundlich zu ihm gestellt hat. Oder er tut auch hier alles in den weiten Sack der Selbstverständlichkeiten, oder wenn er einen Dank hat, so richtet er ihn an seinen oder anderer Menschen Erfindungsgeist. Es gibt freilich auch hier Ausnahmen. Ich kannte einen Mann, der sich dankbar von lauter Beiständen umgeben sah. Noch ehe er eine Arbeit begann, wurden ihm die Hilfsmittel und Materialien zugespielt, meist ganz wundersam passend. Er fand eine Schraubenmutter auf der Landstraße; sein nächster Gedanke war: „Da wird mir wohl daheim eine fehlen!“ Daheim kam ihm schon seine Frau entgegen: „Wir mußten aufhören zu dreschen, weil an der Dreschmaschine eine Mutter losgegangen ist und nicht mehr zu finden war.“ Er nahm seinen Fund aus der Tasche: Die gefundene Mutter paßte genau zu der verwaisten Schraube! Ich sprach zu ihm: „Sie haben Glück.“ Er lächelte bloß. Oder er hatte schon eine Arbeit begonnen; es fehlte ihm aber ein bestimmtes Stück Holz. Ich wollte schon sagen, daß ich in die Stadt gehen werde, um das Fehlende zu kaufen. „Ach nein,“ meinte er, „es wird schon so was im Hause sein.“ Er ging hinaus; seine Nachbarin grüßte ihn und bat ihn um irgendeine Hilfe. Dabei kam er in den Schuppen der Nachbarin und fand sogleich das zu seiner Arbeit notwendige Stück Holz. „Sie haben gute Augen“, sagte ich ihm. „Ach nein,“ erwiderte er, „das Ding wartete schon auf mich und fiel mir ordentlich in die Arme.“

Solche Erfahrungen habe ich freilich meist nur dort gesammelt, wo die Bedürfnisse der Menschen noch anspruchslos sind und sich auf die Hebung der nächsten Not beschränken. Über die Not hinaus scheinen die Beistände keinen eigentlichen Auftrag zu haben. Sie helfen auch da noch oft, aber gewissermaßen nicht amtlich, sondern aus Freundschaft. Und auch auf Herzensnot nehmen sie Rücksicht. Dort, wo die Ansprüche der Menschen weiter gehen, stellen sich die Beistände seltener ein. Ich wollte mir zuerst ein ganz einfaches, kleines Holzhaus bauen lassen, ohne jeden „städtischen Komfort“. Aber da protestierten zunächst meine schon vorhandenen Besitztümer; sie wollten doch bei mir bleiben und mußten Platz haben in dem neuen Hause, die vielen Bücher, die großen Bilder, es protestierten tausend Bequemlichkeiten, die ich mir im Laufe der Jahre hatte angewöhnen lassen; es protestierte die liebe Frau, die mein Haus und mich pflegen wollte; man müsse sich die Hilfe der modernen Technik möglichst zunutze machen, damit nicht das ganze Leben in der Hausarbeit versinke, sondern auch an dem geistigen Gute teilzunehmen Zeit habe; es kamen die Lieferanten und redeten mir alle möglichen Anschaffungen und Einrichtungen auf. Ach, was habe ich jetzt für Rohrleitungen, Hähne, Schalter, Steckdosen, Motore, Pumpen, Drähte – ganze Kilometer – im Haus! Das Grüpplein naher Beistände reicht bei weitem nicht aus, alles in Ordnung zu halten. Wehe, wenn etwas versagt. Da ist man, wie man sagt, „einfach aufgeschmissen", und keine Spur vom Herrsein auf der Erde. Alle jene Einrichtungen sind auch Beistände, aber keine unbedingt treuen. Nur wenn sie funktionieren. Wer sich mit ihnen einläßt, ist von ihrer Gnade abhängig, ist nicht ihr Herr, sondern der Elektrotechniker, der Pumpenbauer, der Handwerker in der Stadt – eine Stunde weit weg – das sind ihre Herren, denen müssen sie gehorchen oder müssen sich durch andere ersetzen lassen, wenn sie gar nicht funktionieren wollen. Oder wollen sie mich zwingen, außer Theologie noch Elektrotechnik und Maschinenbau zu treiben, damit ich auch ihrer Herr werde?

Ganz anderer Art als diese Sorte von Beiständen, gegen die ich noch ein lebhaftes Mißtrauen haben muß – sie sind gar nichts andres als dienstbar gemachte Erde, die sehr gern in ihre Undienstbarkeit zurückfällt – sind Beistände, derer man niemals Herr werden kann, weil sie ihrem Wesen nach nur Freunde sein können, z.B. das „zufällige" Vorüberkommen eines Mannes, den man notwendig als Boten braucht, oder das „zufällige" Verlorengehen eines Gegenstandes, bei dessen Suchen man irgendeinen gefährlichen Schaden entdeckt oder eine verlorene Kostbarkeit wiederfindet – ach es gibt Vorkommnisse, die einen wie ein treuer Hund an den rechten Ort führen! Manche von ihnen tragen das Gesicht von Widerständen und Mißgeschicken und erweisen sich doch als Beistände und freundliche Boten und Geleiter. Oft kommen sie nicht einmal nur deswegen, um eine Not zu beheben, denn diese eine konkrete Not wäre zu ertragen gewesen; sie kommen oft, um einem gequälten und verzagten Herzen eine ganz leise, aber tieffreudige Ahnung von der Nähe einer Hilfe zu bringen, so daß es sich wieder aufrichten und wieder leben kann. Im Verkehr mit dem armen, geplagten Gebirgsvolk habe ich dies oft erfahren. Ich maße mir gar nicht an, etwas zu erklären oder wissenschaftlich festzustellen; es ist schon viel genug, wenn wieder einer sagt: „Es gibt solche Dinge", – wenn er wenigstens für sich auf der Vollständigkeit der Schöpfung in diesem Punkte besteht gegen all die Oberflächlichen, die achselzuckend sagen: „Das ist Zufall, das ist Aberglaube." Denn wenn einer sagt: „Es ist", so müssen es tausend andere mitsagen, weil sie es selbst erfahren haben, aber nicht von allein sagen konnten oder mochten.

Viele Beistände offenbaren sich also entweder mit dem Gesicht von Widerständen, so daß sich ihr Beisteheramt erst nach und nach enthüllt, oder als Gegner der Widerstände. Beistand und Widerstand folgen sich oft so nahe auf dem Fuße, daß der Mensch fast keinen der beiden recht merkt und deshalb in Versuchung kommt, zu sagen: „Das geht ja wie von allein." Aber der Mensch ist auf Erden, um zu erkennen und zu danken, und darum folgen die Beistände den Widerständen erst eine Weile später. Aber irgendeine Korrespondenz findet bei dieser Gruppe von Beiständen immer statt zwischen dem einzelnen Beistande und dem einzelnen Widerstande. Der eine ruft den anderen auf, und es ist oft wie ein Kampf.

Über all dies hinaus nahen sich dem Menschen Beistände, die ihn für einige Zeit, sei es auch nur für einen Tag oder eine Stunde, nicht nur über den Einzelkampf mit den Widerständen, sondern über die ganze Welt erheben; die ihm nicht nur die Ahnung einer nahen Hilfe, sondern einen unaussprechlichen Frieden bringen. Auch sie können die Gestalt eines liebenswürdigen Zufalls tragen, aber wen sie berührt haben, der weiß mehr von ihnen. Sie kommen selten; soweit ich weiß, nur am Anfang und am Ende eines schweren Werkes. Über dem Leben Jesu sieht der Evangelist die Engel nur bei der Geburt, nach den drei Versuchungen in der Wüste, nach der dreimaligen Entscheidung für den Willen des Vaters auf dem Ölberge und im Grabe des Auferstandenen. Sie können nicht oft kommen, denn sie nehmen den Menschen aus dem Leben heraus; wer ein Eisen glühend machen will, darf es gar nicht oder nicht zu oft aus dem Feuer herausnehmen; wer ein echtes Menschenleben führen will, darf sich nicht wünschen, daß die Erquickung des Schlafes gar zu viel öfter als einmal am Tage über ihn komme.

Der Rohbau meines Hauses war schier vollendet. Es hatte die ganze Zeit über geregnet, als ob die Schleusen des Himmels geöffnet wären, so daß sogar meine Bauleute manchmal den guten Mut verloren. Unter noch größeren Schwierigkeiten war der übrige Neubau meines Lebens aus dem toten Grunde zum ersten Licht emporgestiegen, und die ersten Versuchungen waren überstanden. Da leuchtete auf einmal ein sonnenheller Sonnentag auf. Die Frauen beschlossen, nachmittags in den nahen Wald zu gehen, um Beeren zu sammeln. Ich versprach, gegen Abend nachzukommen, und blickte ihnen vom Bodenfenster des Neubaues, an dem wir unsere Zimmerwerkstatt eingerichtet hatten, lange nach, bis der Wald oben an der Berglehne sie aufnahm. Es war ein Bild wunderbarer Schönheit und erquickenden Friedens; es war, als ob endlich etwas anderes unterwegs wäre als die alltägliche Sorge und Plage. Unwillkürlich dachte ich daran, daß mein Haus im ganzen das Bild des Alltags sein sollte; ich wollte Wand und Dach ganz einfach und nüchtern haben und duldete keine der üblichen Bauzieraten. Nur an einigen Stellen sollte der Sonntag durchleuchten. Die Wand über der Haustür sollte eine Nische haben für ein Herrgotts- oder Heiligenbild. Das sollte so hell über alle Nüchternheit leuchten wie jener Sonnentag über die ganze vergangene trübe Bauzeit.

Solche Herrgotts- und Heiligenbilder an alten Häusern – man geht meist achtlos oder mit Achselzucken oder mit einem nicht einmal bös gemeinten Spott oder einer meist ungünstigen ästhetischen Kritik vorüber, weil man sie als Produkte einer Frömmigkeit oder Mode ansieht, für die man kein Interesse mehr hat – gehören doch und doch zur Kreatur, sind Erinnerungen und Denkmäler erfahrener oder wenigstens erhoffter Beistände innerhalb der Kreatur. Sie zeigen Gestalten, unter denen jene Menschen die Beistände gesehen, vermutet oder erhofft haben. Selbst wenn es das Bild Gottes sein soll – Gott ist der Kreator, der Gottesbegriff und das Bild Gottes ist Kreatur und gehört zur Fülle des Sechstagewerkes. Und mögen auch die Beistände kommen, woher immer der Glaube sie kommen sieht, sie können doch nur kommen durch die Kreatur, durch ein sich ihnen öffnendes Tor der Kreatur, unter Bewegung der Kreatur. Kurz und gut, ich hätte gern eine solche Gestalt über meiner Haustür gesehen, eine Gestalt, unter der ich selber oder unter der irgendein anderer Mensch einen Beistand erfahren hätte. Ein Wanderstab, der mich schon einmal auf Fahrten begleitet, gestützt oder gar gerettet oder der irgendeinem anderen Menschen diesen Dienst erwiesen hat, ist mir lieber als einer, den ich erst im Laden kaufen muß. Ich ließ die Nische bauen und kümmerte mich zunächst wenig darum, wessen Bild sie bergen solle. So wie ich unter dem Dach zwischen den Balken viele Winkelchen bereitete, ohne mich viel darum zu kümmern, welches Schwalbenpaar dort sein Nestlein bauen werde. Die Schwalben werden schon kommen, pfeifen kann ich ihnen nicht, aber ich pfeife auch nicht darauf, ich möchte gar zu gern, daß sie kämen.

Ich wartete nicht den Abend ab, sondern ging in den Busch, als der Nachmittag gar zu wunderselig wurde – es gibt eine solche Stunde, in der sich der Nachmittag geradezu verklärt. Traf im Busch die beerensammelnden Frauen. Viele Beeren hatten sie nicht gefunden, ich sah in ihre Krüglein und Kännlein. Aber ihre Gesichter waren voll Findeseligkeit und ihr Mund war schon halb geöffnet zu dem Worte: „Du, wir haben etwas gefunden!“ „Wohl ein Vogelnest?“, erwiderte ich, denn es war eine dabei, die durch nichts so selig aufleuchten kann wie durch den Anblick einer Wiege – ach, Kinderwagen muß ich jetzt sogar schon in meiner Heimat sagen – oder eines Vogelnestes. „Nein, nein! Es ist eine Marienstatue, aus Holz geschnitzt und wohl sehr alt.“ Mein erster Gedanke war, die Statue muß am Fundort bleiben und dort geziemend aufgestellt werden. Aus weiter Ferne meldete sich freilich auch bald der

Gedanke an die Wandnische meines Hauses. Ich ging ganz freudenerfüllt mit an den Fundort und sah dort unter altem Blechgerümpel eine sehr fein geschnitzte, wenn auch stark beschädigte Immaculata-Madonna aus der Zeit des Hochbarocks. „Wie geschaffen für meine Wandnische!" rief ich aus, nahm das kostbare, herrenlos gewordene Schnitzwerk in den Arm und trug es mit den jubelnden Frauen heim. Nun steht es, notdürftig ergänzt, in meiner Stube und wartet auf die Mußestunden, in denen ich es in seiner ursprünglichen Schönheit wiederherstellen und an der Hauswand anbringen will. Ginge ich noch in die alte Schule, so würde ich in einer kunstgeschichtlichen Abhandlung das Schnitzwerk als eine ikonographische Seltenheit behandeln. Denn noch auf keinem Bildwerk der Immaculatareihe habe ich wie an unserem Funde beobachten können, daß der Bildschnitzer den Versuch machte, die „immaculata concepta" zugleich als „immaculata de Spiritu Sancto concipiens", also sowohl das Festgeheimnis des 8. Dezember wie das des 25. März darzustellen: Sie hält mit ihrer Linken die Taubengestalt des Heiligen Geistes an ihrer Brust und ist hoffende Mutter. Ich würde sogar, soweit ich dies hier mit den vorhandenen wissenschaftlichen Hilfsmitteln feststellen kann, ernstlich behaupten, daß es ein wichtiger Beitrag zur Geschichte der Mariendarstellungen werden dürfte. Aber wie könnte ich in eine solche Abhandlung all meine Freude und all die Tröstung und Kraft hineinschreiben, die mir aus jenem Gebüsch gekommen sind! Und die doch halt für mich tausendmal wichtiger waren als alle kunstgeschichtlichen Forschungsergebnisse, obwohl ich zugestehen muß, daß mir manchmal auch ein wissenschaftliches Fündlein Freude und Kraft gebracht hat.

Dies hat sich zugetragen, als der Rohbau meines Hauses der Vollendung entgegenging. Etwas Ähnliches trug sich zu, als wir endlich den Fertigbau einrichten konnten und die von den Großeltern und Eltern überkommenen Geräte und Geschirre in der sogenannten Elternstube aufzustellen begannen. Ich brachte für Großvaters Krippenfiguren ein Bordbrett über der Kammertür an, machte wohl auch einen Stall dazu und stellte die noch erhalten gebliebenen Figuren auf. Daß der Stern samt dem einen der Heiligen Drei Könige, dem „weißen", dem knienden, dem zum Ziel gelangten, im Laufe der Jahre verschwunden war, habe ich ja schon in meinem „Herrgottswissen" erzählt, – in der allerersten jener „Geschichten", wegen deren ich meinen letzten Schulwechsel vollziehen mußte. Da war es so wie bei der bekannten Übung im optischen Unterricht: Man blickt längere Zeit auf ein in schwarze und weiße Flächen oder Figuren geteiltes Papier, erhebt dann seine Augen plötzlich zur weißen Decke des Schulzimmers und sieht dort das Gegenspiel der Farben des Papiers. Ich hatte lange in das Figurenwerk hineingeschaut, in dem Stern und König fehlten; jetzt, da ich meine Augen wo anders hin wandte, sah ich überall Stern und König. Mitten in diesem träumerischen Sehen wurde ich gerufen, ich solle doch in das alte Haus kommen und den Großvaterschrank herumtragen helfen, den ich mir gegen einen neuen Schrank für die Elternstube eingetauscht hatte. Als ich aus dem neuen Hause heraustrat, immer noch traumverhangen und das Bild der Großvaterkrippe mit ihren Lücken überallhin projizierend, sah ich am leicht bewölkten Himmel eine Lichterscheinung, die ich jedem Naturwissenschaftler als „ganz und gar natürlich" darzustellen und zu erklären bereit bin. Es war das Bild eines großen, in mildem Licht leuchtenden Sternes mit langem Schweif, so wie auf Krippenbildern der „Stern von Bethlehem" aussieht; darunter und zur Rechten und zur Linken in drei Kreisbögen geordnet lichtweiße Wölklein wie lauter Engelsvolk. Es war ein ganz seltsames Spiel des bis auf die funkelnde Spitze seines Horns verdeckten Mondes und des Gewölkes, dauerte kaum so lange, als wie ich es erzähle, überdauerte aber doch die träumerische Schau. Denn ich rieb mir die Augen aus und sah es doch noch.

Als ich dann den Teil des alten Hauses betrat, der Großvaters letzte Wohnung war und in dem der alte Schrank stand, wollte ich gleich meinem Schwager von der seltsamen Himmelsschau berichten, aber er hatte etwas anderes. Er hatte gerade den großen schweren Schrank von seiner Stelle gerückt und hinter ihm – den König gefunden, den mir fehlenden, den knienden, den anbetenden. Es schloß sich mir ein großer goldener Ring: Mit diesem König, da er verschwunden war, hatte ich meine eigentliche religiöse Schriftstellerei begonnen, und jetzt, da sich um ihretwillen mein Leben gewendet hat und da ich in weitem Bogen nicht bloß zur Heimat und zum Glauben, sondern auch zur Ausdrucksweise oder – wie soll ich sagen? – zurückgekehrt bin, kommt er wieder! Es ist nichts, wirklich nichts, ihr lieben Rationalisten, seid mir nicht böse, daß ich es euch erzähle! Nein, es ist wirklich nichts, aber aus nichts hat Gott die Welt erschaffen. Respektiert das Nichts; unter Gottes schaffenden Händen kann eine Welt entstehen aus ihm, eine neue Welt und mit ihr eine neue Wissenschaft. Mir hat er geschaffen eine Tröstung, einen Beistand. Und ich denke auch an dieses Werk Gottes, wenn ich das uralte Loblied sage: „Benedicite omnia opera Domini Dominum!"

Rudolf Ehrenberg

Gewissen und Gewußtes

Wenn das katholische Kind auf den Beichtgang vorbereitet wird, so lernt es als Erstes, sein Gewissen zu „erforschen". Das Forschungsergebnis ist eine schwarz auf weiß fixierbare Sammlung von Sünden, von Verstößen gegen bestimmte benannte Verbote und von Unterlassungen gegenüber ebenfalls fest formulierten Geboten. Es lernt Ereignisse, Handlungen und Versuchungen in eine Ordnung bringen, das, was beichtpflichtig ist, von dem anderen, für das Sakrament Belanglosen unterscheiden. Es weiß: Das, was gebeichtet werden muß, heißt böse, das andre heißt gar nicht.

Die Anhänger der Beichte sagen, die frühzeitige Gewissenserforschung übe und stärke das Gewissen, und meinen damit das Unterscheidungsvermögen für böse und nicht böse.

Die Gegner der Beichte sagen, die Erziehung zum Beichtkinde schädige und gefährde das Gewissen, und meinen damit das Unterscheidungsvermögen für gut und nicht gut.

Was lernt das Kind, das ohne eigentlichen Moralunterricht von ordentlichen Eltern erzogen wird? Es erfährt, dass es Dinge gibt, die man nicht wiedertun darf, Dinge, die man wiedertun kann, und Dinge, die man wiedertun soll. Die erste Sorte heißt böse, die zweite heißt gar nicht, die dritte heißt gut. Die bösen Dinge werden bei der Wiederholung immer heftiger gerügt, die guten Dinge werden bei der Wiederholung immer weniger gelobt. Das Kind lernt die Lüge an der Verheimlichung des Bösen, nicht an der Vorspiegelung des Guten, es würde die letztere Lüge für die größere Schlechtigkeit halten. Das Kind nimmt es den Eltern weniger übel, wenn sie es ungerecht tadeln, als wenn sie das Brüderchen unberechtigterweise loben. Das Kind ist rigoroser in der Beurteilung des Guten, die Eltern sind rigoroser in der Beurteilung des Bösen.

Gibt es zweierlei Gewissen?

Einen Verbrecher treibt sein Gewissen, die Tat einzugestehen, er fühlt sich im Gewissen erleichtert, wenn die Schuld am Tage ist, wenn das Gesetz seinen Gang geht.

Einen Propheten zwingt sein Gewissen, die Tat zu tun, er fühlt sich im Gewissen entlastet, wenn die Wirkung eintritt, wenn die ruhige Ordnung der Dinge gestört ist.

Im einen Fall bestätigt das Gewissen die bestehende Weltordnung, im anderen Fall widerstreitet es ihr.

Die Schwere der Gewissensbelastung steht in keinem einfachen Verhältnis zu dem Fluch der Tat; die gefühlte Gewissensbefriedigung bürgt nicht für den Segen der Tat.

Es gibt keine Tat, die so entsetzlich wäre, dass nicht ein Gewissen gegen sie abgestumpft werden könnte.

Es gibt keine Tat, die so entsetzlich wäre, dass sie nicht von einem Gewissen befohlen werden könnte.

Die Gemeinschaft belastet das Gewissen, indem sie dem Einzelnen eine Tat als Schuld auflegt – Moral – ; die Gemeinschaft entlastet das Gewissen, indem sie eine Tat des Einzelnen als Schuld auf sich nimmt – Politik. In beiden Fällen schwächt sie das Gewissen, im ersteren das der andern, im letzteren das des Einzelnen.

Die Gesellschaft rechnet bei der Behandlung der Einzelnen nicht mit dem Gewissen, sondern mit dem Gewußten, sie gibt Gesetze und macht sie wirksam: Wer nicht hören will, muß fühlen.

Die Gesellschaft schützt den Einzelnen vor den Unannehmlichkeiten seines Gewissens, sie verkündet Gebote und empfiehlt sie: Wer nicht fühlen will, kann hören.

Ein Mensch wird um so brauchbarer für die Gesellschaft, je mehr er aus dem Gewußten, je weniger er aus dem Gewissen lebt; das gilt in Zeiten ruhiger Ordnung, gesicherter Lebensform.

Ein Mensch ist um so wertvoller für die Gesellschaft, je mehr er aus dem Gewissen, je weniger er aus dem Gewußten lebt; das gilt in Zeiten gestörter Ordnung, fragwürdiger Lebensform.

Alles Gewußte ist einmal Gewissensentscheidung gewesen.
Eine Entscheidung für das Gewußte läßt das Gewissen unberührt, eine Entscheidung gegen das Gewußte stärkt oder tötet das Gewissen. Das Gewissen offenbart sich nur diesseits oder jenseits des Gewußten, im Kind und im Sünder. Der Gang des Lebens, im Einzelnen und in der Gesamtheit, wandelt zunehmend Gewissenssachen in gewußte Dinge. Es gibt keine Befreiung von dieser Notwendigkeit, es gibt nur eine Freiheit jenseits des Gewußten. Das freie Gewissen wird immer einsamer in der Welt, im Laufe des Lebens und in der Geschichte.

Mit einem guten Gewissen kann man nicht wahrhaft gut sein; mit einem schlechten Gewissen kann man nicht wirklich schlecht sein. Das gute Gewissen glaubt der Vergangenheit, das schlechte Gewissen glaubt an die Zukunft, beide zusammen ergeben die Totalität Mensch. Das gute Gewissen ist eine soziale Angelegenheit, das schlechte eine religiöse, das eine bejaht die Menschheit, das andre Gott. Amerika ist das Land der guten Gewissen, Rußland das der schlechten.

Was ist das Gewissen?
Alles Leben hat den inneren Sinn, die Wahrheit an einem Teile zu bewähren. Bewähren heißt eine Möglichkeit zur Wirklichkeit machen. Soweit das Leben Gesetzen folgt, ist es nicht wesentlich lebendig, sein Wesen offenbart sich, wenn es ein Gebot erfüllt, eine Verheißung verwirklicht. Denn das Leben duldet die Wiederholung nur um des Fortganges willen, der Mensch kann in der bloßen Gesetzestreue nur dort

lebendig sein, wo die Gesetzesbefolgung mit dazu dient, dass „die Zeit erfüllet werde".

Das Gewissen ist eine Tatsache des geschöpflichen Lebens des Menschen, es ist rein diesseitig, weder ist es der eingepflanzte göttliche Funke, noch eine Offenbarung Gottes; sein Gewissen muß keinen Menschen zum Glauben zwingen.

Das Gewissen ist eine Stätte, wo der Mensch Erfahrungen macht, Erfahrungen aber, die allemal ein Zugleich von Erkenntnis und Bewertung darstellen, das heißt: ein Zugleich von seiender Weltwirklichkeit und werdender Ichgestalt. Es gibt keine Gewissensaktualität, in der nicht das gelebte Leben und die Weltwirklichkeit sich gegenseitig zur Krise würden. Mit der zunehmenden Masse der gemachten Gewissenserfahrungen im Fortgange des Lebens nimmt die Breite der mit dem Gewissen erfahrbaren Wirklichkeit ab, die Tiefe zu. Es gibt keine Sprünge auf diesem Wege, es gibt ein Weiterkommen – und damit das Lebendigbleiben des Gewissens – nur so, dass jede Gewissenstatsache völlig zu Tat und Sache wird, zur einigen Offenbarung von Mensch und Welt. Jede ganz wirkliche Gewissenstatsache verwandelt die Seele des Menschen und verändert das Antlitz der Erde. Nur in der absoluten Identität dieses zweiheitlichen Geschehens geschieht die Wirklichkeit des Gewissens.

Die Wahrheit über das Gewissen ist das Wort von dem Glauben, der Berge versetzt; die Wahrheit über die Gewissen ist, dass keine Berge versetzt werden. Wie ist es menschenmöglich zu leben, sich selbst und die Welt in eins zu erleben – das heißt Gewissen zu haben – und nicht zu verzweifeln? Das ist zwiefach möglich, diesseits und jenseits der Verzweiflung.

Diesseits.

Die Welt ist so eingerichtet, dass das Leben ohne Gott möglich ist, dass es dem Menschen gelingt, ein gutes Gewissen zu haben. Um nicht zu verzweifeln, muß der Mensch die Fortdauer seiner Existenz mit dem Gewissen bejahen können. Er kann das aus der Erkenntnis heraus, dass er noch nicht ist, was er sein soll, oder aus der Überzeugung, dass er so ist, wie er sein soll. Die beiden Möglichkeiten, sich mit dem Gewissen einzurichten, sind nicht gegeneinander abzuwerten, sondern auf eine gemeinsame Bedingtheit hin zu erforschen. Es muß eine Lebenswirklichkeit darin offenbart sein, dass es gleich sinnerfüllend scheint, aus dem Nein wie aus dem Ja gegen das gelebte Leben fortzudauern. Gleich sinnerfüllend, denn es ist nicht so, dass der eine im Gewissen „sich" quälte, der andre im Gewissen „sich" täuschte, es ist überall nichts von Aktivität darin, kein transitives Verhältnis innerhalb des Gewissens ist möglich. Das Gewissen ist ein Schnittpunkt von Geschehenslinien, ein geometrischer Ort innerhalb des Raumes der Lebenswirklichkeit, es ist weder ein Subjekt im Subjekt noch ein Organ des geistigen Organismus noch ein Teilbezirk des Bewußtseins.

Die diesseitige Möglichkeit der Gewisseneinrichtung nannten wir die der Überzeugung, zu sein, wie man sein soll. Sie ist berechtigt, wie jede Diesseitsmöglichkeit berechtigt ist, ein Ausdruck jener Wirklichkeit, die von dem Worte bezeichnet wird: Es ist gesorgt, dass die Bäume nicht in den Himmel wachsen. Man kann sich damit abfinden, dass es so ist, man kann ja die Unmöglichkeit, „in den Himmel zu wachsen", von beiden Seiten bejahen: indem man der Unmöglichkeit glaubt oder indem man sie von Gott erglaubt. Beide Arten – das sei wieder gesagt – sind berechtigt, sind in der Anlage des Menschen gesetzt, ergeben einen notwendigen Vollzug der geschöpflichen Wirklichkeit Mensch.

Die Überzeugung, dass man ist wie man sein soll, ist nicht etwa eine rein tautologische Bejahung seiner selbst. Man kann sich nicht an dem eignen Zopf aus dem Wasser ziehen. Sondern die Überzeugung, dass man ist wie man sein soll, ist die in das Bewußtsein abgeschattete Tatsache einer diesseitigen Formerfüllung. Das Gewissen sagt nie die Unwahrheit, das gute Gewissen ist der Logos eines in sich vollendeten Kosmos, die olympischen Götter sind die personifizierten guten Gewissen der hellenischen Welt, sie sind nicht jenseits, aber diesseits von Gut und Böse. Wo ein Mensch, ein Volk, eine Kultur ein gutes Gewissen hat, da ist eine menschliche Gestaltmöglichkeit bewahrt, vollendet. Es ist Torheit, wenn man sich dagegen zum unberufenen Sachverwalter Gottes macht. Was sich in sich vollenden durfte, das hat Gott gewollt. Es ist aber nicht minder Torheit, wenn sich das gute Gewissen zum Sachverwalter Gottes macht und erklärt, dass Gott nichts anderes gewollt habe, dass jedes Ganze das Ganze sei. Beides ist Torheit, aber verzeihbar, entscheidend ist die Wirklichkeit und ob das Leben in der Form erkaltet oder in der Flamme verglüht – beides ist recht, nur das. Verfließen ist Lebensabfall, ist nicht aufgehender Rest, ist gewissenlos.

Der Gedanke des Telos, der Idee, dass man „sein soll", setzt einen Ort der Wirklichkeit, in den mein Leben als Tat einmündet, um als Widertat zu mir heimzukehren. Das Soll ist nur denkbar, wenn Wirken und Gewirktwerden einiges Ereignis sind. Das Gewissen ist der Bewußtseinsort der Wirklichkeit dieses einigen Ereignisses. Dass ich „vollkommen sein soll", ist die formale Wahrheit, die Grammatik jeder Gewissensaussage; dass wir „vollkommen sein sollen gleichwie der Vater im Himmel vollkommen ist", das ist damit, dass es Gewissensaussage gibt, noch nicht mitgesagt. Es muß also kreatürlich möglich sein, vollkommen zu sein, und zwar muß diese „natürliche" Möglichkeit die leichtere, besser: die wahrscheinlichere sein. Die Forderung ist ja nicht, dass ich „ein vollkommener Mensch" sein, sondern dass „ich" vollkommen sein soll, es ist nicht der paradigmatische Mensch gefordert. Ich bin um so näher der Vollkommenheit, je mehr meine wachsende Selbstdarstellung von der Wirklichkeit bestätigt wird, je mehr meine Wirkung in die Welt sich in der Rückwirkung auf meine Erscheinung erweist. Die Sprache drückt diesen Vorgang sehr deutlich aus: Ein Mensch lebt sich in eine Aufgabe, einen Beruf, einen Stand ein. Sich einleben – darin liegt das Zugleich von Wirken und Geformtwerden. Ein unauflösliches Zugleich von Aktivität und Passivität, von Wollen und Gewolltwerden, von Ausgehen und Empfangenwerden ist die einige Wirklichkeit alles Lebens. Das Wohlgefühl der Gesundheit des Leibes ist der Bewußtseinsakkord der organischen Vollkommenheit des Körpers, gleichsam das gute Gewissen des Leibes. Es bestätigt das Ganze den Teilen und die Teile dem Ganzen, der Wille zur Gesundheit ist die Vollkommenheitsforderung des leiblichen Gewissens. Gesundheit bewahrt aber nicht nur den Organismus in seiner inneren Selbstvollendung, sondern auch die Welt, in der sich leben läßt. Wenn die Welt paradiesisch wäre, so wäre diese rein vitale Vollkommenheit, das animale gute Gewissen ihre erschöpfende Bewußtseinsprojektion. Der Mensch vor dem Sündenfall, der ideelle Mensch einer zeitlosen Welt ist noch ohne Gewissen, die reine Gegenwärtigkeit der Schöpfung ruht in dem „Es ist gut" des Schöpfers. Gäbe es in der unparadiesischen Welt, der zeithaften Welt den Menschen nicht, so wäre das animale gute Gewissen – die Stärke des Starken, die Schnelligkeit des Schnellen, die List des Listigen – die ganze Aussage des Lebens über sich und die Weltwirklichkeit. Das Individuum vollkommen, das Lebensganze der Kampf aller gegen alle. Die Zeitlichkeit der Welt hätte keine Stätte gewirkt – wirkenden Selbstbewußtseins.

Es gibt den Menschen, den Menschen des guten und den des schlechten Gewissens, des Gewissens auf jeden Fall, das über die im Paradies gesetzte Schöpfung hinaus Wirklichkeit bewährt. Der Mensch des guten Gewissens bezeugt, dass über die im Paradies gesetzte, unmittelbar vollkommene Schöpfung hinaus lebendige Gestalt vollkommen werden, dass die Schöpfung vollendet werden soll, er bezeugt, dass Kultur sein soll. Der Mensch des schlechten Gewissens bezeugt, dass über die in aller Vollkommenheit vollendete Schöpfung hinaus Leben sein soll, Leben, welches in aller Zeit seiner Vollendung bedürftig bleibt, er bezeugt, dass Erlösung not tut.

Noch einmal sei es gesagt: Die reine Tatsächlichkeit des menschlichen Gewissens ist eine formale Gegebenheit, der Ausdruck einer Potentialität gegenüber der restlosen Aktualität des Tieres. Wenn ein menschliches Individuum kein Gewissen hat, wenn es also das – eigentlich unmenschliche – absolute Individuum ist, so gibt ihm dieser Mangel die Macht im Kampfe der Menschen, die Macht des Tieres mit seinem vitalen Wirklichkeitsinstinkt. Raskolnikow wird kein Napoleon, weil er Gewissen hat. Das Wort „Die Politik ist das Schicksal" ist das Selbstbewußtsein des Menschen ohne Gewissen: Das Subjekt der Politik setzt sich an Gottes Statt, es gibt dem Leben Raum und Grenze, ohne selbst Gestalt zu empfangen.

Nicht als löge dieses Wort! Das Volk, das Objekt der Politik erwidert ihm Bestätigung, es nennt diese Menschen Gottesgeißeln. Auch die Möglichkeit, Menschen zu Objekten der Politik zu machen, ist ja in der Potentialität „Gewissen“ gesetzt. Die Gewaltherrschaft des großen Despoten ist die civitas dei ohne Gott, die Vollkommenheitsforderung und Vollendungsmöglichkeit des Einzelnen ist unter ihr gegeben in der Verwirklichung des Herrschaftsanspruchs des genialen Einen. Der Glaube an das Recht des Herrschers, der Welt sein Gepräge zu geben, wird zur entscheidenden Gewissensforderung des Gefolgsmanns, der Erfolg des Herrn zur Bestätigung der richtigen Selbsterfüllung des Dieners. Der irdische Gewaltmensch tritt wirklich, nicht etwa nur fiktiv, an die Stelle Gottes, er setzt eine neue diesseitige Wirklichkeit, in der den Beherrschten die höchstmögliche Gewähr des guten Gewissens, der erlangbaren Vollkommenheit geleistet ist. Es ist durchaus sinnvoll, wenn mythischproduktive Zeiten einen solchen Mann unter die Götter erheben. Ja, vielleicht läßt sich noch weiter ausdeutend sagen, dass jeder Mensch, dessen Leben legendarische Gestalt annehmen kann, die Erschaffung eines neuen Wirklichkeitsraums ist, in dem Menschen exemplarisch werden, Gestalt empfangen können. Von der Idee der überweltlichen Bestimmung des Menschen aus gesehen, ist die Möglichkeit der Selbstvollendung in der Gefolgschaft des Gewaltmenschen die gefährlichste von allen, weil sie die stärkste Wirklichkeitsbestätigung erfährt und keinen Weg in das Jenseits der unvermeidlichen Katastrophe des Helden offenläßt. Aber der Vollzug dieser Möglichkeit ist als notwendig begreifbar, denn die Unfreiheit der Menschen, die hier erscheint, verwirklicht die Freiheit des Menschen, als des Wesens, dem ein Soll gesetzt ist; wie ja erst die möglichen Abwege den richtigen Weg zum „richtigen“ machen. Gäbe es nicht eine Vielheit der Arten, dem Gewissen Genüge zu tun, so wäre dem Menschen nicht ein Gewissen angeschaffen, sondern – Gottes Wirklichkeit vorausgesetzt – ein religiöser Instinkt, der Mensch wäre paradiesisch vollkommen von Schöpfungs wegen, gleichwie das Tier irdisch vollkommen ist.

Dass es nicht so ist, das wissen wir nicht nur aus uns selbst, sondern auch von der Welt her, deren Sinngestalt nicht das animalisch überall vollkommene Leben sein kann, weil sich über ihm in der Zeit immer neu Gestalt vollendet. Wieder und immer wieder sei es gesagt: Allein die Tatsache der diesseitigen Erfüllungsmöglichkeit der Vollkommenheitsforderung, die wir Gewissen nennen, die Möglichkeit also, das Geschöpfliche zu überschreiten und Gott nicht zu erleben, macht in einer Welt, die zeitlichen Wesens ist, das Gewissen zu der formalen Bereitschaftswahrheit, deren Aktualität ohne Erfüllung die einzige von uns aus mögliche Aussage über eine jenseitige Wirklichkeit ist, gewissermaßen der Raum hinter dem Spiegel, der nur da ist, wenn ein Antlitz sein Bild in dem Spiegel sieht.

Aber wenn dem so ist, wenn mit dem Sündenfall nicht nur die Vertreibung aus dem Paradiese vollzogen, sondern auch die Schöpfung in Permanenz erklärt worden ist, dann gibt es – so befremdlich das klingen mag – auch eine Geschichte des Gewissens. Befremdlich genug klingt diese Behauptung, denn die Genialität des Gewissens ist ja immer der Protest gegen die Geschichte gewesen, von den Propheten über Luther zu Kierkegaard. Aber der Protest bestätigt immer beide Teile. Das Leben geht nur darum immer weiter, weil es überall an das Ende kommt, weil es nie dazu gelangt, in heiterer Ruhe ewige Kreise zu ziehen.

Was ist das, die Geschichte des Gewissens? Ist es die Abfolge der sittlichen Anschauungen der Menschheit, beginnend mit Primitivologie und endend in Statistik? Ist es also ethischer Historismus und Relativismus? Gewiß nicht. Oder ist es eine Art von barometrischer Kurve der Gewissensintensität, werden wir aus ihr lernen, dass die Menschen im Ablauf der Zeit immer schwachlebiger in dem Gewissen wurden? Auch das nicht. Sondern die Geschichte des Gewissens ist – in ihrer Vollendung gedacht – die restlose Erfüllung der Zeit, das Ans-Ende-Kommen in allen, aber auch allen Sackgassen, positiv benannt: allen Vollendungsmöglichkeiten, damit – der Glaube fährt fort: die Schöpfung ebenso vollendet wie der Turmbau zu Babel endgültig mißglückt sei, damit – ungläubig gesagt: der letzte Mensch ohne Neugierde sterbe.

Es ist also die geschichtliche Wirklichkeit des Gewissens nichts anderes als die Weise alles Lebendigen: Überall verleugnet das Leben scheinbar sein eigentümlichstes Wesen, sein In-actu-Sein, seine ewige Potentialität, indem es in die Sackgassen des Individuellen ausläuft, sich – wie man beschönigend sagt – in sich vollendet. Das Leben ist eben auch des Teufels; „beim ersten sind wir frei, beim zweiten sind wir Knechte", und die Freiheit des ersten Schrittes erkennen wir erst retrospektiv vom gebundenen zweiten aus. Den Teufel kann wirklich nur Gott besiegen, nicht der Doktor Faust.

Die Geschichte des Gewissens ist der zunehmende Ersatz des Gewollten durch das Gewußte, die erschöpfende Bewährung der Wirklichkeit im Selbstgestaltungsgange des Menschen, im Individuum wie in der Gesamtheit, und für den Einzelnen an seinem Ort innerhalb der Gesamtgeschichte. Die Problematik des Gewissens ist der Versuch, geschichtslos, biographielos zu werden, den Augenblick festzuhalten, die Aktualität einer Gewissenssekunde in Permanenz zu erklären. Die Tragik des Gewissens ist der Versuch, das Gewußte für gewissensaktuell zu nehmen, nicht aus dem Gewußten in das Gewissen, sondern aus dem Gewissen in das Gewußte zu leben, den Marmor zu beleben. Die Komik des Gewissens ist der Versuch, das Individualgewissen für total zu nehmen, die eigene Gewissenskrise zur Weltwende zu machen. Das Ereignis des Gewissens ist das Sichfinden der Seele in der von ihr erfragten Wirklichkeit und damit das Sich-schuldig-Sprechen an dieser Wirklichkeit. Es ist der absolute Augenblick, das Ereignis der Zeit zwischen Vergangenheit und Zukunft, zwischen Verschuldetem und Geschuldetem. Die Uhr der Geschichte schlägt ihre Stunden in einem lebendigen Herzen.

Der Sabbat ist um des Menschen willen da und nicht der Mensch um des Sabbats willen.

Wenn das Gewissen dasjenige ist, was den Menschen aus einer Säugetierspezialität zum Menschen macht, so kann das nichts anderes bedeuten, als dass damit ein neuer Wirklichkeitsraum geschaffen ist, dessen Geometrie durch die menschliche Physis bewährt werden kann. Ob man diese Geometrie nachträglich wieder aus jener Physik ableitet oder ob man sie als axiomatisch erweist, ob man also utilitarische oder dogmatische Ethik lehrt, das scheint mir für das Problem des Gewissens sekundär zu sein. Das Gewissen ist eben wirklich nur Instrument, nicht Partitur, anders als das Gewußte, das natürlich dem individuellen Leben gegenüber zum Großteil schon Voreingelebtes ist. Aber das ist ja auch das Große, das Stolze an dem Gewissen. Wenn Kierkegaards Vater übers Feld geht und Gott verflucht, so hat er das ebenso aus dem Gewissen getan wie Luther, als er das Tintenfaß nach dem Teufel warf. Das Gewissen ist nicht der Feldwebel Gottes, der für den Innendienst verantwortlich ist, es ist so gut für Gott wie wider Gott, es hat qua essentia kein anderes Anliegen, als dass der Mensch ganz sei was er sei, „du sollst vollkommen sein".

Aber in dem Wort Gewissen ist sicherlich nicht ohne Grund das Wissen sprachlich enthalten. In jedem Gewissensereignis ist Erkenntnis gesetzt, ist Antwort erfragt. Daraus folgt, dass die Gewissensgeschichte nicht nur die Entfaltung im Keim mitgeschaffener Wahrheit ist, nicht ein Entwickeln vorbelichteter Platte, das Gewissen ist nicht die Stimme Gottes. Sondern das innere Gesetz des Gewissens ist das allgemeine Lebensgesetz: das Ergreifen im Verwandeln des Ergriffenen und des Ergreifers. Das Gewissen als ein lebendiges Teil untersteht zunächst einmal dem Tatbestande, dass da, wo Geschichte möglich, Geschichte unausbleiblich ist. Über das Was dieser Geschichte, der Historie wie der Biographie, ist damit nichts ausgesagt, es muß nicht Heilsgeschichte sein. Wohl aber ist gesagt, dass keine Gewissensentscheidung möglich ist anders denn als ein Vollzug innerhalb einer bereits angelebten Zeit. Wer meint, die Freiheit des Gewissens sei seine eigene Freiheit vom oder im Gewissen, der begeht die übliche Verwechslung von Gewissen und Gewußtem. Die Freiheit des Gewissens besteht, aber sie besteht nur vor Gott, wie es auch nur vor Gott Sünde, vor Gott Buße und bei Gott Vergebung gibt. Die Überweltlichkeit Gottes macht es möglich, dass die Freiheit des Gewissens, dass Ursache ohne Wirkung und Wirkung ohne Ursache überhaupt auch nur gedacht werden kann. Rein innerweltlich gesehen, wird die Freiheit zur bloßen Problematik des Gewissens, der hier die Problematik alles Lebens zum Gleichnis steht. Aber noch die Karikatur von Glaube und Gnade – Autosuggestion und Utopie – bezeugt die Natur des Gewissens: aus dem Gewußten ins Überbewußte, aus dem Letzten ins Übernächste zu leben, hoffend zu sein.

Wir nannten die animale Gesundheit das gute Gewissen des Leibes. Wir müssen aber auch hier in der übertragenen Verwendung der Begriffe Gewissen und Gewußtes unterscheiden. Wenn das befruchtete Ei in die Entwicklung eingetreten ist, der Keim sich „richtig" ausgestaltet, so ist diese Richtigkeit von dem noch nicht wirklichen Entwicklungserfolg aus bestimmt, d. h. als Eigenschaft des Keimes angesprochen, ist es die Aktualität des Übergangs von Möglichem in Wirkliches, im Gleichnis also von Gewolltem in Gewußtes. Die Gesundheit des vollausgewachsenen Organismus entspricht dann dem guten Gewissen, der erfüllten Vollkommenheitsforderung, deren Wesensteil, dass sie nämlich nur exemplarisch, nicht absolut zu sein hat – nicht „gleichwie euer Vater im Himmel" – durch die Fortpflanzung als Besiegelung der individuellen Existenz offenbar wird.

Das Biologische dient zum Gleichnis. Das gute Gewissen, die gleichsam leibhafte Gesundheit der Seele ist nur möglich durch die Wirklichkeit eines überindividuellen Seienden, das der werdenden Seele gegenüber die Bedeutung des Noch-zu-Vollendenden und darin Richtung-Bestimmenden hat, der geformten Seele aber durch seine eigene Dauerwürdigkeit den Charakter der Exemplarität verleiht. Ein Mensch lebt sich zu einem vollgültigen Träger einer Bestimmung – in Stand, Beruf, Staat – aus, kann sich nur ausleben, wenn das bestimmende übergeordnete Wesen eine durch die Fortdauer gewährleistete Vollendungsmöglichkeit hat, aber auch der Fortdauer über das Individuum hinaus bedarf, damit diese Möglichkeit etwas Aktuell-Wirkendes sei. Die besondere Vollendungswürdigkeit unter irgendeinem „höheren Gesichtspunkt" ist dabei nicht in Frage. Nur, wo es sich um ein benennbares Ziel handelt, darf dieses Ziel nicht schon erreicht sein. Sonst aber ist jede noch so leicht wiegende soziologische Einheit mächtig, der sich gestaltenden Seele Vollkommenheit und Exemplarität zu verleihen. Beides zusammen – Vollkommenheit und Exemplarität – macht das Wesen dieser diesseitigen Vollendungsmöglichkeit aus, im radikalen Unterschied von der jenseitigen Vollkommenheitsunmöglichkeit und Personalität. Du wirst vollkommen sein – hier, aber du wirst ein vollkommener Irgendetwas sein. Du sollst vollkommen sein – dort, du wirst es hier nicht, aber du wirst erlöst werden als dieser, der du bist, oder gar nicht.

Dennoch kann diese scharfe Antithese nicht das einzige oder letzte Wort sein über die Stellung der beiden Arten der Gewissenswirklichkeit zueinander. Mag eine radikale Theologie der Krise darin verharren, die Tatsache der Diesseitsmöglichkeit des Gewissens bedeutet, dass der Mensch in die noch werdende Schöpfung gesetzt ist, dass – theologisch gesprochen – nicht nur Gott der Erlöser, sondern auch Gott der Schöpfer gewissensaktuell ist. Nicht nur meine sündige arme Seele und ihr ewiges Heil, auch meine menschlich-exemplarische Anonymität ist mir als Gewissenssache gesetzt. Und daraus folgt, dass ein gläubiger Mensch, überhaupt jede gewissenslebendige Seele ein positives Verhältnis zu der Zeit, dem Volk, dem Stand haben muß, in dem ihr Leben gelebt wird. Wenn die diesseitige Exemplarität leicht, wie von selbst erreicht wird, wenn man in seinen Lebensraum leiblich und geistig hineingeboren wird, wenn also das Gewußte, die Wirklichkeit, welche von meiner werdenden Seelengestalt bewährt wird, so leibhaft vor mir steht, dass ich sie nicht erst von Gewissensaktualität zu Gewissensaktualität er-leben muß, mir wörtlich er-leben, dann habe ich gewissermaßen Gewissensreserven gespart, dann habe ich mehr lebendige Unvollkommenheit – mit anderen Worten: Sehnsucht, Glaubenskraft – übrig, weil ich sie nicht an die Vollendung meiner Exemplarität wenden mußte.

Im anderen Fall aber, wenn meine Lebensstunde mich in dem ewigen Weltwechselgang von Konzentration und Dezentralisation in die letztere Phase setzte, wenn ich von meinem Individuum auslebend im Eingestalten der atomisierten Welt zwar nicht exemplarisch, aber menschlich-paradigmatisch werden will, dann muß ich ein Goethe sein, um mich in diesem Versuch auch nur ernst nehmen zu können, um gewissenhaft zu bleiben, um beten zu können; „Gib das Tagwerk meiner Hände, hohes Glück, dass ich's vollende"! Wenn ich das nicht kann – und wer könnte es? Goethe ist kein Vorbild zur Nachahmung, grade weil er das paradigmatische Individuum ist –, wenn ich das nicht kann, was bleibt mir dann, was ist mir gewissensaktuell? Auf der einen Seite die ausschließlich diesseitige Vollendungsmöglichkeit unter welchem soziologischen Dach auch immer, ob Berufsethos, Spezialistenstrenge oder Kirchentreue, ob völkisch, bündisch oder parteipolitisch, die Nachfrage wie das Selbstangebot von Führern beweisen, dass das Wahrscheinlichkeitsgesetz heute mehr denn je über der Erfüllung der Vollkommenheitsforderung waltet. Und es kann nicht anders sein, als dass das Lebensganze der Menschen in Zeiten der Dezentralisation immer mehr statistisch resultiert als in solchen der Konzentration, statistisch im Sinne der modernen Physik. Der unmittelbar im Akkord Gottes arbeitende Mensch, der schöpferische Mensch, wie der Jargon des Tages in unbewußter Selbstverspottung sagt, ist nicht der Mensch dieser Zeit.

Aber wir haben nicht den Status der Zeit aufzunehmen, ihr nicht die Gewissensfrage zu stellen, wir haben jetzt noch zu versuchen, den als notwendig erkannten Entwerdegang des Gewissens in das Gewußte, das Sich-Erleben der Wirklichkeit auf Kosten der Freiheit, vor der Vollkommenheitsforderung aus dem Jenseits, dem Jenseits der Verzweiflung zu sehen. Auch hier muß das Leben der Übergang des Gewissens in das Gewußte sein, es muß eine Heilsgeschichte geben, aber sie muß gleichzeitig Geschichte und ewige Aktualität sein, diese zum Grundsatz erhobene Paradoxie muß ihr Wesen ausmachen. In der Monotonie der einzigen Gewissensaktualität des Wortes „ich armer sündiger Mensch" muß doch die Heilsgeschichte geschehen, das Heil gewirkt werden. Es muß so sein, dass die Vollkommenheitsforderung meines Gewissens und die Verheißung, dass Gott Alles in Allem sein werde, einige Wirklichkeit ist. Hier wird die im rein diesseitigen Versuch tragische Haltung, das Gewußte gewissensaktuell zu nehmen und also daran zu zerbrechen, zu der heilsgeschichtlichen, also zeitlich möglichen Erscheinung der Gewissenswirklichkeit, die Erlösung heißt. Wir sagten: Sein Gewissen muß keinen Menschen zum Glauben zwingen. Aber die in der Potentialität Gewissen gesetzte Möglichkeit des Menschen, tragisch zu werden, ist doch die einzige vom Menschen aus sichtbare Tatsächlichkeit, die den Wirklichkeitsort einer Offenbarung Gottes bezeichnet. Wo die Offenbarung Gottes gewissensaktuell wird – was, wie wir sahen, möglich, aber nicht notwendig ist –, da ist es um die Vollendungsmöglichkeit getan, und da ist die Erscheinung des Menschen in der Welt fragwürdig, unbestimmt, allen Überraschungen ausgesetzt. Es gibt keine Exemplarität des religiösen Menschen, wie es den typischen Vertreter jeder diesseitigen Vollkommenheitsrichtung gibt. Die Stimme Gottes im Gewissen ist immer eine Prophetie ex eventu der Niederlage der Seele in dem unvermeidlich ewig erneuerten Versuch, doch auch vor Gott exemplarisch zu werden, etwa christlich zu leben, reine Transparenz zu sein. Freilich ist die Welt voll von Hilfslinien, um diese Quadratur des Zirkels doch zu konstruieren, jede institutionelle Religion ist von dieser Art, und sie erreicht auch ihr Ziel durchaus, weil jedes Ziel im Bereiche des wirkend-gewirkten Lebens unausbleiblich sich zur Erreichbarkeit wandelt. Wäre dem nicht so, dann könnten Ideen nicht Geschichte machen. Aber was sie dem Menschen verleiht, ist auch nur eine geschöpfliche Exemplarität unter anderen, nicht die der Offenbarung Gottes als Gewissensaktualität des Menschen, weil diese niemals exemplarisch werden kann, wenn Gott Gott, das heißt absolute Person ist.

Vielleicht – aber das sei nur mehr sehr behutsam und leise gesagt – vielleicht ist es dem menschlichen Begreifen und Aussprechen noch erreichbar, diese Gewissensaktualität jenseits der Verzweiflung, das Gewissen der unerfüllbaren Vollkommenheitsforderung auch als den tiefsten Lebensgrund aller Vollendung innerhalb der geschehenden Schöpfung zu erfassen. Etwa so, dass der Sturz in die Gottheit, von der der Mystiker spricht, auch die Fülle der Gestalten in die Wirklichkeit reißt. Auf das Erkenntnisproblem gewendet, wäre das ja nichts anderes als das alte Wort: credo ut intelligam

Hugo Bergmann

Der Physiker Whitehead

Gärung und Unruhe charakterisiert den gegenwärtigen Zustand der Physik. Die Wissenschaft, deren Fundamente so sicher schienen, daß diese Sicherheit die bewußte oder unbewußte Grundlage der Weltanschauung des 19. Jahrhunderts bildete, entwickelt sich in den letzten Jahren stürmisch und kühn gerade in jenen Gebieten, welche hart an die Philosophie grenzen. Philosophische Grundprobleme – Raum, Zeit, Kausalität, Einsinnigkeit der Entwicklung aus der Vergangenheit in die Zukunft – scheinen fast in den Bereich experimenteller Entscheidung gerückt zu sein. In solchem Momente täte *erkenntnistheoretische* Besinnung auf die Grundlagen besonders not. Vor allen Erwägungen darüber, ob die Physik metaphysische Probleme zu lösen imstande sei und ob und inwieweit umgekehrt die Metaphysik in physikalischen Dingen mitzusprechen habe, müßte Klarheit darüber herrschen, was der Sinn des physikalischen Weltbildes sei.

Auf diese Frage ist im Zusammenhange mit der Als-Ob-Philosophie in den letzten Jahren vielfach die Antwort gegeben worden: Das physikalische Weltbild ist eine *Fiktion*. Diese Antwort hatte viel Verlockendes für sich. Vor allem waren die wirklichen oder scheinbaren Parodoxien, welche die Relativitätstheorie mit sich brachte, leichter zu ertragen, wenn man sie als nützliche Fiktionen wertete oder abtat. Man sagte sich: Erlauben wir der Physik zum Zwecke der Erreichung ihrer praktischen Ziele beliebige logische Sprünge. Erlauben wir ihr die Methoden, welche die Mathematik letztlich entwickelt hat – vieldimensionalen und krummen Raum usw. –, zu gebrauchen und, wenn sie es für praktisch findet, diese neuen Methoden mit alten Namen, Raum, Zeit usw. zu benennen. Das alles sind „Maßnahmen praktischer Natur" (Dingler), die im Grunde aber Fiktionen sind und uns daher philosophisch nicht zu beschweren brauchen.

Nun aber zeigt sich im Fortgang der Diskussion, daß dieser Name Fiktion zwei ganz verschiedene Dinge deckt. Auf der einen Seite wird er rechtmäßig für solche Begriffsbildungen gebraucht, welche provisorisch mit dem Bewußtsein ihrer Vorläufigkeit und sogar ihrer Unrichtigkeit aufgestellt werden. Es wird aber kaum viele Physiker geben, welche zugestehen werden, daß die physikalischen Sätze in diesem Sinne Fiktionen sind. Aber es gibt einen anderen Sinn: Man bezeichnet die physikalischen Theorien als Fiktionen, weil sie kein Abbild der Wirklichkeit sind. Nun hat aber die philosophische Erörterung seit Kant das eine über alle Zweifel hinaus klargestellt: daß die Wissenschaft nicht die Aufgabe hat, die Wirklichkeit abzubilden, sondern daß das Weltbild, das sie schafft, eine

Bearbeitung der von uns erlebten Wirklichkeit darstellt, welche unter dem Gesichtswinkel gewisser, der betreffenden Wissenschaft eigentümlicher Denkmethoden und Kategorien durchgeführt wird. Erst unter dem Gesichtspunkt dieser Kategorien, der „Erkenntnisinstanz, auf die wir die Aussage beziehen" (Cassirer), hat die Wissenschaft überhaupt einen Sinn. Wollte man eine Wissenschaft deswegen, weil sie die erlebte Wirklichkeit bearbeitet und keineswegs Abbild der Wirklichkeit ist, Fiktion nennen, so wäre Fiktion mit Wissenschaft identisch und die ganze Fruchtbarkeit der Scheidung von Fiktionen und rechtmäßigen Theoremen dahin.

Es tut also not: sich auf die kategorialen Voraussetzungen jeder Wissenschaft und im Falle der Physik besonders auf deren kategorialen Sinn und Absicht zu besinnen. Innerhalb dieser kategorialen Voraussetzungen (aber nur innerhalb ihrer!) ist die Physik verpflichtet, so wirklichkeitsnahe zu sein als nur möglich und sich so weit als möglich von überflüssigen Fiktionen und Abstraktionen zu entfernen. Aber als Wissenschaft wird sie sich doch bewußt bleiben müssen, daß ihr Wesen Abstraktion, Objektivierung, also Wirklichkeitsentfremdung ist.

Dieses scheinen mir die allgemeinen Grundsätze zu sein, von denen aus man das Werk eines Physikers beurteilen müßte, der wie wenige andere in unserer Zeit das Problem „Physik und Wirklichkeit" in den Mittelpunkt seiner Erwägungen gestellt hat: A. W. Whitehead.

In Deutschland ist sein Name kaum bekannt. Nur die Fachgenossen kennen seine ersten mathematischen Werke. Seine Kritik der Einsteinschen Relativitätstheorie fand noch in Deutschland meines Wissens keine Gegenkritik. In Frankreich hat Bergson wiederholt auf den englischen Philosophen hingewiesen. In Amerika ist er jetzt durch seine Lowell-Vorlesungen über die Wissenschaft und die moderne Welt und über Religion berühmt geworden. Und nunmehr hat Harvard den „Physiker, Philosophen und Propheten", wie ihn eine angesehene Wochenschrift Amerikas nennt, dauernd als Professor von England nach Amerika berufen. Alfred North Whitehead ist heute 66 Jahre alt. Seine Karriere ist die typische eines Universitätsgelehrten: erst Dozent für Mathematik, dann Professor in London, Präsident der mathematischen Gesellschaft, Mitglied des Rates der Royal Society.

Seine ersten Arbeiten gehörten jenem Grenzgebiet der Mathematik an, auf dem sich während der zweiten Hälfte des 19. Jahrhunderts Philosophen und Mathematiker bemühten, den Unterschied zwischen Mathematik und Logik zu verwischen, die Mathematik zu logisieren und gleichzeitig die Logik zu mathematisieren. In Deutschland haben Schröder und Frege auf diesem Gebiete gearbeitet, in Frankreich Couturat, aber das Mutterland der algebraischen Logik war England, wo die Bewegung von Boole, Baynes, Jevons, Venn ausgegangen ist und wo sie durch das gemeinsame Werk von Whitehead und Bertrand Russell, die dreibändigen „Principia Mathematica" (1910–1913), ihren Höhepunkt erreichte. Es ist eine dreibändige logische Grundlegung der Mathematik, fast durchaus in der Zeichensprache der mathematischen Logik geschrieben. Russell und Whitehead haben diese, den Leser befremdende und beängstigende Sprache gewählt, weil ihnen die gewöhnliche Sprache des Alltagsverkehrs mit ihren Zweideutigkeiten und Nuancen nicht geeignet erschien, ein strenges, wirklich unanfechtbares und in seiner Beweisführung überall durchsichtiges logisches Werk aufzuführen. Der Traum Leibnizens von der Characteristica universalis, einer dem Aufbau der Begriffe eindeutig entsprechenden Zeichensprache, ging so auf einem Teilgebiet der Wissenschaft in Erfüllung. Die Mathematik hatte neues Land erobert. (Auf diesen Gedanken Leibnizens gehen, nebenbei gesagt, auch die Bestrebungen nach einer Weltsprache zurück, und sie sollte, um ihren Zweck zu erfüllen, genaue und scharfumrissene Bedeutungen haben, wie die mathematischen Zeichen. Um so unverständlicher ist es, wenn die Esperantisten den sonderbaren Ehrgeiz haben, ihrer Sprache durch Übersetzungen aus der Weltliteratur die Schönheit der gewordenen Sprache zu geben, und um die Worte jene Atmosphäre von Zwielicht und Nuance zu schaffen, welche wohl die Schönheit der gewordenen Sprache ausmacht, aber auch ihre Unbrauchbarkeit für eine Characteristica universalis.)

In den Kriegs- und Nachkriegsjahren wendete sich Whitehead dem Studium der ungeheuren Veränderungen zu, welche die neue durch Einstein inaugurierte Physik in dem *Denken* der Naturwissenschaftler hervorgebracht hatte. In den Büchern, die Whitehead über dieses Thema schrieb, ging er wohl auch auf Einzelheiten ein. Er übernahm Einsteins Grundthese: die Einheit von Raum und Zeit, aber er widersprach Einsteins Lehre vom gekrümmten Raum und glaubte die Resultate der Relativitätstheorie festhalten zu können, ohne sich so weit wie Einstein von der traditionellen Physik und den hergebrachten Ansichten entfernen zu müssen. Die Diskussion dieser Frage kann hier nicht verfolgt werden. Sie tritt auch an Bedeutung zurück gegenüber den Erörterungen Whiteheads über die Denkweise des Physikers, in denen er zu zeigen sucht, aus welchen Quellen das physikalische Weltbild stammt, das heute durch die neuen Theorien schnell erschüttert wurde, nachdem es das 18. und 19. Jahrhundert hindurch fast unangezweifelt geherrscht hatte.

Whitehead geht in der Analyse der modernen Physik weit zurück: bis zum griechischen Drama. „Die Väter der wissenschaftlichen Überzeugung von heute sind die großen Tragiker Athens. Ihre Vision des kalten und gleichgültigen Fatums, welches den tragischen Ausgang notwendig und unausweichlich macht, ist die Weltanschauung der heutigen Wissenschaft geworden. Das Fatum der griechischen Tragödie ist die Naturordnung des modernen Denkens. Die Gesetze der Physiker sind heute die Fügungen des Fatums." Whitehead beschreibt die Sitzung der Royal Society in London, die den Bericht der Kommission entgegennahm, welche die berühmte Sonnenfinsternis photographiert hatte, die über die

Einsteinsche Behauptung entscheiden sollte, daß die Lichtstrahlen von der Sonne abgelenkt werden. „Die ganze Atmosphäre der Sitzung war die des griechischen Dramas: Wir waren der Chor, welcher die Schicksalsbestimmung kommentierte, die sich in einer Naturbegebenheit von höchstem Interesse offenbart hatte." Whitehead zeigt, wie dieser Glaube an ein unentrinnbares Verhängnis (das natürlich nicht immer Unglück bedeuten muß: das Unglück illustriert dem Menschen nur die Unentrinnbarkeit in besonders greifbarer Weise) von den Griechen über die Römer dem Mittelalter vererbt wurde. Das römische Reich ist von diesem Glauben durchdrungen, ein Rechtssystem, das in den empirischen Tatsachen nur den Einzelfall abstrakter Prinzipien sieht. Ohne diesen Glauben, daß jede Einzeltatsache allgemeine Prinzipien offenbart, wäre die hingebungsvolle Arbeit der Wissenschaftler an der Erforschung der Einzeltatasche unmöglich. Dieser Glaube aber ist Erbe der Antike. Die neue Zeit hat ihm aber ein wichtiges Element hinzugefügt: die *Beobachtung*. Whitehead geht in seiner Erforschung des historischen Ursprungs dieser neuen geistigen Tatsache, des leidenschaftlichen Interesses am Detail zur Kunst zurück, welche der Wissenschaft voranging: Giotto ist ein Vorgänger der physikalischen Weltauffassung. Erst im „Jahrhundert des Genies", im 17. Jahrhundert, bahnte sich die neue geistige Einstellung in der Wissenschaft Bahn. Selbst Bacon, der, am Anfang des 17. Jahrhunderts, zuerst den Geist der Induktion als Grundlage der Wissenschaft sich zum Bewußtsein brachte, kennt noch nicht die Bedeutung der Messung. Er hat die entscheidende Wichtigkeit der Beobachtung der Quantität noch nicht verstanden, die dann in den Galileischen Forschungen siegreich zum Durchbruch kam. Dieser quantitativen Physik verdanken wir die Weltanschauung, die bis heute das Zeitalter beherrscht hat.

Die Reduktion der Qualität auf Quantität war der große Erfolg der neuen Wissenschaft, aber die Menschheit hat für diese Errungenschaft schwere Opfer gebracht. Sie hat die farbige, tönende, bunte Welt verloren, die sie früher umgab. Farben verwandelten sich in Ätherschwingungen, Töne in Luftschwingungen, Wärme in Bewegung, die Welt der neuen Physik ist ein Reich farbloser, klangloser, qualitätsloser Atome. Alle qualitativen Eigenschaften der Natur schob die Physik dem psychischen Faktor zu. Erst dort gibt es Farben und Töne, wo zu dem Mechanismus der Natur Auge und Ohr, der komplizierte Apparat des seelischen Lebens hinzutreten. Die Naturbetrachtung selbst kennt alle diese „sekundären Qualitäten" nicht. „Warum preisen wir die Natur", sagt Whitehead, „für den Duft der Rose, für den Sang der Nachtigall, für die Strahlen der Sonne? Die Dichter irren in der Adresse. Sie sollten in ihrer Lyrik sich selbst besingen, sollten selbstzufrieden der Herrlichkeit des menschlichen Geistes Lorbeeren winden. Natur ist eine stiere Angelegenheit ohne Klang, ohne Duft, ohne Farben, bloß die schnelle Bewegung von Materie, ohne Ende, ohne Zweck."

Whitehead rühmt die Weisheit des genialen 17. Jahrhunderts, das diese einheitliche materialistische Anschauung schuf. Heute, glaubt er, nähert sich diese Weltanschauung ihrem Ende. Es hat allerdings Jahrhunderte gedauert, ehe sie sich ganz auswirkte. Die Ablösung der Physik von der Theologie ging langsam vonstatten. Newtons Stellung ist bekannt genug. Weniger bekannt ist, daß eines der wichtigsten Gesetze der modernen Mechanik, das berühmte Theorem der kleinsten Wirkung von Maupertuis, noch in der ersten Hälfte des 18. Jahrhunderts aus einer theologischen Erwägung heraus entdeckt wurde. Maupertuis fragte sich, als er die Bahn eines durch ein Kraftfeld gehenden Teilchens bestimmen sollte, wie denn eine Bahn beschaffen sein müßte, welche in ihrer Vollkommenheit der Vollendung Gottes entsprechen würde. Heute würde ein Physiker nicht mehr so fragen, aber, obzwar die Formel verschieden ist und man nicht mehr Gott nennt, machen die Physiker doch immer den einfachsten Ansatz für ein Naturgesetz. Die Wissenschaft behielt den Glauben an die Vollkommenheit der Natur, wie ihn der französische Physiker hatte, aber sie verwandelte ihn mit jener Zwiespältigkeit und Inkonsequenz, welche unsere ganze Zeit charakterisiert, in ein großes Als-Ob.

Ihren Todesstoß erhielt nach Whiteheads Überzeugung die mechanistisch-materialistische Weltanschauung durch Einstein. Denn das wesentliche Kennzeichen der mechanischen Theorien ist, daß die Erscheinungen durch Bewegungen kleinster Teile, also durch Ortsveränderung erklärt werden. Ein Atom, das sich zur Zeit t in A befindet, kann in seiner Identität festgehalten und zur Zeit t1 in A1 wiedererkannt werden. Das ist das Wesen der mechanischen Erklärung. Einstein hat dieser Erklärung den Boden entzogen, indem er die Eindeutigkeit des Begriffs „zur Zeit t“ zerschlug. Es gibt nicht mehr die einheitliche Weltuhr, welche überall dieselbe Stunde schlägt. Die Frage, was die Zeitdifferenz zwischen zwei Ereignissen an verschiedenen Orten bedeute, wird von verschiedenen Systemen aus verschieden beantwortet werden. Raum und Zeit sind bloße Abstraktionen, die konkrete Tatsache ist das „Ereignis“ (event). Das „Ereignis“ ist das Zentrum der Whiteheadschen Philosophie. Er bemüht sich zu zeigen, daß alle Faktoren, mit denen die mechanistisch-materialistische Physik operierte, bloße Abstraktionen sind. Wir sind freilich durch Gewohnheit und Sprache so gedrillt, daß wir die Ereignisse sofort in drei Faktoren, Zeit, Raum und Materie, auflösen. Das heißt: Wir wenden sofort auf sie die Begriffe der materialistischen Naturtheorien an. Wohl erfassen wir in der Natur das Ereignis als Einheit, und alle physikalischen Begebenheiten sind Zusammentreffen von Ereignissen, aber die Sprache hat uns gewöhnt zu glauben, ein „Teilchen“ könnte seinen „Ort“ in der „Zeit“ ändern, während die Wirklichkeit ein Ereignis ist, das nicht *im* Raum und *in* der Zeit stattfindet, sondern dem die Zeit und der Raum als abstrakte Elemente innewohnen.

Whiteheads Bestreben geht darauf hin, die Naturwissenschaft von der Abstraktion zu befreien und der Konkretheit zu nähern, Begriffe zu bilden, welche „der erfüllten Konkretheit unserer anschaulichen Erfahrung näherstehen". Der analysierenden, von Abstraktionen ausgehenden mechanischen Physik stellt Whitehead das Ideal einer organischen Physik entgegen. Wie die erstere auf Descartes, müßte letztere auf Leibniz zurückgehen, welcher die Elemente der Welt als organisierte Monaden faßte. Whitehead erinnert auch an die Bemühungen der deutschen idealistischen Philosophen des 19. Jahrhunderts, ein Weltbild dieser Art der quantitativen Physik entgegenzustellen. Aber deren Bestrebungen blieben ohne Wirkung auf den Verlauf der Wissenschaft. Heute müßte die Physik zu einem derartigen Wissenschaftsideal zurückkehren, welches der Qualität in der Welt, aber auch zugleich unseren ethischen und ästhetischen Erfahrungen Rechnung trüge.

Die mechanische Physik beseitigt die sekundären Qualitäten der Welt, Farbe, Ton. Whitehead bemüht sich, sie wieder in ihr Recht einzusetzen. Er bestreitet die Berechtigung der Argumente für die Irrigkeit der sogenannten äußeren Wahrnehmung. Man sagt, Farben seien Ätherschwingungen, welche auf den Sehnerven auftreffen. Man behandelt da die ganze Welt nach subjektivistischen Prinzipien, aber die Nerven und das Gehirn werden in ihrer Realität belassen. Kurz: Man vergleicht zwei heterogene Dinge: ein physikalisches Weltbild, ein *Modell,* das sich der Physiker macht, um die Welt zu verstehen und mathematisch zu beherrschen, und die *Konkretheit* der erlebten Tatsachen, Farben und Klänge. Diese Farben und Klänge sind so real, wie alles Erlebte real ist. Die Theorien des Physikers sind Übersetzungen dieses Erlebten in die Sprache der Zahlen, die weder etwas für noch gegen die Wahrheit der erlebten Realitäten beweisen können.

In der mechanistischen Weltanschauung hat sich aber die Übersetzung von ihrem Sinn und Zweck entfernt und sich für die Realität ausgegeben. In einem ausgezeichneten Kapitel seines Werkes „Die Wissenschaft und die moderne Welt" zeigt Whitehead, wie die Menschheit ein Opfer ihrer eigenen Abstraktionen wurde und, außerstande, den Mechanismus der Naturwissenschaft mit dem Glauben an die Selbstbestimmung des Menschen vereinigen zu können, einen radikalen unversöhnlichen Widerspruch in die Grundlagen unseres Denkens aufnahm, der schuld ist an so vielen Halbheiten unserer Zivilisation. Der Mensch des Mittelalters erstrebte ein Weltbild. Wir begnügen uns mit einem Agnostizismus, der es uns ermöglicht, von zwei einander entgegengesetzten Standpunkten aus eine ganz oberflächliche Ordnung unter den Eindrücken der uns umgebenden Welt herzustellen. Whitehead zeigt in einer feinen Analyse von Gedichten Miltons, Popes, Wordsworths, Tennysons, wie sich auch die Literatur am Ende vor dieser Kompromißgesinnung nicht schützen kann, die Tennyson zur völligen Verzweiflung bringt. Denn er muß an das Molekül glauben, „das blind läuft", möchte aber doch den Glauben behalten, den er nicht beweisen kann und der diesem blinden Fatum widerspricht.

Wie löst nun Whitehead selbst die Schwierigkeit? Er ist stark in der Kritik, aber dunkel in den positiven Elementen seiner Philosophie. Die Einheiten, von denen die Naturwissenschaft ausgehen muß, müßten konkreter sein, „Organismen" nicht im biologischen Sinn, sondern in der Bedeutung, daß das Ganze die Teile bestimmt und die Teile eben nur abstrakte Seiten des Ganzen bestimmen. Ein Elektron ist ein anderes, je nach dem System, dem es angehört, und dieses System, das „konkrete Ereignis", bestimmt seine Bahn. Das Elektron verläuft innerhalb eines lebendigen Körpers nach dem Plane dieses Körpers. Überall herrscht das „Prinzip der Modifikation", nach welchem die kleinsten Teile der Materie in ihrem *inneren Charakter* unterschieden sind, je nach dem organischen Plane der Situation, in welcher sie sich befinden. Whitehead nennt deswegen seine Naturauffassung „organischen Mechanismus". Sie sollte „einen Protest darstellen gegen die Idee, daß die Abstraktionen der Wissenschaft unverbesserlich sind und nicht geändert werden können". Es ist Aufgabe der *Philosophie,* die Abstraktionen der Naturwissenschaft zu kritisieren. Philosophie muß den Abstraktionen der Naturwissenschaft ihre relative Berechtigung anweisen, aber auch ihre Grenzen zeigen, durch direkte Vergleichung mit einer konkreteren Anschauung des Universums. Die Frage ist nur, wo die mögliche Grenze der Abstraktionen der Naturwissenschaft liegt. Hierüber scheint Whitehead keine klare Vorstellung entwickelt zu haben, und er scheint an die Konkretisierung der naturwissenschaftlichen Begriffe größere Ansprüche stellen zu wollen, als erlaubt ist.

Er glaubt, die quantitative Physik durch eine „qualitative organische" ersetzen zu können, und sieht nicht, daß gerade hierin der große entscheidende Wert der Physik besteht, daß sie alles auf Größe und Messung zurückführt. Darum ist sie ganz konsequent darin, wenn sie aus ihrem Weltbild die sekundären Qualitäten sowie ästhetischen und ethischen Werte *ausschließt,* welche Whitehead, wie es scheint, gerne wiederum der Naturwissenschaft einverleiben möchte. Denn gerade in der Übersetzung der Qualitäten in Quantitäten liegt ihre Aufgabe, und es ist nicht ihr Fehler, wenn der Materialismus, den methodischen Sinn der physikalischen Begriffe erkennend, aus Abstraktionen Realitäten macht. Ebensowenig dürfte man es dem Theater zum Vorwurf machen, wenn es jemand mit der Wirklichkeit verwechselt. An der Kluft zwischen Wirklichkeit und Physik wird sich prinzipiell nichts ändern lassen.

Aber mit Recht weist Whitehead darauf hin, daß die physikalische Welt eine Abstraktion ist. Darin liegt ihr Wert und ihre Grenze zugleich. Wovon abstrahiert die Physik, und warum kann die physikalische Welt nicht für sich bestehen? In der Terminologie von Martin Bubers „Ich und Du" würden wir zu sagen haben: Die Physik abstrahiert von der Ich-Bezogenheit der gegenständlichen Welt des Es. Die Wirklichkeit ist eben *dem Geiste eingetan,* eingebildet, die Physik schafft eine *künstliche,* von dem Ich-Bezug freie Es-Welt. Hier liegt der wahre Sinn der Abstraktionen, den Whitehead sucht, und diese Abstraktion ist notwendig, und insofern ist Whiteheads Ideal eines organischen Mechanismus eine Utopie[1]. Aber diese Utopie hat ihre Berechtigung als richtungweisendes Ideal der Wissenschaft, das ja, obzwar sie Es-Welt und Ich-Welt trennt, dennoch die Es-Welt so nahe an die Konkretheit heranbringen muß, als sie nur kann, und umgekehrt so viel als nur möglich von der Konkretheit in die abstrakte Größenwelt überführen muß. Nur eine Wissenschaft, welche den Sinn ihrer eigenen Methode nicht kennt, wird verführt werden, Scheinprobleme aufzustellen, wie es das ist, auf welche Weise denn die Bewegung der Moleküle und Atome in kausaler Wirkung Qualitäten, Farben, Töne erzeugen könne.

Von der Forderung nach Erfassung der Einzelheit aus dem Ganzen kommt Whitehead zu jener Auffassung der *Religion,* die er in seinen letzten Lowell-Vorlesungen vertreten hat. Gott ist für Whitehead das Prinzip der Konkretheit. Die Abstraktionen sind bloße Möglichkeiten, und diese Möglichkeiten tragen in sich nicht den hinreichenden Grund, daß sie in der konkreten Welt gerade so und nicht anders realisiert werden. Mit Fichte zu sprechen: das „daß" kann nicht aus dem „was" bewiesen werden. Die Konkretheit muß ihr eigenes Prinzip in sich tragen, und dieses ist: Gott. Durch dieses Prinzip ist es bedingt, daß die Welt eine Einheit ist und daß jedes Ding alle anderen Dinge irgendwie in sich schließt. Manche Dinge der Welt bringen diese Allverbundenheit reicher, wie in einem Brennpunkte konzentrierter, zum Ausdruck, und diese Allverbundenheit, diese Anwesenheit Gottes in jeder Kreatur ist der absolute und göttliche Maßstab, mit welchem Whitehead Werk und Fortschritt mißt. Das Übel in der Welt verhindert dieses Eindringen von allem in alles. Aber diese Allverschlungenheit kann nur geschwächt und nicht vernichtet werden, denn nur von ihr und aus ihr lebt jedes einzelne Ding.

Wer Bubers philosophische Schriften kennt, wird sich oft bei der Lektüre von Whiteheads Schriften, die aus einer so andern Welt stammen, zu Vergleichen mit Buber angezogen fühlen. Was Whitehead den Gegensatz von Abstraktion und Konkretheit nennt, ist, wir sagten es schon, der Gegensatz zwischen der Ich-Es-Welt und der Ich-Du-Welt Bubers. Buber aber hat in voller Klarheit den *prinzipiellen* Unterschied zwischen dem Es und Du, der Abstraktion und der Konkretheit erkannt. Whitehead dagegen scheint nicht zu sehen, daß es das Schicksal der Wissenschaft ist, begrifflich, also unkonkret, zu sein und daß keine noch so lebensnahe Physik uns in die Konkretheit zurückführen kann, die wir verlassen haben, indem wir Physik zu betreiben begonnen haben. Wenn aber auch der Unterschied ein prinzipieller und unüberbrückbarer ist, so bleibt es doch die Aufgabe der Wissenschaft, ihre unendliche, nicht zu erreichende und ihr doch eben aufgegebene Aufgabe, die Wirklichkeit begrifflich zu erreichen. Daß in einer kritischen Stunde der Naturwissenschaft von einem ihrer hervorragendsten Vertreter dieser Weg von den Abstraktionen zur Wirklichkeit gewiesen wird, ist ein wichtiges geistiges Ereignis der Zeit.

Anmerkung

1 In dem letzten Kapitel von Hermann Weysl „Raum – Zeit – Materie" stehen die Worte: „... daß von dem Inhaltlichen jener unmittelbaren erfahrenen Wirklichkeit in die physikalische Welt im Grundo nichts eingeht ... Letzten Endes erscheint so diese ganze physikalische Realität doch als eine bloße Form, ... da aus ganz anderen Bezirken als denen der Physis ihr Inhalt zuwächst." Diese von tiefstem philosophischen Verständnis der Aufgabe der Physik zeugenden Worte stehen in der dritten Auflage des Buches (1920), fehlen aber in den spätern.

Ernst Simon

Das Werturteil im Geschichtsunterricht

Der Lehrer

Der junge Lehrer steht vor der Klasse. Er soll Geschichte unterrichten, Geschichte jener schicksalsvollen letzten Jahrzehnte, in denen sich die heutige Lage aller fünf Erdteile und ihrer Bewohner vorbereitete. Eine Unzahl von Fragen sind mit diesem Ablauf verbunden, über manche von ihnen mag der junge Lehrer Klarheit zu besitzen meinen, um viele aber ringt er noch selbst. Und wie könnte es auch anders sein? Mit seinen 26 oder 27 Jahren ist er vermutlich gerade aus der fruchtbarsten Lernzeit in den Strudel des Krieges gerissen worden, hat sich in ihm bewährt oder doch behauptet und kam dann, an Erlebnissen frühreif, an Kenntnissen verarmt, in die eilige Presse nachrevolutionärer karger Studentenjahre. Da galt es vor allem zu lernen, denn kaum hatte man notdürftig die Lücken gestopft, so nahte schon die Prüfung mit ihren Ängsten und Anforderungen – aber die Erlebnisse dieser sich überstürzenden Zeit ließen sich doch nicht abweisen. Nur war es nicht recht möglich, sie wirklich im Inneren zu verarbeiten. Da lockte auf der einen Seite die Jugendbewegung in ihren verschiedensten Formen, aber aus dem allen gemeinsamen irrationalen Urgrund und mit dem erotischen Reiz der Führerbeziehung zur Jugend – und da dräute auf der anderen Seite die betonte Männlichkeit des Waffen- und Farbenstudententums, geladen vom Ressentiment einer zunächst enterbten und sich dann wieder herstellenden Klasse, und auch dies Dräuen lockte. Zugleich aber streckten die politischen Parteien, als Folge der früheren Wahlrechtsgrenze, ihre Fühler in die Hochschule hinein und warben um jeden Einzelnen; ja, die studentische Selbstverwaltung gab nicht nur willkommenen Anlaß zu parlamentarischer Schulung, sondern auch vielleicht weniger willkommenen zu heftigen Wahlkämpfen. All diese verschiedenen Einflüsse nun gründeten sich vornehmlich auf Darlegungen geschichtlicher Art, auf Deutungen geschichtlicher, wenn auch erst kurz zurückliegender Ereignisse. Zu wahren Spaltpilzen wurden die Fragen: Diktatur des Proletariats, d.h. Alleinherrschaft der Arbeiter und Soldatenräte, oder Einberufung der Nationalversammlung? Republik oder Monarchie? Einheitsstaat oder Bundesstaat? Unterzeichnung oder Ablehnung des Versailler Friedensvertrages? Kapp oder Rathenau? Erfüllungspolitik oder Ruhrkrieg? Ostpolitik oder Eintritt in den Völkerbund? Schutzzoll oder Freihandel? Weltliche Schule oder Konkordat? All diese Fragen, oder doch die Mehrzahl von ihnen, treten dem jungen Historiker nun auch in vergangenen Jahrhunderten entgegen, wo sie sich vorbereiteten und allmählich zu ihrer heutigen Gestalt formten. Sein wissenschaftliches Urteil ist dauernd in der schweren

Gefahr des Vergleichenmüssens, der zu kurz schließenden Rückbeziehung vom Heute aufs Vorgestern. Die wird vermehrt dadurch, daß auch die verschiedenen Professoren sehr verschiedene Stellung nehmen und es häufig so scheinen will, daß diese wissenschaftliche Entscheidung mit der politischen des Betreffenden irgendwie zusammenhängt. So wird die Frage der geschichtlichen Sachlichkeit und die Schwere des wissenschaftlichen Werturteils immer drängender. Trotzdem legt der Student sich ziemlich bald nach dieser oder jener Richtung hin fest, der menschlichen Anlage nachgebend, der nichts unerträglicher ist als Ungewißheit, und sucht sich dann auf dem einmal gewählten Orte möglichst zu befestigen, um nicht umlernen zu müssen. Natürlich spielen bei diesem Vorgang nicht nur freie Vernunfterwägungen eine Rolle, sondern auch der Zwang der Herkunft, der Umgebung, des Einflusses seitens der Professoren und des erstrebten Berufsziels. Aber gerade der ernster Veranlagte unter solchen jungen Leuten, von denen wir einen etwa durchschnittlichen hier zu zeichnen suchten, wird nicht in allen Fragen zu scheinbar endgültiger Meinung durchgedrungen sein. Er wird einen einigermaßen festen Mittelpunkt errungen haben, zu dem die Einzelheiten sich ordnen lassen; aber er wird nicht jeder auftauchenden Schwierigkeit schnell und sicher ihren Ort im Ganzen anweisen können.

So vorbereitet also steht er als junger Lehrer vor der Klasse. Bei der heutigen Art unserer Hochschulbildung auf eines, das Wichtigste, gar nicht vorbereitet: darauf, wie er denn nun seine Werturteile und Kenntnisse „an das Kind“ zu bringen habe. Er hat bestenteils gelernt, sich ein Urteil zu bilden; er hat nicht gelernt, anderen dazu zu helfen. Das soll er nun lernen – aber vornehmlich durch Übung, als ein Nichtschwimmer ins Wasser gestoßen. Und da sehen ihn nun die Schüler an, fünfzehnjährige oder achtzehnjährige, und erwarten, mit einigem Zweifel im Herzen, von ihm eine Darstellung derjenigen Ereignisse, die ihnen selbst in der Geschichtsauffassung des Elternhauses schon längst stimmungs- oder wertungsmäßig, wenn auch nicht inhaltlich, nahegebracht wurden, und zwar den meisten unter ihnen in ganz verschiedener Weise. Da sitzen Proletarierkinder neben Beamtenkindern, solche, die zum erstenmal in ihrer Familie „höhere Schüler“ sind, neben Sprößlingen aus alten Gelehrtenfamilien, neue Reiche neben Verarmten, Katholiken neben Protestanten, Juden neben Freidenkern. Alle haben sie zu Hause eine Zeitung „ihrer Richtung“, nicht alle lesen darin, aber alle hören die dort üblichen Werturteile, Vergleiche, Rückbeziehungen. Und wenn sich auch bei vielen die eigene Einstellung als ein trotziger Gegensatz zur elterlichen äußern mag, so hat dann zwar die elterliche in dieser gegensätzlichen Form gewirkt, aber eben doch gewirkt. Und der Lehrer soll nun diesem Gewirr von Werten gegenüber mit seinen eigenen hintreten? Oder muß er sich ganz verleugnen und nur die Schüler reden lassen? Und zu welchem Ziele soll er sie führen? Jedem zu seinem oder alle zu einem?

Die Schule steht unter viel herberen Gesetzen als die Hochschule; was dort immer wieder bestritten oder lehrhaft überbaut wird, ist hier eingestandenermaßen sowohl tragender Grund wie überwölbendes Dach: Anfang und Ende aller Schulerziehung. Trotz einzelnen, bald verhallenden Widerspruchs setzen sich die von den Schulbehörden nach kaiserlichem Anstoß befohlenen Werte sehr schnell durch, und erst die Umwälzung von 1918 schafft erneute Bewegungsfreiheit. Die von vielen befürchtete Umkehrung der bisherigen Wertstufen bleibt aus, zwar verbietet sich einiges von dem, was bisher geboten war, aber doch nicht alles; und vieles, was bisher schon verboten war – z. B. Kommunismus – bleibt es auch nun. Im ganzen hat sich der Rahmen, zwischen dessen Grenzen Freiheit der Werturteile sich bewegen kann, einerseits ein wenig nach links geschoben und zweitens dabei geweitet. Damit ist viel neue Freiheit gewonnen, aber auch neue Verantwortung auferlegt und vor allem: Pflicht zur Wahl. Der junge Lehrer muß sich, nach solchem Überblick in solcher Lage, entscheidender als vor zwei Jahrzehnten fragen: Wo stehe ich?

Um diese Frage beantworten zu können, bedarf der erwachsene Mensch, auch derjenige, der sich ganz als Geschöpf Gottes fühlt, zweier Einsichten über sich selbst, die bis zu einem sehr hohen Grade die Vernunft zu spenden in der Lage ist: der Einsicht über seine Seelengeschichte und der Einsicht über seine Klassenstellung. Er muß, gelehrter ausgedrückt, Psychologie des Ich und Soziologie des Ich getrieben haben. Wir sind nicht der Meinung, daß dies einzig auf dem Wege geschehen kann, den Freud für die Seelenkunde und den Marx für die Gesellschaftskunde gewiesen hat. Die Psychoanalyse vermittelt zwar Erkenntnisse in einer Tiefenlage, die jeder Psychologie vor ihr unerreichbar gewesen ist, aber sie steht unter einer methodischen Gefahr, die in der Fachsprache „Übertragung" heißt. Damit meint man die starke Abhängigkeitsbeziehung, die sich zwischen analysierendem Arzt und dem analysierten Patienten zu bilden pflegt. Der im wesentlichen stumme Arzt, der den Patienten zu immer freierem und hemmungsloserem Wiedergeben aller seiner Einfälle, gerade und auch der unangenehmen und sonst ins Unterbewußtsein abgeschobenen, „verdrängten" nötigt, erregt in ihm den Schein voller seelischer Selbsttätigkeit. In der Tat schwindet allmählich das Spannungsgefühl, daß durch die erregte, aber nicht erfüllte erotische Beziehung zum Arzt erweckt worden ist – aber mir ist sehr fraglich, ob es deshalb verschwindet, weil der Patient nun wieder weit genug vom Arzt in selbständiger geistiger Haltung steht und sich die Wertewelt neu aufbaut, oder nicht vielmehr deshalb, weil er durch eine seelische Angleichung sich an Stelle des Arztes gesetzt hat, ihn künftig nachahmt und nur zum Schein selbständig ist. In der Adlerschen Individualpsychologie, in der der Arzt nicht stumm, also auch nicht unfehlbar ist, in der er nicht nur Geständnisse empfängt, sondern sich auch selbst mit einsetzt, sind diese Gefahren vielleicht geringer, aber immer noch vorhanden. Die glücklichste Lösung wäre – allerdings ist sie noch nicht gefunden – eine selbstanalytische Tätigkeit, die durch starke theoretische Schulung den Weg zu den eigenen, unterbewußten Schichten öffnete, deren Vorurteile herausstellte, zugleich aber auch die biologische Schutzgrenze gegen allzu atomistische Seelenzerfaserung mit setzte und so Erkenntnis ohne Tatlähmung brächte. Bei vielen zu Ende analysierten Menschen findet sich übrigens das ebenso gefährliche Gegenteil der Tatlähmung: nämlich eine vollständige Skrupellosigkeit ihrer Handlungen, da ihnen Triebverwirklichungen und Wertverwirklichungen einfach zusammenfallen. Sicher hat Freud, der ja die „Sublimierung" der Triebe als letztes Ziel empfindet, diese Folge nicht gewollt, aber ebenso sicher ist, daß sie häufig eintritt und einen neuartigen persönlichen „Machiavellismus" schafft, der „realitätsgerecht" zu sein glaubt, in Wirklichkeit aber nur der platten, gleichsam eindimensionalen eigenen „Erfahrung" gerecht wird und in seinem planen Heiligsprechen der Triebe das Gegenteil der Kultur bedeutet, die ja immer Bewältigung – wenn auch noch nicht notwendigerweise Verdrängung – der Triebe war und sein wird.

Ist so (von mir) kein endgültiger Weg anzugeben, auf dem diese Selbsterkenntnis mit Sicherheit zu erzielen ist, so darf sie dennoch als Forderung an den Anfang gestellt werden. Der Lehrer muß wissen, wie seine Wertungen seelengeschichtlich zustande kamen, er muß sich möglichst klar über die Einflüsse werden, die auf ihn wirkten, und muß versuchen, sich in seiner ganzen Vielfältigkeit zu begreifen. Nur unter dieser Voraussetzung wird er geistig gerecht sein können und die Vielfältigkeit auch nur *eines* anderen Menschen, geschweige denn die einer ganzen Klasse verstehen lernen.

Zu dieser Selbsterkenntnis gehört aber auch Einsicht in die eigene Klassenlage, d. h. in diejenige Gruppe von Werturteilen, oder in diejenige Färbung jedes Werturteils, die nicht sowohl durch persönliche Erlebnisse bestimmt sind, als durch Gemeinschaftserlebnisse der gesellschaftlichen Schicht, der man zugehört. Dieser Klassengebundenheit kann sich niemand dadurch entziehen, daß er sie leugnet; höchstens dadurch, daß er sie erkennt. Marx ist hier ein unbedingt sicherer Führer zur Erkenntnis des Zustandes, aber kein unbedingt sicherer Deuter der Zukunft. Er selbst und alle Sozialisten aus bürgerlicher Klasse widerlegen am besten die zwangsläufige Gebundenheit des Menschen und seiner Ideen an die gesellschaftlichen Produktivkräfte, denen sie entstammen sollen. Solange es immer wieder Männer und Frauen gibt, die gegen ihr wohlverstandenes Klasseninteresse handeln, ist dieses Klasseninteresse als einziger Beweger der Weltgeschichte widerlegt. Marxens Wort, die Erlösung der Arbeiterklasse könne nur durch sie selbst geschehen, erweist seine Unrichtigkeit durch die ungeheure Bedeutung seines eigenen Werkes. Gesellschaftliche Umwälzungen kommen vielmehr, wie Emil Lederer einmal ausgeführt hat, nur dadurch zustande, daß der Tunnel von zwei Seiten gebohrt wird: Der Gedanke stößt von der einen, das wirtschaftliche Bedürfnis von der anderen Seite. Finden sich so z. B. die französischen Enzyklopädisten und der aufsteigende Bauernstand (der ja nach Adalbert Wahls Forschungen zur „Vorgeschichte der französischen Revolution" nicht etwa verarmt war, sondern sich deutlich kräftigte und eben deshalb zur politischen Macht drängte), oder finden sich marxistische Ideen und die Ausdehnung des Industrieproletariats, dann ist der Tunnel gleichsam durchbohrt, und es entsteht etwas Neues. Keiner der beiden Bohrer aber ist dabei überflüssig.

Für den Lehrer bedeutet das: Er kann sich aus seiner meist entweder klein- oder großbürgerlichen Klassenlage befreien, wenn er deren Bedingtheit und die aus ihr folgenden Werturteile zunächst einmal klar durchdenkt, was nicht heißen muß: verneint. Gelingt ihm das, so kann er eine Stellung zwar nicht über, aber zwischen den Klassen gewinnen, die ihm die Schultätigkeit ermöglicht. Selbst dann, wenn er entschiedener Sozialist ist, muß ihm, wie mir wenigstens scheinen will, eine solche Stellung erwünscht sein. Denn selbst nach Marxens und Lenins Lehre ist der Zustand der Klassenherrschaft des Proletariats, der Diktatur einer Minderheit, doch nur ein „Fegefeuer", an dessen Ende die von Marx verheißene „klassenlose Gesellschaft" steht. Wie diese aber erwachsen soll, wenn das Proletariat lediglich in dem Gedanken groß wird, seine eigene Zukunft sei mit derjenigen der gesamten Menschheit schlechthin gleichzusetzen, ohne daß von vornherein der Gedanke der Rücksicht auf heute herrschende, aber benachteiligte Schichten mitgepflegt wird, das ist sowohl wirtschaftlich wie psychologisch nicht einzusehen. Leider zeigt auch Rußlands Beispiel, daß diese Befürchtungen nicht zu Unrecht bestehen, und es zeigt sich die Gefahr einer neuen (Beamten-) Bourgeoisie, eines neuen Proletariats und neuer, nur vertauschter Klassenungerechtigkeit. Auch dafür zu kämpfen, mag noch im Sinn einer ausgleichenden Gerechtigkeit wertvoll sein, die nun einmal eine andere Klasse auf den Sonnenplatz bringen will, aber von der verheißenen klassenlosen Gesellschaft ist dieses Bild sehr fern. Wenn Bernfeld sagt, daß der Sozialismus für Recht schlechthin kämpft, „denn die Freiheit der Unterdrückten ist für die Unterdrückten *die* Freiheit, ihr Recht ist ihnen *das* Recht"[1], so könnten die heute in Rußland unterdrückten bürgerlichen oder religiösen Gruppen den gleichen Gedankengang für sich in Anspruch nehmen, und die Geschichte hörte niemals auf, eine „Geschichte von Klassenkämpfen" zu sein. Wer das, ganz im Sinn des Kommunistischen Manifests, nicht will, wird das Gegenteil vorbereiten müssen – wenn du den Frieden willst, bereite den Frieden! – und zwar dort, von wo aus es einzig werden kann, wie alles Menschliche: in den Menschen.

Freilich darf diese Aufgabe, an der sich Lehrer sehr verschiedener Parteirichtung beteiligen könnten, nicht mit jenem billigen Optimismus unternommen werden, der den Großteil der Erziehungswissenschaft kennzeichnet. Dieser Optimismus rührt aus einem psychologischen Fehlschluß her: Der Lehrer sieht in den Kindern vor sich seine Kindheit und schließt: Was mir gelang, kann auch ihnen gelingen. Dieser Schluß birgt nicht weniger als drei Fehlerquellen. Erstens sieht jeder erwachsene Mensch seine eigene Kindheit falsch, d. h. unter der nachträglichen Berichtigung seines heutigen Standpunkts; diese Einsicht hat die Psychoanalyse unabweisbar erhärtet. Zweitens trifft der Vergleich nur den sehr kleinen Teil von Kindern, die dazu veranlagt sind, auch Lehrer zu werden. Denn es gehört eine ganz bestimmte Seelenlage dazu, sich für den Lehrberuf zu entscheiden, ein gewisser Verzicht auf unmittelbare politische Tätigkeit, denn der Lehrer bereitet bestenfalls die Zukunft vor, niemals formt er die Gegenwart, und nur das heißt Politik. Außerdem eine bestimmte Beziehung zur Jugend, zur eigenen und zur fremden, eine bestimmte Beziehung zum Wissen überhaupt, doch wiederum keine so starke und einseitige, das nur seine unabgelenkte Vermehrung und Vertiefung, nicht aber seine Weitergabe reizte usf. Wir wollen hier keine Seelenkunde des Lehrers schreiben, sondern nur die Sonderbedingungen andeuten, unter denen ein junger Mensch steht, der Lehrer werden will und es geworden ist. Der Großteil der Jugend steht nicht unter diesen Sonderbedingungen, sondern unter sehr verschiedenen, auch in sich sehr verschiedenen, anderen. Diese kennenzulernen, muß sich der Lehrer bemühen, statt seine eigenen ihnen gleichzusetzen. Und die dritte Fehlerquelle ist eine gesellschaftliche: Der Lehrer steht als unabsetzbarer Staatsbeamter, ähnlich wie der Richter, in einem höheren Grade außerhalb des Klassenkampfes als der freie Unternehmer oder der freie Arbeiter. In Zeiten freilich, wo der Staat selbst den Klassenkampf führt, muß er diese seine Freiheit gegenüber dem Staat dauernd verteidigen, wenn er sie behalten will; aber es ist ihm dies immerhin leichter als dem der Willkür preisgegebenen „freien", d.h. vogelfreien Proletarier, und in gewissen Zeiten vielleicht sogar leichter als dem unter dem Innungsdruck stehenden Industriellen. (Man denke an Walther Rathenaus Beziehungen zu seinen Berufsgenossen!) Der Lehrer soll nun von diesem Vorrecht weitgehenden geistigen Gebrauch machen, wie wir das eben andeuteten, aber er soll niemanden schelten, der dieses Vorrecht nicht besitzt und aus diesem sehr einfachen Grunde auch keinen Gebrauch davon machen kann. Alles Gezeter gegen „Klassenkampfgesinnung" sollte er also lassen, da ihn seine eigenartige Berufsregelung von vornherein aus der Notwendigkeit des Klassenkampfes ausschließt, was kein Verdienst ist, sondern eine Verpflichtung.

So ist es ein sehr unjugendliches Wort, das als erstes Ergebnis der seelenkundlichen und gesellschaftswissenschaftlichen Selbstbetrachtung des jungen Lehrers zu buchen ist: das Wort *Verzicht*. Er wird nur dann etwas erreichen, wenn er sich über die ihm gesteckten Grenzen von vornherein klar ist und sie nicht zu überfliegen sucht.

Diese Grenzen aber werden verschieden liegen, je nach dem Schultypus, für den sich der Lehrer entscheidet.

Die Schule

Es sei erlaubt, im folgenden die Ausdrücke „Bekenntnisschule" und „Simultanschule" in folgender Bedeutung einander gegenüberzustellen: Bekenntnisschulen sollen uns alle diejenigen heißen, die ihre Schüler um einen festen, diesen oder doch ihren Eltern gemeinsamen Wertkern sammeln, sei dieser nun irgendwie religiös, sei er weltlich. Simultanschulen sind dann solche Anstalten, in denen grundsätzlich Kinder aus den verschiedensten Kreisen gemeinsam erzogen werden. Wie bekannt, gehören unsere Volksschulen im allgemeinen der ersten Art an, unsere höheren Schulen fast ausschließlich der zweiten. Allerdings sind auch sie, wie wir bereits sahen, durch den deutschkundlichen Einschlag der neusten Schulreform, in gewissem Sinne Bekenntnisschulen geworden.

Es ist einleuchtend, daß die Wertfrage für Bekenntnisschulen und für Simultanschulen ein sehr verschiedenes Gesicht hat, d.h. das vom Lehrer unbezweifelte Minimum an Werten ist in der Bekenntnisschule jeder Art größer als in der Simultanschule: Sie hat also mehr Voraussetzungen weltanschaulicher Natur, verlangt mehr Gleichheit in Gesinnung und Mitteln auch unter ihren Lehrkräften, entsprechend dieser stärkeren Gleichheit unter ihren Schülern. Solche Lehrer also, die von einem der bezeichneten Wertkerne hier leben, werden für solche Schulen ausschließlich in Betracht kommen. Das heißt aber nicht, daß sie ihrerseits nicht auch an simultanen Schulen unterrichten könnten – unter welchen Bedingungen, werden wir noch erörtern –, nur eine Bekenntnisschule fremder Art wird ihnen verschlossen sein. Die Wertfrage ist aber auch für die Bekenntnisschulen nicht gelöst, sondern nur vereinfacht. Einmal gibt es innerhalb jeder großen Weltanschauungsgruppe so viele Unterschiede und Streitfragen, daß sie sich immer wieder entzünden kann, und zweitens sind ja nur die Eltern der Schüler und die Lehrer eines Sinnes – die Schüler aber tragen ihren jungen Zweifel gerade an denjenigen Wertkern heran, um den die betreffende Schule sich sammelt. In der Auseinandersetzung mit diesem Zweifel wird nun auch hier die Frage nach der Wahrheit lebendig, die im Innersten jeder Wertfrage schlummert. Es ist die Frage, ob die Wahrheit ein unschätzbares und unter allen Umständen zu wahrendes Gut sei oder ob man um bestimmter Ziele willen auf sie zu verzichten habe. Wir wissen, wie stark unserem Zeitalter, das nicht schlechter ist als andere, nur erkennender und deshalb selbstkritischer, der Zweifel an diesem Machtanspruch der Wahrheit emporgestiegen ist. Ibsens „Lebenslüge", der Romantiker und wieder Gustav Landauers „Wahn", der „Mythos" vieler Modernen, scheinen auf einen anderen Weg und vor allem auf ein anderes Ziel hinzuweisen. Warum soll nicht, so könnte man fragen, die Schule auf die Leidenschaftlichkeit der Wahrheit verzichten, besonders die Bekenntnisschule, und dasjenige Ziel fördern, daß ihr als Wertkern zugleich Voraussetzung ist? Die Antwort würde sich aus jedem tatsächlichen Versuch sofort verneinend ergeben, und hat sich schon hundertfältig ergeben. Im Weltanschaulichen darf es noch weniger Storchmärchen geben als im Gebiete der sexuellen Aufklärung, wo es ja, nach den allerneuesten Meinungen, sogar einer gewissen Stimmung der Kinder vorübergehend entgegenkommt. Man könnte vielleicht sagen, daß die nicht voll zutage tretende Wahrheit, wenn auch nicht die Lüge, gleichfalls einem gewissen Kindesalter angemessen ist, weshalb die Volksschule im höheren Grade Bekenntnisschule sein dürfe als die höhere Schule, die ja in höhere Altersklassen hinaufführt. Aber man mache nur einmal einen wirklich folgerichtigen Versuch mit dem System unwahren Unterrichts, über den man sich aber auch vorher durchaus klar geworden ist. Man wird sehen, daß es einfach nicht geht; daß die ungeschriebene Voraussetzung zwischen Lehrern und Schülern die gleiche ist wie in jedem Gespräch zwischen zwei Menschen, nämlich, daß der andere nicht lügt, und man wird das noch so hohe Ziel, um dessen Willen die Wahrheit zurückzutreten habe, doch nicht mehr auf diesem Wege erreichen wollen. Dies aber heißt nicht, daß es kein Geheimnis gebe: Es heißt nur, daß unser Geheimnis am Anfang des Lebens steht und am Ende, in Gebot und Tod des Einzelmenschen, in Schöpfung und Erlösung der Welt, daß es auch von diesen Rahmentatsachen auf unser tägliches Leben einwirken muß, daß es aber nicht durch einen Selbstverzicht der Vernunft gleichsam als Barrikade mitten auf unseren Weg gestellt werden darf. Das Geheimnis Gottes und der Schöpfung, der Natur und der Geschichte ist geheimnisvoll genug, es bedarf zu seiner Sicherung keiner Selbstentmannung der Vernunft. Eine Weltanschauung, die das Geheimnis leugnet, ist in Wahrheit gar keine „rationalistische", weil sie nämlich den Weg der Vernunft nicht zu Ende zu gehen wagt und deshalb niemals an die schöpferische Grenze des Geheimnisses stößt. Umgekehrt aber ist eine Weltanschauung, die sich mitten in den Weg der Vernunft geheimnisvolle Hemmungen pflanzt, gar keine „methaphysische", sondern sie ist rationalistisch, weil ihr Geheimnis nicht Tatsache der Schöpfung ist, sondern nur ein Gedankending.

Diese Überzeugung wird, wie ich meine, die Bekenntnisschule jeder Art, und vor allem die religiöse in ihrer Stellung zur Wahrheit festzuhalten haben. Auch sie also hätte einen Teil derjenigen Tugenden zu entwickeln, auf deren voller Entfaltung die Möglichkeit der Simultanschule beruht.

Auch für diese freilich gibt es ein weltanschauliches Minimum, das der Lehrer besitzen muß, um die Voraussetzungen seiner Tätigkeit und Anstellung zu erfüllen. Wer die Überzeugungen Bernfelds teilt, könnte höchstens dann innerhalb der heutigen Gesellschaftsordnung unterrichten, wenn er seine Aufgabe als eine rein technische faßt und bewußt ein

„Stundengeber" wird, nicht aus Mangel an Weltanschauung, sondern aus den klar zu Ende gedachten Folgerungen der eigenen, die in der heute gesellschaftlich herrschenden keinerlei Ansatzpunkte finden zu können glauben. Eine solche Haltung wäre nicht zu schmähen, zudem wir der Überschätzung des „erziehenden Unterrichtes" bereits aus anderen Gründen entgegentreten mußten und ein solcher Lehrer also immer noch mindestens Durchschnittliches würde leisten können. Aber natürlich ist es nicht erwünscht, daß die Mehrzahl der Lehrer aus derart tief resignierten Kräften bestehen. Auf der anderen Seite verlangt dieses Minimum keinesfalls eine restlose oder nur mehrheitsteilige Bejahung der heutigen Gesellschaftsordnung. Wer die verlangt, verkennt eine der wichtigsten Eigenschaften jeder geschichtlichen „Zeit", die uns allerdings gerade die üblichen geschichtsphilosophischen Benennungen der Epochen immer wieder verderben: nämlich die Einsicht in die Vielzeitigkeit jeder Zeit. In jeder Gegenwart stecken die verschiedensten Schichten, nicht nur einfach Vergangenheit und Zukunft, sondern sehr mannigfaltige sich überlagernde Gebilde, von denen die Vergangenheit der einen der Zukunft der anderen gegenüberliegen kann. Gerade innerhalb dieser Vielschichtigkeit, in der sich ja sogar jedes einzelne Menschenleben abwickelt, gewinnt der Geschichtsverlauf seine Gestalt; allerdings auch seinen kampfreichen und tragischen Charakter. Es gibt niemals die „Gegenwart" schlechthin, und die Frage „Was ist die Zeit?" wird niemals selbsttätig von ihr selbst beantwortet, von ihren „herrschenden Strömungen", von ihrer „Richtung", sondern immer vom zugleich entscheidenden, also verneinenden Menschen und vom Lenker der Geschicke, mit dem der Mensch in einem rätselvollen, aber wirklichen und tätigen Zwiegespräch steht. Deshalb darf jeder, der irgendwelche Ansatzpunkte in der Gegenwart für die Zukunft sieht, von ihnen her wirken, auch als Lehrer, wenn er sich auch hüten muß, diese Ansatzpunkte mit der ganzen vorhandenen Gegenwart schlechthin gleichzusetzen und alles andere zu übersehen. Er wird dann aber, um mit Kant zu sprechen, seine Schüler nicht für den bisherigen Gesellschaftszustand, sondern für einen künftigen besseren vorzubereiten suchen.

Die besondere Schwierigkeit einer derartigen Haltung gerade in der Simultanschule beruht darauf, daß die verschiedenen Lehrer sehr verschiedene Wertgesichtspunkte an die gleichen Schüler heranbringen werden. Deshalb wird eine gewisse Geschlossenheit innerhalb des gleichen Kollegiums immerhin anzustreben sein, zur Entfaltung simultaner Tugenden bleibt gegenüber der Vielfalt der Schülermeinungen Raum genug. Ganz aber ist auch eine solche Geschlossenheit nicht zu erreichen und wohl auch nicht zu empfehlen; nur muß dann mit besonderer Sorgfalt jeder Lehrer sich selbst auf seinen letzten Wertgesichtspunkt zurückführen und diese auch den Schülern, wenigstens den reiferen, zu erkennen geben.

Damit stoßen wir auf die beiden Grundtypen von Lehrern, die überhaupt für Simultanschulen in Frage kommen.

Unter den älteren Lehrern, die heute an (meist höheren) Simultanschulen wirken, aber auch wohl gelegentlich unter den jüngeren, wird sich ein Typus finden, der durch die Relativität seiner Wertungen für diese Schulgattung vorherbestimmt ist. Diese Haltung, die persönlich sehr liebenswert sein kann, wenn sie wirkliche, echte Tragik ist, wie etwa bei Max Weber, und kein Dogma der Unentschiedenheit wie bei vielen jüngeren Menschen, stammt aus dem erkenntnistheoretischen Idealismus. Sie ist ermöglicht durch den wirtschaftsfreien Beruf des Lehrers und schafft eine gleichsam ästhetische Situation im Sinne Kants und Schopenhauers: Wohlgefallen oder Mißfallen ohne Interesse. Man muß an Lessings bekanntes Wort denken, daß er das Streben nach der Wahrheit der Wahrheit selbst vorziehen würde. Aber dieses Wort hat einen doppelten Ausgang: Der deutsche Idealismus und schon Lessing selbst wählten gleichsam das Streben nach der Wahrheit, *die man nicht hat*. Der echte Ring vermutlich ging verloren! In dieser Nutzanwendung ist die Philosophie des Als-Ob vollkommen vorgebildet und zugleich der Relativismus der wirklich vorhandenen Werte, der sie ermöglicht und ihr entspricht. Im Unterricht, besonders dem der Simultanschule, kann diese Haltung trotzdem großen Nutzen bringen, sie kann die Einsicht in unbequeme Tatsachen lehren, Verständnis für Andersdenkende wecken und mag, in ihrer höchsten Form, zu einer gleichsam kosmischen Relativität führen, die selbst das Verneinende, wie Goethes Mephisto, zu einem werteschaffenden Glied im unerkannten Heilsplan Gottes macht.

Aber höher noch als diese höchste Höhe, die der Relativismus erfliegen kann, ist die geringste Entscheidung des einfachsten Menschen zur Tat. Doch kann auch ein so Entschiedener – und dies ist der zweite Lehrertypus, der für die Simultanschule in Betracht kommt – sich, vielleicht vorübergehend, vielleicht für immer, einer Lehrarbeit zuwenden, die in Gemeinschaft mit anders Entschiedenen vollzogen werden muß. Er wird zwar auch, um nun den zweiten Ausgang aus Lessings Wort zu zeigen, nach der Wahrheit streben – aber nach der Wahrheit, die er hat, oder besser: die ihn hat. Das heißt: Er hält sie nicht in der Hand, aber sie ist ihm doch auch nicht gänzlich verschleiert wie das Bild von Sais, jenes wirkliche Sinnbild des deutschen Idealismus, dem der Schleier wichtiger war als das, was hinter ihm stand, die „Erscheinung" der Dinge wichtiger als die „Dinge an sich". Jenem Entschiedenen ist seine Wahrheit kein verschleiertes Bild, sondern ein fernleuchtendes Licht, das man gleichfalls nicht schon in der Hand hält, das aber den Weg auf sich zu bestimmt. Will er aber im „Simultanen" wirken, so muß allerdings das Wissen vom Teilcharakter seiner Wahrheit hinzukommen, die vielen etwas sein kann, aber nicht allen, wie ihm und den Seinen, alles. (Vergleiche z. B. den talmudischen Begriff der „Gerechten der anderen Völker", die nach

Meinung der jüdischen Tradition gleichfalls Anteil an der kommenden Welt haben.) Solcher Haltung wird das Zusammenwirken mit anderen immer möglich und zuweilen geradezu Bedürfnis sein: Sie wird glauben dürfen, indem sie ihren Weg geht, zugleich andere auf dem eigenen Wege und alle in der menschlichen Weggemeinschaft zu stärken. Für den Einzelnen ist es zwar richtig, daß er aus den unendlichen Möglichkeiten der Welt, die z. B. das schweifende Jünglingsalter noch fast unverkürzt anbietet, einige wenige auswählen muß, um zur Wirklichkeit seines eigenen Wesens zu kommen, und man kann fast die Gleichung aufstellen: Je mehr Wirklichkeit ein Mensch hat, um so weniger Möglichkeiten hat er. Aber die volle Wirklichkeit der Menschheit erschöpft sich doch nur in der Fülle ihrer Möglichkeiten, die im Einzelnen Teilgestalt, Teilwirklichkeit geworden sind, im ganzen aber, sich „ergänzend", zusammengehören. Das heißt freilich nicht, daß die Menschheit als Ganzes das Bild einer ungerichteten und unbewältigten „Möglichkeit" aller Triebe und Leidenschaften bilde, sondern daß die vielfachen Teilverwirklichungen insgesamt sämtliche vorhandenen Möglichkeiten bewältigen, so daß gleichsam keine einige „freie", ohne ihren Herrn gefunden zu haben, mehr die Welt beunruhigt. Von hier aus ist ein System wahrer Duldung zu errichten, das die Einzelnen so gut umfaßt wie die Völker und Religionen, indem es alles Einzelne auf seinen Ort im Gesamtplan stellt. Wir möchten auch glauben, daß manche der wirklich großen Täter solcher Einsicht gewesen sind: Es gibt neben dem Typ der großen Einseitigen auch die großen Vielseitigen, oder besser: Vielsehenden, die, wie z. B. Esra oder der Freiherr von Stein nicht aus apokalyptischer Verhüllung des Auges ihre Kraft zogen, sondern aus der nüchternsten Erkenntnis der Gegenwart, und die den Mut der Tat schöpften aus dem tiefsten Brunnen der Seele: aus dem Brunnen der Verzweiflung.

Anmerkung

1 Bernfeld, Sisyphon, S. 113.

Joseph Wittig

Der Weg zur Kreatur

In der Grafschaft Glatz erzählen sich die Leute gern die Geschichte von einem Hirtenjungen, der trostlos weinend von der Weide heimkam. Der Bauer empfing ihn mit den Worten: „Junge, warum flerrst du denn?" Der Junge erwiderte: „Lachen werde ich doch nicht!" Darauf der Bauer: „Hat dir denn der Wolf ein Schaf genommen?" Der Junge: „Geben wird er mir doch keins!" Der Bauer: „Da werde ich dirs eben vom Lohne abziehen!" Der Junge: „Zusetzen werdet ihr mir's ja nicht." Der Bauer: „Mußt du denn immer das letzte Wort haben?" Der Junge: „Das erste laßt ihr mir ja nicht!"

Die Grafschafter wissen genau, daß sie in dieser Erzählung ihre eigene Geschichte erzählen, denn sie sind ganz selig dabei. So verlaufen alle Dispute, die woanders als beim ersten Worte begonnen haben. Da türmt sich eine Widerrede auf die andere; keiner der Disputanten kann zurück, er muß das Spiel verloren geben oder mit aller Macht und List versuchen, immer noch etwas darauf zu geben, um schließlich doch das letzte Wort zu haben. Es ist ein ungeheures Jagen in der Menschheit nach dem letzten Worte, und über dem ganzen Jagdlärm wird gar nicht bedacht, ob etwa das erste Wort vielleicht noch nicht gefunden sei. Und wenn es einer gefunden hat, so läßt ihn die Menschheit gar nicht dazu kommen, es auszusprechen; sie meint ja, schon weit darüber hinaus zu sein; sie will nur noch das letzte Wort; sie will nur noch den Abschluß ihrer Diskussionen. Es ist immer wie ein Tadel, wenn von einer Untersuchung, einer Rede, einem Buche gesagt wird, daß sie keine abschließenden Ergebnisse gebracht haben. Niemand mag gern bis in die Gegend des ersten Wortes zurückgehen. Das erste Wort ist immer etwas ganz Einfältiges, und es wirkt peinlich, sich in seiner Nähe aufzuhalten und sich mit ihm einzulassen.

Ich habe mich lange, allzulange in den Gegenden der fortgeschritteneren Diskussionen aufgehalten. Nun aber habe ich ihnen abgeschworen. Abgeschworen dem Verlangen, das letzte Wort zu haben. Denn da geht es immer so wie in der Geschichte vom Hirtenjungen und vom Bauern. Ich wandere suchend nach dem Lande, das *vor* allen Diskussionen liegt, und fürchte mich nicht davor, daß ich in immer größere Einfältigkeit hineingerate.

Die Leute wissen das und bringen mir allerlei Geschichtlein, die sie im Verkehr mit Tieren, Pflanzen und Gesteinen erlebt haben, immer mit dem Gedanken, ich könne solches für unsere Zeitschrift „Die Kreatur" gebrauchen, die sich manche bestellen in der Hoffnung, solcher Dinge mehr darin lesen zu können. Es ist ja sehr bezeichnend, daß die Menschen geneigt sind, den Namen „Kreatur“ zu beschränken auf Steine, Pflanzen und Tiere. Sich selber dazuzurechnen, müssen sie sich erst zwingen. Und was unter ihnen umgeht, Liebe und Haß, Freundschaft und Feindschaft, Trost, Glauben, Hoffnung, Angst und Verzweiflung, das hätten sie am wenigsten in der „Kreatur“ zu finden geglaubt. So sehr haben sich die Menschen erhoben über die Schöpfung; so sehr haben sie sich auf sich selbst gestellt; so tief haben sie sich in ein übergeschöpfliches geistiges Reich hineingeträumt und hineindisputiert, daß ein langer Weg geworden ist zwischen den Menschen und der Kreatur.

Eine Katze verläßt mehrere Male am Tage geheimnisvoll ihre Säuglinge im dritten Stock eines Großstadthauses. Schier unsichtbar weiß sie durch die nur gelegentlich geöffnete Vortür zu schlüpfen. Die Menschen sind neugierig und fangen an, sie zu beobachten. Entdecken endlich im Keller ein neugeborenes Hündlein, dessen Mutter auf der Straße überfahren worden war. Dem brachte die Katze getreulich den Überfluß ihrer Milch.

Von dem Bleichplatz eines Vorstadtgartens war eines schönen Frühsommertages ein kostbares geklöppeltes Spitzendecklein verschwunden. Die Wäscherin suchte den ganzen Garten ab. Als die Äpfel reif wurden, stieg ihr Sohn auf die Leiter, um sie mit vorsichtiger Hand zu pflücken, damit nicht etwa einer durch Absturz zu Schaden käme. Und siehe da: Mitten im dichten Gezweig sah er ein Finkennest und darüber wie einen Himmelbettvorhang das verschwundene Decklein fein säuberlich aufgespannt!

Ich weiß nicht, warum ich mich so sehr freute und warum es mir so warm wurde um mein Herz, als mir eine großmütterliche Freundin meiner Bücher diese Geschichten schrieb. Ich hatte solcher Geschichten schon viele in meiner Knabenzeit gelesen und gehört, und sie waren durchaus nicht alle durch lehrhafte Absicht verdorben. War es nun eine selige Erinnerung an jene Zeit, in der ich noch keinen großen Unterschied machte zwischen Mensch und Tier, oder war es vielmehr die Freude an einer neuen Aufgabe, die dem Manne wird?

Damals kam mir wie eine Aufgabe die Überschrift dieses Aufsatzes ein. Sie stieg nicht sinngemäß aus den hübschen Tiergeschichten auf, außer daß ich mir etwa gedacht hätte, es lohne sich schon, solche Beobachtungen an der Natur zu sammeln, da sie doch die Ferne zwischen den Menschen und der übrigen Kreatur zu überbrücken imstande wären. So kann ja auch irgendeine Kunde aus einem fremden Lande der Anlaß werden, die Wege nach diesem Lande zu suchen oder gar zu beschreiten. Jene Geschichten werden vielmehr gewöhnlich so erzählt, als sei die uns fremd gewordene Kreatur auf dem Wege zu uns oder als sei sie auf dem Wege, unsere Gewohnheiten anzunehmen.

Und ich muß sagen, sie gibt sich manchmal Mühe; es ist manchmal wie ein Aufleuchten von drüben. Martin Buber erzählt in seinem Buche „Ich und du“: „Ich sehe zuweilen in die Augen einer Hauskatze. Das domestizierte Tier hat nicht etwa von uns, wie wir uns zuweilen einbilden, die Gabe des wahrhaft ‚sprechenden' Blicks empfangen, sondern nur – um den Preis der elementaren Unbefangenheit – die Befähigung, ihn uns Untieren zuzuwenden. Wobei nun aber in ihn, in seine Morgendämmerung und noch in seinen Aufgang, ein Etwas aus Staunen und Frage gekommen ist, das dem ursprünglichen, in all seiner Bangigkeit, doch wohl gänzlich fehlt. Diese Katze begann ihren Blick unbestreitbar damit, mich mit dem unter dem Anhauch meines Blicks aufglimmenden zu fragen: ‚Kann das sein, daß du mich meinst? Willst du wirklich nicht bloß, daß ich dir Späße vormache? Gehe ich dich an? Bin ich dir da? Bin ich da? Was ist das da von dir her? Was ist das da um mich her? Was ist das an mir? Was ist das?!' (‚Ich' ist hier eine Umschreibung für ein Wort der ichlosen Selbstbezeichnung, das wir nicht haben; unter ‚das' stelle man sich den strömenden Menschenblick in der ganzen Realität seiner Beziehungskraft vor.) Da war der Blick des Tieres, die Sprache der Bangigkeit, groß aufgegangen – und da ging er schon unter. Mein Blick war freilich ausdauernder; aber er war der strömende Menschenblick nicht mehr. Der Weltachsendrehung, die den Beziehungsvorgang einleitet, war fast unmittelbar die andere gefolgt, die ihn endet. Eben noch hatte die Eswelt das Tier und mich umgeben, ausgestrahlt war einen Blick lang Duwelt aus dem Grunde, nun war sie schon in jene zurückgeloschen."

Wie einen Hinausgerissenen blickt das Tier den Menschen an. Buber sagt, der Blick sei Bangigkeit, und Bangigkeit sei eine Sprache, „Bangigkeit, die Regung der Kreatur zwischen den Reichen der pflanzenhaften Sicherung und des geistigen Wagnisses – diese Sprache ist das Stammeln der Natur unter dem ersten Griff des Geistes, ehe sie sich ihm zu seinem kosmischen Wagnis, das wir Mensch nennen, ergibt. Aber kein Reden wird je wiederholen, was das Stammeln mitzuteilen weiß." Von dieser Bangigkeit weiß ein jeder Tierfreund. Sie ist vielleicht nur bei ganz jungen Tieren nicht zu beobachten. Sie verschwindet auch, wenn das Tier nicht mehr den Menschen anblickt, sondern ein anderes Tier. Es scheint nicht Bangigkeit um seines Tierseins, sondern um des Menschen Menschseins willen oder um solchen Menschseins willen, wie es jetzt in uns dem Tiere begegnet.

Wir beten zu unserem Vater im Himmel: „Dein Reich komme zu uns!" Und wir blicken dabei hoch über alle Kreatur hinaus, sogar über die Wolken, sogar über das Himmelsblau, sogar über die Sterne. Der Prophet aber, der das Reich sah, sah es mitten in der Kreatur: „Die Wölfe werden bei den Lämmern wohnen und die Pardel bei den Böcken lagern. Ein kleiner Knabe wird Kälber und junge Löwen und Mastvieh miteinander treiben. Kühe und Bären werden zusammen auf der Weide gehen; ihre Jungen werden beieinander liegen, und Löwen werden Stroh fressen wie die Ochsen. Und ein Säugling wird seine Lust haben am Schlupfloch der Otter, und ein Abwöhnling wird sein Händlein stecken in die Höhle des Basilisken. Ein jeglicher wird unter seinem Weinstock und seinem Feigenbaum sitzen ohne Scheu, denn der Mund des Herrn Zebaoth hat es geredet. Man wird nirgend letzen noch verderben auf meinem heiligen Berge, denn das Land ist voll Erkenntnis des Herrn, wie mit Wasser des Meeres bedeckt."

Daß wir uns nicht etwa verlaufen, indem wir von der Kreatur weglaufen auf transzendente Spiegelungen der Kreatur hinzu! Gott hat die Welt hier unten, die sichtbare wie die unsichtbare, geschaffen als unseren Weg zu ihm und als seine Wohnung bei uns!

Immer wieder möchte ich das Wort eines Grafschafter Einsiedlers herausholen aus seiner unaussprechlichen Wahrheit: „Wir bilden uns ein, der Natur ganz nahe zu sein, Gott aber suchen zu müssen in weiter Ferne, als kämen wir von der Natur und müßten einen weiten Weg zu Gott gehen. Dieser Stein, auf dem ich sitze, ist mir aber unbekannter und ferner als Gott. Denn wir kommen von oben und wissen um das Obere, sind aber gesandt zu den Dingen der Erde, um sie zu erkennen und zu lieben, damit auch sie teilhaben an dem Leben Gottes. Wir haben noch sehr weit zu ihnen, denn einstweilen vermögen wir nur, sie zu benutzen. Wir wissen nur, daß sie sind, wissen aber nicht, wer sie sind."

Wie einen Verlaufenen blickt das Tier den Menschen an.

Der „Schwarze Herden", der ein Fuhrgeschäft betrieb und auch die Pferdemärkte manchmal bis tief nach Schlesien hinein besuchte, wußte schier alle Orte und Wege, nach denen man ihn nur fragen konnte. Er sagte mir sogar, er sei einmal im Schlaraffenland gewesen. Da er aber nicht gut genug rasiert gewesen sei, habe man ihn wieder hinausgeworfen, ehe er nur angefangen habe, sich ortsüblich sattzuessen. Gleich fragte ich ihn, ob er auch den Weg dahin wisse. „O ja," antwortete er, „aber das ist nichts für dich. Du gehörst ins Paradies." Das sagte er, weil er, der dunkle und oft sehr harte und zornige Mann, in merkwürdiger Liebe und Zartheit mir hellblondem Jungen alles Helle und Lichte zutraute und zuwünschte. „Ja," erwiderte ich, wohl merkend, daß er mit dem Schlaraffenland nur gescherzt habe, aber doch zugleich alle Möglichkeiten offenhaltend, „können Sie mir denn sagen, wo das Paradies liegt, wohin ich gehöre? Wo gehen die Wege zum Paradies?" Und erhielt zur Antwort: „Das kann ich dir ganz genau sagen: Das Paradies liegt hinter den Cherubim mit dem flammenden Schwert. Wenn du diese einmal triffst, dann weißt du, daß du ganz nahe am Paradiese bist. Du mußt dich halt nicht fürchten!"

„Nein, ich würde sagen: ‚Guten Tag, ihr Cherubim; ich möchte gern ins Paradies'."

„Aber da würden sie dir wohl mit dem Schwerte drohen und sagen: Das Paradies ist seit der ersten Sünde verschlossen!"

„Ich würde antworten: ‚Ihr lieben Cherubim, mir ist die Erbsünde erlassen; ich habe wieder ein Recht auf das Paradies'."

Da machte der „Schwarze Herden" wieder jenes rätselhaft gütige Gesicht, das er immer aufsetzte, wenn ich im Disput mit ihm das letzte Wort zu behalten verstand. Er war vernarrt in Kinderklugheit und Kinderreinheit. „Wenn mich", so sagte er nun, „der Herrgott einmal stellvertretungsweise als Cherub am Tor des Paradieses Dienst tun läßt und du kommst gerade daher, dann lasse ich dich gleich hinein. Sonst aber, wenn etwas ganz Schweres und Brennendes vor dir steht, da ist das Paradies dahinter; du mußt aber hindurch durch alle Schwierigkeit und Hitze. Hitze. Gerade wo es am verzweifeltsten ist, mußt du durch, denn dort ist die Pforte."

Ich setzte noch darauf: „Na, wenn Sie schon so gut sind und mich hineinlassen würden, da können doch auch die Cherubim nicht häßlich sein!"

Es ist eine merkwürdige Macht, die uns von der Kreatur fernhält, so daß wir ihr oft sehr trügerisches Spiegelbild in den Brechungen des Geistes und die von Jahr zu Jahr steigende Nutzbarkeit ihrer Kräfte kennen, aber sonst kein Verständigungsmittel mit ihr haben außer der Gewalt, die wir ihr antun. Es ist eine Macht wie die der Cherubim vor dem Paradiese, wenn es nicht die Cherubim selber sind. Denn in der Kreatur, hinter dieser Macht verborgen, liegen noch alle Kräfte und Seligkeiten des Paradieses, die, wie die Dichter sagen, jetzt nur noch hervorleuchten in den Lichtern der Blumen und der Kinderaugen, die aber auch in jedem Heilkräutlein wirken – und vielleicht auch in jeder technischen „Errungenschaft". Es steht auch noch der Baum des Lebens, hat sich vielleicht in Millionen Samenkörnern und Stecklingen über die ganze Erde verbreitet, ist vielleicht gar einer von meinem Erlengrund oder von Schneiderbauers Busch drüben jenseits des Langen Grundes. Aber jene Macht steht vor ihm; seine lebenspendende Wirkung ist uns ferngerückt und versperrt.

Wo ist der Weg?

Ich muß es einmal sagen, so dumm und einfältig es auch klingt, und es ist sicher mehr als eine poetische Stimmung, daß auf mich alles, was Weg ist, einen ganz starken Zauber ausübt; muß freilich bitten, in dieser Aussage von dem Worte Zauber jeglichen Gedanken an Dunkles, Okkultes, Magisches fernzuhalten, denn es ist alles ganz licht und offenbar. Auf der halben Straße zwischen Schlegel und Neusorge biegt in rechtem Winkel der Bauernweg ab, der die Querrichtung schon nach etwa hundert Schritten wieder verläßt und in Gleichrichtung mit der Straße unseren Neusorger Feldhäusern zustrebt. Dort, wo er das Knie macht, hat mich meines Wissens jener Zauber das erste und wohl unvergeßliche Mal überfallen. Es ist dort weiter gar nichts zu sehen als nur eben ein Weg mit zwei Rädergleisen. Früher bildete sich dort oft von den Wiesen her ein kleiner Tümpel, an dem zuzeiten ungeheuer viel Kohlweißlinge spielten. Als die Schlegler Glashütte noch bestand, wurde auch manchmal von ihrem Bruchzeug eine Wagenladung an jene Stelle gefahren, um den Weg aufzuschütten und die Tümpelbildung zu beseitigen. Aber so interessant auch diese Bruchstücke und Schmelzklumpen waren, zu jener Zeit waren sie längst eingeebnet und mit Asche und Schlacke bedeckt, von denen der Weg im Sonnenschein einen dunkelvioletten Schimmer ausstrahlte.

Wege werden sonst nur immer nach ihrem Ziele oder nach ihrem landschaftlichen Rechts und Links oder nach dem Geldwerte ihrer Herstellung geschätzt, selten aber um ihrer selbst willen, selten sogar um ihrer Geschichte willen, um der Schicksale willen, die über sie getragen worden sind, um der Gedanken und Erkenntnisse willen, die auf ihnen empfangen worden sind. Und wenn schon dies, dann ohne Berücksichtigung irgendeiner Möglichkeit, daß der Weg selber einen wesentlichen Anteil daran gehabt oder genommen haben könnte. Mich aber nahm damals der Weg auf wie die Halle eines Wundertempels. Es sprangen Brunnen darin, an denen meine Seele trank.

Es ist wohl auch nicht zufällig, daß viele meiner schriftstellerischen Arbeiten, denen ich die Berufung zur Mitbegründung und Mitherausgabe dieser Zeitschrift „Die Kreatur“ verdanke, von Straßen und Wegen ausgingen und daß ich diese Straßen und Wege immer ganz genau bezeichnen mußte, so als hinge die ganze Arbelt in der Luft, wenn ihr Ausgang nicht als wahrhaftiger und wirklicher Ort auf dieser Erde bezeugt würde, und als hinge die Zuverlässigkeit dessen, was ich zu sagen hatte, gerade von diesem bestimmten Orte, von *dieser* Straße, von *diesem* Wege ab. Ich selbst hielt es anfänglich für zufällig, für literarische Eigenart oder Armseligkeit, bis mich mein Freund Joseph Kühnel, der Herausgeber der religiösen Zeitschrift „Heliand“, darauf aufmerksam machte, daß der am Anfang eines von ihm erstmalig abgedruckten Artikels geschilderte Weg ein Symbol und mehr als Symbol der mir offenbar gewordenen Wahrheit sei.

Der Weg zur Kreatur – als mir dieses Wort wie ein Befehl zum Augenöffnen, zum Nachdenken und zum Schreiben kam, gesellte sich hinzu der Geist des Florens Christian Rang, schier Seite an Seite mit jenem Wort des Schlegler Einsiedlers von der Länge des Weges zur Kreatur und von der Richtung dieses Weges. Ich erinnerte mich an das Wort Rangs: „Was der Himmel befiehlt, hat auf Erden zu geschehen – in diesen kategorischen Imperativ mündet die praktische Vernunft in ihrer ersten Periode“, und es war mir, als habe Rang auch gesagt, daß die Anfänge der Erdbeschreibung von der Astronomie her genommen worden seien; dem Bilde des Firmaments müsse das Bild der Erde entsprechen; wenn man den Himmel kenne, kenne man auch die Erde; wir kämen also von oben her nach und nach zur Erkenntnis der irdischen Kreatur. Ich suchte und fand jenes Wort bald wieder im 3. Heft des 2. Jahrgangs unserer Zeitschrift und merkte, daß die übrigen Erinnerungen doch sehr ungenau waren: Was Rang gesagt, hatte in mir eine Verwandlung durchgemacht. Dafür aber schlug mich ganz überraschend eine kurze Bemerkung, mit der Martin Buber den Abdruck des Stücks (Historische Psychologie des Karnevals) begleitet: Das Stück bedeute Weg. Buber sagt, daß es auch Hindernis und großen Kampf bedeute. Aber daß es Weg bedeutet, gab für mich den Ausschlag. Ich studierte das Stück noch einmal und fand, daß die Verwandlung meiner Erinnerungen doch nicht eine Verkehrung war. In der Zeit, in der die Berechnung der Sternbahnen, das Gesetz der Astronomen, vom Himmel gebrochen wird, in der Zeit des Herrschaftswechsels in der Sternenwelt, zerbricht auch der irdische Kalender und der Kodex der irdischen Verhältnisse. Chaos und Narrheit brechen durch, es wird Karneval, und Karneval erhebt die Gesetzlosigkeit zum Gesetz – was der Himmel befiehlt, hat auf Erden zu geschehen! „Durch das Kalenderloch der Unordnung brach der Triumphzug des Dramas der Außerordentlichkeit.“ Bis daß die Gewissensfreiheit der Menschen gesetzlich garantiert wurde, bis dahin verfolgt Rang den Weg vom götterbelebten Sternhimmel bis zu der uns nächsten Kreatur, bis zu unserer außerordentlichen Freiheit vom Gesetz. Erst kennt der Mensch die Götter und ihren Durchbruch durch die errechnete Gesetzmäßigkeit; nach langen Wegen erkennt er sich selbst, von den Göttern her, vom Himmel her.

In der Geschichtswissenschaft tauchte einmal die tolle Hypothese auf, daß ein großer Teil der ältesten Geschichten nicht geschrieben sei nach dem wirklichen Verlauf der Dinge, sondern nach der astrologischen Berechnung, wie der Verlauf der Dinge nach ihren Konstellationen hätte sein müssen. Irgend etwas Ernstes ist an dieser Tollheit. Ich habe Menschen kennengelernt, die ihre eigene Geschichte machten nach den Angaben der Kartenlegerin oder des Sterndeuters. Von oben her. Die Geschichte ihrer Vergangenheit legten sie sich so zurecht, und die Geschichte ihrer Gegenwart bestimmten sie so. Selbst in den Evangelien findet sich die Formel: Dies aber sagte oder tat Jesus, damit erfüllt werde, was der Prophet gesprochen. „Was der Himmel befiehlt, hat auf Erden zu geschehen“ – „Vater unser … Dein Wille geschehe wie im Himmel also auch auf Erden!“ Und wir glauben zu wissen, wie dieser Wille im Himmel geschieht; wir glauben, nur dafür sorgen zu müssen, daß er „also auch auf Erden“ geschehe. Das vom Himmel wissen wir, aber wir werden immer unwissender, immer stärker wird das „Soll“ und das „Sollte“, je näher wir der Erde kommen. Wir kommen vom Himmel her – vom Himmel der Sterne oder vom Himmel Gottes oder vom Himmel des Geistes – mit Bildern, die von dort her geprägt sind, und pressen diese Bilder auf die Dinge und Vorgänge dieser Erde, und siehe, es stimmt; wir sehen gar nicht, daß nicht alles stimmt; so sehr sind diese Bilder unsere Augen geworden.

Ich bin einmal sehr erschrocken über mich selbst. Ich war auf einem Gutshofe nahe an der polnischen Grenze und sollte das Gutshaus malen und zugleich den Kindern des Gutsverwalters ein wenig das Malen beibringen, so gut und so schlecht, wie ich es selber vermochte. Das Gutshaus mit seinen weißen Wänden, seinem Zinnengiebel und seinem Ziegeldach stand bald auf der Malpappe so klar und deutlich, daß man schier hineingehen und darin wohnen konnte. Daneben aber stand eine alte, hohe Fichte. Ich legte sie an und begann die Farben aufzusetzen. Als der Förster die Malerei sah, sagte er: „Das Haus ist mein Haus, aber die Fichte ist irgendeine Fichte, nicht aber die Fichte an der Ecke des Gutshauses." Ich sah schärfer zu: Stamm, Astwerk, Umriß, alles war genau „nach der Natur" gemalt, aber es fiel mir jetzt selber auf, daß die von mir gemalte Fichte nichts anderes war als eine der vielen Fichten, die auf den damals in allen bürgerlichen Stuben als- Zimmerschmuck dienenden Öldrucken mit romantischen Berg- und Alpenlandschaften standen. Mit vieler Mühe suchte ich in den nächsten Tagen das wirkliche Bild dieser einen bestimmten Fichte zu erkennen, vermag aber nicht zu sagen, wieweit mir dies gelungen ist. Ich war schon dankbar für den Schreck der Erkenntnis, daß wir die Kreatur ansehen und messen mit Bildern und Maßen, die wir von wo andersher mitbringen. Ich gehe seither schon einen langen Weg. Es ist sehr schwer, durch das flammende Schwert der Cherubim hindurch in das Land Eden zu schauen.

Erst in den letzten Tagen erschien in der „Theologischen Revue" ein Leitartikel von Professor Joseph Schmidlin über „Kirchenkunde" als ein „im theologischen Unterricht wie in der literarischen Pflege *neues Glied* der Gotteswissenschaft". Das ist ein ganz sprechendes Beispiel für das langsame, zaghafte, tastende Zuschreiten von weither zu einem Ding inmitten der Kreatur, das doch wie ein babylonischer Turm über alle Völker hin sichtbar dasteht. Wir wohnen darin oder stehen an den Pforten oder fliehen es; Millionen suchen darin ihren Himmel; und da wird auf einmal gesagt: Wir haben noch keine eigentliche Kunde davon! Wohl, wohl, wir haben aus all den zwanzig Jahrhunderten, in denen man vom Bestehen der Kirche weiß, eine ganze Anzahl von Aussagen und Berichten über den Zustand der Kirche, über ihre Ausbreitung und ihre Tätigkeit, und im letzten Jahrhundert ist sehr viel statistisches Material aufgeschichtet. Aber als Schmidlin eine Vorlesung über Kirchenkunde halten wollte und sich mit „dem besten Spezialisten in diesen Fragen, der in der Quellenzusammentragung wenigstens für Deutschland relativ am meisten geleistet hat", dem Jesuiten A. Krose beriet, erklärte ihm dieser rundweg, es sei nicht möglich, eine derartige Vorlesung durchzuführen, „weil es nach dem derzeitigen Quellenstand für die außerdeutschen Länder ausgeschlossen sei, ein wissenschaftliches Bild von der kirchlichen Gegenwart zu bieten." Freilich denke ich: Da ich vierzig Jahre lang mit offenen Augen und empfänglichem Herzen in der Kirche gelebt habe, kenne ich wohl die Kirche. Ich kenne sie aber nur soweit, als ich in sie hineingelebt habe. Es gab eine Grenze, von der aus ich sie nicht mehr erkennen konnte. Und die meisten anderen, die noch in ihr leben, kennen sie noch viel weniger; sie sind noch nicht einmal bis zu jener Grenze gekommen oder sind vor ihr zurückgewichen. Und doch wird außerordentlich viel von der Kirche gesprochen, als sei sie bis in ihr tiefstes Wesen bekannt. Wir haben ja doch die Kirchengeschichte! Und wir meinen, von der Kirchengeschichte aus müßten wir die Kirche bis ins Innerste hinein kennen. Von der Vergangenheit der Kirche her! Allein ist das nicht wieder ein ferner Ausgang und ein langer Weg? Erkennen wir nicht gerade daraus, daß wir erst einen Umweg über die Vergangenheit machen müssen und weit entfernt sind vom Gegenwärtigen? Gerade von der Kirchengeschichte sagt Schmidlin, ein Wort aus dem letzten Jahrbuch für die evangelischen Landeskirchen Deutschlands aufnehmend: „Die Kirchengeschichte machte in ihrem akademischen Betrieb respektvoll Halt vor der Gegenwart und legte zwischen sie und ihren eigenen Ablauf eine fast hundertjährige Isolierschicht." Diese Isolierschicht, waren das nicht etwa wieder die Cherubim mit dem flammenden Schwert?

Nur die Dogmatiker haben da keine Schmerzen. Sie schreiben dicke Traktate und vielbändige Werke „De ecclesia". Schier keine Frage bleibt ihnen unbeantwortet, schier kein Rätsel ungelöst. Sie kommen von ihren obersten Prinzipien her. Sie haben ihre Wissenschaft vom Himmel und aus den höchsten Reichen des Geistes, aus unerbittlich strenger Logik und – scheinen gar nicht zu ahnen, wie weit der Weg noch zum wirklichen Ding ist. „Was der Himmel befiehlt, hat auf Erden zu geschehen"; was logisch richtig gefolgert ist, das müsse auch so da sein auf der Erde. Ich will nicht dagegen streiten; ich will nur sagen, daß von diesen Reichen aus der Weg zum wirklichen Ding sehr weit ist; will es nur als Beispiel dafür bringen, daß wir von oben ausgehen und erst ganz langsam zu den Dingen selbst kommen und daß wir ihnen die von oben mitgebrachten Bilder aufzupressen versuchen und uns den Zugang zu ihnen oft ganz unmöglich machen. Ich möchte sprechen wie der Schlegler Einsiedler: daß wir von Gott ausgehen; es ist aber immer *unser* Gott, der Gott, den wir uns denken, und das kann auch ein Götze sein. Auch vor dem wahren Gott stehen Cherubim!

Von unserem Hause aus quer über den Langen Grund gesehen, steht an Schneiderbauers Wege eine alte, schöne Kiefer, die ebenso wie die herrliche Buche am Nordrand des Busches, ein großes Stück weiter dem Hofe zu, von dem alten Schneiderbauer bei seinem Sterben dem jungen zu Schutz und Schonung heilig anvertraut worden ist. Mit diesem Baum ist etwas. Oft wenn ich an ihm vorübergehe, hält er mich an und tut einen Bann über mich. Als ob unter seinen weitragenden Ästen die Liebe wohnte und den Durchgang durch ihr Schloß und ihren Garten offenhielte, so ist es. Es ist auch wie eine Rede, aber mit Menschenworten nicht wiederzugeben. Es ist nachher, als ob ich an einem Tisch mit wunderbaren Speisen und Getränken gesessen hätte; so trage ich Kraft und Freude davon. In Gesprächen mit mir selbst unter diesem Baum nimmt der Baum die eine der beiden Gesprächszollen. Wenn mich jemand fragt, mit wem ich da rede, muß ich sagen: „Ich mit mir selbst.“ Sind denn zwei Redende in mir? Ich sage nicht, daß zwei Ich miteinander reden, sondern nur der eine bin „ich“, den anderen benenne ich als „mich“; es ist einer, der keinen Nominativ hat, wie „Ich“ keinen Akkusativ, und dieses einen, der keinen Nominativ hat, dieses einen Gesprächsrolle übt der Baum.

Niemals will ich mit dem Baume reden, wie ein Dichter mit den Dingen der Natur redet; ich will mit ihm nur so reden, wie ein Gottesgeschöpf mit einem anderen Gottesgeschöpf redet, will also den Baum nicht etwa erst zum Menschen machen, damit er mit mir rede. Ich will mich bloß mit ihm in Verbindung bringen auf der uns beiden gemeinsamen Ebene unseres Geschaffenseins.

So oft ich in letzter Zeit in solchem Begehren an dem Baum vorüberging, hatte ich im Herzen die Bitte: „Sage mir etwas von dir!“ Die Antwort, die mir da kam, war seltsam. Sie lautete etwa so: „Das Weib war dir zuerst Schwester; da war es unfruchtbar. Dann wurde es dir ein himmlisches Wesen, eine Königin, eine Göttin; da hat es dich selig gemacht. Dann nahmst du es als Dienerin in dein Haus; da hat es dich satt gemacht und hat deine Stuben gewärmt und deine Kleider in Ordnung gebracht. Dann erst erkanntest du es als Weib; da wurde es dir, ‚Leben‘, wie schon dein Urvater das erste Weib genannt hat, und es wurde Mutter von Lebendigem.“

Ich darf diese Antwort nicht fälschen, also wohl auch nicht deuten; ich dachte nur nachher: Mir waren die Bäume auch dereinst wie Geschwister, und wenngleich ich dann nicht wie meine heidnischen Vorväter den Bäumen göttliche Verehrung erwiesen, so weiß ich doch, daß ich dies in meinen Vorvätern getan habe. Und dann war ich Romantiker genug, um für besonders schöne Bäume zu schwärmen. Und dann kam auch eine Zeit, in der ich die Bäume nur nach ihrer Nutzbarkeit ansehe. Jetzt aber, wenn die alte Kiefer gesagt hätte: „Ich will dir mein Geheimnis verraten: Ich bin ein Baum!“ – da wäre es mir wie eine selige Offenbarung von etwas ganz Neuem gewesen. Hat sie es mir nicht wirklich gesagt?

Der Weg zur Kreatur hat deutlich unterscheidbare Einzelstrecken, die wohl die ganze Menschheit, wohl jedes Volk, wohl jeder Mensch durchlaufen muß oder vielmehr zu durchlaufen beginnen muß. Eine dieser Strecken ist die Vergöttlichung der Natur, eine andere die romantische Naturschwärmerei, eine dritte – ich will aber weder eine Reihe noch eine Zeitfolge aufstellen! – die Nutzbarmachung, eine vierte die naturwissenschaftliche Forschung, eine fünfte die Vergewaltigung, eine sechste die Versklavung, eine siebente die Entdeckung und Erfindung. Das sind aber nicht alle Strecken; die wichtigsten und letzten kennen wir noch nicht. Zwar die Entdecker und Erfinder haben das Glück gehabt, mit einer Hand hineinzugreifen in den uns noch vorbehaltenen Schatz. Sie sagen, daß sie nach langen Studien und Versuchen dazu gekommen seien, also wie es scheint, logisch und rationell. Aber wenn man sie ernstlicher fragt, gestehen sie ein, daß letztlich ein Zufall zum vollen Erfolge geführt habe. Es kam ein Tag und eine Stunde, da waren sie völlig verzweifelt und wollten alle Versuche einstellen. Aber es riß sie etwas zu irgendwelchem weiteren Tun. Ihre Sehnsucht war aufs höchste gestiegen. Sie waren mit ihrem ganzen Wesen hineingerissen, sie waren schier selber Holz, Metall, Strom geworden. Da auf einmal kam es. Es war ein Aufeinanderzu. Es war ein Augenblick höchster Seligkeit. Strahlend schreitet, so sagt die Schrift, der Bräutigam aus der Schlafkammer. So auch der Mann, dem das Glück geworden ist, die verschlossene Kreatur zu öffnen und ein neues Geschenk aus ihren noch verborgenen Schätzen zu empfangen. Manchem wird es ohne vorausgängliche Mühe und ohne Verzweiflung.

Im übrigen gehen wir aber wohl alle noch auf der Strecke der Gewalt. Wir berufen uns auf das Wort des Schöpfers, das da in der landläufigen Übersetzung heißt: „Erfüllet die Erde und machet sie euch untertan!" Man spürt schon dieser Übersetzung an, daß sie von Gewaltmenschen für Gewaltmenschen gemacht worden ist. Sogar das Wort Gottes ist vergewaltigt. Die beiden Freunde des biblischen Wortes, Martin Buber und Franz Rosenzweig, die in höchster Liebe an jedes einzelne Bibelwort herangehen und es geradezu bitten, daß es in ursprünglicher Reinheit, Schönheit und Kraft, oder wenn es nicht schön oder nicht kraftvoll ist, dann in seiner Armut und Schwäche in die deutsche Sprache einkehre, übersetzen das Wort: „Erfüllet die Erde und werdet ihrer mächtig!" Das heißt doch etwas ganz anderes als jene landläufige Übersetzung. „Erwerbt euch die Macht, die in der Erde geborgen ist!" Nichts ist gesagt von Gewalt und Unterwerfung, nichts von Untertänigkeit der Erde als Ausgang der in dem Worte liegenden Verheißung. Oder gibt es nicht auch ein Mächtigwerden in der Liebe? Eine alles bezwingende Kraft der Sanftmut? Hat nicht der Gottesmann Jesus die richtigste und schönste Umschreibung jenes Schöpferwortes gegeben, als er sagte: „Selig sind die Sanftmütigen, denn sie werden das Erdreich besitzen"?

Mitten hinein in diese Gedanken wurde mir vom Rotapfel-Verlag das Buch „Gewalt und Gewaltlosigkeit" zugeschickt, das von Franz Kobler im Auftrage der Internationale der Kriegsgegner herausgegeben wurde. Das Buch ist mehr als eine Tendenzschrift im Dienste des aktiven Pazifismus; es geht weit über seine politische Bedeutung hinaus; es packt jeden an seinem Orte und in seiner Stunde, auch wenn ihm die Frage des Kriegsdienstes oder der Kriegsdienstverweigerung örtlich und zeitlich fern abliegt. Ich selber würde mich, wenn sie mir nahekäme, wohl an das Apostelwort halten: „Jedermann füge sich den obrigkeitlichen Gewalten. Denn es gibt keine Gewalt außer von Gott; die bestehenden aber sind von Gott angeordnet; also leistet, wer sich der Gewalt widersetzt, gegen Gottes Anordnung Widerstand." Aber was das Buch leistet:

Es bringt die Gewalt an das Sonnenlicht; es enthüllt ihre Gestalt und macht sie sichtbar; es zwingt sie vor das Gericht, und das Gericht wird ihren Anspruch auf Ewigkeit verwerfen und das Urteil verkünden, daß sie ihre Zeit hat und daß sie nach dieser Zeit vergehen muß. Gewalt ist nur eine Strecke auf dem Wege zur Kreatur, und in dem Buche reden ernste Männer und Frauen davon, daß diese Strecke ein Ende haben werde; sie beginnen mutig die „Erziehung zur Gewaltlosigkeit"; sie nehmen den Spruch Laotses auf:

Das Erdreich ordnen wollen mit Gewalt,
das mißlingt, wie die Erfahrung lehrt.
Das Erdreich folgt einer geistigen Kraft,
der die Gewalt nicht beikommen kann.
Es ordnen wollen, bringt es in Unordnung;
es festigen wollen, bringt es ins Wanken.

Der Skeptiker sagt, er anerkenne zwar eine Möglichkeit, wenn auch eine ganz utopische, daß man einmal unter den Menschen ohne Gewalt auskomme, aber die „Natur" werde von der Liebe immer nur das annehmen, was ihr Wachstum fördert, nie aber einer anderen Kraft folgen als der physischen Gewalt. Und dieser Skeptiker hat die Majorität der Menschen auf seiner Seite, sogar – wenn wir nicht die Zeit haben, uns ernstlich zu besinnen – uns selber. Er behauptet sogar, daß kein vernünftiger Mensch je auf einen anderen Gedanken kommen könne, außer etwa ein Dichter und Träumer, und was an gegenteiliger Erfahrung erzählt werde, gehöre in das Gebiet der Legenden und Märchen und könne vor der historischen Forschung nicht bestehen. Selbst Christen, die sich ihrer Bereitschaft rühmen, für jedes Wort des Evangeliums ihr Blut zu vergießen, wagen nicht zu widersprechen, weil es doch gar zu einfältig wäre, etwas Gegenteiliges zu sagen. Aber über dieser ganzen skeptischen Gesellschaft leuchtet auf das Wort, das Jesus zu seinen Jüngern sprach: „Wahrlich, ich sage euch, wenn ihr Glauben haben werdet und nicht zweifelt, so werdet ihr nicht nur das am Feigenbaume tun, sondern wenn ihr zu diesem Berge saget: Heb dich und stürze dich ins Meer, so wird es geschehen."

Wenn die neue Macht, durch die wir der Erde mächtig werden sollen, stark genug sein wird, dann wird die Kreatur erlöst sein von der physischen Kausalität, in die wir unsere Gewalttätigkeit eingebaut haben. Unser Wort wird eindringen in die innersten Kräfte der Kreatur und wird von ihnen erfüllt werden. Jesus nennt diese neue Macht Glauben, begreift aber unter diesem Wort die ganze Fülle des Lebens und der Liebe. Ein Senfkörnlein groß von diesem Glauben wird Macht haben über starke Berge – oder wird die Macht starker Berge haben.

Ich will aber nicht das letzte Wort haben wie der Hirtenjunge, ehe mir denn das erste gelassen wird. Das erste Wort aber kennzeichnet sich vor allen späteren durch seine allereinfältigste Einfalt. Alle unsere großen Wissenschaften hatten als Anfang ein ganz einfältiges Wort. Ich selbst bin als alter Akademiker wohl nicht mehr fähig für ein solches Wort. Aber es gibt hier in meiner Heimat noch Leute, die dazu fähig sind. Freilich haben auch sie schon eine schier unüberwindliche Scheu davor, als einfältig zu gelten. Ich muß es ihnen in dem Grade, in dem ich es selbst noch vermag, vormachen, so wie man in manche Pumpe erst ein Kännlein Wasser hineingießen muß, ehe man aus ihnen ganze Tonnen herauspumpen kann. Es ist dies keine Überlistung, die sogleich alle Einfalt vergiften würde. Nein, wenn ich schon einfältig werde, dann brauche ich keine List dazu; da genügt der noch vorhandene Drang meines Wesens. Es ist aber rührend, wie prompt der Strom der Einfalt fließt, wenn er nur erst durch ein Kännlein Einfalt angeregt ist. Wie von einem Banne erlöst, leuchten die Menschen in ihrem Angesicht auf und verbreiten dann über mich das Lob, das auch mir als das höchste gilt: „Mit dem kann man reden." Ja sie entschuldigen sich sogar manchmal nachträglich, daß sie vorher „so" geredet haben; sie meinen: „so klug sein wollend" oder „so skeptisch und kritisch" oder „so liberal".

Da sind vor allem die „kleinen Leute", die von allen Ackergütern der Erde nur ein paar Beetlein am Haus oder gar nur ein wenig Blumentopferde auf dem Fensterbrett haben. Dafür können sie auch jedes Blättlein, das wächst, und jede Knospe, die ansetzt, beobachten. Und sie verderben ihre Beobachtung nicht wie unsereiner dadurch, daß sie etwas erforschen wollen; sie wollen sich nur freuen, und Freude verdirbt nichts auf der Erde.

Diese Leute wissen, daß sie bei ihren Pflanzen weder mit Klugheit, noch mit Gewalt auskommen. „Es nutzt alles nichts, wenn man nicht ein wenig Liebe dazu hat", sagen sie, und sie meinen dies keineswegs so, als ob die Liebe nur dazu notwendig wäre, die rechten Mittel und Mittelchen auszusinnen und mit genügendem Fleiß anzuwenden, sondern vielmehr so, daß das lieberfüllte Wesen unmittelbar auf die Pflanzen wirke und – Gegenliebe erwecke. In der Nachbarschaft ging ein Myrtenstock ein. Von seinen Ästen waren einige Zweiglein für ein Begräbnis abgeschnitten worden, vorsichtig und kunstgerecht. „Ja, da muß man ein schwarzes Trauerschleiflein an den Stock binden, sonst geht solch ein Myrtenstock ein", so sagte einer der Nachbarn mit einer Nüchternheit, mit der er einem fiebernden Menschen Lindenblütentee zum Schwitzen angeraten hätte. Meine Mutter hatte viel Wermutstauden im Hausgärtlein, obwohl wir damals selten einen verdorbenen Magen hatten. Der Wermut überwucherte einen großen Teil des Gartens, aber meine Mutter, die sonst viel auf die Pflege des Gärtleins gab, rodete ihn nicht aus. Als meine Mutter starb, im nächsten Jahre schlug keine einzige

Wermutstaude im Garten aus, und erst jetzt nach vielen Jahren gedeiht der Wermut wieder im Garten.

Doch bei Blumen und Pflanzen des Hausgärtleins oder des Fensterbretts drückt der Skeptiker noch eines seiner skeptischen Augen zu und versagt sich den ausdrücklichen Widerspruch, ein sicheres Zeichen, daß hier noch nicht die Gegend des ersten und einfältigsten Wortes liegt. Von Tieren weiß er selbst manche Geschichte zu erzählen. Kommt aber das Gespräch auf die „Sympathie" lebloser Wesen mit den Menschen oder miteinander, dann denkt er gleich an Andersens Märchen.

In dem kleinen Schusterhäuslein an der Neuroder Straße, kurz vor den Eisteichen der Roterbrauerei, hatte sich jahrelang ein alter Spazierstock herumgetrieben. Er war aus einem Wurzelstock geschnitzt; der Griff hatte die Gestalt eines unheimlichen Vogels, und am Stab war oben, zwischen den Klauen des Vogels, die Jahreszahl 1617 eingekerbt. Das Schusterhäuslein ist weit und breit bekannt durch sein schmuckes Aussehen und durch das von Blumen und Blüten wuchernde Gärtlein, das sich von dem tief am Rande gelegenen Hause zur Straße herauf zieht. Der nun siebzigjährige Meister sitzt fleißig auf seinem dreibeinigen Schemel, aber er fand doch immer Zeit, sein Haus mit neuen Farben und Schnitzereien zu schmücken und seinen Garten zu pflegen. Alles was Gott geschaffen hat in der weiten Welt, hätte er am liebsten in seiner kleinen Welt nachgebildet. Auch der alte Stock sollte seinen Dienst haben. Er wurde zu einer jungen Rose gesteckt, und er hielt sie tapfer, bis sie groß genug geworden war. Im Winter 1928 aber kam das Faschingsfest in der Schmiede, einem Wirtshaus an der Schlegler Grenze. Der alte, überall beliebte Meister hatte von jeher das freiwillige Amt eines Magister ludorum bei solchen Gelegenheiten, wobei ihn seine zahlreichen Söhne und Töchter und Enkelkinder, alles fröhliches Volk, lebhaft unterstützten. An diesem Fasching gedachte er nun seines alten Stockes, der zu seiner Maskerade paßte. Er sah so aus, daß der Stock denken mußte, er ginge wieder mit einem seiner ersten Besitzer aus dem 17. oder 18. Jahrhundert. Als der Meister nach dem Tanz heimging, blieb der Stock im Wirtshaus. Die Wirtsstube ist seit einigen Jahren geschmückt mit einer großen Zahl von „Altertümern", schlesischen Bauerntellern und schön geschliffenen Gläsern. Das Regiment über diese Altertümer führt eine uralte Uhr, an deren Gehäuse, zwischen zwei Türmlein, ein tapferer Wachsoldat immerfort auf und ab geht. Die Wirtin ließ dem Meister sagen, daß der Stock zurückgeblieben sei. Der Meister ließ ihr antworten, falls der Stock in die alte Gesellschaft passe, solle er dort bleiben. Daraufhin hängte die Wirtin den Stock in die Nähe der alten Uhr. Und siehe da, die Uhr blieb stehen. Natürlich auch der Wachsoldat. Und es war keine Möglichkeit, sie wieder in Bewegung zu setzen. Ein paar Schritte, dann stand alles wieder still. Da sagte die kleine Tochter des Wirts: „Mutter, die beiden vertragen sich nicht. Du mußt den Stock woanders hinhängen!" Die

Wirtin tat's, und die Uhr fing wieder an zu laufen. Natürlich auch der Wachsoldat. Einige Tage später kam ich in die Schmiede. Da sagte mir die Wirtin, wenn ich den Stock haben wolle, könne ich ihn haben. Wir hatten sie wegen ihrer Altertümer immer gut beraten, da wollte sie mir eine Gefälligkeit erweisen. Seitdem ist der Stock bei mir, und er hat sich bei mir noch nie als unverträglich bewiesen.

Weil es nun einmal von Uhren geht, so sei auch dies noch erzählt: Der Freiburger Professor Alban Stolz hat in seinen Büchern öfter davon gesprochen, daß seine Uhr stehenblieb, wenn ein ferner Freund von ihm gestorben war. Er dachte sich das so, daß die Seele des Verstorbenen doch noch soviel Körper hatte, um wenigstens das fein abgewogene Verhältnis zwischen Zuggewicht und Pendel der Uhr zu beeinflussen und zu Mitteilungen zu benutzen. Die von ihm berichtete Tatsache ist aber viel richtiger und wichtiger als die von ihm versuchte Erklärung. Erklärungen sind nie erste Worte; sie sind die Eisenbahnweichen der Gedankenzüge, und mit ihrer Hilfe kann man den Zug lenken, wohin man will. Es sind auch zwischen mir und der mitgeteilten Beobachtung zuviel Zeit und zuviel Raum und zuviel Geist. Wäre Alban Stolz noch ein wenig einfältiger gewesen – das ist nun freilich für einen aktiven Professor geradezu verboten – so hätte er sich damit begnügt zu sagen: Die Uhr ist fähig, mehr Mitteilungen zu machen als bloß, wie spät es sei. Er hat noch nicht darauf geachtet, wie sehr der menschliche Geist darauf aus ist, sich überall einzuschalten und so zu tun, als ob er alles selber gewesen wäre.

In den Neusorger Häusern hängen meistens Uhren, die schier gar keinen Anspruch darauf machen, die Zeit richtig anzugeben. Aber an eine Uhr stellten die Menschen diesen Anspruch, weil sie teuer genug war. Wie es auch immer zu erklären ist, in Neusorge dachte sie nicht daran, diesen Anspruch zu befriedigen. Und das war peinlich, da die Autowagen nach der Stadt und die Eisenbahnzüge in die Welt sklavisch nach der Bahnzeit gingen. Da schickte es sich, daß der Besitzer dieser Uhr in den Besitz eines Präzisionswerkes kam, das wenigstens einen Monat lang die Zeit bis auf die Minute genau anzugeben versprach. Von diesem Tage an richtete sich die ältere Uhr genau nach dem Präzisionswerk, und da dieses auch im Laufe eines Monats gegen alles Versprechen sieben Minuten vorging, so ging auch die ältere Uhr diese sieben Minuten vor.

„Da wird halt …", beginnt gleich der, der das nächste oder gar schon das letzte Wort haben will. Die Fortsetzung seiner Rede ist mir aber gleichgültig. Ich will noch eine Weile beim ersten Worte bleiben.

„Da müßte man ja mit den Dingen reden können!", hebt jener wiederum an. Eine Hausfrau, die sehr ehrgeizig darauf sah, daß in ihrem Haushalt alles in tadelloser Ordnung sei, wollte immer alles erzwingen. Bis sie den unzählbaren Widerständen, die in den Dingen stecken, erlag. Ich weiß nicht, ob sie an meinen Kreaturaufsatz über die Widerstände und Beistände (Kreatur II, 1) gedacht hat, aber sie schrieb uns jüngst, daß sie nun zu den Dingen in ein ganz anderes Verhältnis gekommen sei; sie habe es aufgegeben, irgend etwas von den Dingen zu erzwingen; sie verlege sich aufs Bitten, wohl eigentlich, von ihrem Stolz aus gesehen, notgedrungen, aber doch von Herzen demütig, und siehe da, der schier organisierte Widerstand beginne ganz erfreulich zu weichen.

„Das lag nicht an den Dingen, das lag nur an ihr! Sie ist ruhiger und selbstbeherrschter geworden; sie faßt jetzt die Dinge ganz anders an, und darum gelingt ihr jetzt alles besser", so wird der Inhaber des zweiten und Behaupter des letzten Wortes reden. Von wem aber ging die Veränderung aus? Wer erzwang den Übergang vom Zwingenwollen zum Bittenwollen?

Am 7. Februar 1928 fuhren wir mit einem Sportschlitten, der aber meist den Dienst eines Lastschlittens tun muß, zum Kleinbahnhof, um eine Liste mit Büchern abzuholen. Es ging quer über die tiefverschneiten Felder. Unser Schäferhund brachte einen Ast herbei und legte ihn vor unsere Füße. Wir sollten den Ast einen Stockweit fortschleudern, damit er ihn wiederholen könnte. Ich ließ mich gern in das Spiel ein, bis wir auf die Straße kamen, wo es wegen der dahersausenden Autos enden mußte. Als wir wieder daheim waren, merkte ich, daß ich meinen Ring verloren hatte. Natürlich, im kalten Schnee waren die Finger starr geworden, und der Ring konnte sich leicht lösen. „O je!", sagten die Leute, „wenn ein Ehering verlorengeht, dann stirbt das andere!" Und unterhalb meines Kritizismus und meines Gottvertrauens begann sich eine schlimme Angst einzunisten. Als ich gegen Abend einen Augenblick in unserer Schlafstube war, umfing mich plötzlich etwas wie ein fühlbares Vertrauen. Als ob ich auf einmal mitten im Wesen der Dinge wäre, so umfing es mich. Und ich mußte etwas sagen; was mir sonst als eine ungeheuerliche Torheit erschienen wäre. Ich mußte sagen: „Wenn das wahr ist, was ich, schier gegen meinen Willen, von den Dingen denke, dann kann ich das Ringlein zurückrufen." Gleich schalt ich mich freilich. Das sei ja wie Zauberei! Und eigentlich hatte ich doch über die Dinge gar keine besonderen Gedanken außer denen, die ich vor zwei Jahren in dem Kreaturaufsatz niedergeschrieben. Und doch preßte sich aus mir etwas wie Bitte oder Befehl: „Ringlein, komme zu mir zurück! Auch wenn du noch so weite Umwege zu machen hast, komme zu mir zurück!" Dann war wieder alles erloschen; ich wurde auch wieder traurig um den verlorenen Ring und dachte an alle rationalen Mittel, die mich etwa wieder in seinen Besitz bringen könnten. Suchen gehen, das hatte bei dem hohen Schnee auf den Feldern und wegen des starken Autoverkehrs auf der Straße wenig vernünftigen Zweck. Und den Verlust im Ortsblatt anzeigen, davon konnte ich mir nicht viel mehr versprechen. Es kamen dann auch wieder andere Aufgaben. Wir begannen uns damit zu trösten, daß ein viel goldenerer Ring ums Herz geschmiedet ist, der nicht verlorengehen kann.

Am 18. September desselben Jahres, als das Gras um unser Haus schon zum drittenmal geschnitten worden war – es musste dies wegen des vielen Gesträuchs mit der Sichel, nicht mit der Sense geschehen – kam des Abends meine Schwester Agnes zu mir, die von Geburt aus schwerhörig und, da sie an keinem Unterricht, an keiner Unterhaltung und an keiner Freude recht anteilnehmen konnte, oft recht schweren Gemütes ist. Aber sie hat sich schon oft als Wiederfinderin verlorener Dinge bewährt. Ihr wird darum immer zuallererst gesagt, wenn etwas verlorengegangen ist. In meinem Falle konnten wir aber auch auf sie keine Hoffnung setzen. Wie hätte sie mitten auf den Feldern suchen sollen! Erst der Schnee, dann über Nacht starkes Tauwetter, das die Felder aufweichte, dann wieder Schnee und wieder Tauwetter, dann die weiche Frühjahrsaat!

An jenem Abend also kam sie zu mir und sagte: „Du hast doch einmal deinen Ring verloren? Hier bringe ich ihn dir!“ Und richtig, es war der mit den Anfangsbuchstaben des Namens meiner Frau gezeichnete Ring! Die Schwester hatte ihn unterhalb unseres Hauses, also gar nicht auf dem Wege zum Bahnhof, gefunden, als sie dort zum dritten Male das Gras absichelte – es war ein sehr trockener und futterarmer Sommer gewesen, und jedes Hälmlein mußte zusammengeklaubt werden. An derselben Stelle hatte im Frühjahr ein Arbeiter tagelang gearbeitet, die Erde aufgeworfen und dann mit dem eisernen Rechen nach oben gerecht, wo sie eine Stufe in dem abfallenden Gelände bilden sollte. Ihm aber hatte sich das Ringlein nicht gezeigt, und ich kann mich auch nicht entsinnen, daß ich am Tage des Verlustes an der im Winter nur mühsam zugänglichen Nordseite unseres Hauses gewesen wäre.

Halt ein und sage das zweite Wort nicht allzuschnell, und das letzte sprechen zu wollen, wäre ohnehin eine Anmaßung!

Ich kann und darf und mag darum selber nichts „Abschließendes“ sagen, freue mich aber, daß bei den kleinen Leuten meiner Heimat soviel Aufgeschlossenheit ist. Sie erzählen sich solche Dinge und hören sie sich an und sagen dann höchstens: „Man möcht sprechen…“, aber sie vollenden den Satz gewöhnlich nicht.

Wilhelm Michel

Der Mensch in der Landschaft

Wir sind mitten in die Natur gestellt. Wir leben mit ihr, und namentlich als Landschaft ragt sie von allen Seiten in unser Dasein herein.

Zwar ist Landschaft nur eine Zone, eine verhältnismäßig schmale Zone der Natur; denn die reicht ja vor allem auch durch den ganzen Menschen hin. Doch in der Landschaft tritt die Natur als ein objektiver, umgebender Lebensraum auf, scheinbar vom Betrachtenden unterschieden. In der Landschaft ist die Natur scheinbar ganz außer uns und ganz bei sich selbst. Und daran liegt es, daß wir unsere deutlichsten (um nicht zu sagen: gröbsten) Naturerlebnisse in und vor der Landschaft haben.

Die Landschaft vertritt für viele die ganze erlebnisfähige Natur. Denn es gibt da ein Erleben. Und dieses Erleben ist der sprechendste Beweis dafür, daß zwischen Mensch und Natur ein echtes Gegenüberstehen sein kann, eine echte Entfremdung – bei so viel ungeheurer Durchdringung, fast Identität.

Es gibt sogar „Geschichte" (Historie) in der Beziehung des Menschen zur Landschaft. Es gibt in ihr abgehobene, umschriebene Perioden, deren Charakter zwischen Krieg und Verständigung steht. Und von diesen Perioden will ich hier sprechen, indem ich kurz der Geschichte meiner eigenen Landschaftsbeziehung nachgehe. Ich erzähle sie, nicht weil ich sie für besonders eigenartig, sondern weil ich sie für typisch halte.

Diese meine Landschaftsbeziehung gliedert sich in vier Stufen.

Auf der ersten Stufe, in der Kindheit, fand ich mich in die Gestalten der Natur eingereiht als in eine Schar von selbstverständlichen Lebensgenossen, als in ein Gefüge von vielfältig brauchbaren Requisiten, mit denen sich gut leben und spielen ließ, ohne Sehnsucht, ohne Abstand, ganz dinglich und körperhaft. Als Kind lebt man mit den Geschöpfen. Man versteht sie; aber mit einem Verstehen vor Auftreten der Verstehensfrage. Oder vielmehr, da „Verstehen" schon den großen Widerstreit voraussetzt (Verstehen = einer Sache den Weg verstellen, vertreten und sie so bezwingen): Man „versteht" als Kind die Natur nicht, sondern man steht in ihr. Es fehlt das fälschende, melancholische, begeisternde Element der abgerückten Betrachtung. Der Verkehr mit den Geschöpfen ist realistisch. Ihre Werte stehen auf festen Stützen. Ein Baum, den man beklettern kann, ist mehr wert als ein unzugänglicher. Ein Strauch, an dem Beeren hängen, ist schöner als einer, der bloß Blätter hat. Spazierengehen zum Zwecke des Landschaftsgenusses ist sinnlos; das leibhaftige Betasten, das wirkliche Ernstnehmen der Felsen, Bäume, Wiesen und Quellen, wie es im *Spiel* stattfindet, das erst ist Verkehr und Beziehung. So erst werden sie mir, dem Kind, wirklich. Das wird wohl bei allen Kindern das gleiche sein.

Dann kam eine Zeit, da begann die Natur, bisher willig, mütterlich und grenzenlos zugänglich, sich mit einem Male zuzuschließen. Ich merkte, daß ich aufgehört hatte, die Sprache der Geschöpfe zu verstehen. Das heißt: Ich merkte, daß es in der Landschaft, mit der ich bisher gelebt hatte, nun etwas „zu verstehen gab". Alles wurde stumm, bis ins Herz. Jeder Baum wurde ein verriegeltes Haus, mit blinden Fenstern. In die Luft, die ich gemeinsam mit Tieren und Pflanzen atmete, trat ein grelles Mißverständnis. Wir kamen nicht mehr zueinander. Die Gestalten der Landschaft vermummten sich; ich sah sie nur noch dick eingehüllt von Fremdheit, mit Schrecken und Abweisung beschneit, unförmig verpackt wie schamanische Tänzer, unter grotesker Verlarvung unkenntlich geworden und tief in Abgründen verloren. Ausgestoßen stand ich vor dem Bezirk, den sie bewohnten. Ich hatte vorher nicht gewußt, daß auch ich in ihm gelebt hatte, jetzt erst, nach der Ausstoßung, sah ich, daß da ein Garten war, aber er zeigte nur seine Mauern von außen und nirgends ein Tor.

Wie hatte es dazu kommen können?

Es hatte sich seit langem ein Prozeß vorbereitet, eine innerliche Katastrophe, die darauf zielte, das ganze Leben in mir auf den „Geist" zusammenzuziehen. Ich könnte in der geläufigen euphemistischen Sprache sagen: Der Geist war in mir erwacht. Aber am Ort des Geschehens sah das anders aus, sah es zunächst sehr viel negativer aus. Das Leben zog sich nach innen, aber nur, um dort einen neu auftauchenden Ich-Punkt zu nähren, der dabei doch leer, bildlos und weltlos blieb; mächtig und herrisch, aber seltsam parasitisch, alles an sich reißend, alle Sinne vertaubend, das ganze Sehfeld entleerend, den Körper in eine hilflose, träge Masse verwandelnd – aber ohne eine andere Gegengabe, als daß er, der Ich-Punkt, immer gewaltsamer aufglühte und sein Ich! Ich! immer greller über die erschrocken verstummende Welt schrie. Dieser Ich-Punkt enthielt eigentlich nichts weiter als die Behauptung: Ich! Aber dieses Ich war nicht meine Person, mein Leben, mein Individuum. Es war etwas durchaus Allgemeines, das in mein Haus von unten her (gleichsam von den Kellern her) eingebrochen war und sich alsbald in der bisher leer gelassenen – welch ein Versehen! aber es war doch so: leer gelassenen – Herrenstube eingenistet hatte. Es wollte sich fühlen. Und es fühlte sich: schmerzhaft, mit einer saugenden Kraft, ein böser Herr, der aber nicht vertrieben werden konnte, weil er im Hause genau an dem Punkte wohnte, der unzweifelhaft der Ort des Befehls war. Er hieß alles Leben im Hause, das bisher an den Fenstern gelehnt und fröhlich in die große Verschwisterung hinausgeblickt hatte, sich umkehren und nach innen starren; auf ihn. Ich sagte es schon, daß der Körper, die Sinne anfingen, zu ertauben. Es ging kein Leben mehr frei aus mir heraus; es wußte sich immer vom Rücken her fixiert und zur Umwendung, Inversion, aufgefordert. Und während die Natur draußen frei vor den Sinnen lag, vor gesunden Augen und Händen, mit allen ihren Farben, Hauchen, Tastreizen mich erreichend, war sie doch nicht da; war sie unwirklich wie ein Traum, den einer vergessen hat. Eine Scheidewand ging rings um mich her. Was an Empfindung hindurchreichte, war ein pelziges, taubes Ungefähr. Alles fühlte sich, in bezug auf seine geistig anerkannte Wirklichkeit, an wie Filz, wie eine trockene, ausgepreßte, saftlose Materie.

Damit wurde mir die Landschaft zunächst stumpf, leer, taub und tot. Ich suchte sie zwar immer wieder auf; aber ich irrte in ihr umher wie jemand, der das Haus seiner Jugend hat aufsuchen wollen und nur niedergebrannte Ruinen findet. Ich blickte immer wieder die Natur an; aber ich verstand ihren Blick, den sie mir zurückgab, nicht, und statt einer Rede hörte ich von ihr nur blecherne Vokabeln ohne Sinn. Allmählich drang dann zwischen mich und sie der Schrecken ein. Die Natur wurde mir unheimlich. Mehrfach kam ich aus dem Wald eilenden Fußes zurück, weil mich drinnen die gehäufte Feindseligkeit so vieler Wesen in Angst versetzt hatte. Das nicht Verstandene wurde zur Maske, und die Maske erregte mich tief mit ihrer gespenstischen Leere. Gehäuse ohne faßbaren Inhalt, ragten Bäume, Felsen, Berge vor mir auf; jeden Augenblick, schien es mir, waren sie bereit, vor innerer Hohlheit zusammenzustürzen oder eine schwarze Feindschaft, die mit angehaltenem Atem hinter ihnen stand wie hinter Kulissen, auf mich loszulassen.

Mit dieser ganzen Lage hing es zusammen, daß ich auch meinerseits gegen die Natur störrisch, widerspenstig, verbissen wurde, nicht nur gegen die Landschaft, sondern gegen alles im Sinn der Natur liegende Verhalten: gegen jede Hingabe, gegen alles Strömen und Fließen. Musik, als Aufforderung zum Mitgehen in einem bestimmten Takt, wurde mir anstößig. Ich weigerte mich zu tanzen, aus innerer Unfähigkeit dazu. Ich empfand Grollgefühle gegen das Fruchtbringen in der Natur, ja gegen das Mütterliche überhaupt. Eine pathetisch aufgespreizte Bucheckernhülle, die ihre Frucht hergegeben hatte, war nahe daran, mich zu einem Gelächter zu reizen. Riß mir ein Windstoß den Hut vom Kopf, so lief ich ihm nicht nach, aus Trotz. Trotz und Hochmut, der Hochmut aller „gueuserie", ergriff weithin von mir Besitz, durchwirkte meine ganze geistige Welt. Ich verliebte mich in Künstliches, ich ging überhaupt von da aus durch weite Bezirke der Widersetzlichkeit, der Auflehnung; und immer richtete sich diese Auflehnung so sehr gegen die Natur und alles Naturhafte, daß sie, mitten in ihrer unzweifelhaften Unfrömmigkeit, zuweilen ein ethisches Gepräge bekam: als Auflehnung gegen Leidenschaften – da diese ja das „Ich" zu überrauschen drohten. Leidenschaften waren unwürdig. Der Geist, gerade jener aus dem Naturgarten ausgesiedelte, aus dem Paradies vertriebene Geist, lehnte sie ab.

So geriet ich, einstmals *in* der Natur stehend, nun *neben* die Natur. Durchaus nicht etwa *über* sie. Denn als etwas Ungekanntes, Unbewältigtes dehnte sie sich hart neben meinem ausgesiedelten Dasein, ein ständiger Vorwurf, ein Gegenstand von Groll, Neid oder falschem Hochmut. Es dauerte sehr lange Zeit, bis diese Lage sich herausgebildet hatte; und wiederum dauerte es lange, bis sie wieder abgebaut war. Zwar hängt der Mensch in sich grenzenlos zusammen, aber die Gliederung seines geistigphysischen Organismus ist dennoch so abgesetzt und es gibt so viele Kammern in ihm, daß es bei Umwälzungen immer sehr lange dauert, bis *alle* Positionen vom neuen Sinn besetzt sind. Oft ist in der einen Region schon Triumph, während in der andern noch schwere Nachhutgefechte geliefert werden. Oft glänzt über dem einen Teil noch die Sonne, während von der anderen Seite her schon wieder Gewitter hereinschwellen. Der Mensch ist wohl weiträumiger als alles, was ihn ergreifen kann. Darum hält er auch Stand unter Ergreifungen, die ihn eigentlich zerstören müßten, weil immer Regionen in ihm sind, die ruhig bleiben. Und freilich fassen ihn darum auch Durchleuchtungen niemals so, daß sie ihn überall *eines* Sinnes machen; oder doch vielleicht eines *Sinnes,* aber nicht eines buchstäblich gleichen, homogenen Inhalts. Daher führen Umwälzungen in ihm nicht eigentlich Vernichtungen, Ausscheidungen bestimmter Elemente herbei, sondern neue Unter- und Überordnungen; und so bleibt er in der Analogie zum Makrokosmos, in dem selbst das Böse niemals untergehen, sondern nur hinuntergehen kann – in die Unterwerfung.

Ich sage das, um zu erklären, was alles an Einzeloperationen nötig war, um im Laufe langer Jahre die Mauer zwischen der Natur und mir zu Fall zu bringen.

Das erste war eine Art Heimweh nach der Natur. Ich erinnere mich, daß ich an einem Wehr stand. Das Wasser des Flusses ging höher als der obere Rand des Wehrs, und so stürzten unaufhörlich pralle, schwere Wogen, gewölbt wie geblähte Segel, über das Wehr herunter. Das geschah mit völliger Besinnungslosigkeit, in einem einzigen begeisterten Gehorsam, in einer unfaßbaren Kühnheit der Hingabe. Die Fluten warfen sich festlich hinab, eine lachende, unbegreifliche Freude lebte in dem Dauersturz vom glasklaren Wogenkamm oben bis zum Vertosen und Versprudeln unten. Und ich, davor, in mein halb störrisches, halb feiges Zaudern gebannt, voller Bedenken und armseliger Ängste, immer knausernd und mich sparend in einem tauben Bettelstolz. Gespart wozu? Stolz auf was? Gespart zum Beckmesser der gewaltigen Freude, zum widerwilligen Zuschauer beim großen Fest; stolz auf eine Unergreifbarkeit, die doch vor der Hand nichts anderes war als eine schimpfliche, feige Armut.

Wie mich hier das Wasser angesprochen hatte, so sprach mich ein anderes Mal ein Baum an. Er stand einsam auf einer freien Höhe, weitum das ebene, von einem Strom durchglänzte Land. Er hielt frei seine Zweige hinaus; frei, kühn und unausdenkbar leicht (von der spezifischen „Leichtigkeit" der Naturdinge war ich eine Zeitlang wie verfolgt, besonders von dem leichten Stehen der Baumzweige in der Luft und von der mächtigen Zartheit, mit der schwere Berge ihre Linien an den Horizont schrieben; und „Leichtigkeit" war auch hier die völlige Abwesenheit der unterbrechenden, gegenrhythmischen Einflüsse, des „geistigen" Zauderns. Schwer fühlte ich den Menschen in der Welt stehen, schwer war das Wort, schwer der Gedanke, beladen mit Widerspenstigkeit und Trotz; aber undenklich leicht und kühn waren alle Dinge der Landschaft).

An diesen Baum angelehnt, fühlte ich plötzlich die trennende Wand sich verdünnen. Es hatte auf einmal Sinn, den Atem anzuhalten und in sein Leben hinüberzuhorchen. Unbegreifliches Erlebnis: es *sprach* von drinnen. Es lautete von drinnen Beruhigung. Es gab ein Gespräch. Das ging immer noch über eine tiefe Kluft hinüber und herüber; aber doch war es Gespräch. Du in der Fülle – ich im Mangel; du im Gehorsam – ich im Trotz; du in der Heimat – ich im Irren; ich in der Unrast – du im Frieden. Es war Spätherbst und kalt. Ich sah die rissige Borke des Baumes an im Bedürfnis, sie zu lieben. Er war immer noch zu weit von mir fort. Aber die Stimme von innen hatte ich gehört, und in dem Heimweh, das sich von mir zu ihm wölbte, war nicht nur Trennung, sondern auch Beziehung; das Neue.

Damit leitete sich die dritte Stufe meiner Naturbeziehung ein. Es geschah, wie gesagt, in langen und langsamen Übergängen; aber als eines Tages das Ergebnis da war, wirkte es doch wie ein reales, biographisches Ereignis. Mit mächtiger, froher Bestürzung merkte ich eines Tages, daß das atmende Wesen der Landschaft dicht zu mir trat und sich grenzenlos aufschloß; es geschah mir – nicht etwa vergleichsweise, sondern in voller Identität – das gleiche, was Siegfried nach dem Schmecken des Drachenblutes geschah: Auf einmal war, während ich unter einer hohen Kiefer vor einer weiten Ebene stand, lauter verständliche Rede, Mitteilung, Bruderschaft und Freude um mich her. Nach der jahrzehntelangen Stummheit stand ich nun im Wald wie in einer anderen Art von Stadt; Bäume, Tiere, Gräser, Berge, Wolken hatten genau die gleiche Art von unmittelbarer Begreiflichkeit gewonnen wie das Tun der Menschen. Alles war lesbar, deutbar geworden, nicht mit Hilfe irgendeiner Apparatur von „Einfühlung", sondern durch direkte Mitteilung, durch wechselseitiges Sprechen und Hören. Es schmolzen unaufhaltsam die Widerstände, es brachen die Mauern, es löste sich die Verkrampfung. Wie Wasser zu Wasser wogte die Natur in mich herüber, nahm sie mich zu sich hinaus. Hatte ich bisher als ein unbequemer Felsen im großen Fließen gestanden, so gingen nun Schwingung, Wogenschlag, Rede frei durch mich hin gänzlich rauschlos, ohne Magie, immer nüchtern und einfach, aber mit mächtiger Durchheiterung mich ganz ergreifend. Verwundert sah ich mich nach meinem Ich um: Es war, soweit es Qual war, in die Weite hinausgegangen. Ja es schien mir manchmal, als liege es nun *als Landschaft* draußen, als sei es nur so lange Qual und sperrige Pein gewesen, als es sich in der Enge bei mir drängte – während es nun hinausgewandert war in die große Freiheit: So deutlich ward eine Identität des Naturwesens draußen und des Menschenwesens innen empfunden. Unzählige Male ward das Fest der Heimkehr, der großen Versöhnung gefeiert, das Fest des Wieder-Erkennens, der rauschlosen Verzauberung, aus der so leicht in das alltägliche Leben zurückzukehren war. Jeder Gang in den Wald brachte das Untertauchen, den Selbstverlust, die Transparenz der eigenen Grenzen; und jene Erquickung, die sich im Ernst nur mit der Wirkung eines Bades vergleichen läßt. Es war sogar häufig eine kleine Art von Verklärung dabei; eine echte Durchleuchtung, die eben „klein" genannt werden muß, weil sie nicht von Machtgefühlen begleitet und auch durchaus nicht geistiger Art war, sondern eine Entzückung ins Naturreich war; eine Entzückung zu kleinen Käfern und winzigen Blumen hinab, eine Entzückung zu den Düften des Waldes, zum Wandern der Baumschatten, zum So-Sein aller Geschöpfe und Ereignisse und insbesondere auch zur landschaftlichen Raumweite, breit lagernd unter Wolkengeschwadern, von denen ich tief innen wußte, was sie trieb. In dieser Entzückung geriet ich auf eine sehr stille Art außer mir, in den absoluten paradiesischen Frieden, in den unveränderlichen Augenblick, bei stehender Zeit und erfüllter Welt, aber zugleich bei voller Gegenwart des Geistes, sofern man sich diese mit einer starken Dämpfung des *negativen* Ichs verbunden denken will.

Aber auch außerhalb dieser Versenkung war die Verbindung mit der Landschaft dauernd und eng, unzweifelhaft wie körperliche Fühlung, in der Stimmung bald zärtlich und empfindsam, bald wieder frisch und von einer heiteren, gleichsam „geschäftlichen" Nüchternheit. Ging ich im Wald einen Pfad entlang, so war z. B. der Übergang von einem Tannenschlag zu einem Buchenschlag interessant und sprechend wie ein baugeschichtlicher Übergang von einem Stadtteil zum andern. Ich ging den Bächen bis zu ihrer Quelle nach mit der Neugierde eines Journalisten, ich lief bestimmte Waldwege ab mit gespannter Achtsamkeit auf ihren „Gedanken" oder besser: auf ihren Körper: wie sie stiegen und fielen, wie sie sich durch weiträumige Buchenhalden wiegten, einen Felsen überglitten und sich um eine Bergkehre schwangen, um dann über ein Pizzicato von Treppchen sanft in die Landstraße heimzukehren.

Zuletzt stellte sich eine Lust an der genaueren Unterscheidung der Figuren, Charaktere und Gestalten in der Natur ein. Ich lernte die wiederkehrenden Prägungen der Landschaft in ihrer Sonderart auffassen und ehren: den Kreuzweg, den Höhenpfad, die Wasserscheide, die Paßstraße, die Talschlucht, die herausgewitterten Sandsteinfelsen an den Bergkehren, die Quelle, die Waldwiese; dann auch die Jahres- und Tageszeiten, unter ihnen namentlich die Morgenstunde, wo die Nacht zerbricht und deutlich merkbar eine neue, mit großen Kräften geladene Luft zum Fenster hereinkommt, und die Vormittage mit ihrem immer wiederholten Geschenk der nüchternen Begeisterung. Endloser Austausch und Verkehr, endloses Beschenktwerden und Verstehen; lange Jahre freigebigster Vergütung für das Elend der frühen Zeit; großmütige Lösung der überschärften, lebensgefährlichen Spannung – bis der Ausgleich vollendet war, bis Element zu Element gefunden hatte und die große Ausstoßung durch die unbedingteste Heimkehr wettgemacht war.

Das hielt sich so viele Jahre lang, bis abermals eine Veränderung eintrat. Auch diesmal dauerte es einige Zeit, bis ich sie wahrnahm. Ich merkte eines Tages, daß die Verzauberung in der Natur nicht mehr so leicht kommen wollte wie bisher. Ich war an das freundschaftliche Eingehen und Versinken in die Landschaft so gewöhnt, daß ich diese plötzlich auftretende Sprödigkeit zuerst für eine vorübergehende Störung hielt. Aber sie dauerte an. Es war keine Sprödigkeit auf Seiten der Landschaft; eher eine leichte Ablehnung von mir aus. Die Natur wollte nicht mehr über mir zusammenschlagen, und ein Etwas in mir stimmte ihr darin zu, so als wollte dieses Etwas sagen, daß ein solches Versinken nicht mehr ganz in der Ordnung sei, daß es mir nicht mehr zukomme. Endlich mußte ich anerkennen, daß da wiederum etwas vorüber war. Ich fand mich, nach einer kurzen Zeit der Verwirrung, in einer neuen Lage der Natur gegenüber: Ohne daß das mindeste an Feindschaft aufgetreten wäre, lag eine gewisse Abkühlung des Verhältnisses vor, wie wenn sich unter Menschen eine Verliebtheit zur dauernden Lebensgemeinschaft wandelt. Der Natur immer noch sehr nahe und ihr doch in gewisser Weise entwachsen; der Landschaft und ihrer Sprache sicher, aber ihr doch fühlbar härter und mit mehr Dauerhaftigkeit gegenübergestellt – so etwa sah diese Lage aus. Das Ich schwand nicht mehr unter der Lockung der Natur dahin; es hielt ruhig stand, als sei es jetzt selbst so mit Kraft der Natur durchtränkt, daß diese ihm nicht mehr fremd war. Die Empörung war verströmt, das Ich durch die außerordentliche Hingabe gleichsam entsühnt und selbst zum Rang eines echten Geschöpfes aufgestiegen.

Das ist die noch heute andauernde Lage, die vierte Stufe. Freundschaft mit einer unverkrampften Distanz. Offenheit für alle heilenden, besänftigenden Kräfte der Natur, für alles Leben, das sich in ihr darstellt – aber Freiheit von jenen sehnlichen Zug- und Abstandsempfindungen, die auf einer ungesühnten Schuld gegenüber der Natur beruhen.

Man bleibt wohl immer ein sentimentalischer Mensch, ein nervöser Charakter, wenn man einmal so schroff mit der Natur in Unfrieden war. Ich habe den Eindruck, daß da gewisse Vernarbungen bleiben, die niemals ganz verschwinden; und daß wir alle wenig Grund haben, uns unsere „Sentimentalität" gegenseitig vorzuwerfen, da wir alle, vielleicht schon seit vielen Jahrhunderten, mit den erwähnten Vernarbungen gezeichnet sind. Aber immerhin: Zur Vernarbung läßt sich das, was einst Wunde war, bringen – und zwar auf der Linie, daß wir über die Scheidung von der Natur, über die Sehnsucht nach ihr und über die Versunkenheit in ihr hinausgehen, ihr in menschlicher Weise real gleich werden und von erfüllter Natur aus ins Kraftfeld neuer Anrufungen und Aufgaben treten. Diese erst können dann, wie mir scheint, von eigentlich religiöser Art sein. Denn echte religiöse Fragestellungen gibt es wohl nur von erfüllter, zum Rande gestiegener Welt aus.

Martin Buber

Zwiesprache

Urerinnerung

In allerlei Abwandlungen kehrt mir, zuweilen nach einem Zwischenraum von mehreren Jahren, der gleiche Traum wieder. Ich nenne ihn den Traum vom Doppelruf. Seine Umwelt bleibt sich stets darin ähnlich, daß es eine apparatarme, „primitive" Welt ist: Ich befinde mich in einer großen Höhle, wie die Syrakusaner Latomien, oder in einem Lehmbau, der mich im Erwachen an die Fellachendörfer erinnerte, oder aber auch am Saum eines riesenhaften Waldes, dessengleichen gesehen zu haben ich mich nicht entsinne. Der Traum beginnt auf sehr verschiedene Weise, immer aber damit, daß mir etwas Außergewöhnliches widerfährt, zum Beispiel, daß ein kleines, löwenjungenähnliches Tier, dessen Namen ich im Traum, aber nicht im Erwachen kenne, mir den Arm zerfleischt und von mir nur mit Mühe bezwungen wird. Das Seltsame nun ist, daß dieser erste und sowohl der Dauer wie der äußeren Bedeutung der Vorgänge nach weitaus belangreichste Teil der Traumgeschichte stets in einem jagenden Tempo abgespielt wird, als komme es auf ihn nicht an. Dann verlangsamt es sich plötzlich: Ich stehe da und rufe. Meiner wachbewußten Übersicht der Ereignisse nach müßte ich ja annehmen, daß der Ruf, je nachdem, was ihm vorausging, einmal freudig, einmal schreckhaft und einmal wohl zugleich schmerzlich und triumphierend sei. Aber mein Gedächtnis am Morgen meldet ihn mir nicht so gefühlsbetont und variiert, es ist jedesmal derselbe Ruf, nicht artikuliert, aber rhythmisch streng, ab- und wieder ansetzend, schwellend bis zu einer Fülle, die meine wache Kehle nicht trüge, lang und langsam, ganz langsam und sehr lang, ein Lied-Ruf – wenn er endet, stockt mir der Herzschlag. Dann aber erregt sich irgendwo, in der Ferne, auf mich zu ein anderer Ruf, ein anderer und der gleiche, der gleiche von einer anderen Stimme gerufen oder gesungen, dennoch nicht der gleiche, nein, ganz und gar nicht ein „Widerhall" des meinen, vielmehr sein wahrer Gegenhall, Ton um Ton die meinen nicht, auch nicht abgeschwächt, wiederholend, sondern den meinen entsprechend, entgegnend, – so sehr, daß die meinen, die eben erst meinem eigenen Ohr durchaus nicht fragend klangen, nun als Fragen, als eine lange Reihe von Fragen erscheinen, die jetzt alle eine Antwort empfangen, unausdeutbar so Antwort wie Frage. Und doch scheinen sich die auf den einen gleichen Ruf entgegnenden Rufe nicht zu gleichen. Die Stimme ist jedesmal eine neue. Wie nun aber die Erwiderung zu Ende ist, im ersten Nu nach ihrem abscheidenden Schall, gerät eine Gewißheit, eine echte Traumgewißheit über mich: Nun ist es geschehen. Nichts weiter, nur eben dies, gerade so: Nun ist es geschehen. Wenn ich es zu erklären versuchen soll, bedeutet es, daß jene Begebenheit, die meinen Ruf erzeugte, jetzt erst, mit dem Gegenhall, sich wirklich und unanzweifelbar begeben hat.

So ist der Traum jedesmal wiedergekehrt – bis auf eins, das letzte Mal, nun vor zwei Jahren. Erst war's wie sonst (es war der Traum mit dem Tier), mein Ruf verklang, wieder stand das Herz mir still. Dann aber war Stille. Kein Gegenruf kam. Ich horchte hin, erhorchte keinen Laut. Ich erwartete nämlich, zum erstenmal, die Antwort, die mich sonst stets, als hätte ich sie nie zuvor erfahren, überrascht hatte; und die erwartete blieb aus. Nun jedoch geschah etwas mit mir: Als hätte ich bisher keine anderen Zugangswege von der Welt zur Empfindung gehabt, als die über die Ohren führen, jetzt aber entdeckte ich mich als schlechthin mit Sinnen, organbekleideten und nackten, ausgestattetes Wesen, so reichte ich mich offen, zu aller Empfangnahme, Wahrnahme aufgeschlossen, an die Ferne. Und da kam, nicht aus ihr, sondern aus der Luft nah um mich, lautlos die Antwort. Eigentlich kam sie nicht, sie war da. Sie war – so darf ich wohl erklärend sagen – schon vor meinem Ruf dagewesen, war überhaupt da und ließ sich nun, da ich mich ihr auftat, von mir empfangen. Ich habe sie so vollständig wahrgenommen wie nur je den Gegenhall in einem der früheren Träume. Wenn ich berichten sollte, womit, würde ich berichten müssen: mit allen Poren meines Leibes. Wie nur je der Gegenhall in einem der früheren Träume entsprach, entgegnete sie. Sie übertraf ihn noch in einer ungekannten, schwer zu bezeichnenden Vollkommenheit: eben daß sie schon da war.

Als ich vollendet hatte, sie aufzunehmen, verspürte ich wieder, glokkenhafter als je, jene Gewißheit: Nun ist es geschehen.

Das mitteilende Schweigen

Wie auch das eifrigste Aufeinanderzu-Reden kein Gespräch ausmacht (am deutlichsten zeigt das jener absonderliche Sport einigermaßen denkbegabter Menschen, den man zutreffend Diskussion, Auseinanderschlagung, nennt), so bedarf es hinwieder zu einem Gespräch keines Lauts, nicht einmal einer Gebärde. Sprache kann sich aller Sinnenfälligkeit begeben und bleibt Sprache.

Ich meine natürlich nicht das zärtliche Ineinanderschweigen der Liebesleute, das in einem Blick, ja in der bloßen Gemeinsamkeit eines beziehungsreichen Vorsichhinsehens sich an Äußerung und Einvernehmen genugtun kann. Aber auch nicht das mystische Miteinanderschweigen meine ich, wie es von dem Franziskusjünger Ägidius und Ludwig von Frankreich (oder fast ebenso von zwei chassidischen Rabbis) berichtet wird, die in einer einmaligen Zusammenkunft kein Wort redeten, sondern, „im Spiegel des göttlichen Angesichts stehend", einander erfuhren; denn auch hier noch ist Gebärde, eine körperliche Haltung des einen zum andern, äußernd.

Was ich meine, will ich an einem Beispiel verdeutlichen.

Man stelle sich zwei Männer vor, in irgendeiner Einsamkeit der Welt nebeneinander sitzend. Sie reden nicht miteinander, sie sehen einander nicht an, sie haben sich nicht einmal einander zugewandt. Sie sind nicht miteinander vertraut, einer weiß nichts vom Lebenslauf des anderen, heute frühmorgens auf der Wanderschaft haben sie einander kennengelernt. Keiner denkt in diesem Augenblick an den anderen, wir brauchen nicht zu wissen, woran sie denken. Der eine sitzt auf der gemeinsamen Bank so, wie es offenbar seine Art ist – gelassen, allem gastlich zugeneigt, was kommen mag; sein Wesen scheint zu sagen, es sei zu wenig, bereit zu sein, man müsse auch wirklich da sein. Der andere – seine Haltung verrät ihn nicht, er ist ein gehaltener, verhaltener Mann; aber wer um ihn weiß, weiß, daß ein Kindheitsbann auf ihm liegt, daß seine Verhaltenheit noch etwas anderes als Haltung ist, hinter aller Haltung lagert das undurchdringliche Sich-nicht-mitteilen-Können. Und nun stellen wir uns vor, daß dies eine der Stunden ist, die es fertigbringen, die sieben Eisenbande um unser Herz aufzubrechen – löst sich unversehens der Bann. Aber auch jetzt spricht der Mann kein Wort, rührt keinen Finger. Dennoch tut er etwas. Die Lösung hat sich ohne sein Tun an ihm ereignet, gleichviel woher; jetzt aber tut er dies, daß er einen Rückhalt, über den nur er selber Macht hat, in sich aufhebt. Rückhaltlos strömt die Mitteilung aus ihm, und das Schweigen trägt sie zu seinem Nachbarn, dem sie ja doch zugedacht war und der sie, wie alles echte Schicksal, das ihm begegnet, rückhaltlos aufnimmt. Er wird niemand, auch nicht sich selbst, erzählen können, was er erfahren hat. Was „weiß" er nun vom andern? Es bedarf keines Wissens mehr. Denn wo Rückhaltlosigkeit zwischen Menschen, sei es auch wortlose, gewaltet hat, ist das dialogische Wort sakramental geschehen.

Meinungen und das Faktische

Die menschliche Zwiesprache kann also, wiewohl sie im Zeichen, also Laut und Gebärde (der Buchstabe gehört nur in besonderen Fällen hierher, etwa wo zwischen Freunden in einer Versammlung die stimmungbeschreibenden Bulletins über den Tisch hin und her wandern), ihr eigentümliches Leben hat, ohne das Zeichen bestehen; freilich nicht in einer sachlich erfaßbaren Form. Hingegen scheint ein – noch so innerliches – Element der Mitteilung zu ihrem Wesen zu gehören. Aber in seinen höchsten Momenten langt der Dialog auch über diese Grenzen hinaus. Er vollendet sich außerhalb der mitgeteilten oder mitteilbaren Inhalte, auch der persönlichsten, und doch nicht etwa in einem „mystischen", sondern in einem im strengen Sinn faktischen, durchaus der gemeinsamen Menschenwelt und der konkreten Zeitfolge eingefügten Vorgang.

Man möchte wohl geneigt sein, das für das Sondergebiet des Erotischen zuzugeben. Aber eben dieses gedenke ich nicht zur Erläuterung heranzuziehen. Denn Eros ist in der Wirklichkeit noch viel wunderlicher zusammengesetzt, als in Platons genealogischer Mythe, und das Erotische keineswegs, wie zu vermuten naheliegt, rein Verdichtung und Entfaltung der Zwiesprache. Vielmehr kenne ich keinen anderen Bereich, in dem so wie in diesem das Dialogische und das Monologische sich miteinander vermengen, aber auch wieder gegeneinander streiten. Manche berühmte Liebesverzückungen sind nichts als Ergötzen an den in nicht geahnter Fülle aktualisierten Möglichkeiten der eigenen Person.

Eher noch würde ich an einen unscheinbaren, aber bedeutenden Winkel des Daseins denken – an die Blicke, die im Getümmel der Straße aufflattern zwischen Unbekannten, die aneinander gleichbleibenden Schritts vorübergehen; es sind Blicke darunter, die schicksallos schwingend zwei dialogische Naturen einander offenbaren.

Aber eigentlich aufzeigen kann ich, was ich im Sinn habe, nur an Begebenheiten, die in einer echten Wandlung aus der Kommunikation zur Kommunion, also in einer Verleiblichung des dialogischen Wortes münden.

In Begriffen ist das, um was es hier geht, dem lesenden Menschen nicht zu überreichen. Und in Gleichnissen ist nicht mehr gegeben zu reden. Aber in Beispielen dürfen auch wir's noch, nur haben wir, wo es Wichtiges gilt, uns nicht zu scheuen, sie aus den innersten Kammern des persönlichen Lebens zu holen. Denn wo sonst sollte dergleichen zu finden sein?

Meine Freundschaft mit einem nun Toten ist in einem Ereignis entstanden, das man, wenn man will, als abgebrochenes Gespräch bezeichnen kann. Das Datum ist Ostern 1914. Einige Männer aus verschiedenen europäischen Völkern waren zusammengekommen, um im unbestimmten Vorgefühl der Katastrophe einen Versuch zur Aufrichtung einer übernationalen Autorität vorzubereiten. Die Unterredungen waren von jener Rückhaltlosigkeit getragen, deren substantielle Fruchtbarkeit ich kaum je so stark erfahren habe: Sie wirkte auf alle Teilnehmer so, daß das Fiktive zerfiel und jedes Wort Tatsache war. Als wir nun die Zusammensetzung des größeren Kreises besprachen, von dem die öffentliche Initiative ausgehen sollte (man beschloß, ihn im August desselben Jahres zusammentreten zu lassen), erhob einer von uns, ein Mann von leidenschaftlicher Konzentration und richterlicher Liebeskraft, das Bedenken, es seien zu viele Juden genannt worden, so daß etliche Länder in ungehöriger Proportion durch ihre Juden vertreten sein würden. Obgleich mir selber ähnliche Erwägungen nicht fremd waren, da meiner Einsicht nach das Judentum nur in seiner Gemeinschaft, nicht in zersprengten Gliedern einen mehr als anregerischen, einen werkhaften Anteil am Bau einer standfesten Friedenswelt gewinnen kann, erschienen sie mir, so ausgesprochen, in ihrer Rechtmäßigkeit beeinträchtigt. Obstinater Jude, der ich bin, protestierte ich gegen den Protest. Ich weiß nicht mehr, auf welchem Weg ich dabei auf Jesus zu sprechen kam und darauf, daß wir Juden ihn von innen her auf eine Weise kennten, eben in den Antrieben und Regungen seines Judenwesens, die den ihm untergebenen Völkern unzugänglich bleibe. „Auf eine Weise, die Ihnen unzugänglich bleibt" – so sprach ich den früheren Pfarrer unmittelbar an. Er stand auf, auch ich stand, wir sahen einander ins Herz der Augen. „Es ist versunken", sagte er, und wir gaben einander vor allen den Bruderkuß.

Die Erörterung der Lage zwischen Juden und Christen hatte sich in einen Bund zwischen dem Christen und dem Juden verwandelt; in dieser Wandlung erfüllte sich die Dialogik. Die Meinungen waren versunken, leibhaft geschah das Faktische.

Religionsgespräche

Hier erwarte ich einen gewichtigen Einwand und einen gewaltigen.

Man kann mir entgegnen: Wo es um wesentliche, „weltanschauliche" Ansichten geht, *darf* das Gespräch gar nicht solcherart abgebrochen werden; jeder der beiden muß sich real, in seiner menschhaft unvermeidlichen Einseitigkeit, restlos exponieren und sich eben dadurch real als vom andern begrenzt erfahren, so daß beide gemeinsam das Schicksal unserer Bedingtheit erleiden und einander in ihm begegnen.

Darauf antworte ich: Die Erfahrung des Begrenztseins ist in dem, worauf ich hinweise, eingeschlossen, aber auch die seiner gemeinschaftlichen Überwindung, die sich freilich nicht auf „weltanschaulichem" Boden vollziehen kann, sondern auf dem der Wirklichkeit. Keiner jener beiden braucht seine Ansicht aufzugeben, nur eben betreten sie, indem sie unversehens etwas tun und ihnen unversehens etwas widerfährt, das Bund heißt, ein Reich, in dem das Gesetz der Ansicht nicht mehr gilt. Auch sie erleiden das Schicksal unserer Bedingtheit, aber sie ehren es zuhöchst, wenn sie es, wie uns verstattet ist, für einen unsterblichen Augenblick sich lösen lassen. Begegnet waren sie sich schon vorher, als sie sich, jeder in seiner Seele, so zueinander hinwandten, daß jeder hinfort, den anderen vergegenwärtigend, wahrhaft zu ihm und an ihn sprach.

Der andere Einwand, der von ganz anderer, geradezu entgegengesetzter Seite kommt, besagt: Das mag zutreffen, soweit eben der Bezirk der Ansicht reicht, für das Bekenntnis trifft es nicht mehr zu. Zwei Bekennern, die miteinander um ihre Glaubenslehren streiten, geht es um die Vollstreckung des göttlichen Willens, nicht um ein flüchtiges, personhaftes Einvernehmen. Wer zu seinem Glauben so steht, daß er für ihn sterben oder für ihn töten kann, dem kann es kein Reich geben, wo das Gesetz des Glaubens nicht mehr gilt. Ihm liegt ob, der Wahrheit zum Sieg zu verhelfen, von Sentiments läßt er sich nicht beirren. Der Anders-, d. i. Irrgläubige, muß bekehrt oder zumindest belehrt werden, eine unmittelbar persönliche Berührung mit ihm vermag nur außerhalb der Glaubensvertretung, nicht von ihr aus zu erfolgen. Die These des Religionsgesprächs darf nicht „versinken".

Auf diesen Einwand, der seine Gewalt daher hat, daß er sich um die als selbstverständlich herrschende Unverbindlichkeit des relativierten Geistes nicht kümmert, kann ich nur mit einem Bekenntnis zulänglich antworten.

Ich habe nicht die Möglichkeit, über Luther zu urteilen, der Zwinglin in Marburg die Gemeinschaft absagt, und auch nicht über Calvin, der Servetos Tod befördert; denn Luther und Calvin glauben, das Wort Gottes sei so unter die Menschen niedergegangen, daß es eindeutig gekannt werden könne und also ausschließend vertreten werden müsse, ich aber glaube das nicht, sondern das Wort Gottes fährt vor meinen Augen nieder wie ein fallender Stern, von dessen Feuer der Meteorstein zeugen wird, ohne es mir aufleuchten zu machen, und ich selber kann nur das Licht bezeugen, nicht aber den Stein hervorholen und sagen: Das ist es. Diese Glaubensverschiedenheit aber ist weder in der Verschiedenheit der Subjektivität noch in der der Religionen begründet, sondern in der großen Realverschiedenheit der Geschichtszeiten. Kein gläubiger Mensch des gegenwärtigen Zeitalters vermag von dem Wort Gottes das zu glauben, was Luther und Calvin (oder gar Samuel und Elija) von ihm geglaubt haben. Nicht weil wir glaubensschwach seien; es wird bleiben, wenn unser Glaube noch so sehr erstarkt. Vielmehr, weil wir einer Theophanie harren, von der wir nichts wissen als den Ort, und der Ort heißt Gemeinschaft. In den öffentlichen Katakomben dieses Harrens gibt es ein eindeutig kennbares und vertretbares Gotteswort nicht, sondern die überlieferten Worte deuten sich uns in unserem menschlichen Einander-zugewandtsein aus. Kein Gehorsam zum Kommenden besteht ohne die Treue zu seiner Kreatur. Dies erfahren zu haben, ist unser Weg – kein „Fortschritt", aber ein Weg.

Eine Zeit echter Religionsgespräche beginnt, – nicht jener so bezeichneten Scheingespräche, wo keiner seinen Partner in Wirklichkeit schaute und anrief, sondern echter Zwiesprachen, von Gewißheit zu Gewißheit, aber auch von aufgeschloßner Person zu aufgeschloßner Person. Dann erst wird sich die echte Gemeinsamkeit weisen, nicht die eines angeblich in allen Religionen aufgefundenen gleichen Glaubensinhalts, sondern die der Situation: der Bangnis und der Erwartung.

Fragestellung

Das Dialogische ist nicht auf den Verkehr der Menschen miteinander beschränkt: Es ist, so hat es sich uns gezeigt, ein Verhalten der Menschen zueinander, das sich in ihrem Verkehr nur eben darstellt.

Demnach scheint, mag auch Rede, mag auch Mitteilung zu entbehren sein, eins denn doch zum Mindestbestand des Dialogischen sinngemäß unablösbar zu gehören: die Gegenseitigkeit der inneren Handlung. Zwei

Menschen, die dialogisch verbunden sind, müssen doch offenbar einander zugekehrt sein, sich also – gleichviel, mit welchem Maß von Aktivität oder gar von Aktivitätsbewußtsein – einander zugekehrt haben.

Es ist gut, sich das so kraß formelhaft vorzurücken. Denn hinter der formulierenden Frage nach den Grenzen einer erörterten Kategorie birgt sich eine Frage, die alle Formeln zersprengt.

Beobachten, Betrachten, Innewerden

Es gilt drei Arten zu unterscheiden, auf die wir einen Menschen, der vor unsern Augen lebt (ich meine nicht ein Objekt der Wissenschaft, von der ich hier nicht rede), wahrzunehmen vermögen. Der Gegenstand unsrer Wahrnehmung braucht von uns, von unserm Dabeisein nichts zu wissen; ob er zum Wahrnehmenden ein Verhältnis, ein Verhalten hat, ist hier gleichgültig.

Der *Beobachter* ist ganz darauf gespannt, den Beobachteten sich einzuprägen, ihn zu „notieren". Er sucht ihn ab und zeichnet ihn auf. Und zwar ist er beflissen, so viele „Züge" als möglich aufzuzeichnen. Er lauert den Zügen auf, daß ihm keiner entgehe. Der Gegenstand besteht aus Zügen, und von jedem weiß man, was dahintersteckt. Die Kenntnis des menschlichen Expressionssystems verleibt sich die neu erscheinenden individuellen Variationen stets im Nu ein und bleibt verwendbar. Ein Gesicht ist nichts als Physiognomie, Bewegungen nichts als Ausdrucksgebärde.

Der *Betrachter* ist überhaupt nicht gespannt. Er nimmt die Haltung ein, die ihm den Gegenstand frei zu sehen gibt, und erwartet unbefangen, was sich ihm darbieten wird. Nur zu Anfang darf bei ihm die Absicht walten, alles weitere ist unwillkürlich. Er notiert nicht darauf los, läßt sich gehn, er fürchtet sich gar nicht, etwas zu vergessen („Vergessen ist gut", sagt er). Er gibt seinem Gedächtnis keine Aufgaben, er vertraut dessen organischer Arbeit, die das Erhaltenswerte erhält. Er fährt nicht, wie der Beobachter, das Gras als Grünfutter ein, er wendet's und läßt's von der Sonne bescheinen. Auf Züge paßt er nicht auf („Züge", sagt er, „führen irre"). Am Gegenstand ist ihm das erheblich, was nicht „Typus" und nicht „Ausdruck" ist („Das Interessante", sagt er, „ist nicht wichtig"). Alle großen Künstler sind Betrachter gewesen.

Es gibt aber eine Wahrnehmung, die von entscheidend anderer Art ist.

Dem Betrachter und dem Beobachter ist das gemeinsam, daß sie eine „Einstellung" haben, eben den Wunsch, den vor unsern Augen lebenden Menschen wahrzunehmen; sodann, daß dieser für sie ein von ihnen selber und ihrem persönlichen Leben abgetrennter Gegenstand ist, der eben nur deshalb „richtig" wahrgenommen werden kann; daß somit das, was sie so erfahren, ob es nun wie beim Beobachter eine Summe von Zügen oder wie beim Betrachter eine Existenz ist, ihnen weder Tat abfordert noch Schicksal zufügt; daß das Ganze sich vielmehr in den abgeschiedenen Gefilden der Ästhesie begibt.

Anders geht es zu, wenn mir, in einer aufgerührten oder sonstwie empfänglichen Stunde meines persönlichen Lebens, ein Mensch begegnet, an dem mir etwas, was ich gar nicht gegenständlich zu erfassen vermag, „etwas sagt". Das heißt keineswegs: mir sagt, wie dieser Mensch sei, was in ihm vorgehe und dergleichen. Sondern: *mir* etwas sagt, mir etwas zuspricht, mir etwas in mein eigenes Leben hineinspricht. Das kann etwas über diesen Menschen sein, zum Beispiel, daß er mich braucht. Es kann aber auch etwas über mich sein. Der Mensch selber in seinem Verhalten zu mir hat mit diesem Sagen nichts zu schaffen; er verhält sich nicht zu mir, er hat mich wohl gar nicht bemerkt. Nicht er sagt es mir, wie jener Einsame seinem Nachbarn auf der Bank schweigsam sein Geheimnis gestand: es sagt.

Wer hier „sagen" als Metapher versteht, versteht nicht. Die Phrase „das sagt mir nichts" ist metaphorisch verschliffen; aber das Sagen, auf das ich hinzeige, ist wirkliche Sprache. Im Haus der Sprache sind viele Wohnungen, und das ist eine der innern.

Die Wirkung dieses Gesagtbekommens ist eine völlig andere als die des Betrachtens und des Beobachtens. Ich kann den Menschen, an dem, durch den mir etwas gesagt worden ist, nicht abmalen, nicht erzählen, nicht beschreiben; versuchte ich es, wär's schon aus mit dem Gesagtsein. Dieser Mensch ist nicht mein Gegenstand; ich habe mit ihm zu tun bekommen. Vielleicht habe ich etwas an ihm zu vollbringen; aber vielleicht habe ich nur etwas zu lernen, und es kommt nur darauf an, daß ich „annehme". Es kann sein, daß ich sogleich zu antworten habe, eben an diesen Menschen hier hin; es kann auch sein, daß dem Sagen eine lange, vielfältige Transmission bevorsteht und daß ich darauf anderswo, anderswann, anderswem antworten soll, wer weiß in was für einer Sprache, und es kommt jetzt nur darauf an, daß ich das Antworten auf mich nehme. Immer aber ist mir ein Wort geschehen, das eine Antwort heischt.

Diese Wahrnehmungsweise sei *Innewerden* genannt.

Es muß keineswegs ein Mensch sein, dessen ich innewerde; es kann ein Tier sein, ein Gewächs, ein Stein. Keine Art von Erscheinung, keine Art von Begebenheit schaltet grundsätzlich aus der Reihe derer aus, durch die mir jeweils etwas gesagt wird. Nichts kann sich weigern, dem Wort Gefäß zu sein. Die Grenzen des Dialogischen sind die des Innewerdens – die des Daseins.

Der Mensch in der Anrede

Jeder von uns steckt in einem Panzer, dessen Aufgabe ist, die Zeichen abzuwehren. Zeichen geschehen uns unablässig, leben heißt angeredet werden, wir brauchten nur uns zu stellen, nur zu vernehmen. Aber das Wagnis ist uns zu gefährlich, die lautlosen Donner scheinen uns mit Vernichtung zu bedrohen, und wir vervollkommnen von Geschlecht zu Geschlecht den Schutzapparat. All unsere Wissenschaft versichert uns: „Sei ruhig, das geschieht eben alles, wie es geschehen muß, aber an dich ist nichts gerichtet, du bist nicht gemeint, das ist eben ‚die Welt', du kannst sie erleben wie du willst, aber was immer du in dir damit anfängst, geht von dir allein aus, man fordert dir nichts ab, man redet dich nicht an, alles ist still."

Jeder von uns steckt in einem Panzer, den wir bald vor Gewöhnung nicht mehr spüren, und nur Augenblicke gibt es, die ihn durchbrechen, die die eben noch überkrustete Seele zur Empfänglichkeit aufrühren. Und wenn sich dergleichen uns angetan hat und wir dann aufmerken und uns fragen: „Was hat sich denn da Besondres ereignet? War's nicht von der Art, wie es mir alle Tage begegnet?", so dürfen wir uns erwidern: „Nein, nichts Besondres, so ist es alle Tage, nur wir sind alle Tage nicht da."

Die Zeichen der Anrede sind nicht etwas Außerordentliches, etwas, was aus der Ordnung der Dinge tritt, sie sind eben das, was sich je und je begibt, eben das, was sich ohnehin begibt, durch die Anrede kommt nichts hinzu. Die Ätherwellen brausen immer, aber wir haben zumeist unsern Empfänger abgestellt.

Was mir widerfährt, ist Anrede an mich. Als das, was mir widerfährt, ist das Weltgeschehen Anrede an mich. Nur indem ich es sterilisiere, es von Anrede entkeime, kann ich das, was mir widerfährt, als einen Teil des mich nicht meinenden Weltgeschehens fassen. Das zusammenhängende, sterilisierte System, in das sich all dies nur einzufügen braucht, ist das Titanenwerk der Menschheit. Auch die Sprache hat sie ihm dienstbar gemacht.

Von diesem Turm der Zeiten aus wird mir, wenn etwelche seiner Torwächter solchen Gedankengängen irgend Beachtung schenken sollten, entgegengehalten werden, das sei doch nichts andres als eine Abart des uralten Aberglaubens, daß die kosmischen und tellurischen Vorgänge eine zu erfassende unmittelbare Bedeutung für das Leben der menschlichen Person hätten: Statt einen Vorgang physikalisch, biologisch, soziologisch zu begreifen (wofür ich, von je zum Bewundern echter Forschungsakte geneigt, sehr viel übrig habe, wenn die, die es tun, nur wissen, was sie tun, und die Grenzen des Bereichs, in dem sie sich bewegen, nicht aus den Augen verlieren), suche man hinter seine angebliche Signifikanz zu kommen, für die in einem vernunftgemäßen raumzeitlichen Weltkontinuum kein Platz sei.

So wäre ich denn ungeahnterweise in die Gesellschaft der Auguren geraten, von denen es ja bekanntlich merkwürdige moderne Spielarten gibt.

Aber Leber- oder Sternenschau: Ihre Zeichen zeichnen sich dadurch aus, daß sie in einem Wörterbuch, wenn auch nicht notwendig in einem niedergeschriebenen, stehn. Und mag es noch so heimlich überlieferte Kunde sein, der nach ihnen ausguckt, *kennt sich darin aus*, welche Lebenswendung dieses, welche jenes Zeichen nun einmal bedeutet; und mag auch das Zusammentreffen mehrerer verschiedenartiger besondere Schwierigkeiten des Scheidens und Kombinierens schaffen, es gibt ein „Nachschlagen". Die gemeinsame Signatur all des Treibens ist die Allmaligkeit: das Gleichbleibende, das ein für allemal Ermittelte, die durchgehende Anwendbarkeit von Regeln, Gesetzen und Analogieschlüssen. Was man so Aberglauben nennt, kommt mir eher wie ein Aberwissen vor. Vom „Aberglauben" an den Dreizehnten führt eine ununterbrochene Leiter bis in die schwindligsten Höhen der Gnosis; von einem wirklichen Glauben ist dies nicht einmal der Affe.

Der wirkliche Glaube – wenn ich denn das Sichstellen und Vernehmen so nennen darf – fängt da an, wo das Nachschlagen aufhört, wo es einem vergeht. Was mir widerfährt, sagt mir etwas, aber was das ist, das es mir sagt, kann mir durch keine geheime Kunde eröffnet werden, denn es ist noch nie zuvor gesagt worden, und es setzt sich nicht aus Lauten zusammen, die je gesagt worden sind. Es ist undeutbar, wie es unübersetzbar ist, ich kann's nicht erklärt bekommen, und ich kann's nicht darlegen, es ist ja gar nicht ein Was, es ist ja mir in mein Leben hinein gesagt, es ist keine Erfahrung, die sich unabhängig von ihrer Situation erinnern läßt, es bleibt immer die Anrede jenes Augenblicks, unisolierbar, es bleibt die Frage eines Fragenden, die ihre Antwort will.

(Die Frage. Denn das ist ja der andere große Gegensatz zwischen allem Zeichenwesen der Deuterei und der Zeichensprache, die hier gemeint ist: Sie ist nie Auskunft, nie Bescheid, nie Beruhigung.)

Der Glaube steht im Abgrund der Einmaligkeit, den das Wissen überbrückt. Unentbehrlich für die Arbeit des Menschengeistes sind all die Notbauten der Analogik, der Typologie, aber Flucht wär's, sie zu betreten, wenn dich, mich die Frage des Fragenden antritt. Im Abgrund allein erprobt und erfüllt sich das gelebte Leben.

Das raumzeitliche Weltkontinuum in Ehren – lebensmäßig kenne ich nur das Weltkonkretum, das mir jeweils, in jedem Augenblick zugereicht wird. Ich kann es in seine Bestandteile zerlegen, kann sie vergleichend Gruppen ähnlicher Phänomene zuteilen, kann sie von früheren ableiten, auf einfachere zurückfahren – und habe nach alledem es, mein Weltkonkretum, nicht angerührt: Unzerlegbar, unvergleichbar, unzurückführbar, nun schauervoll einmalig blickt es mich an. So will in Strawinskis Ballett der Direktor des wandernden Puppentheaters dem Jahrmarktspublikum zeigen, daß ein Pierrot, der es erschreckte, nichts als ein bekleideter

Strohwisch ist, er reißt ihn auseinander – und bricht schlotternd zusammen, denn auf dem Dach der Bude sitzt der lebende Petruschka und lacht ihn aus.

Der wahre Name des Weltkonkretums ist: die mir, jedem Menschen anvertraute Schöpfung. In ihr werden uns die Zeichen der Anrede gegeben. Wer redet?

Wir werden in den Zeichen des widerfahrenden Lebens angeredet. Wer redet?

Es würde uns nicht frommen, zur Entgegnung die Vokabel Gott herzusetzen, wenn wir's nicht von jener entscheidenden Stunde der persönlichen Existenz aus tun, wo wir alles vergessen mußten, was wir von Gott zu wissen wähnten, nichts Überkommenes, nichts Gelerntes, nichts Selbstersonnenes behalten durften, keinen Fetzen Wissen, und eingetaucht wurden in die Finsternis.

Wenn wir aus ihr ins neue Leben steigen und darin die Zeichen zu empfangen beginnen, was können wir von dem wissen, das – der sie uns gibt? Nur was wir jeweils aus den Zeichen selber erfahren. Nennen wir den Sprecher dieser Sprache Gott, so ist es immer der Gott eines Augenblicks, ein Augenblicksgott.

Ich will nun einen linkischen Vergleich gebrauchen, weil ich keinen rechten kenne.

Wenn wir ein Gedicht wirklich aufnehmen, wissen wir von dem Dichter nur das, was wir daraus von ihm erfahren – keine biographische Weisheit taugt zur reinen Aufnahme des Aufzunehmenden: Das Ich, das uns angeht, ist das Subjekt dieses einzigen Gedichts. Wenn wir aber in der gleichen strengen und getreuen Weise andre Gedichte desselben Dichters lesen, schließen sich ihre Subjekte doch in all ihrer Mannigfaltigkeit, einander ergänzend und bestätigend, zu der einen erhabenen Fülle der Person zusammen.

So ersteht uns aus den Gebern der Zeichen, den Sprechern der Sprüche im gelebten Leben, aus den Augenblicksgöttern identisch der Herr der Stimme, der Eine.

Oben und unten

Oben und unten sind aneinander gebunden.

Wer mit den Menschen reden will, ohne mit Gott zu reden, dessen Wort vollendet sich nicht; aber wer mit Gott reden will, ohne mit den Menschen zu reden, dessen Wort geht in die Irre.

Es wird erzählt, ein gottbegeisterter Mann sei einst aus den Bereichen der Geschöpflichkeit in die große Leere gegangen. Da wanderte er, bis er an die Pforte des Geheimnisses kam. Er pochte. Von drinnen rief es ihn an: „Was willst du hier?" „Ich habe", sagte er, „den Ohren der Sterblichen dein Lob verkündet, aber sie waren mir taub. So komme ich zu dir, daß du selber mich vernehmest und mir erwiderst." „Kehr um", rief es von drinnen, „hier ist dir kein Ohr. In die Taubheit der Sterblichen habe ich mein Hören versenkt."

Die wahre Anrede Gottes weist den Menschen in den Raum der gelebten Sprache, wo die Stimmen der Geschöpfe aneinander vorübertasten und eben im Verfehlen den ewigen Partner erreichen.

Verantwortung

Der Begriff der Verantwortung ist aus dem Gebiet der Sonderethik, eines frei in der Luft schwebenden „Sollens", in das des gelebten Lebens zurückzuholen. Echte Verantwortung gibt es nur, wo es wirkliches Antworten gibt.

Antworten worauf?

Auf das, was einem widerfährt, was man zu sehen, zu hören, zu spüren, zu fühlen, zu erleben bekommt. Jede konkrete Stunde mit ihrem Welt- und Schicksalsgehalt, die der Person zugeteilt wird, ist dem Aufmerkenden Sprache. Dem Aufmerkenden; denn mehr als dessen bedarf es nicht, um mit dem Lesen der einem gegebenen Zeichen anzuheben. Eben deshalb ist, wie ich schon angedeutet habe, der ganze Apparat unserer Zivilisation erforderlich, um den Menschen vor diesem Aufmerken und seinen Folgen zu bewahren. Der Aufmerkende nämlich würde mit der Situation, die ihn in diesem Augenblick antritt, nicht mehr, wie er gewohnt ist, im nächsten „fertig werden": Er wäre aufgefordert, auf sie und in sie einzugehen. Und dabei würde ihm nichts helfen, was er als stets Verwendbares zu besitzen glaubte, keine Kenntnis und keine Technik, kein System und kein Programm, denn nun hätte er es mit dem Uneinreihbaren, eben mit der Konkretion selber zu tun. Diese Sprache hat kein Alphabet, jeder ihrer Laute ist eine neue Schöpfung und nur als solche zu erfassen.

Es wird also dem Aufmerkenden zugemutet, daß er der geschehenden Schöpfung standhalte. Sie geschieht als Rede, und nicht als eine über die Köpfe hinbrausende, sondern als die eben an ihn gerichtete, und wenn einer einen andern fragte, ob auch er höre, und der bejahte, hätten sie sich nur über ein Faktum und nicht über einen Inhalt verständigt.

Die Laute aber, aus denen die Rede besteht – ich wiederhole es, um das vielleicht doch noch mögliche Mißverständnis zu beseitigen, ich meinte etwas Außerordentliches und Überlebensgroßes –, sind die Begebenheiten des persönlichen Alltags. In ihnen werden wir angeredet, wie sie nun sind, „groß" oder „klein", und die als groß geltenden liefern nicht größere Zeichen als die andern.

Damit, daß wir ihrer innewerden, ist jedoch unsere Haltung noch nicht entschieden. Immer noch können wir das Schweigen um uns schlagen – eine für einen bedeutenden Typus des Zeitalters charakteristische Entgegnung – oder in die Gewöhnung ausweichen; obwohl wir beide Male eine durch keine Produktivität und durch keine Betäubung zu vergessende Wunde davontragen. Doch es kann geschehen, daß wir zu antworten uns unterfangen, stammelnd etwa, zu sichrerer Artikulation langt uns nur selten die Seele zu, aber es ist ein rechtschaffenes Stammeln, wie wenn zwar Sinn und Kehle einig sind in dem, was zu sagen ist, aber die Kehle darüber zu erschrocken, um den schon geschlichteten Sinn rein auszutönen. Die Worte unserer Antwort sind in der wie die Anrede unübersetzbaren Sprache des Tuns und des Lassens gesprochen, – wobei das Tun sich wie ein Lassen und das Lassen wie ein Tun gebärden darf.

Was wir so mit dem Wesen sagen, ist unser Eingehen auf die Situation, in die Situation, die uns eben jetzt angetreten hat, sie, deren Erscheinung wir nicht kannten und nicht kennen konnten, weil es ihresgleichen noch nicht gegeben hat.

Wir werden nun mit ihr nicht fertig, darauf haben wir verzichten müssen, nie ist mit einer Situation, deren man inne ward, fertig zu werden, aber wir bewältigen sie in die Substanz des gelebten Lebens ein. So erst, dem Augenblick treu, erfahren wir ein Leben, das etwas anderes als eine Summe von Augenblicken ist. Dem Augenblick antworten wir, aber wir antworten zugleich für ihn, wir verantworten ihn. Ein neuerschaffenes Weltkonkretum ist uns in die Arme gelegt worden; wir verantworten es. Ein Hund hat dich angesehen, du verantwortest seinen Blick, ein Kind hat deine Hand ergriffen, du verantwortest seine Berührung, eine Menschenschar regt sich um dich, du verantwortest ihre Not.

Moral und Religion

Verantwortung, die nicht einem Wort antwortet, ist eine Metapher der Moral. Wer aber die reale, die dialogische Verantwortung übt, braucht den Sprecher des Worts, dem er antwortet, nicht zu benennen – er kennt ihn in der Substanz des Wortes, das andringend, eindringend, den Tonfall einer Innerlichkeit annehmend, ihm das Herz des Herzens bewegt. Einer kann mit aller Kraft abwehren, daß „Gott“ da sei, und kostet ihn im strengen Sakrament der Zwiesprache.

Man meine jedoch nicht, daß ich die Moral fraglich mache, um die Religion zu rühmen. Religion hat zwar vor der Moral dies voraus, daß sie eine Tatsache und kein Postulat ist, und weiter dies, daß sie außer der Entscheidung auch die Gelassenheit zu umfassen vermag; die Wirklichkeit der Moral hat Platz in ihr, ihre Wirklichkeit nicht in der Moral. Aber wenn sie sich genugtut und sich behauptet, ist sie noch weit bedenklicher als jene, eben weil sie tatsächlicher und weil sie umfassender ist. Religion als Wagnis, die sich selber aufzugeben bereite, ist der nährende Arterienstrom; als System, besitzend, gesichert und sichernd, Religion, die an Religion glaubt, ist sie Venenblut, das ins Stocken geriet. Und wenn es nichts gibt, das uns so das Antlitz des Mitmenschen verstellen kann wie die Moral, kann die Religion uns wie nichts andres das Antlitz Gottes verstellen. Prinzip dort, Dogma hier, ich weiß die „objektive“ Dichtigkeit des Dogmas zu schätzen, aber hinter beiden lauert der – profane oder heilige – Krieg gegen die dialogische Gewalt der Situationen, lauert das Ein-für-Allemal, das dem unvorhersehbaren Augenblick widersteht. Das Dogma ist, auch wo sein Herkunftsanspruch unbestritten bleibt, die erhabenste Form des Gefeitseins gegen die Offenbarung geworden. Die will kein Perfektum dulden, aber der Mensch mit den Künsten seines Sicherungswahns steift sie zur Perfektion ab.

Der bedingte Mensch

Ich erhoffe diesen Hinweisen zwei Arten von Lesern. Den amicus, der um die Wirklichkeit weiß, auf die ich, mit einem Zeigefinger, den ich so ausstrecken können möchte wie Grünewalds Täufer, hinweise, und den hostis oder adversarius, der diese Wirklichkeit leugnet und darum mich, weil ich darauf als auf eine Wirklichkeit, also irreführend, hinweise, bekämpft; der also doch wohl das, was hier gesagt wird, ebenso ernst nimmt, wie ich selber, nach langem Warten schreibend, was zu schreiben ist, es nehme, – ebenso ernst, nur eben mit negativem Vorzeichen. Den bloßen inimicus, als den ich jeden ansehe, der mich aufs Ideologische abdrängen und da gelten lassen will, würde ich gern missen.

Dem amicus brauche ich an dieser Stelle nichts zu sagen. Der Stundenschlag der gemeinsamen Sterblichkeit und des gemeinsamen Wegs schlägt an seine und meine Ohren, als stünden wir auch im Raum beisammen und kennten einander.

Dem adversarius aber – es genügt nicht, ihm an dieser Stelle zu sagen, worauf ich ihn hinweise: auf die Verborgenheit seines persönlichen Lebens, auf sein Geheimnis, und daß er, wenn er über eine sorgsam gemiedene Schwelle tritt, das entdecken wird, was er leugnet. Es genügt nicht. Ich darf seinen schwersten Einwand nicht abweisen, ich muß den annehmen, wo und wie er erhoben wird, und muß antworten.

Nun sitzt also der adversarius in seiner aktuellen, zeitgeistgemäßen Erscheinungsform mir gegenüber und spricht, mehr über mich weg als auf mich zu, in Tonfall und Haltung des üblichen personfreien Universalduells:

„In alledem wird der Tatsächlichkeit unseres gegenwärtigen Lebens nicht Rechnung getragen, ja der Bedingtheit des Lebens überhaupt. Alles, wovon Sie reden, begibt sich im Nirgendwo, nicht in der sozialen Umwelt, in der wir nun einmal unsere Tage verbringen und von der, wenn von irgend etwas, unsere Realität bestimmt wird. Ihre ‚zwei Männer' sitzen auf einer einsamen Bank, offenbar während einer Ferienwanderung; in einem Großstadtbureau würden Sie sie nicht sitzen lassen können, da würde ihnen das ‚Sakramentale' nicht gelingen. Ihr ‚abgebrochenes Gespräch' findet zwischen Intellektuellen statt, die Muße haben, ein paar Monate vor dem ungeheuren Massengeschehen Phantasien von seiner Verhütung durch geistige Einwirkung zu spinnen. Das mag ja ganz interessant sein für Leute, die in keine Pflicht genommen sind. Aber soll der Handelsangestellte sich seinen Kollegen ‚rückhaltlos mitteilen'? Soll der Arbeiter am Fließband, aus dem, was ihm widerfährt, eine Anrede empfangen? Soll der Leiter eines technischen Riesenunternehmens ‚dialogische Verantwortung üben'? Sie fordern, daß man in die Situation eingehe, die einen antritt, und vernachlässigen die dauernde Situation, in der sich jeder von uns, soweit er am Leben der Gesellschaft teilhat, elementar befindet. Das ist, trotz alles Hindeutens auf die Konkretheit, der Vorkriegsindividualismus in verbesserter Neuausgabe."

Und ich, aus tiefem Bewußtsein, wie fast unmöglich es ist, gemeinsam, sei's auch nur gegeneinander, zu denken, wo man nicht gemeinsam erfährt, antworte:

Vor allen Dingen, lieber Gegner: Wenn wir uns miteinander und nicht aneinander vorbei unterhalten sollen, bitte ich Sie zu beachten, daß ich nicht fordere. Dazu habe ich keine Berufung und nicht einmal eine Befugnis. Ich versuche nur zu sagen, daß es etwas gibt, und anzudeuten, wie das beschaffen ist; ich berichte. Und wie vermöchte man überhaupt das Dialogische zu fordern! Zwiesprache gibt man keinem auf. Antworten wird nicht gesollt; aber es wird gekonnt.

Es wird wirklich gekonnt. Das Dialogische ist kein Vorrecht der Geistigkeit wie das Dialektische. Es fängt nicht im oberen Stockwerk der Menschheit an, es fängt nicht höher an, als wo sie anfängt. Begabte und Unbegabte gibt es hier nicht, nur Sichhergebende und Sichvorenthaltende. Und wer sich morgen hergibt, dem ist's heute nicht anzumerken, auch er selber weiß noch nicht, daß er's in sich hat, daß wir's in uns haben, er wird's eben finden, „und wenn er findet, wird er staunen".

Sie halten mir den in Pflicht und Betrieb Genommenen vor. Ja, den gerade meine ich, den, den in der Fabrik, den im Laden, den im Bureau, den unter Tag, den am Dampfpflug, den in der Zeitung, den Menschen. Ich suche nicht nach Menschen, suche mir die Menschen nicht aus, ich nehme an, die da sind, sie habe ich im Sinn, ihn, den Eingespannten, den Radtretenden, den Bedingten. Zwiesprache ist keine Angelegenheit des geistigen Luxus und der geistigen luxure, sie ist eine Sache der Schöpfung, des Geschöpfs, und das ist er, der Mensch, von dem ich rede, der Mensch, von dem wir reden, Geschöpf, triviale Unersetzlichkeit.

In meinen Hinweisen auf das Dialogische habe ich die Beispiele so „rein", so paradigmatisch wählen müssen, als die Erinnerung sie mir irgend darbot: um mich über so unvertraut Gewordenes, so schier Verschollenes deutlich zu machen. Darum erzähle ich scheinbar aus dem Bezirk, den Sie den geistigen nennen, in Wirklichkeit nur aus dem Bezirk des Glückenden, des sich Rundenden, eben des Exemplarischen. Aber es geht mir nicht um das Reine. Um das Trübe geht es mir, um das Gehemmte, um den Trott, um die Mühsal, um die dumpfe Widersinnigkeit – und um den Durchbruch. Um den Durchbruch geht es und nicht um eine Vollkommenheit, und zwar um den Durchbruch nicht aus der Verzweiflung mit ihren mörderischen und erneuernden Gewalten, nein, nicht um den großen, katastrophalen, einmaligen (von ihm geziemt es eine Weile – auch im eigenen Herzen – zu schweigen), sondern um das Durchbrechen aus dem Status der dumpf-temperierten Widerwärtigkeit, Widerwilligkeit und Widersinnigkeit, in dem der Mensch, den ich aufs Geratewohl aus dem Getümmel greife, lebt – und aus dem er durchbrechen kann und zuweilen durchbricht. Wohin? In nichts Erhabenes, Heroisches, Heiliges, in kein Entweder und in kein Oder, nur in diese kleine Strenge und Gnade des Alltags, wo ich mit eben derselben „Wirklichkeit", in deren Pflicht und Betrieb ich genommen bin, so zu tun bekomme, so Blick in Blick, Wink in Wink, Wort in Wort, daß ich sie als mir und mich als ihr gereicht, sie als zu mir und mich als zu ihr geredet erfahre und mir nun in all dem Gerassel der Routine, das ich meine Wirklichkeit nannte, unansehnlich und herzlich die wirkende Wirklichkeit, die kreatürliche, die anvertraute und verantwortete erscheint. Den Sinn finden wir nicht in den Dingen vor, wir legen ihn auch nicht in die Dinge hinein, aber zwischen uns und den Dingen kann er sich begeben.

Es taugt nicht, lieber Gegner, mir erst die Pathetik des „Alles oder nichts!" zuzuschreiben und dann die Unmöglichkeit meiner angeblichen Forderung zu beweisen. Ich weiß weder, was Alles, noch was Nichts ist, eins kommt mir so unmenschlich und ausgedacht vor wie das andre, und was ich meine, ist das schlichte quantum satis dessen, was dieser Mensch in dieser Stunde seines Lebens zu erfüllen und zu empfangen vermag – wenn er sich hergibt. Das heißt: wenn er sich nicht von der kompakten Geläufigkeit einreden läßt, es gebe Räume, die von der Schöpfung ausgenommen sind, er arbeite in solch einem Raum und könne erst nach Feierabend in jene zurück, oder gar, die Schöpfung sei überholt, das habe es mal gegeben, aber es sei unwiderruflich vorüber, jetzt gebe es den Betrieb, und jetzt heiße es alle Romantik abstreifen, die Zähne zusammenbeißen und mit dem als notwendig Erkannten fertig werden. Ich sage: wenn er sich das nicht einreden läßt! Keine Fabrik und kein Bureau ist so schöpfungsverlassen, daß nicht von Arbeitsplatz zu Arbeitsplatz, von Schreibtisch zu Schreibtisch ein geschöpflicher Blick auffliegen könnte, nüchtern und brüderlich, der die Wirklichkeit der geschehenden Schöpfung verbürgt: quantum satis. Und nichts ist so durchsichtig in der Zwiesprache zwischen Gott und Mensch, wie solch ein unsentimentaler und rückhaltloser, ja, rückhaltloser Blicktausch zwischen zwei Menschen im Fremdraum.

Aber ist es, unwiderruflich, ein Fremdraum? Muß hinfort in alle Zeiten der Welt das Leben des in den Betrieb gespannten Wesens zwiegeteilt sein, in die Fremde „Arbeit" und die Heimat „Erholung"? Vielmehr muß es, da Abend und Sonntag sich doch nicht von dem Charakter des Werktags freimachen können, zwischen Arbeitsbetrieb und Erholungsbetrieb aufgeteilt sein, ohne einen Rest von Unmittelbarkeit, von unreguliertem Überschuß, – von Freiheit? (Und die Freiheit, die ich meine, wird ja auch von keiner neuen Gesellschaftsordnung hergestellt.) Oder regt sich schon, unterhalb aller zu befriedigenden Unzufriedenheiten, eine unbekannte und urtiefe, für die es noch nirgends ein Befriedigungsrezept gibt, die aber zu solcher Mächtigkeit erwachsen wird, daß sie den technischen Leitern, den Unternehmern, den Erfindern diktiert: Rationalisiert immerzu, aber humanisiert in euch die rationalisierende Ratio, daß sie in ihre Zwecksetzungen, in ihre Berechnungen den lebenden Menschen einbeziehe, den es danach verlangt, in der Gegenseitigkeit zur Welt zu stehen! Regt sich schon auf den Gründen – Antrieb zum großen Aufbau oder Fünklein der letzten Revolution – die Sehnsucht, lieber Gegner, nach Dialogisierung des Betriebs? Das heißt, in der Formulierung des quantum satis: nach einer Werkordnung, in der der Betrieb jeweils so sehr von vitaler Dialogik durchdrungen wird, als es die von ihm zu erfüllenden Aufgaben gewähren? Und in welchem Maße sie es gewähren können, wird heute kaum erst geahnt – in einer Zeit, wo die Frage, die ich stelle, wirklichkeitsblinden Optimisten und möglichkeitsblinden Getreuen der unzugänglichen Welttragik ausgeliefert ist.

Machen Sie sich klar, wovon es Zeugnis ablegt, wenn ein Arbeiter sogar seine Beziehung zur Maschine als eine dialogische empfinden kann, wenn etwa ein Buchdrucker erzählt, er habe gelegentlich ihr Summen vernommen als „ein lustiges und dankbares Lächeln der Maschine an mich, daß ich ihr geholfen, die Schwierigkeiten und Hindernisse, die sie störten, schrammten und schmerzten, zu beseitigen, so daß sie jetzt frei laufen konnte“. Müssen nicht auch Sie da an die Geschichte von Androklus und dem Löwen denken?

Wo einer aber ein lebloses Ding, ihm Seele und Rede verleihend, in seine Begier nach Zwiesprache zieht, da mag ihm schon das Vorgefühl einer welthaften aufgehn, der mit dem Weltgeschehen, das ihn ja eben in seiner, auch dinglichen, Umwelt antritt. Oder meinen Sie ernstlich, daß Zeichengabe und Zeichennahme an der Schwelle des Betriebs haltmachen, wenn es in diesem ein rechtschaffen aufgeschlossenes Gemüt gibt?

Kann, so fragen Sie lachend, der Leiter eines großen technischen Unternehmens dialogische Verantwortung üben? Er kann es. Denn er übt sie, wenn er sich den von ihm geleiteten Betrieb, soweit es angeht, quantum satis, in dessen Konkretheit vergegenwärtigt; wenn er ihn also, statt als ein Gefüge aus mechanischen Kraftzentren und deren organischen Bedienern, zwischen welch letzteren es für ihn außer der funktionellen Differenzierung keine gibt, als einen Zusammenhang gesichthabender, namenhabender, biographiehabender Personen erfährt, verbunden durch ein Werk, das sich in den Leistungen eines komplizierten Mechanismus darstellt, aber nicht aus ihnen besteht; wenn er die Fülle dieser Personen, die er natürlich nicht als solche unterschiedlich zu kennen und zu erinnern vermag, mit einer latenten, disziplinierten Phantasie inne hat, so daß, wenn eine von ihnen aus irgendeinem Anlaß nun wirklich als Individuum in seinen Gesichtskreis und seinen Entscheidungsbereich tritt, er sie nicht als eine Nummer mit menschlicher Maske, sondern, ohne Anstrengung, als Person wahrnimmt, und wenn er, größtenteils notwendigerweise indirekt, durch ein je nach Größe, Art, Struktur des Unternehmens variables Mittlungssystem, aber in den ihn organisativ berührenden Teilen auch unmittelbar, diese Personen als Personen erfaßt und behandelt. Selbstverständlich wird zunächst von beiden Lagern, vom Kapital und vom Proletariat, seine meisterliche Phantasiehandlung als Phantasterei und seine praktische Personalistik als Dilettantismus verschrien werden, aber ebenso selbstverständlich nur so lang, bis seine technischen Mehrleistungen ihn beglaubigen. Dann freilich wird etwas Schlimmeres folgen: Man wird ihn pragmatisch nachahmen, also sein „Verfahren" ohne seine Gesinnung und Einbildsamkeit anzuwenden suchen; aber diese Urdämonie der Geistesgeschichte (denken Sie nur an all die Magisierung der Religion) wird hier wohl an der Unterscheidungsfähigkeit der Menschenseelen scheitern. Und inzwischen steigt hoffentlich ein neues, am Lebendigen lernendes Geschlecht auf und macht Ernst wie er.

Unverkennbar nimmt die Bedingtheit der Menschen von den „Verhältnissen" im Gang dieses Zeitalters zu. Nicht nur die absolute Masse der sozialen Objektiva wächst, auch ihre relative Macht. Als der durch sie Mitbedingte steht der Einzelne in jedem Augenblick vor dem Weltkonkretum, das sich ihm zureichen und von ihm Entgegnung empfangen will, situationsbeladen begegnet er den neuen Situationen. Und dennoch, in all der Vervielfältigung und Verflochtenheit ist er Adam geblieben: Immer noch entscheidet es sich real in ihm, ob er der in den Dingen und Begebenheiten sich manifestierenden Rede Gottes an ihn standhalte oder sich entziehe. Und ein geschöpflicher Blick zum Mitgeschöpf kann zuweilen der Antwort genug sein.

Die soziologische Bedingtheit des Menschen wächst. Aber dieses Wachsen ist das Reifen einer Aufgabe, nicht im Sollen, sondern im Dürfen und Bedürfen, in Sehnsucht und Gnade. Es gilt, der pantechnischen Sucht oder Gewöhnung zu entsagen, die mit jeder Situation „fertig wird"; es gilt, jede, von den trivialen Mysterien der Alltäglichkeit bis zur Majestas des zerstörenden Schicksals, in die dialogische Gewalt des echten Lebens aufzunehmen. Die Aufgabe wird stets schwerer und stets wesenhafter, die Erfüllung stets gehemmter und stets entscheidungsreicher. All das geregelte Chaos des Zeitalters wartet auf den Durchbruch, und wo immer ein Mensch vernimmt und erwidert, wirkt er daran.

Hans Ehrenberg

Drinnen und draussen – drunten und droben

Kreatürliche Glossen zu Goethes Pädagogischer Provinz

Die Struktur des Lebens gleicht im Lebenssystem Goethes einer Zwiebel, die immer wieder geschält werden kann und immer schon dieselbe ist. Kern und Schale sind eins, als Frucht!

In diesem Lebensgefühl liegt eine Statik, deren Gesetz jedoch labiler Art ist. Leicht kann das Gleichgewicht verlorengehen, stellt sich aber auch leicht wieder her. Es ist eine mikrokosmische Harmonie, die sich ins Weltall überträgt, nicht eine auf Urwelttatsachen ruhende makrokosmische Ordnung, die bis ins Innere des Menschen einwirkt. Das Leben sieht sich daher immer als ein Ausschnitt an. Der Rahmen gehört mit zum Bilde, und der Makrokosmos hat keine Satzung, die er an die Ordnung des Mikrokosmos weitergebe. Man kann Goethe einen umgekehrten Theosophen nennen. Wie dieser den Menschen in den Kosmos verkrümelt, um ihn okkult zurückzuerhalten, so verstaut Goethe den Kosmos im Menschen, um ihn aus dem Menschen als ein Bild, eine Anschauung, eine Idee zurückzuholen. Darauf beruht sein Verhältnis zu Spinoza, Gleichnis ohne Übereinstimmung. Goethe ist gewillt, alles dem Menschen zu opfern, wenn dieser nur wirklich leben darf. Darin hat Goethe keine ernsthaften Vorgänger gehabt und auch nicht zahlreiche Nachfolger. Was bei ihm Weltanschauung zu sein scheint oder vorgibt, ist ein Lebensgefühl, in dem sich der Primat des Menschen in einem Schattenbild kundgibt, für das der Mensch selber den schattenwerfenden Körper hinstellt. Die Lichtquelle aber ist Glaubensgegenstand gemäß jenem umgekehrten Theosophismus, der anstatt der Erkenntnis höherer Welten höhere Erkenntnis niederer Welten vermittelt, nämlich der Niederungen des menschlichen Lebens. Goethe überfliegt den Menschenlebensstand nirgends, aber sucht ihm eine höhere Erkenntnisform zuzuordnen. Darauf beruht auch jenes eigenartige Erziehungs- und Lebensordnungssystem, das er selber als Pädagogische Provinz bezeichnet hat.

Goethe aristokratisiert die Erde und das irdische Leben. Ohne Höhenflug. Das Kleine bleibt klein, und das Große schlägt das Kleine nicht tot. Was zu groß ist, wird zum Geheimnis gemacht und hinter eine Wand gestellt, um für das Kleine tragbar zu sein. Anstatt einer hierarchischen Ordnung gibt uns Goethe stets eine solche, die – wie im Theater mit seinen Kulissen – Vorder- und Hintergrund kennt, vielleicht in mehrfacher Schichtung vor- und hintereinander. Man kann bei Goethe geradezu von einer intensiven Abneigung gegen jede überordnende Lebensordnung sprechen. Die patriarchalische Hierarchie hat – gerade seine bürgerlich-patriarchalischen Dichtungen, Hermann und Dorothea, Die natürliche Tochter belegen es – bei ihm keinen Platz mehr. So tritt das sonst Obere in einen Hintergrund, der durch geheimnisvolle Bedeutung gehoben, durch maskierende Verkleidung geschützt wird. Lebensgeheimnis und Lebensschutz gehören Goethe zusammen. Und der Akt der Offenbarung, auch Goethe wohlbekannt, enthüllt und demaskiert, anstatt aus einer anderen Welt hereinzubrechen. Wie hätte sich Goethe mit der geläufigen Verkündigung einer der christlichen Kirchen auf die Dauer – zeitweise hat er es sehr vermocht – befreunden können, wenn er so entschieden die Projektion auf die diesseitige Lebensebene vollzog und festhielt? Das Geheimnis muß dann allerdings erst künstlich hergestellt werden. Da haben wir den Zugang zu den Denkformen, in denen Goethe in der Pädagogischen Provinz sein Lebensgefühl ab- und bewertend entwickelt hat.

Die besondere Rolle des Theaters in Goethes Leben und Anschauung ersieht man daraus, daß es außer dem Theater nirgends ein volles und ganzes „Draußen" gibt. Im Draußen sucht der die Offenbarung im Raume Erwartende seine Sendung. Dort findet er zwar nicht die Sendung, aber die Gestalt. So normiert Goethe für die Be die Worte „Schönes und Gutes". Das sind keine Götter, keine Regenten der oberen Welt, sondern offenbarte Gestalten der unteren Welt. Was denn hat der gläubige Mensch dagegen einzuwenden, daß seine himmlischen Personen, wenn von ihnen gar nicht geredet wird, auf Erden „Das Schöne", „das Gute", „das Edle" heißen? Deshalb hätte Goethe nicht eine Kindstaufe im Namen des „Schönen, Guten und Edlen" vollziehen können, und zwar nicht nur aus Verstand, der ihn an solcher Geschmacklosigkeit hinderte, sondern weil er das Schöne, Gute und Edle anders schaute und verehrte denn als Götter, vielmehr: Bild des Lebens, Plastik der Enträtselung, Gestalt der Schaubarkeit. Goethe kennt keine Götzen. So bildete Goethe seine Schauspieler aus, und so ließ er durch die Bühne seinen Wilhelm Meister sich bilden. Gebildetsein heißt Klassizismus, das soll heißen Form allumlichtet, Schattenwelt im Hintergrund, Menschenwort im Vordergrund, der Leib in der Mitte. Der Raum wird Bild, aber das Bild wird Leben. Voll Wut konnte Goethe Schauspieler anschreien, die es wagten, auch nur zu einer Probe aus der Kulisse herauszutreten, ja nur mit neugierigen Augen sichtbar zu werden; sie störten den Kosmos der Offenbarkeit, das war ihm wie wenn der Christ den Satan eine Kirche betreten sieht.

Das Theater bietet den geschlossenen Menschen. Dort ist der Mensch, dort wird er nicht. Ist er auch nur Schein, so ist dieser Schein doch ein ganzer voller Abglanz des Lebens. Es ist ja nur das Draußen, und vom Draußen verlangt Goethe nicht die Würde des Droben. Dankbar genug für wenigstens diese eine Befreiung vom Formlosen, vom bloßen Werden, von der Unklarheit des Drängens und Wollens, findet Goethe auf der Bühne die Überwindung des Geheimnisses und darin das Gleichnis zur Aristokratie der Gesellschaft. Man hat seine Hintergründe, aber man lebt im Vordergrund. Man steht ganz im Licht, aber man läßt sich seine Geheimnisse nicht rauben. Denn das „Sein" soll gerade „Schein" sein, um das Geheimnis zu retten und doch frei vom Geheimnis zu leben.

Man mache sich deutlich, wie unplatonisch dieses Lebensgefühl war. Dringt der Platoniker immer hinter das Sein, entkleidet metaphysische Kerne aus vormetaphysischen Hüllen, so gewährt Goethe sogar dem Uneigentlichen die Vollgeltung des Eigentlichen. Plato macht Sein zu Schein, Goethe Schein zu Sein. So seinshaft gründet sich ihm die Wirklichkeit. So „schön, edel, gut" ist die Welt. So weit reicht der Arm des Droben-Seienden, bis in das Draußen, und schlägt den seinsmüden Drinnenverehrer nieder, den Pietisten, Goethes Zeitgenossen, zu dem auch er selber im Feuer der Jugend, die des Seins eher entraten kann, Bruder gesagt hatte.

Als Wilhelm Meister mit seinen Begleitern die pädagogische Provinz betrat, bot sich ihm unter Führung einer der Aufseher der Provinz, der ihn geleitet, folgendes Bild: Die an der Ernte arbeitenden Knaben und Jünglinge taten also, „die jüngsten legten die Arme kreuzweise über die Brust und blickten fröhlich gen Himmel, die mittleren hielten die Arme auf den Rücken und schauten lächelnd zur Erde, die dritten standen strack und mutig; die Arme niedergesenkt, wendeten sie den Kopf nach der rechten Seite und stellten sich in eine Reihe, anstatt daß jene vereinzelt blieben, wo man sie traf". Das ist keine plastische Gruppe, sondern ein Bühnenbild, das voll beleuchtet ständig wechseln kann, und tatsächlich dauernd neue Stellungen einnimmt: Lebendige Gruppe! In ihr sah Goethe das Leben, nie anders. Es war seine Form zu schauen, zu beobachten, zu erleben, zu verarbeiten. Wie man bei einem jeden organischen Wesen eine Form feststellen kann, in der es Umwelt aufnimmt und verdaut, so ist es bei Goethe diese Art, die im Theater ihre beispielhafte Form besitzt.

Wilhelm Meister sucht das Weib. Dieses Suchen verkörpert nicht erotische Persönlichkeitsentfaltung; Wilhelm bleibt bei allen seinen Begegnungen mit Frauen persönlich ein unerotischer Mensch. Sucht er das Weib, so sucht er das Maß, den Menschen, das Geheimnis oder vielmehr die Offenbarung des Geheimnisses. Natalie erfüllt ihm nicht sein erotisches, sondern sein menschliches Ideal. Was in ihm und in Goethe an – fast möchte man sagen unvermeidlicher – Erotik enthalten ist, wird vorher abgewickelt. Die Entwicklung geht von Erotik fort, über sie hinaus. Therese als Episode bringt für Wilhelm seine vollständige Enterotisierung. Das entspricht zwar nicht Goethes Natur, aber es entspricht seiner Idee, und er hält sich für diese nicht unbeträchtliche Askese – merkwürdig, wie man aus Goethe gerne das Gegenteil eines Asketen gemacht hat! – schadlos, indem er ein erotisches Märchen dichtet, „Die neue Melusine", und sein ganzes erotisches Empfinden hineingießt. Aber auch da hat er sich vorher durch die „Heilige Familie" rückversichert bei der Askese: „Die neue Melusine" bleibt Märchen, und „Der Mann von fünfzig Jahren" gibt nur einen Nachklang zur Erotik, damit die Askese die Persönlichkeit durch eine tragische Wendung befriedigt. Zuletzt, die Erotik wird nicht verbannt. Das Weib als Inkarnation im Theater, soll heißen Inkarnation von Draußen und Drinnen, von Schein und Sein, ist in der Welt Goethes unentbehrlich, rettet den Menschen im Manne, rettet das Geschlecht, um es nicht abzutöten.

Ist Natalie Inkarnation der Askese, ist sie Heilige? Vorfrage: Was ist Mignon? Wiederum Askese, nämlich Erotik ins Kindhafte zurückgedrängt und im Kindhaften aufgenommen. Natalie also ist Weib, nicht Heilige nach dem Paar Droben und Drunten, wohl aber Heilige nach dem Paar Draußen und Drinnen. Sie offenbart das Drinnen und heiligt dadurch das Draußen. An dieser selben Heiligung geht Ottilie zugrunde, während Eugenie sie am strengsten, am asketischsten vollzieht und Charlotte um ihretwillen, um der Heiligung des Draußen willen, ihr Drinnen absterben lassen muß. Die Reihe der Asketen und Asketinnen Goethes ließe sich mehren. Goethe selber erfährt die Askese in voller Wucht erst verspätet, in Marienbad als noch jugendlicher Greis, nachdem er sie so lange und so oft in das Blut seiner Dichtung eingespritzt hatte. Darum hat Goethe nie „gefunden". Darauf, was Weib als Glück, was Frau als Segen, was Geliebte als Seele bedeutet, auf das ganze Hohe Lied der Liebe, körperlich, geistig, seelisch, hat Goethe resigniert. Die Resignierten dieser Erde haben einen großen Menschen notwendig gehabt, sie haben ihn erhalten. Nichts war ihm daher so zuwider, wie Leidenschaft, Schwärmerei, Pathos, Rhetorik, Geschwollenheit, Ideologie. Ein großer Mann ohne Pathos, das ist selber eine höchst pathetische Sache. Und aus Resignation wirft sich Goethe auf – Pädagogik: „Die Entsagenden" heißt der zweite Titel von Wilhelm Meisters Wanderjahren!

Man könnte erstaunt sein, daß Goethe überhaupt so etwas unternimmt. Warum gerade er, der aller Schulmeisterei und Schulmeisterei Abholde, eine Pädagogische Provinz ersinnt, erdichtet, aufbaut, erscheint abstrus. Wer wäre wohl weniger Erzieher gewesen als Goethe?! sowohl im Leben wie auch im Werke! Ob erzogen, ob unerzogen, er verändert keinen Menschen. Da gilt geprägte Form, da gilt Dämon: nach dem Gesetz, wonach du angetreten, so mußt du sein, dir kannst du nicht entfliehen! Verneinung aller Pädagogik! Auch die pädagogische Provinz gibt Schulmeistern nichts, ist auch nicht Geist vom Geist eines Pestalozzi. Da ist ja alles Bild geworden, nichts ist Werden, nichts wirklich Er-ziehung, nichts Strafe, nichts Gesetz, nichts Schule, nichts Ziel, nichts Prüfung, nichts Vorbild. Eine Pädagogik ohne Vorbilder ist ein Monstrum, Widerspruch wider sich selbst, kein Ideal, nichts für junge Menschen, keine Begeisterung, kein Mitsichreißen – eine wahrhaft resignierte und vielleicht deshalb eine wahre Pädagogik.

Diese Pädagogik wird von einem einzigen Worte beherrscht, dem Worte Ehrfurcht. Vor wem? Vor dem Erzieher? Vor dem Zögling? Vor dem Ideal? Oder Ehrfurcht selber als Ideal? Letzteres trifft zu. Daher eine Pädagogik ohne Zweck. Keine Politeia. Und wiederum das Gegenteil Platons.

Heute macht man mit Ehrfurcht Zweckpädagogik. Das hat Goethe nicht hervorrufen wollen. Ehrfurcht vor dem Leben, das ist eines der beliebten Zeitworte. Goethe hatte nicht vor etwas Ehrfurcht, denn er hatte Ehrfurcht an sich. Hierin liegt seine heile Bedeutung. Die pädagogische Provinz wäre mehr ein Kloster zu heißen, wenn es je Klöster gegeben hat, die sehr so nur das Leben nach der Art der Lilien auf dem Felde gekannt hätten. Aber, wendet man ein, wird in Goethes pädagogischer Provinz nicht unterrichtet und gelernt? Sicherlich, denn Faulheit und mystisches Auf-den-Nabel-Schauen war dem Meister mehr zuwider als zweckerfüllte Aufzucht. Und doch führt die Ehrfurcht, die dort geübt wird, nirgendwohin. Weder nach „dort", noch nach „hier". Sie vertritt keine Weltanschauung. Da ist alles drinnen wie draußen. Da ist nichts droben, nichts drunten, kein Gericht – denn das Dasein ist das Gericht, und doch keine öde Gleichmacherei, keine taube Toleranz, keine weiche Gutmütigkeit. Und betrachten wir Goethes Gebot der Ehrfurcht nun genauer, denn Gebot ist es für ihn.

Drei Richtungen, jede der anderen gleichwertig, obschon nicht gleichartig und daher abgestuft! Goethe geht von der Voraussetzung aus, die nachzuprüfen wäre, daß dem Menschen von Natur keine Ehrfurcht innewohne. Hat sich für Goethe Erbsünde so verwandelt? Ehrfurchtslosigkeit? Oder spricht hier eine bestimmte vereinzelte Kultur- und Zeiterfahrung? Schwer zu entscheiden! Jedenfalls verhält es sich so, daß die vererbte Sündhaftigkeit Goethe in der Erscheinung mangelnder Ehrfurcht sichtbar wird. Was aber ist Ehrfurcht? Ein Schweigen, ein Stillesein, ein An-sich-Halten! Der Ehrfurchtslose schwatzt, betäubt sich, faßt alles mit ungeschickten Fingern an. Wenn die Ehrfurcht Goethes Erziehungsziel darstellt, so nennen wir solches Ziel eine Haltung, nicht ein Tun, nicht ein Denken, nicht ein Können. Und in inneren und äußeren Haltungen drückt sich die Ehrfurcht dreifach aus.

Der Mensch schult zu Wissen, zu Können, zu Tun. Goethe schult zu Haltung, zu Sein, das Dasein in sich aufgelöst hat. Ein solches Erziehen scheint zwecklos. Keine eindeutige Aufgabenstellung läßt sich daraus herleiten, kein präzises Verantwortlichkeitsbewußtsein davon gewinnen. Der Aristokrat ist auch ein zweckloser Mensch, weil er nicht ummittelbar in die Weltarbeit verstrickt ist, ihren Schweiß nicht erleidet. Volkhaft wird Goethe nie. Menschhaft ist er immer.

Ist Ehrfurcht Haltung, so ist sie Haltung schlechtweg – einzige Haltung, die sich selber Sinn und Bedeutung verleiht. Wieder ist Drinnen Draußen und wechselumgekehrt. Minderwertigkeit des Draußen, Verschwommenheit des Drinnen sollen beide abgewehrt sein. Der Leib wird total sinnhaft, die Seele total Gestalt. Keine unendliche Kette wird angestückt. Die Gestalthaftigkeit der Seele sichert Goethe gegen Romantik, die totale Sonnenhaftigkeit des Leibes hemmt ihn vor dem Christentum. Antik, klassisch, ist er gleichwohl unverkürzt modern, denn sein Menschentum erstrebt nicht noch duldet geschlossene, verschlossene Persönlichkeit, wirklich antiken Menschen.

Haltung ist alles. Sie muß daher auch alles umfassen. So bekommt Haltung Richtungen. Die Gliederung in ihnen gibt dem Vorgang der Haltung Wirklichkeit. Nach oben, nach unten, geradeaus! Dort das Ideal, hier die Tragik, zuletzt der Ernst. Dort Gott, hier das Geschick, zuletzt das tätige Leben. Handeln darf nicht Ziel, sondern soll Frucht sein. Denn der Aristokrat, nicht im Blute als solcher geboren, sondern dazu erkoren und durch Geist erzieherisch geprägt, ist sinnvoll bestimmter Aristokrat, Aristokrat des Leitens, des Handelns, des Selber-Erziehens. Führer, Lehrer, Täter sind die drei Richtungseffekte der ehrfürchtigen Haltung. Der Lehrer schaut auf den Himmel, der Führer blickt nieder auf die Geschicke und Leiden, der Täter schaut geradeaus in die Welt, gegen die er „Front macht", wie Goethe sein Handeln heißt.

Ehrfurcht als Lebenssinngeber bedeutet aber wieder Resignation. Sowohl die Lehre wie die Führung wie die Tat werden, ehe sie geboren werden, unter ein beschränkendes Gesetz gebracht. Sie dürfen sich nicht ausleben noch hingeben. Hier wird der Reiche arm, der Arme aber begütert. Jede echte Aristokratie mäßigt die natürlichen Unterscheidungen des Besitzes und der Begabung. Deshalb kann sich keine Aristokratie gegen Demokratie ganz verwahren. Ohne Resignation würde das Demokratische sogar schnell durchdringen. Hier sind wir nun ganz im Mittelpunkt Goetheschen Wesens:

An den Grenzen der Welt verzichtend, so hat es Goethe einmal ausgesprochen, wird der Ehrfürchtige zum Bildner, wie er gebildet ist, Mann auch für das Volk, ob er selber auch volklos bleibt, Demokrat in der Wirkung, wie er persönlich aristokratisch lebt. Denn dieser Aristokrat hat keine Aristokratie, für die er kämpfen könnte. Da fehlt die Oligarchie, da fehlt die Feudalität, da fehlt die Tyrannei. So schlägt das Bild scheinbar ins Gegenteil um. Ist Haltung nur Vorbereitung auf Tat? Doch nicht, wohl aber ist Tat Nachbereitung der Haltung.

Und Haltung wäre ja nur Theater, nur angenommene Attitude, wenn sie nicht erzieherisch gemeint wäre, wenn keine Lebenspädagogik darauf fußen soll, wenn keine Tat daraus ihren Ursprung gewönne. So erweitert sich das Theater, das vollkommenes Abbild des Seins ist, zum Sein selber. Und in den drei Richtungen der Ehrfurcht gewinnt Goethe, der Erzieher, eine universale Bestimmung und einen universalen Inhalt. Schien es zuerst so, als könnte sich Goethe damit begnügen, einen Menschen zur Haltung schlechtweg zu erziehen, so erfahren wir nunmehr, daß die Haltung ihn zur „Welt" erziehen soll. Und die pädagogische Provinz wird zur weltweiten Universalschau aller Dinge. Auf die Enge folgt die Weite, auf die Stilisierung die stoffliche Füllung, auf die Gebärde die Eroberung. Es ist ein System, was keimhaft in der bloßen Haltung schlummert. Weltumspannende Philosophie wird aus dem kleinen Samen geboren. Weltordnung erhebt sich auf dem Grunde einer ordnenden Gebärde. Schein zum Sein bestimmt – *wird Sein!*

Inwieweit ist nun diese Haltung und die der Haltung zu verdankende Ordnung eine Bindung? Wenn die Bindung nur von innen nach außen gehen soll, hat sie keinen weiten Bereich ihrer Wirkung. Denn Goethe bindet zwar das Draußen an das Drinnen, aber das Drinnen nicht an das Draußen. Das Drinnen wird vielmehr entbunden, und das allumspannende Lösen, dem sich Goethe hingibt, löst gewiß nicht auf, löst ja nur, um zu lösen. Denn Lösung ist Goethe alles.

Wird Schein zu Sein, so müssen wir die scheinlose, blinde und lichtlose Grausamkeit des Seins missen, Existenz wird nicht aufgerollt. Wenn Goethe an die Details seiner Pädagogik herangeht, überwältigt ihn bare Verständigkeit. Verantwortungslosigkeit vor dem Draußen enthebt den Ehrfürchtigen aus Entweder-oder-Entscheidungen der Existenz in ein Spiel von Verstandeserwägungen und Verstandesvermittlungen. Das gibt jenen oft beinahe komischen Goethe, der die Kleinigkeiten des Daseins als große Dinge behandelt und den Millimeter mißt wie die Meile. Das größte Genie verachtet die Genialität. Als wollte es sich selbst korrigieren, unterwirft es die Willkür rein geistiger Tätigkeiten, z. B. der Musik, einem pedantisch-strengen Lerngetriebe. „Was uns aber zu strengen Forderungen, zu entschiedenen Gesetzen am meisten berechtigt, ist: daß gerade das Genie, das angeborene Talent sie am ersten begreift, ihnen den willigsten Gehorsam leistet", auf daß es bleibt, daß „die vorzüglichsten Menschen übereinkamen, das Notwendige, das Unerläßliche für das Beste zu halten; und gereicht es nicht überall zum Glück?"

Nichts ist peinlicher als die Gebundenheit des Genies an sich selbst. Ihr entläuft Goethe wie Luther dem Kloster und wie Augustin den Philosophien. Aber hierin ihn als Lehrer und Interpreten des Lebens zu nehmen, wird unmöglich. Ohne Verantwortung vor dem Draußen, muß ihm zum Grundsatz werden: „Unser ganzes Leben und Sein ist Ausstellung". Und gerade das was in Goethes Welt gesetzgebend herrscht, das Theater des Scheins, Seinswerdung, die Bindung des Draußen an das Drinnen ohne Rückkoppelung des Drinnen an das Draußen, wird unter laut vernehmbaren Schmerzensworten des Dichters und seiner gedichteten Hauptgestalt, Wilhelm Meister, in der pädagogischen Provinz von dem Bildungsprinzip, das dort regiert, ausgeschlossen und verbannt. Im Rahmen der Künste empört sich die Verständigkeit pädagogischer Kunsterwägung gegen die Lebensstilisierung des Theaters. Wenn jede Kunst sich vom Einzelnen soweit entfernen will, daß sie „allen anzugehören scheinen möge", wenn die bildenden Künstler wie Könige und Götter leben sollen, weil sie „in der Außenwelt leben und ihr Inneres gleichsam unbewußt an und in dem Auswendigen manifestieren", während die Musiker primitiv und einfach hausen, weil „sie immer in sich selbst gekehrt sein müssen, ihr Inneres auszubilden, um es nach außen zu kehren", so fallen alle existenziellen Bindungen der Lebensstilisierung hinweg, und das Theater wird zum Verführer für den, der von ihm die Grundsätze der Lebensform bezieht. Ja, muß, so fragt sich Goethe, nicht auch er selbst sich vorwerfen, er habe „im vielfachen Sinne mehr Leben und Kräfte als billig dem Theater zugewendet"? Was bleibt da übrig, als festzustellen, daß „die theatralische Sendung" Wilhelm Meisters in ihrem Schlußstück „Pädagogische Provinz" sich selbst aufhebt? Allerdings, wo Verneinung Selbstverneinung ist, darf sie nicht als Nihilismus gelten, und sogar das Regiment der Verständigkeit verrät wiederum das Gesetz der Askese als Regierer über den Regierern.

Unverwachsen mit der Umwelt, unverwurzelt in der Außenwelt, ungebunden gegenüber dem Rahmen des Daseins, wenden sich die Lebenskräfte Goethes stets nach innen zurück. Sein Drinnen erkennt keinen Nebenbuhler an. In zäher Eifersucht wacht es über den Stunden und Jahren Goethes. Es malt sich in der pädagogischen Provinz dauernd Gemeinschaften aus, in denen auch der schaffende Künstler und Geist stehen soll. Aber es sind Phantasiegemeinschaften – gleich der Gemeinschaft der pädagogischen Provinz selber. Mitten im Alltag, drinnen in der Außenwelt, sind es Märchengemeinschaften, und die pädagogische Provinz ist eine Märchenprovinz. Der Pädagoge als Märchenerzähler! Der Erzieher als Dichtender! Hier bricht auch Askese ab. Vor dem Drinnen der Kunst beugen sich alle Knie. Durch die drei Gebote der Ehrfurcht scheint es gegen Ausschweifung und Gesetzlosigkeit gesichert. Durch die Warnung vor dem Theater scheint es wider die Versuchung bewahrt. Durch den Verstand aller seiner Drinnen-Ordbarkeiten scheint es vor der eigenen Chaotik gerettet. Im Tempel dieses Drinnen ist still die Welt, ist befriedet das Leben, ist gereinigt der Mensch. Was gelöst wurde, ist wirklich gelöst. „Tausendfach und schön entfließe – Form aus Formen deiner Hand- und im Menschenbild genieße – daß ein Gott sich hergewandt. /Welch ein Werkzeug ihr gebrauchet – stellet euch als Brüder dar – und gesangweis flammt und rauchet – Opfersäule vom Altar". Allerdings, diese vollkommene Drinnenwelt ist auch für Goethe nur eine – Provinz, kein Staat, kein Reich! Und ihre Residenz ist ihre wirtschaftliche Kraftkammer, der Bergbau, wo der einstige Gefährte leichter Theatertage, Jarno, als ernster Montanos, den Faden der äußeren Ereignisse des Lebens wieder aufnimmt, um ihn weiterabzuspulen. Der Bergbau verbindet Märchen und Wirklichkeit, ersetzt für das Drinnen, das sich kein Regiment eines Draußen gefallen lassen will, das Draußen, falls dieses zu einem, wenn auch nur höchst irdischen – Drunten wird. In dieser Umgruppierung erscheinen die Lebenselemente der Pädagogischen Provinz zu einem letzten Male noch einmal umgeordnet und neu aufgebaut.

Wie die Mütter in einem unwegsamen Orte wohnen, wo kein Mensch zukommet, also läßt Goethe seine Götter unterirdisch thronen, da ihm der Himmel besetzt dünkt. Wie die Könige in Goethes „Märchen“ im unterirdischen Hohlraum ihren Palast besitzen und von diesem dunklen Schloß aus die Oberwelt regieren, also wird überhaupt die gewöhnliche Oberwelt zum Droben und die Welt der Bergwerke, der Gnomen, Zwerge, Geister und Dämonen zum Drunten. In diesem Drunten werden aber die Götter untergebracht, denen im Droben der Oberwelt kein Wohnen möglich ist. Die Oberwelt, teils Gebieter und König des Lebens, teils Untergebener einer Geheimherrschaft, die drunten in unsichtbaren Räumen, hinter Märchentüren in sonderbaren Provinzen ihre Paläste hat, schwebt als einzige echte Wirklichkeit „über den Wassern“, angehaucht vom Geiste des ewigen Droben, das, nie geleugnet, jedoch nie erbeten, seine Diener im Drunten mit Herrschaftsgewalt ausgestattet hat. Denn die Gewalt bleibt Gewalt, aber ihre Träger sind Delegierte der Obergewalt, Zwischenregenten, Minister und Regenten, und die soviel umgekehrte Weltordnung, in der Goethe lebt, entschlägt sich alles Götzentums wieder und wieder. Rauschend ergießt sich das Genie im eifersüchtig behüteten Drinnen-und-immer-wieder-Drinnen, asketisch verschlossen gegen das obere Droben ewiger Allmacht.

Für das wahre Droben springt dabei unvermerkt etwas Ungesehntes heraus. Der Himmel entflieht dem aufteilbaren Weltenraum, entschwebt ins rein Überweltliche. Das falsche Jenseitsgefängnis verläßt der lebendige Gott, und seine wirkliche Wohnung im echten Jenseits wird mit unfaßbarer Leuchte gesichtet. „Über Himmeln und Erden“ nennt das die Schrift. In einem Orte, wo niemand zukommet, wohnt nach ihr der einig Wahre. A und O stehen außerhalb der Lebensordnung des Daseinsbaues Goethes, nur das Und, das zwischen Anfang und Ende ist, wird von ihm als Seil durch den ganzen Kosmos geworfen. Die Anbetung von „anderen Göttern“ durch christliche Völker wird verworfen. Es siegt der EINE. Entweder herrscht Goethe, gar kein Gott, und es wird keiner angebetet, oder es waltet und wird geglaubt allein der Gott aller Götter in dem Droben über allen Droben. *Entweder – oder!* Mehr hat Goethe nicht verraten. Das Geheimnis seiner Entscheidung hat er sich gewahrt. Gleichwohl, soweit wir es vermochten, haben wir es ihm entlockt. Wer es aber besser und mehr vermag, der tue danach! Uns ist es nicht gegeben noch erlaubt.

Eduard Strauss

Das Zeichen von Bolsena

Franz Rosenzweig zum Gedächtnis

In Orvieto erhebt sich einer der schönsten Dome der Christenheit. Man hat die Bemerkung gemacht, daß ein Bazillus den Anlaß zum Bau dieses Werkes gegeben habe. Was das zynische Wort aussagt, ist richtig – aber auch nur das: Wahr ist es nicht. Einst wurde in dem nahen Bolsena ein Mönch von Zweifeln an dem Geheimnis der Wandlung im Meßopfer gequält, er betete um ein Zeichen und am anderen Tag blutete die Hostie. So ward ein Christ seines Heilswegs inne – ein Wunder war ihm geschehen. Diesen Vorgang erzählt die Geschichte; seine „Organe" hütet als Sachdokumente jener Dom, ein Riesenreliquiar der Sichtbarkeit.

Gegen die Meinung der bewahrenden – hier mit Recht nur bewahrenden, nicht erklärenden – Kirche hat man den Blick auf das Ereignis gerichtet, hat vom ehedem Geschehenen das je und je wieder Geschehende, vom Nichtwiederkehrenden das heute und immer Wiedervorkommende geschieden; folgendes hat sich gezeigt: Es gibt einen Spaltpilz, der, auf Mehlstoffen wachsend, einen roten blutartigen Schaum erzeugt. Sicher ist, daß dieser „bacillus prodigiosus" den Eindruck der blutenden Hostie bewirken konnte. Ist nun, wenn doch also gar kein wirkliches Blut aus dem geweihten Brote floß, das Wunder als solches beseitigt? Ist der Sinn jenes Geschehens damit in einen Un-Sinn verkehrt? Es ist die Absicht dieser Sätze, auszusagen, daß dem nicht so sein kann.

Das Entscheidende an dem Vorgang ist nicht solches nachträglich losgelöste, freipräparierte und unter gesetzten Bedingungen wiederholbare Stück und -herholbare Ding, sondern die Beziehung, die einmal und sonst nicht sich verwirklicht hat zwischen dem, was geschah, und dem, dem es geschehen ist. Wirklich zugetragen hat sich, was nur der Bericht festzuhalten, aber kein Versuch festzustellen vermag: Der selbstverschlossenen Wirklichkeit eines lebenden Menschen ist die erscheinende Wirklichkeit der wesenden Welt entgegengekommen, und dem Fragenden ist sie zur Antwort geworden. Dem inneren Vorgang des Zweifels entsprach das äußere Erscheinen (und nur dies war nötig) der Blutfarbe. Aller bewußten Kreatur sind diese zwei Reihen des Geschehens gegeben; alle leibseelische Wirklichkeit lebt in solchem Innen und Außen, solchem Ich und Es. Beide Reihen sind gleicherweise und durchaus erschließbar und erkennbar, beide sind in ihre Freiheit und in ihre Notwendigkeit eingesetzt, beide dem Sinn der Schöpfung untertan. Daß sie einmal, zur wirklichen und rechten Zeit, nicht von trennender Erkenntnis für sich beobachtet, betrachtet, bezeichnet werden, sondern daß sie in dem „Wirklichkeitspunkt", in dem unauflöslichen Zusammen eines einzigen unwiederholbaren Augenblicks dieses und gerade dieses

Menschen sich begegnen und Hand in Hand da sind, das macht da und dann die Schöpfung als Sinnhaftes kund, das macht Geschehen zur Geschichte, das ist das Wesen des Zeichens. Zeichen ist die Wirklichkeit, die von Gott spricht, ohne ihn zu nennen.

Vor diesem Wesen verweht die Frage nach der Erklärung und nach jeglichem „Realismus" der Dinge, das Zeichen ist ja nicht der wirkliche Weg selber. Es ist gleichgültig, aus was für einem Stoff der Weiser gemacht ist, den ich erblicke, wenn ich des Weges sicher werden soll; es ist gleichgültig, welcher Schall und woher er mein Ohr trifft, wenn ich des lenkenden Rufs, des richtenden Befehls bedarf. Einzig und allein darauf kommt es an, daß das Zeichen als Zeichen eindrücklich geschaut, gehört, erfaßt werde. Zeichen sind immer und überall; denn dadurch ist alles Werden, Sein, Vergehen eben Schöpfung, daß es zeichenhaft sein, daß es den Sinn des Wegs zur erlösenden Vollendung kundtun und offenbar machen kann. An der Begnadung von Auge und Ohr des lebenden Menschen allein liegt es, daß er, Geschöpf mitteninne, die Zeichen erfasse, in denen Gott ihn bei der Hand nimmt, um ihn in seine Welt hinein und mit ihr zu seinem Ziel zu geleiten. Da nun geschieht es, daß jedes Es zum Mein werden und jedes Ich ins Wir münden darf. Damit zugleich wissen wir, daß Gott um dessentwillen seine Wege und Gesetze nicht zu ändern braucht: Er hat diese Welt als Eine geschaffen und darin schon vom ersten Werde an alles eingetan, was in dem alle Zeit zu durchschreitenden Werde-Gang vom Plan Zeugnis ablegen und Zeichen sein soll.

Aber Durchbrechung, Änderung des Schöpfungswegs wird immer vermeint, wenn vom „Wunder" die Rede ist. In der Tat muß der eine solche Störung des Naturlaufs glauben, der annimmt, daß Gott nicht die eine einzige, sondern zwei Welten geschaffen habe, und daß die eine jenseitige Zeichenwelt in die ihr wesensfremde diesseitige Naturwelt eingreifen solle. Er mutet dann seinem Glaubenkönnen eine Überanstrengung zu, aus der ihn jede wahrhaftig gemachte Erfahrung wieder in den Zweifel stoßen muß. Jede Annahme einer Durchbrechung überhaupt traut Gott den Gewaltakt des Zaubers zu; sie sieht am Wesentlichen des Zeichens vorbei und leugnet es noch tiefer als der stärkste Zweifel, indem sie Gott zum menschhaften Magier macht, dessen Kunst es sein müßte, mit immergleicher Übung zu wiederholen, was einmalig ist, und etwas zu können, was seinem schöpferischen Willen widerspricht: nämlich den steten Weg in ein endloses Sichdrehen im Kreise zu verwandeln. Und auch keine neue Deutung der Naturgesetze oder Naturregeln, keine von all den unendlich vielen möglichen Entdeckungen vermag den Sinn des Zeichens zu fassen, sie könnten ihn nur entstellen, wenn sie ihm eine „Wahrscheinlichkeit" geben wollten, deren das Zeichen gar nicht bedarf, oder wenn sie mit Enthüllung bedrohen, was vor den Augen dessen, dem es angehört, immer schon hüllenlos erschienen ist.

Jedem von uns sind seine Zeichen als rein persönliche, als echte Begegnungen gegeben. Wie wir sie erfahren und lesen, wie wir sie erkennen und ihnen vertrauen, das ist so eigen und ausschließlich das Unsrige, so wirklich und unauflöslich an uns und unsere Stunde geknüpft, daß schon der Bericht, schon dieses „es geschah mir“ durch seine sagende Fortleitung in das nächste oder in jedes fernere Jetzt den echten Augenblick trüben, verfinstern, fälschen kann. Den Bericht anzweifeln oder ihn glauben können wir wie allen Bericht – das heißt: wie alle Geschichte. Aber alle Geschichte ist dahingegeben, wenn wir sie nicht als zeichenerfüllt erkennen. Aus allem „Leben“ wird in Wahrheit Geschichte in jenen Augenblicken der Gegenwärtigkeit, in denen alle Vergangenheit sich zusammenzieht und in die Zukunft vorstößt, in denen Mensch und Welt beieinander sind und Gott hinzutritt: im Zeichen. Vor der Geschichte des Einzelnen wie der Menschheit gehen uns immer neue Augen auf; wir sehen immer und immer wieder in sie hinein und erfassen mehr und noch mehr das Zeichenhafte in vorher übersehenen Begebenheiten. Es ist die eigene Artung jeder Lebenszeit und des in ihr gerade aufgetanen Blickes, daß diese und gerade diese Wunder sich erschließen: unerhört, da sie erhofft wurden, selbstverständlich, als sie eintrafen. Deshalb, so scheint es, muß immer aufs neue Geschichte berichtet, geschrieben, gelesen werden, daß ihre Zeichen alle kundwerden und der Weg der Vollendung sich im ewigen Lichte immer klarer zeichne: als unsere Geschichte. Und ebenso ist auch unser Hineinblicken in das Wesen, das wir Natur nennen, ein immer dichter werdendes Zeichenlesen: Immer offenbarer erfüllt sich vor dem in Wahrheit forschenden Blick die Schöpfung: als unser Geschaffensein.

Eugen Rosenstock-Huessy

Rückblick auf „Die Kreatur"

Zum Geschichtsschreiber der Zeitschrift „Die Kreatur" bin ich nicht berufen. Ihre Geschichte hat viele Seiten, von denen nur eine ein Teil meiner eigenen Lebensgeschichte ist, und von dieser Seite ist hier die Rede.

Das geheime Dreieck der Konfessionen, das in der „Kreatur" zur Sprache und Aussprache kam, hatte sich gegen Ende des ersten Weltkrieges schon vorgebildet. Weismantel, Rosenzweig, Barth, Hans und Rudolf Ehrenberg, Picht und ich hatten den Patmosverlag gegründet und von 1919 bis 1920 „Die Bücher vom Kreuzweg" veröffentlicht[1]. Hier bildete sich das johanneische Reich abseits der Kluft zwischen katholisch und protestantisch. Hans Ehrenberg hatte Karl Barth, den sicher unversöhnlich konfessionellen, dafür gewonnen. In diesen Büchern vom Kreuzweg brach die wirkliche *eine* Welt des ersten Glaubensartikels aus den Fiktionen der „Staatenwelt", der „christlichen" Welt, der kirchlichen Welt, der gesellschaftlichen Welt hervor.

In diesem „Patmos" hatte die erste aus dem Weltkrieg neugeborene Gruppe sich erschöpft. Der verborgene und ach so unbekannte Grund dafür war das unumstößliche Gesetz des Geistes, daß eine Erfahrung allein in sich selber nicht genügt, um Gemeinsprache zu bilden. Die Gemeinschaft, die erfährt, muß ihrerseits zunächst von einer zweiten geliebt und erkannt werden. Ohne Liebe gibt es keine solche Erkenntnis. In die Grenzenlosigkeit der ersten Nachkriegsjahre hinein gesprochen, war „Patmos" ein echter existentieller Ausruf. Aber dieser Ausruf kam wie aus einer Wolke. Von der Nüchternheit des alltäglichen Zuschauers aus konnte dieser Ausruf keine verstehende Antwort erhalten. Als dann „Die Kreatur" zum zweiten Male unternahm, von den drei Konfessionen her eine gemeinsame Stätte der Rede zu bereiten, hatte sie schon eine anschauliche, wenn auch in abseitiger Stille gemachte Erfahrung vor sich, die des Patmoskreises.

Die Herausgeber der „Kreatur", Joseph Wittig, ein katholischer Priester; Martin Buber, ein jüdischer Zionist; und Victor von Weizsäcker, ein protestantischer Naturforscher[2], waren nicht aus ihren Berufen geschleudert worden durch den deutschen Zusammenbruch im ersten Weltkrieg wie die Verfasser der Kreuzwegbücher. Aber mit ihnen hatten sie in hinreichendem Zusammenhang gelebt, um ein solches Hinausfallen aus der alten Logik der freien Forschung, der Kirche und des Zionismus sehr ernst zu nehmen. Unmittelbare Sympathien bestanden zwischen den Herausgebern nicht in irgendeinem produktiven Maße. Sie waren wirklich im vollen Wortsinn unabhängig voneinander, sie bildeten nicht eine Gruppe, sondern waren vollstarke Repräsentanten der drei souveränen

Welten der Vorkriegszeit. Weil sie sich aber gegenseitig keinen Dank schuldeten, so bedurfte es eines Mutterbodens für alle drei – oder, um das Bild zu ändern, von einem verborgenen Schnürboden aus mußten sie alle drei in Bewegung gesetzt werden, da sie ihre Gemeinsamkeit durchaus nicht selber gegenseitig ins Leben riefen. Franz Rosenzweig lenkte Martin Buber auf die Bahn dieser Gemeinsamkeit, Hans Ehrenberg den schwerblütigen Schwaben Weizsäcker, ich den nach seiner Emeritierung von den Kämpfen der vergangenen Jahre erschöpften Schlesier Wittig. Unser Dasein drang ihnen ab, was in ihrer eigenen Existenz zwar schon ausgesagt war, was aber weder in ihrer Philosophie noch in ihrer Religion noch in ihren Ämtern als solchen sich abzeichnete. In dieser Perspektive „Die Kreatur" zu sehen, scheint heute besonders wesentlich, wo durch Kierkegaards und Heideggers Denk- und Redeweise so viele verleitet werden, das einsame Individuum für existenzfähig auszugeben. Alle drei Herausgeber der „Kreatur" waren existentielle Denker. Kierkegaard war selbstverständlich. Heideggers Buch erschien ihnen als eine Schulglosse über den Text des doch fast ein Jahrhundert zurückliegenden Kierkegaard und des bald vierzig Jahre zuvor verstummten Nietzsche. Was die Herausgeber der „Kreatur" entdeckten, waren die geistigen Ernährungsvorgänge wirklich sprechender und „existentiell denkender" Menschen. Sie wußten, daß Martin Heideggers „geworfener Mensch" zwar da ist, aber stumm. Sie wußten, daß wir nur sprechen, wenn andere da sind, die anders sprechen, weil sie anders sind. Dem einsamen Wahnsinn der Entdeckergeneration waren sie entwachsen. Kierkegaard mußte in ein Dutzend Pseudonyme auseinanderbrechen, und Nietzsche verfiel, als niemand dem Saitenspiel seiner Seele zuhörte. Heideggers Logik des Nichts-zu-sagen-Habens und des Nicht-mehr-sprechen-Könnens – die sozusagen das Jahr 1840, nämlich den Moment nach Hegel verewigt – hielten sie für unwahr, und es schauderte sie vor ihr.

„Die Kreatur" wird daher einen Platz in der Wiedergeburt der deutschen Sprache behalten. Ihre sprachgeschichtliche Bedeutung erscheint nicht im Titel der Zeitschrift. „Die Kreatur" sprach, ohne darüber zu sprechen, daß sie sprach. Von 1919 bis 1945 ging die deutsche Sprache durch einen Zersetzungsprozeß, in dem sie vor unseren Augen zerfiel. Das Bogenlampenlicht der Aufklärung macht allen Unterscheidungen ein Ende, die für das wirkliche und verbindliche Gespräch wesentlich sind. „Die Kreatur" aber fing wieder beherzt zu sprechen an. Sie sprach so unbekümmert, als ob der schon damals drohende Wahn der Hitlerzeit längst wieder vorbei sei. „Die Kreatur" hatte nämlich ihre Herausgeber von dem Irrtum erlöst, als könnten wir sprechen, wenn von unserem Gegenüber erwartet wird, daß es am Ende dasselbe sagen solle. Bis zum Untergang der Welt müssen *Kreaturen* verschieden reden, sogar Herausgeber einer Zeitschrift. Hier liegt der tiefste Unterschied zwischen bloßem Denken und lebendigem Sprechen. Wenn zwei Gelehrte im bloßen Denken befangen sind, so arbeiten sie unter der Voraussetzung, sie müßten am Ende zu demselben Ergebnis kommen. Solange das nicht eintritt, muß der eine der beiden im Irrtum sein. Die Dialoge Platons werden langweilig, sobald der Unterredner überführt werden soll, „falsch“ zu denken. Das Symposium ist nicht langweilig, weil in ihm jeder bis zum Schlusse verschiedenes zu sagen hat. Das Jahrhundert des Verstandesdenkens hatte ein Ideal der Wahrheit aufgestellt, die, von logisch-mathematischer Form, für alle dieselbe sein sollte. Daher entwertete es die Sprachen der Kirche, der Juden und der Heiden zu bloßen Mythen, über die man aufgeklärt werden müsse und die man alle auf einen Generalnenner zurückführen könne.

„Die Kreatur“ aber zog die Summe aus den Kämpfen der Kierkegaard, Feuerbach, Dostojewski, Nietzsche, William James. Sie alle hatten entdeckt, daß niemand etwas zu sagen hätte, wenn alle dasselbe sagten. Der Mensch redet nicht wie Gott. Ein Mann redet nicht wie eine Frau; ein Christ nicht wie ein Jude; ein Kind nicht wie ein Professor. Eben deshalb und nur deshalb können sie miteinander reden und müssen sie reden. Sprechen ist dramatisch und es wird mit verteilten Rollen gesprochen. Denken ist logisch und abstrahiert von den „Rollen“. Kierkegaard, mit dem man sich heute „beschäftigt“, und Nietzsche, mit dem man sich immer wieder „auseinandersetzt“, hatten zum Ziel ihrer Kämpfe eine Rehabilitierung solchen Sprechens mit verteilten Rollen. Diese Kämpfer redeten selber mit verteilten Rollen. „Die Kreatur“ strebte nicht danach, sich mit diesen Kämpfern weltlich zu beschäftigen oder gelehrt-theoretisch auseinanderzusetzen. Unser Verhältnis zum Kämpfer ist erklärt durch das schöne Wort Franz Rosenzweigs: Ihm tauche das Ziel immer nur wie am Horizonte auf, und deshalb erzwinge sich der Kämpfer zwar Glaubwürdigkeit als Kämpfer, aber auf die Resultate seines Denkens könne man sich nicht verlassen. Das neue Denken, um das Kierkegaard rang, werde erst dann glaubwürdig, wenn das Ziel des Kampfes zum Ausgangspunkt des lebendigen Denkens geworden sei.[3]

Eben dies geschah den Herausgebern der „Kreatur“. Die Verschiedenheit der Sprachen von Jude, Christ und Heide zu begreifen, darum hatten die Recken gekämpft. In der „Kreatur“ wurde dieses Ziel zum unschuldigen Ausgangspunkt eines gemeinsamen Konzertierens. Was war geschehen? Allen diesen Männern war vom Leben her etwas gegen ihre geistige Struktur widerfahren. Eine Bindung und Verbindung, deren ihre Theorie nicht habhaft geworden war, überführte sie einer anderen Existenz, als es diejenige war, von der sie in der Öffentlichkeit oder berufsamtlich aussagten. War es mir selbst eine eingeborene Notwendigkeit, existentiell zu denken, nämlich zur realen Existenz herunterzusteigen und sie denkend zu ergreifen, so hatte sich Rosenzweig dazu bekehren lassen. Wir hatten dafür unsere Ämter hergegeben. Weizsäcker, Buber und Wittig aber, den starken Männern, widerfuhr die Notwendigkeit des existentialen Denkens, nachdem sie bereits abstrakt gedacht und in der Öffentlichkeit geredet und geschrieben hatten. Ihr Amt wußte nichts von dieser Not. Das existentiale Denken widerfuhr ihnen im buchstäblichsten Sinne, denn das Leben selbst drang ihnen eine geistige Wandlung ab: Weizsäcker durch das Erlebnis einer psychoanalysierten Patientin, Buber durch das Wunder seiner Verbindung mit Rosenzweig, Wittig durch die Erfahrung, daß er und ich mehr – und nicht etwa weniger – glaubten als der Papst und die Kurie. Aus diesem Widerfahren entsprang die Möglichkeit der „Kreatur".

Denn nun war es allen dreien unerträglich, eine entscheidende Erfahrung ihres Lebens nicht zu bezeugen und dabei in einer Position zu sein, von der aus sie unmittelbar sich nicht bezeugen ließ. Weder der medizinische Fachmann Weizsäcker, noch der zionistische Herausgeber des „Juden" Buber, noch der katholische Schriftsteller Wittig hatten ein Bezugssystem oder ein Werkzeug der Sichtbarmachung, das die Wirklichkeit ihrer Erfahrung einbegriffen hätte: Daß hier eine „Patientin" stand, auch aber vom Himmel ein Blitz der Liebe herniederfuhr; daß hier ein „jüdischer" Freund gefunden war, auch aber ein Kind Gottes, offen in die Zeit gesandt; daß die eine apostolische christliche Kirche besteht, der Glaube aber, der sie gestiftet hatte, nicht eine Tugendpflicht allein, sondern eine offene Gnade des Himmels ist.

Alle drei hatten im persönlichsten Leben eine Geschehensweise entdeckt, an der sie bisher vorbeigegangen waren, die sie jetzt aber mit der Begriffsschärfe existentialen Denkens erfassen konnten, die das Gegenüber des Mitmenschen, des „Bruders", gewährt. Wir bezeichnen sie durch die Kategorie des „Offenen". Worin besteht diese Offenheit des Lebens der menschlichen Kreatur? Es gibt positives Recht, durch Satzungen ausgesprochen und sanktioniert, aber es gibt auch offenes, das heißt, sich eröffnendes, offenbar werdendes Recht. Jedes Liebespaar weiß es, und jede Revolution bezeugt es. Die Materialisten sehen *ihr* eigenes privates Recht, das trotz aller abstrakter Beweisführung in subjektiven Meinungen begründet ist. Die Positivisten sehen nur *das* Recht, das in Satzungsform verkündete und in korrektem Verfahren abänderliche Recht; dies öffentliche Recht wollen die Idealisten von der Zufälligkeit seines Zustandekommens befreien und durch abstrakte, philosophische oder naturrechtliche Prinzipien befestigen. Die Gläubigen aber erfahren *dies* bestimmte Recht wie David, als er sagte: „Ist aber dieser Weg unheilig, so wird er heute geheiligt werden". Ricarda Huch ist im Recht, wenn sie diesen Satz zitiert als „den Sinn der Heiligen Schrift".

Jenseits der „positiv-rechtlichen" Kategorie der Natur, des Objekts der „bloß" physischen Welt, entdeckte der Naturwissenschaftler Weizsäcker die ungesicherte, offene, *eine* Gotteswelt, in der keine Kreatur „Objekt" ist. Denn Objekte kann es nur geben, solange das Subjekt sich nicht mehr in der Welt, sondern ihr gegenüber befindet.

Jenseits der „positiv-rechtlichen“ Kategorie der Kirche, der Gläubigen, der Kurie, der christlichen Welt, entdeckte der Kleriker Wittig die ungesicherte, offene Gotteswelt. In ihr hat keine Kreatur Gott gepachtet; es ist aber auch keine von Gott verlassen, es sei denn, daß sie sich darauf verläßt, Gott gepachtet zu haben

Jenseits der „positiv-rechtlichen“ Kategorie des Judentums und der Bibel entdeckte der Zionist Buber die offene, ungesicherte Existenz des Menschen.

Aus Briefen Franz Rosenzweigs[4] spricht dieser der Offenheit seiner Existenz inne gewordene Mensch:

Die Mauern sind gefallen. Wo wir uns ... begegneten, da scheiden keine verwitterten Wände mehr Mensch von Mensch ... Das, was uns geschehen ist, am Judentum, am Christentum, an der Schöpfung (einerlei! vielleicht auch an allen drei zusammen), das ist das Lebendige, und aus diesem in keine Orthodoxie zu fesselnden lebendigen Leben kann allein der Ruf der Auferstehung in das Gebeinfeld des europäischen und deutschen Daseins erschallen.

Und an seine Braut:

Sieh, das ganze Geheimnis des Lebens steckt wirklich in der Wahrhaftigkeit. Nicht verleugnen, was einem Großes geschehen ist. Ich habe Gottes Rutenstreiche und seine sanften Hände unmittelbar an meinem Leibe verspürt – soll ich da ein großes Wesen machen aus „erziehlichen“ Veranstaltungen? „Für die Erwachten gibt es eine gemeinsame Welt“ (Herakleitos). Ich habe mich lange gesträubt, so zu sprechen, wie ich jetzt spreche. Eugens Zorn ... ging hierauf, daß ich das nicht wollte. Ich meinte, die Wunder, die ich selber erfahren hätte, die müßte ich als Privatgeheimnis bewahren, und das „jüdische Leben“, das ja einmal kommen würde, sei die Hauptsache. Jetzt ist „das jüdische Leben“ da; und nun habe ich den Mut: 1914 glaubte ich nur an das jüdische Leben und hielt meine eigenen Wunder nicht für der „Rede“ wert. Nun ist es anders, nun halte ich sie der Rede wert, nun will ich davon zeugen.

Die freie Seele in Franz Rosenzweig, dem mit Buber die Bibel übersetzenden Juden, überwand in Buber den in das Gesetz des „Judeseins“ eingefangenen „positiven“, öffentlichen Vertreter des Judentums. Die Kreatur Mensch konnte wiederum wunderfähig werden.

Jeder freilich, ob Jude, Heide, oder Christ, hat solche offenen und wunderträchtigen Erfahrungen. Die Frage ist, ob er sie annimmt und bereit ist, seine geistige Struktur ihrer verwandelnden Macht zu unterwerfen, mit anderen Worten, ob er, aus der Wahrhaftigkeit offenen Daseins lebend, es vermag, seine Erfahrung geistig zu fassen, und es wagt, von ihr Zeugnis abzulegen. Für Buber, Wittig und Weizsäcker bedurfte es einer außerhalb ihrer geformten geistigen Welt stattfindenden Erschütterung, um ihr Denken zu erneuern.[5] „Ganze Völker mögen ihren Glauben wechseln, bevor ein Gelehrter seine Denkkategorien ändert." Bubers Ehe mit einer christlichen Deutschen war in seinem öffentlichen Denken nicht im geringsten zur Wirksamkeit gekommen. Weizsäcker hatte den Versuch gemacht, den Geist bloßer Wissenschaft, als den Widergeist der Zeit, zu bekämpfen – wie sollte er das „als Mediziner" vollbringen, wenn selbst die Psychoanalyse zur zünftigen Technik wurde? Für Wittig bedeutete die Kirche die „Selbstverwirklichung der christlichen Seele"[6], das Menschenvolk erkannte er als die von Gott erschaffene Kreatur – aber wie sollte ein Priester klarmachen, daß Gott das klarer macht als der Klerus? Dorthin gelangte er erst, als ihm im gegebenen Falle widerfuhr, daß seine Kirche weniger glaubte als sein Freund.

Zeugenschaft aus der Wahrhaftigkeit offenen kreatürlichen Daseins war die Gesinnung, der die „Kreatur" ihre Entstehung und ihre Leistung verdankte. Wie jedes solche Unternehmen konnte sie ihr Grundprinzip nicht überall in Reinheit behaupten. Aber als Ganzes blieb oder wurde sie vornehm und wahrhaftig. Sie hatte einen besonderen Charakter: Sie hatte Atem.

Daß der Geist sich als Atemstoß äußert, begriffen wir von Anbeginn. Auch dieser Geist mußte im Rhythmus des Ein- und Ausatmens sein Wort sagen und es sich dann gesagt sein lassen! Vielleicht war es die größte Tugend der Zeitschrift „Die Kreatur", daß sie auf Vergänglichkeit angelegt war. Sie dauerte vier Jahre und hatte überhaupt nie beabsichtigt, sich zu „etablieren". Sie wollte sagen, was sie zu sagen hatte. Wenn der Mensch sterben muß, wieviel mehr noch sein Geist. Jesus legte seinen Geist in des Vaters Hände zurück. Und von dieser seiner Handlung hängt alle Geistesfreiheit ab.

Die heutige Organisation unserer Gesellschaft läßt Individuen vor ihrem leiblichen Tode geistig sterben, indem sie „durch Rücktritt" Abschied nehmen. Der Gruppengeist aber sucht noch immer die abstrakte Permanenz der Korporation, die Dauer der juristischen Person. Die Zeitschriften, die weiterlaufen, weil sie existieren, sind noch ungetauft von dem Geist unserer Zeitrechnung, der auf Unterbrechung und Wandlung gegründet ist. Sein Rhythmus ist nicht von uns, sondern von dem Schöpfer bestimmt. Nikolaus Cusanus nannte den Menschen einen begrenzten Gott. Darum gibt Gott ihm sein Leben, und er gibt Gott seinen Tod.

Gläubig, kreatürlich war also auch das zeitliche Leben der „Kreatur". Um für vier Jahre ein solches Unternehmen aufzubauen, bedurfte es wirklichen Glaubens. Darf sein Ursprung in dem Erlebnis existentieller Notwendigkeiten gesucht werden, das seinen Herausgebern widerfuhr, so ist sein sinngemäßes Ende dem Umstand zu verdanken, daß auch sein

Verleger aus der Offenheit schlichten Vertrauens heraus handelte, die den Herausgebern den Mut zu ihrem Unternehmen gegeben hatte. Es ist derselbe Lambert Schneider, der jetzt im Verlage der Winterschen Universitätsbuchhandlung in Heidelberg eine neue Zeitschrift veröffentlicht, die den Namen „Wandlung" trägt.[7] Die Trennung der Gebildeten vom Volk hatte ihren Grund in einer unlebendig starren Verehrung der Gebildeten für die Geistesart der Vergangenheit. Wer die Vergänglichkeit, den Rhythmus, die Unterbrechungen, die Revolutionen der geistigen Formen ernst nimmt, kann, zurückgeworfen auf die schöpferische Fortdauer des Lebens selbst, erlöst werden von falscher Romantik. Darin kündete, vor zwanzig Jahren, die „Kreatur" eine gesunde „Wandlung" an.[8] „Patmos" begab sich außerhalb der amtlichen und anerkannten Wirklichkeit. „Die Kreatur" sprach von Patmos' Wirklichkeit zurück in die Welt. So ist „Die Wandlung", die neue Zeitschrift, vielleicht die dritte Brechung der einen Woge. Die dritte Brechung derselben Welle? Läßt es sich denn am Ende deutlich sagen, was diese Welle emporhob und jetzt weiterträgt? Ich glaube, daß das möglich ist und daß „Literatur"-Geschichte das wissen muß, um zu verstehen, daß die bloß weltliche Literaturgeschichte heute zu Ende ist. Das Wort, geschrieben oder gesagt, und der Glaube sind nämlich in dieser Welle unlöslich zusammengeschmiedet. Literatur aber und Religion waren säuberlich getrennte Schubkästen in der „Neuzeit". Weshalb dieser Unterschied? Der Schriftsteller teilt mit, der Denker disputiert und beweist. Sie brauchen dazu das Schatzhaus der Sprache. So dachten die Grimm und die Theoretiker der Sprache. Aber wir sagen: Der Sprecher wird anders durch das, was er sagt oder schreibt. Wir sprechen uns in die Welt, und wir werden in unser Schicksal hineingesprochen. So glaubt „Die Kreatur", so spricht Johannes auf Patmos, so widerfährt es denen, die „sich wandeln". Das Schicksal des Sprechers und des Schreibers unter ihren eignen Worten – das ist die neue Frage. Aber sobald ich selber durch mein Wort werde, überfällt mich eine unerhörte Furcht, eine große Ehrfurcht vor meinem Wort. Es hört auf, bloß „mein" Wort zu sein. Denn nur Narren wollen sich selber machen. Sobald ich das Sprechen nicht als Mitteilung, sondern als die Weiterschöpfung meiner selbst ansehen muß, weiß ich auch schon, daß an meinem Wort jemand mitspricht, der größer ist als ich, nämlich der Gott, an den ich jeweils glaube, während ich mir zuspreche und während ich aussage. Dies ist also das Neue. Das 19. Jahrhundert fragte: Was tut der Denker den Dingen an, die er denkt? Wir fragen: Was geschieht dem Sprecher dadurch, daß er spricht? Und wir antworten, er betritt Neuland; und indem der Mensch spricht, entdeckt er in sich selber den Unterschied von Gott, Mensch und Tier, der allein unser Sprechen wahr und wahrhaftig macht, weil unser Wort sich in unserem Leben bewähren muß.

Anmerkungen

1 Die „Bücher vom Kreuzweg": Hans Ehrenberg, „Die Heimkehr des Ketzers"; Karl Barth, „Der Christ in der Gesellschaft"; Leo Weismantel, „Die Apokalyptischen Reiter"; Eugen Rosenstock, „Die Hochzeit des Kriegs und der Revolution"; Werner Picht, „Die Frucht des Leidens"; Rudolf Ehrenberg, „Ebräer 10, 25: Ein Schicksal in Predigten".

2 Victor von Weizsäcker lehrt an der medizinischen Fakultät der Universität Heidelberg, Martin Buber an der Universität Jerusalem. Joseph Wittigs Verhältnis zur Kirche ist ausführlich dargestellt und aktenmässig belegt in Teilen des Werkes von Eugen Rosenstock und Joseph Wittig, „Das Alter der Kirche", Berlin, Lambert Schneider, 1927 ff. Jüngsten Nachrichten zufolge wurde Wittig 1946 bedingungslos in die Gemeinschaft der Kirche wiederaufgenommen.

3 Franz Rosenzweig über den Kämpfer vgl. „Kleinere Schriften", Berlin, Schocken Verlag, 1937, S. 515.

4 Franz Rosenzweig wurde bekannt durch sein „Hegel und der Staat" und seine Entdeckung des frühesten Systemprogramms des deutschen Idealismus, berühmt durch den „Stern der Erlösung", 2. Aufl.; Frankfurt, 1929, gelesen in seiner Bibelübersetzung und der Verdeutschung des Jehuda Halevi und verehrt als der große Leidende, als er neunjährigem Siechtum ehern standhielt. Darüber siehe jetzt Miss Dorothy Emmet's Aufsatz, „Journal of Religion", Oktober 1945. Die hier zitierten Briefe sind der Auswahl von Briefen entnommen, die der Schocken Verlag (1935) herausbrachte, Nr. 290, Kassel, 14. Januar 1920, und Nr. 292, 17. Januar 1920.

5 Weizsäcker, Ehrenberg, Rosenzweig hatten die Zersplitterung der Fachwissenschaften schon 1910 in dem sogenannten Baden-Badener Unternehmen zu überwinden getrachtet. Die Gruppe, die damals von ihnen aufgefordert wurde, bewußt das 19. Jahrhundert mit seiner Klassik und Romantik hinter sich zu werfen, scheiterte an dem Atheismus oder Köhlerglauben der meisten Teilnehmer. Siehe Rosenzweigs „Briefband", S. 49 ff. Der Zusammenbruch aller äußeren Sicherheiten war notwendig, um zu der weltlichen Haltung Baden-Badens die unverlierbare Beziehung zu Gott dem Schöpfer der Welt und Sprecher zu den Menschen wiederherzustellen. Erst dann konnte aus Natur Kreatur werden. Denn solange Gott nicht spricht, ist der Mensch noch unfähig, sich und die Natur mit dem einheitlichen Wort des Geschöpfs zu bezeichnen. Der bloß selbst denkende Mensch, der in Baden-Baden dominierte, bleibt ewig der Natur gegenüber.

6 „Die Kirche als Selbstverwirklichung der christlichen Seele", lautet der Titel eines Kapitels von Joseph Wittig im „Alter der Kirche", I, S. 45-78.

7 „Die Wandlung: Eine Monatsschrift". Unter Mitwirkung von Karl Jaspers, Werner Krauss und Alfred Weber, herausgegeben von Dolf Sternberger. Verlegt von Lambert Schneider in Heidelberg bei Carl Winter, Universitätsverlag.

8 Die Zeitschrift „Die Kreatur" erschien von 1926 bis 1930 im Verlag von Lambert Schneider in Berlin. Auf einige dort veröffentlichte Arbeiten sei besonders hingewiesen: V. von Weizsäcker, „Die Schmerzen", „Der Arzt und der Kranke"; Martin Buber, „Chassidische Geschichten", und „Zwiesprache"; Joseph Wittig, „Aus meiner letzten Schulklasse", „Das Geheimnis des Und", „Der Weg zur Kreatur" und „Lass den Mond am Himmel stehn"; Eugen Rosenstock, „Die Polychronie des Volks"; Florens Christian Rang, „Vom Weltbuch der Person", „Intuition" und „Historische Psychologie des Karnevals"; Rudolf Ehrenberg, „Gottesreich und organisches Leben"; Hugo Bergmann, „Der Physiker Whitehead"; Nikolai Berdjajew, „Das Ende der Renaissance".

Die Mitarbeiter der Zeitschrift „Kreatur"

Samuel Hugo Bergmann

Geboren am 25.12.1883 in Prag, gestorben am 18.6.1975 in Jerusalem. Er war Klassenkamerad Franz Kafkas und studierte Philosophie in Prag und Berlin. Mitglied der Prager zionistischen Studentengruppe „Bar Kochba". Er arbeitete von 1907 bis 1919 als Bibliothekar an der Prager Universitätsbibliothek. Nach dem Ersten Weltkrieg initiierte er den Aufbau einer jüdischen Bibliothek in Jerusalem (Hebräische National- und Universitätsbibliothek). Er übersiedelte 1920 nach Jerusalem und wurde erster Direktor der neugegründeten Bibliothek bis 1935. Ab 1928 lehrte er Philosophie an der Hebräischen Universität Jerusalem. 1936 bis 1938 war er deren erster Präsident. Mitbegründer des „British Schalom". Bergmann schrieb mehrere Bücher zu ethischen, religiösen und erkenntnistheoretischen Themen („Faith and Reason") und war Herausgeber des philosophischen Teils der Encyclopaedia Hebraica. 1954 erhielt er den Israel-Preis für sein Werk „Einführung in die Logik". Beeinflußt wurde er besonders durch Rudolf Steiner, Martin Buber, Franz Rosenzweig und indische Denker wie Aurobindo.

Martin Buber

Geboren am 8.2.1878 in Wien, gestorben am 13.6.1965 in Jerusalem. Buber wuchs bei seinen Großeltern im galizischen Lemberg auf (heute Lviv, Ukraine). 1896–1904 studierte er in Wien, Berlin, Leipzig und Zürich Philosophie, Kunstgeschichte, Germanistik, Psychologie und Psychiatrie. Zur gleichen Zeit entwickelte er zionistische Aktivitäten (Gründer des „Bundes jüdischer Studenten" in Leipzig, Mitbegründer des „Jüdischen Verlags" in Berlin). Jedoch stand er bald im Gegensatz zu Theodor Herzls politisch-nationalistischem Zionismus. 1899 heiratete er die Schriftstellerin Paula Winkler (Pseud. Georg Munk). Ab 1905 war Buber Lektor des Verlags Rütten und Loening, für den er 40 Bände der Sammlung sozialpsychologischer Monographien „Die Gesellschaft" herausgab. Ebenfalls wirkte er publizistisch an der deutsch-jüdischen Zeitschrift „Der Jude" und an der von ihm herausgegebenen Zeitschrift „Die Kreatur" mit. Seine einflußreichste Schrift wurde das 1923 veröffentlichte religionsgeschichtliche Buch „Ich und Du". Mit seinem langjährigen Freund Franz Rosenzweig gründete er 1920 das „Freie Jüdische Lehrhaus" in Frankfurt a. M., mit Rosenzweig übersetzte er das Alte Testament neu. Bis 1933 lehrte Buber jüdische Religionswissenschaft und Ethik an der Universität in Frankfurt a. M. Nach seiner Emigration 1938 wirkte er als Professor für Sozialphilosophie an der Hebräischen

Universität Jerusalem; er begründete dort 1949 ein Seminar für Erwachsenenbildung.

Hans Philipp Ehrenberg

Geboren am 4.6.1883 in Altona, gestorben am 31.8.1958 in Heidelberg. H. P. Ehrenberg war der Vetter von Franz Rosenzweig und Rudolf Ehrenberg. Seine Schulzeit am Hamburger „Christianeum“ beendete Ehrenberg 1902 mit dem Abitur. Anschließend begann er das Studium der Rechte in Göttingen, danach in Berlin, Heidelberg und München. 1906 promovierte er, 1907 setzte er das Studium in Heidelberg fort, das er im Fachgebiet Philosophie 1909 mit einer zweiten Dissertation über „Kants mathematische Grundsätze der reinen Naturwissenschaft“ abschloß. Anschließend habilitierte er und wurde 1910 Privatdozent für Philosophie in Heidelberg. 1909 erfolgte die Konversion von der jüdischen zur christlichen Religion. Ehrenberg ließ sich in Berlin-Charlottenburg evangelisch taufen. 1914 ging er als Kriegsfreiwilliger zum Militär, 1916 Verwundung. 1918 erfolgte sein Eintritt in die SPD und 1919 die Tätigkeit als Stadtverordneter in Heidelberg. 1922 studierte er nochmals, diesmal das Fach Theologie, das er 1924 mit dem zweiten theologischen Examen abschloß. Ab September 1925 war er als Pfarrer in Bochum beschäftigt und trat aus der SPD aus. Ehrenberg veröffentlichte bis 1933 verschiedene Stellungnahmen zu „jüdisch-christlichen“ Fragen („Bochumer Pfingstbekenntnis“). Er war Mitbegründer der „Bekennenden Kirche“. Mit dem Beginn der Naziherrschaft verlor er seine Lehrtätigkeit in Heidelberg und 1937 auch sein Pfarramt. In der „Reichspogromnacht“ am 9.11.1938 verwüsteten SA-Einheiten sein Haus; er wurde in das KZ Oranienburg (Sachsenhausen) eingeliefert. Die Emigration nach England erfolgte durch die Intervention des Bischofs von Chichester. Verfassung einer Autobiographie 1943 und Rückkehr nach Deutschland 1947. In Bethel war er in der Erwachsenenbildung für die Evangelische Kirche von Westfalen tätig. Im darauffolgenden Jahr Rückkehr nach Heidelberg, wo er 1958 starb.

Rudolf (Hans Hermann) Ehrenberg

Geboren am 19.11.1884 in Rostock, gestorben am 13.5.1969 in Göttingen. Ehrenberg studierte Medizin in Freiburg i. Br., Tübingen, Berlin und Göttingen. 1909 schloß er sein Studium mit der Promotion ab, er wurde 1911 Assistent am Physiologischen Institut in Göttingen. 1913 habilitierte er, 1920 wurde er a. o. Professor. Während des Ersten Weltkrieges war er Fronttruppenarzt.

Marie Luise Enckendorff (Pseud. von Gertrud Simmel, geborene Kinel)

Geboren 1864, gestorben im Sommer 1938. G. Simmel war die Tochter eines Ministerialbeamten. Sie absolvierte eine Ausbildung zur Lehrerin und war Zeichenstudentin in Paris. 1890 heiratete sie den Philosophen Georg Simmel. 1906 veröffentlichte sie ihr erstes Buch: „Vom Sein und Haben der Seele". Ihre philosophischen Arbeiten erschienen unter dem Pseudonym Marie Luise Enckendorff. Während des Ersten Weltkrieges lebte sie in Straßburg. Nach dem Tod ihres Mannes verließ sie Straßburg. Nach dem Krieg lebte sie in Heidelberg, Berlin und Jena. Zu Beginn der Naziherrschaft wohne sie in Gera.

Ernst Michel

Geboren 8.4.1889 in Klein-Welzheim bei Seligenstadt, gestorben am 28.2.1964 in Frankfurt a. M. Michel absolvierte sein Abitur 1908, danach studierte er Germanistik, Geschichte und Philosophie in Heidelberg und München. 1914 verfaßte er seine Dissertation über „Die anthropogeographischen Anschauungen Montesquieus". Darauf folgte die Arbeit als Lektor für die Verlage Diederichs in Jena und Teubner in Leipzig. Zwischen 1915 und 1918 war er Soldat, er wurde in den Vogesen und Galizien stationiert. 1921 wurde er von Eugen Rosenstock-Huessy an die Frankfurter „Akademie der Arbeit" berufen. Ab 1931 Honorarprofessor für soziale Betriebslehre und Sozialpolitik an der Universität Frankfurt a. M. 1933 Schließung der „Akademie der Arbeit" durch die Nationalsozialisten. Michel nimmt von 1938 bis 1940 an der Ausbildung zum „Behandelnden Psychologen" am Deutschen Institut für psychologische Forschung und Psychotherapie teil. Publikationen u. a.: 1926 „Politik aus dem Glauben", 1948 „Ehe".

Wilhelm Michel

Geboren am 9.8.1877 in Metz, gestorben am 16.4.1942 in Darmstadt. Er studierte Jura in München und Würzburg. Danach Philosophie, Geschichte und Sprachwissenschaften. Seit 1901 lebte er in München, seit 1913 in Darmstadt. 1925 erhielt er den Georg-Büchner-Preis. Wichtige Publikationen zu Friedrich Hölderlin: „Hölderlins abendländische Wendung", 1923. „Hölderlin und der deutsche Geist", 1924. „Das Leben Friedrich Hölderlins", 1940, Neuauflage 1963. Außerdem: „Verrat am Deutschtum. Eine Streitschrift zur Judenfrage", 1922. „Das Leiden am Ich", 1926. „Bekenntnis zur Kirche", 1932. „Wir heißen euch hoffen! Betrachtungen zur neuen Weltstunde", 1932.

Eugen Rosenstock-Huessy

Geboren am 6.7.1888 in Berlin, gestorben am 23.2.1973 in Norwich, Vermont (USA). Rosenstock war der Schwager von Ernst Michel. Der Sohn eines jüdischen Bankiers konvertierte zur evangelischen Kirche und ließ sich 1905 taufen. Ein Jahr danach absolvierte er das Abitur und begann das Studium der Rechtswissenschaften, Geschichte und Philosophie in Berlin und Zürich. Er promovierte 1910 in Heidelberg; seine

Habilitation folgte 1912 in Leipzig. Während des Ersten Weltkrieges leistete er Militärdienst an der Westfront. Während dieser Zeit unterhielt er einen Briefwechsel mit Franz Rosenzweig. Nach dem Krieg lehnte Rosenstock die Rückkehr an die Universität Leipzig und die Mitarbeit an der Weimarer Verfassung ab. Von 1919 an redigierte er die Werkszeitung von Daimler-Benz in Untertürckheim. 1921 gründete er zusammen mit Ernst Michel und Hugo Sinzheimer die „Akademie der Arbeit“ in Frankfurt a. M. Danach erhielt er eine Berufung als Ordinarius für deutsche Rechtsgeschichte nach Breslau. Dort begann seine Freundschaft mit dem katholischen Theologen Joseph Wittig. 1925 änderte er seinen Namen zu Rosenstock-Huessy nach dem Namen seiner Frau Margrit Huessy. 1926 beteiligte er sich an der Durchführung und Organisation von freiwilligen Arbeitslagern für Arbeiter, Bauern und Studenten. 1934, nach der Entlassung aus dem Universitätsdienst, emigrierte er in die USA. Nach zwei Semestern an der Harvard University wechselte er 1935 ans Dartmouth College in Hannover, Pennsylvania. Ab 1950 nahm Rosenstock-Huessy wieder Lehraufträge in Deutschland (Göttingen, Heidelberg, Köln und Münster) an.

Franz Rosenzweig

Geboren am 25.12.1886 in Kassel, gestorben am 10.12.1929 in Frankfurt a. M. Rosenzweig studierte nach dem Besuch eines humanistischen Gymnasiums zunächst Medizin; danach Neuere Geschichte und Philosophie in Göttingen, München, Freiburg i. Br., Berlin und Leipzig. Seine wichtigsten Lehrer waren Hermann Cohen und Friedrich Meinecke. Nach der Promotion 1912 („Hegel und der Staat“) nahm Rosenzweig als Freiwilliger am Ersten Weltkrieg teil (Briefwechsel mit Rosenstock-Huessy). Dabei stellte er Überlegungen über eine Konversion von der jüdischen zur christlichen Religion an, von der er dann jedoch Abstand nahm. An die Stelle der zunächst angestrebten Universitätskarriere trat seit 1920 die freie Arbeit als Pädagoge, danach war er im 1920 von ihm mit Martin Buber, Erich Fromm, Ernst Simon, Gershom Scholem u. a. gegründeten Freien Jüdischen Lehrhaus in Frankfurt a. M. tätig. Ab 1922 Aufgabe dieser Tätigkeit wegen einer fortschreitenden Lähmung (amothrophe Lateralsklerose). Seine Schriften beschäftigten sich hauptsächlich mit Fragen an der Schnittstelle von Theologie und Philosophie. „Der Stern der Erlösung“ (1921) ist sein wichtigstes Werk.

Ernst Simon

Geboren am 15.3.1899 in Berlin, gestorben am 18.8.1988 in Jerusalem. Nach Kriegsdienst im Ersten Weltkrieg entschiedene Hinwendung zum Judentum. 1923 Promotion bei Karl Jaspers in Heidelberg. 1923–24 Redakteur der von Martin Buber herausgegebenen Zeitschrift „Der Jude“, danach Lehrer in Frankfurt a. M. 1928 Ausreise nach Palästina, Lehrer in Jerusalem und Haifa. 1934 Rückkehr nach Deutschland zur Unterstützung Martin Bubers. Ab 1935 wieder in Jerusalem tätig, zunächst als Dozent, dann als Professor der Pädagogik der Hebräischen Universität; Pädagogische Schriften, u.a. „Das Recht zu erziehen – die Pflicht zu erziehen“, 1983.

Eduard Strauss
Geboren am 18.2.1876 in Bad Kreuznach, gestorben am 23.8.1952 in New York. Strauss studierte seit 1895 Philosophie, Chemie, Physik und Botanik in Bonn, München und Berlin, wo er 1899 promovierte. Anschließend wurde er bis 1905 Assistent am Institut für Angewandte Chemie in München. Ab 1906 war er Chemiker am Stadtkrankenhaus in Frankfurt a.M., 1909 am Klinischen Institut der Lampé-von-Noordenschen Klinik und 1912–22 am Biochemischen Institut der Universität Frankfurt a.M. (Aminosäurenforschung). Danach war er am Institut für Chemotherapeutische Forschung tätig, von dem er 1935 wegen seiner jüdischen Herkunft entlassen wurde. Strauss emigrierte 1938 über Italien nach Kuba und ging 1939 in die USA. Dort arbeitete er als Chemiker zuerst in Krankenhäusern und 1943–46 an der New York University. Wie schon in Frankfurt a.M., wo er sich mit Franz Rosenzweig und Martin Buber am „Freien Jüdischen Lehrhaus“ engagierte, nahm Strauss auch aktiv am Leben der jüdischen Gemeinde in New York teil (Erwachsenenbildung).

Victor Freiherr von Weizsäcker
Geboren am 21.4.1886 in Stuttgart, gestorben am 9.1.1957 in Heidelberg. Er studierte Medizin in Tübingen, Freiburg i. Br., Berlin und Heidelberg. Nach dem Staatsexamen 1910 nahm er eine Ausbildung zum Physiologen auf. Während des Ersten Weltkrieges war er Soldat. 1923 wurde er a. o. Professor für Neurologie in Heidelberg und 1930 Ordinarius. Er setzte sich mit der Psychoanalyse auseinander und traf mit Freud 1926 in Wien zusammen. Mitherausgeber der Zeitschrift „Die Kreatur“ von 1927 bis 1930. 1942 ging er nach Breslau. 1946 wurde er wieder in Heidelberg Professor, diesmal für allgemeine klinische Medizin. Von Weizsäcker gilt als Begründer der anthropologischen Medizin, die eine Verbindung von Medizin, Physiologie, Biologie, Psychologie und Philosophie anstrebt und versucht, den Mechanismus und Materialismus in der Medizin zu überwinden.

Joseph Wittig
Geboren am 22.1.1879 in Schlegel bei Neurode/Schlesien, gestorben am 22.8.1949 in Göhrder Forst/ Kreis Lüchow-Dannenberg. Seit 1915 war Wittig Ordinarius für Katholische Theologie in Breslau. Er schrieb populäre religionswissenschaftliche Schriften („Leben Jesu in Palästina,

Schlesien und anderswo"), von denen nach einem Aufsatz im „Hochland" 1925 sechs auf den Index der katholischen Kirche gesetzt wurden. Wittig wurde emeritiert und war zwischen 1926 und 1946 sogar exkommuniziert. 1927/28 erschienen drei Bände „Das Alter der Kirche", in denen sich Eugen Rosenstock-Huessy und Wittig mit diesem Vorgang auseinandersetzen. Er war Mitherausgeber der Zeitschrift „Die Kreatur" von 1927 bis 1930. Er versuchte, auf die Volksgläubigkeit Einfluß zu nehmen und erzieherisch im Sinne seines franziskanischen Glaubens zu wirken. Autobiographische Schrift „Roman mit Gott. Tagebuchblätter der Anfechtung" (1990).